카이스트, **통일을 말하다**

카이스트, 통일을 말하다

1판 1쇄 인쇄 2018. 7. 3.
1판 1쇄 발행 2018. 7. 10.

지은이 KAIST 문술미래전략대학원

발행인 고세규
편집 이승환 | 디자인 지은혜
발행처 김영사
등록 1979년 5월 17일 (제406-2003-036호)
주소 경기도 파주시 문발로 197(문발동) 우편번호 10881
전화 마케팅부 031)955-3100, 편집부 031)955-3200 | 팩스 031)955-3111

값은 뒤표지에 있습니다.   ISBN 978-89-349-8204-3 03340

홈페이지 www.gimmyoung.com   블로그 blog.naver.com/gybook
페이스북 facebook.com/gybooks   이메일 bestbook@gimmyoung.com

좋은 독자가 좋은 책을 만듭니다.
김영사는 독자 여러분의 의견에 항상 귀 기울이고 있습니다.

이 도서의 국립중앙도서관 출판시도서목록(CIP)은 서지정보유통지원시스템 홈페이지
(http://seoji.nl.go.kr)와 국가자료공동목록시스템(http://www.nl.go.kr/kolisnet)에서
이용하실 수 있습니다.(CIP제어번호 : CIP2018018924)

카이스트,
통일을 말하다

KAIST 문술미래전략대학원 지음

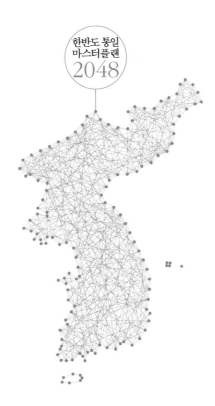

한반도 통일
마스터플랜
2048

김영사

차 례

1 총론 한반도 단계별 미래 시나리오

2 사회 분야 동질성 회복을 통한 남북 사회통합

3 정치행정·외교 분야 4단계 통일 준비 30년

4차 산업혁명 시대의 통일 준비

평창 동계올림픽을 성공적으로 마치고 이어진 4.27 남북정상회담 그리고 세계인의 관심이 주목된 6.12 북미정상회담까지, 최근 한반도에는 평화의 분위기가 한껏 무르익어가고 있습니다. 남북 간 상호 비방과 적대행위를 중단하고 서로 머리를 맞대고 평화를 논의하게 되었습니다. 예전에는 상상하지 못했던 상황이 도래한 것입니다. 우리의 마음속에는 '통일'이라는 단어가 그 어느 때보다 선명하게 피어오르고 있습니다. 70년을 가슴에 품고 살아온 민족의 염원입니다. 하지만 우리가 생각하는 통일의 모습은 각기 다를 수 있습니다. 또한 어떻게 해야 이 기회를 놓치지 않고 살려서 통일을 이루어낼 수 있을지 누구도 잘 알지 못합니다.

KAIST 문술미래전략대학원은 국내 최초로 대학이라는 제도권 안에 만들어진 미래학 연구·교육기관입니다. 미래학을 연구하고 전략을 수립할 수 있는 인재를 양성함으로써 21세기 과학기술 기반의 미래를 대비하기 위하여 지난 2013년 설립되었습니다. 문술미래전략대학원은 설립 초기부터 대한민국의 미래전략을 연구한 보고서 〈대한민국 국가미래전략〉을 매년 발행해왔습니다. 이 통일전략 책은 그동안 발행해 오던 보고서의 특별판으로, '한반도 통일 준비'라는 주제에 초점을 맞추어 펴내게 되었습니다.

우리 앞에는 지금 한반도 평화통일 준비와 4차 산업혁명 추진이라는 국가적으로 중차대한 두 가지 과제가 함께 놓여 있습니다. 세계가 4차 산업혁명의 소용돌이 속에서 변화하고 있는 가운데, 우리는 그와 동시에 통일 준비를 해야 하는 상황입니다. 과학기술이 세상의 모든 것에 영향을 주는 과학기술 기반 시대입니다. 이러한 시대에 KAIST가 통일에 대해 논의하는 것은 매우 필요하고 적절하다고 생각합니다. 4차 산업혁명 시대에 준비하는 통일 전략은 우리의 국가경쟁력을 더욱 높이고, 모두가 번영할 수 있는 통일을 이루는 데 기여할 것이라 기대합니다.

이 책에는 통일과 관련된 30개 분야에 대한 준비 전략이 담겨 있습니다. 원고를 작성하고 수정 검토하는 데 전문가 60여 명이 참여하였습니다. 짧은 기간에도 이처럼 적극적으로 참여해주신 전문가 여러분들께 머리 숙여 감사드리고, 이 책의 출판을 시의적절하게 기획한 이광형 석좌교수께 특별한 감사를 드립니다. 이 책이 우리 민족의 평화와 통일 준비에 조그만 도움이라도 되기를 바랍니다.

KAIST 총장 신성철

4차 산업혁명 시대의
단계적 통일 준비 마스터플랜

4.27 남북정상회담과 6.12 북미 정상회담의 개최로 한반도에는 모처럼 평화의 분위기가 무르익고 있다. 그 얼마나 기다려왔던 순간인가. 일제의 식민통치에서 해방되자마자 한반도는 남북 분단의 고통을 안은 채 70년을 살아왔다. 동족상잔의 전쟁을 치르고 상호 견제와 비방의 70년 세월을 보낸 것이다. 급기야 북한은 핵무기를 개발하여 한반도뿐만 아니라 전 세계 평화를 위협하는 지경에 이르게 되어, 한반도는 일촉즉발의 긴장 속에 지내야 했다. 이러한 가운데 찾아온 평화의 메시지는 다시금 통일의 꿈을 키울 수 있는 분위기를 만들었다.

많은 사람들이 감성에 젖어 금방 큰 변화가 올 것처럼 들뜬 것도 사실이다. 너무 오랫동안 기다려온 순간이기 때문이다. 그러나 우리는 이 광경을 보면서 생각했다. 이렇게 해서는 곤란하다. 감성에만 치우쳐서는 우리가 원하는 통일을 이루기 어려울 것이다. 모든 일이란 감성의 힘을 원동력으로 하되, 실행 단계에서는 냉정한 이성으로 추진해야 한다.

감성의 힘과 냉철한 이성으로 통일 준비

감성이 앞서면 이제 피어오르는 통일의 불씨를 단번에 꺼뜨릴 수도 있다. 이 불씨를 잘 지켜서 민족의 염원을 이뤄내기 위해서는 차가운 마음으로 준비해야 한다. KAIST 문술미래전략대학원은 이 시점에 우리가 해야 할 일이 있음을 깨달았다. 통일을 위한 종합 전략을 수립하여 모두가 공유하고 보다 실질적인 준비를 하게 하는 것이다. 사단법인 미래학회에서도 이에 적극 참여하기로 했다. 통일 관련 분야의 전문가들도 우리의 취지에 적극 공감하며 열성적으로 집필에 참여해주었다. 한 주 만에 모든 필진이 구성된 것은 놀라운 일이었다. 30개 분야의 전략을 각 분야 전문가 60명이 초안을 쓰고 수정과 검토를 했다.

우리는 2048년에 통일 준비가 마무리되는 것을 목표로 잡았다. 지난 70년 동안 남북의 동질성은 훼손되고 생활 격차가 너무 벌어져버렸다. 국제환경이 허락을 한다 해도 당장은 통일을 할 수가 없는 상황이다. 일단 남북 주민의 개인별 소득 격차가 너무 크다. 개인별 소득 비율이 약 20대 1이다. 2016년 자료에 따르면 한국의 1인당 소득이 연 3,198만 원인데 반하여, 북한 주민의 소득은 146만 원에 불과하다. 우리가 이상적으로 생각하는 통일은 민족 동질성이 회복되고 소득수준이 비슷해져서, 정작 통일 시에는 추가 비용이 거의 들지 않는 방식이다. 북한도 살림살이가 좋아져 있을 것이기 때문에, 한국에서 특별히 지원할 필요가 없다. 준비 과정에서 민간기업과 국제기구, 외국자본의 투자를 유치한다. 평화만 정착되면 미래 수익을 기대하는 투자는 많을 것으로 예상한다.

남북 분단은 우리 스스로 결정한 것이 아니었다. 주변 강대국들의 국제정치에 의한 것이었다. 지금도 국제관계 역학은 그다지 변하지 않은 상태이다. 혹시라도 지금 남북이 힘을 기르고 합의하여 통일을 하겠다고 해도 동북아의 국제정치는 이를 받아들이지 않을 가능성이 높다. 이런 때 우리가 할 일이 있다. 묵묵하고 담대하게 통일을 준비하는 것이다. 우리가 할 수 있는 모든 것을 해놓고, 때를 기다리는 것이다. 우리는 통일 준비가 완료되는 시점을 2048년으로 상정했다. 준비가 완료되면 때를 기다릴 것이다.

상호 신뢰를 바탕으로 한 평화 속의 번영

이 책의 목적은 평화통일을 위한 '준비'에 있다. 앞으로 30년 동안 남북 간의 격차를 줄이면서 우리의 동질성을 회복하도록 노력할 것이다. 그 상태에서 통일을 하면 통일비용을 줄일 수 있다. 그동안 여러 기관들이 통일에 필요한 비용을 예측한 자료들이 있다. 그러나 우리가 생각하는 방식은 다르다. 필요한 돈은 준비단계에서 서서히 투입되어, 북한이 스스로 자립하게 돕는 방식이다.

한편, 일부의 사람들은 굳이 통일을 할 필요가 있느냐고 묻기도 한다. 현재처럼 나뉘어 각자 살면 되지 않느냐는 것이다. 그것도 가능한 안이라 생각한다. 하지만 어디까지나 평화가 전제되어야 한다. 현재와 같은 상호 불신과 적대행위가 지속되어서는 안 된다. 현재 우리는 국가 예산의 10% 이상을 국방비에 투입하고 있다. 현재와 같은 군비경쟁이 계속되면 이 비중은 계속 증가할 것이다. 이처럼 무거운 짐을 어깨에 짊어지고서는 우리 민족의 번영을 기대하기 어렵다. 어떻게든 이 짐을 내려놓아야 한다. 그 길은 한반도에 평화체제를 구축하는 길 이외에는 없다.

4차 산업혁명 시대의 통일 준비

우리는 아래와 같이 4단계에 걸쳐 통일을 준비한다는 로드맵을 세우고 집필을 시작하였다. 각 단계별로 목표와 실행계획을 포함하려 노력했다. 하지만 일부 분야에서는 이 가이드라인을 따르기 어려운 경우가 있었고, 그런 경우에는 분야의 특수성을 존중했다.

- 1단계(2018~2027) : 경제협력, 자유왕래 – (남북 1인당 소득 격차 20 : 1에서 10 : 1로)
- 2단계(2028~2037) : 단일경제권, 자유무역 – (남북 격차 5 : 1로)
- 3단계(2038~2047) : 1국가 2체제, 단일화폐 – (남북 격차 2 : 1로)
- 4단계(2048~) : 통일, 1국가 1체제 – (남북 격차 1 : 1로)

앞으로 30년은 한반도뿐만 아니라 전 세계적으로 크나큰 격변의 시대가 된다. 4차 산업혁명으로 일컬어지는 파괴적인 혁신이 산업과 사회를 변화시킬 것이기 때문이다. 결국 우리에게는 두 가지 대변화가 기다리고 있는 셈이다. 한반도 통일 준비와 4차 산업혁명 대비가 그것이다. 그래서 우리는 다음과 같은 3가지 방향을 공유하며 집필했다.

- 한반도 내부적인 준비(남북 격차 해소와 동질성 회복)
- 주변국과 협력하여 통일 분위기 조성(통일이 주변국에 주는 장점 강조)
- 4차 산업혁명과 싱귤래리티 시대의 미래사회 구현

이 책은 북핵이 폐기되고 평화가 정착되는 것을 전제로 준비되었고, 그렇게 만들기 위한 전략을 포함하고 있다. 만약 그렇지 않다면 또 다른 전략을 수립해야 할 것이다. 우리는 집필하는 가운데 '선비정신'을 가장 중요한 가치로 잡았다. 불편부당 어디에도 치우치지 않고, 오직 국가와 민족만을 바라보려 했다. 내용 중에 혹시 한쪽에 치우친 점이 있으면, 그것은 의도한 것이 아니라 실수에 의한 것이라 생각하고 지적해주시기 바란다. 이 책의 발간 취지에 적극 공감하며 집필과 검토에 참여해주신 60명의 전문가들께 머리 숙여 깊이 감사드린다. 갑작스러운 부탁에도 거절하지 않고 기꺼이 협조해준 것은 통일에 대한 민족적 염원 때문이 아니었을까 생각한다. 우리는 이 책의 내용이 완전한 통일 전략이라 생각하지 않는다. 이를 바탕으로 더욱 발전시키고 개선해나가야 할 것으로 생각한다. 부디 이 책이 종합적인 통일 논의의 시작점이 되고, 통일 준비에 작은 도움이라도 되기를 소망한다.

대표필자 이광형(KAIST 문술미래전략대학원 교수, 사단법인 미래학회장)

2048년 통일을 위해 KAIST가 제안하는

한반도 4단계 통일 마스터플랜

1단계 (2018~2027)

경제협력, 자유왕래
소득비율 10:1

2단계 (2028~2037)

단일경제, 자유무역
소득비율 5:1

3단계 (2038~2047)

1국가 2체제, 단일화폐
소득비율 2:1

4단계 (2048~)

1국가 1체제, 완전 통일
소득비율 1:1

집필진 명단

기획편집위원회	이광형(위원장, KAIST 문술미래전략대학원 교수)
	국경복(미래학회 이사, 전북대 석좌교수)
	김두환(미래학회 이사, 인하대 연구교수)
	김진현(미래학회 고문, 세계평화포럼 이사장, 前 과기부 장관)
	박성필(KAIST 문술미래전략대학원 교수)
	박승재(미래학회 이사, 한국교육개발원 방과후학교 연구센터 소장)
	배일한(미래학회 사무국장, KAIST 문술미래전략대학원 연구교수)
	서용석(KAIST 문술미래전략대학원 교수)
	손선홍(前 외교부 본부대사, 충남대 특임교수)
	안광원(KAIST 문술미래전략대학원 교수)
	양재석(KAIST 문술미래전략대학원 교수)
	윤기영(미래학회 이사, FnS 컨설팅 대표)
	이명주(국회미래연구원 이사, 명지대 교수)
	이명호(미래학회 이사, 여시재 선임연구위원)
	이상윤(KAIST 문술미래전략대학원 교수)
	이재우(미래학회 이사, 인하대 교수)
	정재승(KAIST 문술미래전략대학원장)
	최윤정(KAIST 문술미래전략대학원 연구교수)
	최창옥(미래학회 이사, 성균관대 교수)
	허태욱(KAIST 문술미래전략대학원 연구교수)
초고 집필진	곽재원(서울대 초빙교수)
	국경복(미래학회 이사, 전북대 석좌교수, 前 국회예산정책처장)
	권정구(베르디아니 대표)
	김두환(미래학회 이사, 인하대 연구교수)
	김상협(KAIST 초빙교수, 우리들의미래 이사장)
	김영찬(前 한국은행 프랑크푸르트 사무소장)
	김진향(개성공업지구지원재단 이사장)
	김진현(미래학회 고문, 세계평화포럼 이사장, 前 과기부 장관)
	김창섭(가천대 교수)
	박승재(미래학회 이사, 한국교육개발원 방과후학교 연구센터 소장)
	박종배(드림월드특허법률사무소 대표변리사)
	방경진(前 한국광물자원공사 남북자원협력실장)
	배일한(미래학회 사무국장, KAIST 문술미래전략대학원 연구교수)
	서용석(미래학회 이사, KAIST 교수)
	선종률(한성대 교수)
	소진광(가천대 교수)
	손선홍(前 외교부 본부대사, 충남대 특임교수)
	시정곤(KAIST 교수)

초고 집필진	안상훈(서울대 교수)
	안현호(한국산업기술대 총장, 前 산자부 차관)
	윤기영(미래학회 이사, FnS 대표)
	이명호(미래학회 이사, 여시재 선임연구위원)
	이상준(국토연구원 부원장)
	이승택(광운대 교수)
	이재우(미래학회 이사, 인하대 교수)
	이재호(한국행정연구원 연구위원)
	정제영(이화여대 교수)
	정창수(나라살림 연구소장)
	조명래(한국환경정책평가연구원 원장)
	조충호(고려대 교수)
	짐 데이터Jim Dator(하와이대 교수)
	최창옥(미래학회 이사, 성균관대 교수)
수정 검토자	고정식(前 특허청장, 前 한국광물자원공사 사장)
	김기호(국회미래연구원 이사, 경기대 교수)
	김선화(한국특허전략개발원 주임연구원)
	김소영(KAIST 과학기술정책대학원 교수)
	문용린(한국교직원공제회 이사장, 前 교육부 장관)
	박경규(前 한국광물자원공사 자원개발본부장)
	박성필(KAIST 문술미래전략대학원 교수)
	박성하(前 한국광물자원공사 운영사업본부장)
	박승재(미래학회 이사, 한국교육개발원 방과후학교 연구센터 소장)
	박준홍(국회미래연구원 이사, 연세대 교수)
	서용석(미래학회 이사, KAIST 문술미래전략대학원 교수)
	신인균(자주국방네트워크 대표)
	안광원(KAIST 문술미래전략대학원 교수)
	양재석(KAIST 문술미래전략대학원 교수)
	오봉옥(서울사이버대 교수)
	우희창(법무법인 새얼 변호사)
	유희열(부산대 석좌교수, 前 과학기술부 차관)
	윤기영(미래학회 이사, FnS 컨설팅 대표)
	이경숙(前 숙명여대 총장)
	이광형(KAIST 문술미래전략대학원 교수)
	이상윤(KAIST 문술미래전략대학원 교수)
	이재우(미래학회 이사, 인하대 교수)
	임경수(성결대 명예교수)
	임춘택(GIST 교수, 에너지정책연구원장)
	정재승(KAIST 문술미래전략대학원장)
	조동호(KAIST 교수)

1

총론
한반도 단계별 미래 시나리오

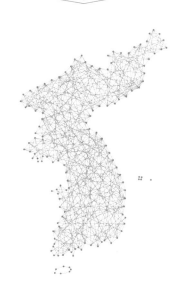

미래 지구촌 관점에서의 통일과 평화
: 자강·보편·다원의 통일한국 2048

SUMMARY

1 평화·번영·통일의 길은 자강능력의 결정적 향상에 있고 통일된 한국의 평화 보장도 충실한 자강능력의 확보에 있음

  • 한반도 한민족의 통일은 남북한의 지리적 통일, 분단 국가의 통일을 넘는 21세기 지구촌 인류문제군의 중심에 맞닿아 있음

2 한국의 평화Pax Koreana와 세계평화Pax Universa가 일치하는, 그리하여 지구촌 인류평화 창조의 선구자가 되는 길이 통일의 길

3 4차 산업혁명을 촉발시키는 새 과학기술을 선도적으로 이끌어 생명자원의 자립과 자강능력을 확립하는 것이 평화통일의 길

  • 전통·근대·초근대를 모두 뛰어넘는 사회문화 구조변화가 새로운 인류지구촌사회의 평화 통일질서 만들기에 수렴·승화할 수 있도록 지성과 에토스를 기울이는 것이 우리 한인 미래연구자들의 과제

4 우리가 통일을 하지 못하는 것은 통일방안을 모르기 때문이 아니라 통일할 수 있는 우리 힘(국력)이 없기 때문임

- 우리가 통일되지 않은 것은 통일의 기회가 없었거나 오지 않아서가 아니라 할 수 있는 내부역량이 없었기 때문임. 우리 안에서 정의와 평화의 자강이 없기 때문임

5 2048 통일한국은 단순히 지리적·민족적 통일한국이어서는 안 됨
- 행운으로 통일이 온다 해도 자강능력이 없으면 역사 이래 반복된 운명, 즉 조공·사대·식민·분단의 '악성 반도성'이 언제든지 닥칠 것임
- 단층·단절·충돌의 반도성은 대륙세력과 해양 세력 간의 충돌에서 악성 반도성을 반드시 반복함

6 통일한국은 주변 강대국뿐 아니라 세계 4대 강국에서도 자유로울 수 있는 질적이고 스마트한 자강력을 가져야 함

7 한국의 선택이 4대 지정학 패권국의 균형을 결정적으로 깨는 자강력이나 4강의 가치를 '정의의 평화'로 선도할 수 있는 도덕력을 갖추어야 함

1. 2048년, 대한민국 통일의 해

2018년은 기념비적이다. 남북관계를 둘러싸고 결단과 전환의 의미를 갖는 듯하다. 특히 4.27 문재인-김정은 정상회담과 '판문점 선언'이 그러하다. 이어서 북한과 미국의 6.12 정상회담이 이어졌다. 4.27 정상회담 이벤트 하나만 갖고도 '단군 이래 최대 쾌거'라거나 '마음껏 긍정하고 낙관하고 마음껏 상상력을 펼치자'는 주장들이 나왔고 김정은 팬클럽이 생겼다는 기사들도 전해졌다. 적극적으로는 한반도 분단 종식, 지리적 통일, 한민족의 통일이라는 큰 꿈으로의 극적 전환이다. 2018년이 1945년 소멸의 기점이 되는 것이다. 소극적으로는 평화공존 정착의 원년이라는 분단 상황의 질적 변화이다. 비관적으로는 1972년 이래 문서로 남긴 많은 큰 꿈들이 결국 한국 시민들의 마음의 극단적 반동성, 또 우리들이 사는 이 공간, 악성 '반도성'이라는 운명(열린 대륙으로 진출하지 못하고 한반도에 고착하여 폐쇄된)의 반복을 단절하지 못했듯이, 또 다른 회한의 기록이 될 수도 있다.

우리는 2016~2017년의 광화문촛불(대통령 탄핵)과 문재인 정권 등장, 1987~1988년 6.29 민주화운동과 헌법개정(대통령직선 정권변동) 그리고 2018년 평창 동계올림픽과 1988년 서울 하계올림픽을, 즉 30년의 세월을 반추하며 30년 뒤의 이 땅, 이 민족의 통일과 평화를 설계해본다. 해방과 동시에 남북이 분단된 지 73년, 휴전 이후 65년, 남북정부 간 이른바 첫 합의 '선언'이 나온 지 46년(1972년 7.4 공동성명) 만에, 그리고 2000년 이후 18년간 있었던 세 번의 정상회담 끝에 4.27 판문점선언이 결실했다. 그리하여 6.12 북미정상회담 성사에 더하여 문재인 - 김정은 - 트럼프 3자회담 또는 시진핑까지 합친 4자회담과 일본과 러시아까지 합친 6자 정상회담으로까지 이어져 2018년이 1945년을 대체하는 해가 되기를 바란다. 그리고 30년 뒤, 대한민국 정부 수립(1948년) 후 100년이 되는 2048년에 민족이 완벽한 하나가 되는 꿈을 꾸어본다.

30년 전에 비교하면 대한민국의 국력이 선진국 수준에 이르고 남측의 북한에 대한 정보나 이해가 늘어나고, 북측도 여러 이유로 해외노출이 늘어났다는 점에서 통일에 유리해졌다 볼 수 있다. 김정은 위원장이 할아버지, 아버지와 다르고 대외개방과 변화에 유연하고 좀 더 정상적 리더에 가깝다면 더욱 그렇다.

국제외교환경 특히 지정학적 조건과 이념적 구도는 30년 전에 비하여 불리해졌다. 1988년 무렵은 북한 우호세력이었던 소련과 중국이 해체 또는 내부 대혼란기였고 지금은 반대로 미국 일본 유럽 등 대한민국 우호세력은 정치경제면에서 상대적으로 약화되고 있다. 특히 북한이 핵과 대륙간탄도미사일(ICBM)을 보유하고 있다는 것과 한국이 중국과 러시아에 압도적 경제우위에 있었던 30년 전 조건의 상실은 통일외교에 있어 궁극적 지렛대의 약화를 의미한다.

그럼에도 불구하고 오히려 북한의 핵, ICBM 보유로 해서 북한 관련 강대국가들의 관여가 시작된 1994년 제네바프레임워크 이후 북한 경제는 국제사회로부터 가장 강력한 경제적 금융적 제재를 받고 실질적 타격을 입게 되었다. 또 북한 입장에서는 남한의 2017~2018년의 정치 변화가 남북교류 사상 과거 어느 때보다 자기들에 유리하다고 판단할 수 있다.

'2018 판문점선언'을 기점으로 하는 남북접촉과 평화통일 열기는 그 어느 때보다 활발하고 동북아시아 태평양 질서 개편의 큰 운동과 맞물려 당분간 극적 연출이 계속될 것으로 보인다. 이제 화해 평화의 지속적 확대라는 긍정적 미래의 종착역으로서의 통일이든, 또는 그 중간에 다시 적대적인 대치 상황으로 돌아갈 수 있는 고통을 거치건 통일 논의는 보다 활발하게 이어질 것이다. 더 이상 현상유지는 어렵다는 막다른 골목에서 논의되는 국면전환, 궁극, 개벽, 부활로서의 통일이기도 하다.

2. 통일과 평화: 한반도에서의 함의

통일보다 과정으로서의 평화 번영 우선

남북한과 미국에서 독특한 위치에 있는 항일 독립운동가문 출신 미국적 한인 토니 남궁 씨는 최근 4.27 판문점선언의 실천가능성을 높이 두었다. 이 선언에서 '통일'이란 단어가 과거 어느 남북선언에서보다 줄었다는 것을 근거로 했다. 이제 북이 본격적으로 남을 미국의 꼭두각시가 아니라 협의의 실체로 인정했다는 것이다.

〈한반도 평화와 번영, 통일을 위한 판문점선언〉의 제목을 포함하여 선언문 전체에 나타나는 '통일'이란 단어는 4회뿐인데 비하여 '평화'가 11회, '번영'이 6회에 이른다. 김대중, 김정일 평양선언에 앞서 양 정상이 통일 방안, 특히 '낮은단계의 연방제'냐 '연합제'냐를 놓고 논쟁을 벌일 정도의 통일 담론은 이번엔 전혀 찾을 수 없었다. 지난 3월 21일 남북정상회담준비위원회에서의 문재인 대통령의 발언을 상기하면 판문점선언은 통일선언이 아니라 남북 양국의 공존·평화·번영 선언임을 확인할 수 있다. "이번 회담과 앞으로 이어질 회담들을 통해 한반도 핵과 평화 문제를 완전히 끝내야 한다. 남북이 함께 살든 따로 살든 서로 간섭하지 않고 서로 피해를 주지 않고 함께 번영하며 평화롭게 살 수 있게 만들어야 한다." 북측 김정은 위원장의 의도는 우리가 정확히 살

피기 어려우나 문 대통령의 진심은 현실적으로는 '비핵화' 문제해결과 '종전선언'에 방점이 찍힌 평화의 텍스트로 마무리하는 것임을 알 수 있다.

물론 평화와 통일 간의 우선순위라는 형식논리에 갇혀 곧 4.27 판문점선언은 비非통일, 반反통일선언이라 비판한다면 그것은 일면적이다. 통일의 방법론으로 평화, 공존, 상호교류 우선이라는 원칙은 이미 1991년 남북기본합의서('남북사이의 화해와 불가침 및 교류협력에 관한 합의서')에서 반영한 '하나의 민족 공동체, 두 개의 정부체제'로 확립된 셈이다. 북측은 그 후에도 남한해방 적화통일이라는 공식언어와 전략을 바꾸지 않았지만 대한민국은 '통일은 평화, 공존, 화해, 교류라는 과정을 거친다'는 대원칙이 여야를 넘는 넓은 국민적 합의요 당위로 받아들여지고 있다. (물론 이런 형식논리로만 볼 것은 아니고 당시 베를린장벽 붕괴, 소련 해체, 중국 천안문사태를 겪으며 북한의 자멸붕괴를 당연시하는 잠재의식이 한국 내에는 물론 중국-러시아 등 관련 당사국들 모두에 공존했었다.)

통일을 말하지 말고 우리의 일상에 충실하는 것이 통일을 앞당긴다는 탈속한 말들이나 남북통일이 아니라 현 휴전선DMZ을 남과 북으로 확장하여 DMZ가 북은 백두산까지, 남은 한라산까지 이르면 저절로 통일이 된다는 시인다운 상상력도 통일과 평화 간의 관계에서는 버릴 수 없는 발상인 것을 잊어서는 안 된다.

다만 73년의 세월에도 분단, 6.25, 탈북민의 짙은 비극적 경험이라는 트라우마가 남았다. 그리고 극좌파는 체제보다 '통일우선론'을 버리지 않고 또 극우의 멸공통일 대북 전쟁불사론도 소멸되지 않고 있다. 또한 지난 73년간 대한민국의 성취와 반동적 도착적 결과로서의 현실의 실체는 실제 평화통일 추진 과정에서 내부마찰과 도전을 맞을 것이다. 민주, 다원, 근대화 경험과 다문화가정의 현실, 젊은 세대의 가치관 변화, 경제적·사회적 초근대 도전 등의 다차원적 변화가 평화, 공존, 교류, 번영의 단락마다 만만치 않은 논란을 일으키는 것은 피할 수 없을 것이다.

정의와 평화와 통일 : 정의실현의 평화로서의 통일

5년, 10년 뒤 미래, 통일 자체보다 화해, 교류 확대 단계에서는 '전쟁 없는 평화'로 평화를 단순화해도 무방할 것이다. 그러나 시간의 길이가 30년 한 세대를 넘고 세계의 다양한 복잡성이 몰려가는 새 인류지구촌시대, 지구사회에서 통일과 평화를 논의하기 위해서는 정의, 생명, 폭력, 전쟁, 민주, 공화정, 전체주의 독재 등 다양한 여러 생각을 정리해야 한다.

세계평화포럼(World Peace Forum, 이사장 김진현)이 2001년 이후 17년째 연구 발표하고 있는 세계 195국을 대상으로 하는 〈세계평화지수 World Peace Index〉(WPI)에서는 적극적 평화 개념을 지향한다. 자유, 평등, 정의, 생명, 복지 같은 제반 가치에서 삶의 질이 보장되는 상태로 정의한다. 명시적으로는 타인 타집단에 의한 폭력의 현재적顯在的 행사 또는 행사가능성에 의해 인류구성원의 생존 발전이 위협받지 않는 상태를 말한다. 평화란 국가사회가 안보security를 누리고 개인이 안전safety하게 살 수 있는 상태이다. 구체적으로 "한 나라가 다른 나라와의 관계에서 현재적 충돌이나 갈등관계에 놓여 있지 않으며 국내적으로 정치적 억압이 없는 상태에서 집단 간 사회갈등이 비폭력적인 수단으로 해결되고 개개인이 인간다운 삶의 질quality of life을 누리면서 삶의 기회life chance를 추구하는 데 제한받지 않는 상태"로 정의한다. 따라서 WPI의 평화는 ① 군사 안보만이 아니라 ② 정치 역사 ③ 경제 사회의 세 부분의 상태를 통합 지수화한다. 참고로 2017 WPI에 의하면 한국은 세계

195개국 중 70위, 북한은 163위다.

2018년 3월, 평창올림픽 이후의 한반도 정세를 숙의하는 원로모임에서 북한 다루기와 평화관계가 만만치 않음을 논의했다. 그 후 평화연구의 대가 최상룡 교수가 쓴 〈평화상태의 개념에 대하여〉라는 그의 최근 논문을 보았다. 최 교수 논문에 의하면 가치로서의 평화상태는 세 가지이다. 첫째, 인명의 존엄이 유지되는 상태, 인간생명, 인간안보, 인간다운 삶을 유지하기 위한 필요조건. 둘째, 전쟁과 구조폭력이 없는 상태, 민주평화사상, 평화의 정치사상('민주주의 국가 간에는 전쟁이 없다' '정치 체제가 민주적일수록 평화적이다'). 셋째, 정의가 실현된 상태 – 중용中庸평화.

이상의 간단한 정의와 평화와 통일 논의에서도 알 수 있듯, 북한에서의 정의와 평화 다루기, 우리 내부의 정의와 평화 만들기, 그리고 우리와 맞물려 있는 동북아시아와 태평양과 지구촌의 평화와 정의 다루기는, 지금은 물론 30년 뒤에도 쉽지 않을 것이다. 이 문제가 21세기 지구촌 정의와 평화 문제와 맞물려 있음을 직감하고 예감할 수 있다.

3. 새 차원, 다 차원, 통通 차원의 통일 대계
: 자강, 보편, 다원의 지구사회, 지구촌적 접근과 목표

과거의 극복뿐 아니라 미래개척 창조의 통일이어야 한다

시간과 지리와 인간이 통합된 차원, 그리고 목적과 수단, 장기와 단기, 과거·현재·미래가 통합된 차원에서 통일에 접근해야 한다.

통일 대박, 북한 해방, 연방제·연합제 등 거친 통일, 또 다른 6.25 같은 통일 등 한국 민족주의 갈등과 욕구충족으로서의 통일, 즉 우리 한인韓人, 한 민족, 한 정권 내부 명제로서의 통일이어서는 안 된다. 지금까지 우리 내부를 멍들게 한 정권마다 다른 통일방안, 역대 집권자들이 민족 통일 문제를 개인화, 사유화privatization하는 데에서 벗어나야 한다. 또 한반도 내부의 한인만이 아니고 한반도 내부의 다문화가정과 중국, 러시아, 중앙아시아, 일본, 미국 그리고 1945년 이전과 이후에 뻗어나간 전 세계 해외 한인을 모두 포용하는 그런 통일이어야 한다.

형식은 한반도의 지리적 통일이지만 실체는 한반도 내 한인과 다문화가정, 전 세계 한민족 모두를 아우르는, 한인의 민족주의인 동시에 지구사회 실현, 지구촌 공동체를 향한 연대, 상생 보편주의에 입각한 통일이어야 한다.

김진현은 약 30년 전 고려대학교 평화연구소에서 발표한 논문 〈평화논리와 안보논리〉에서 목적과 수단, 안과 밖의 일체화를 주장한 바 있다. "'평화를 목적으로 하는 평화수단'의 의지와 프로그램 실천은 곧 인간화·민주화·개방화·인류화(지구촌화)의 길이다. 남북통일도 바로 이러한 안으로의 인간화·민주화의 충실을 거쳐, 밖으로 안과 똑같은 개방화·국제화·인류화의 길을 걸을 태세가 돼 있을 때, 이질성 극복이 가능해지고 통일이 실천의 길로 가는 것이다."(한국판 21세기 적십자 운동, Global Welfare Tax 등 제안)

스위스의 지역성과 세계성, 자강에서 배우자

한반도 지정학의 역사적 특징을 고려하면, 통일이 곧 평화는 아니다. 남북의 평화가 자동적으로 통일로 이어지는 것도 아니다. 모두 필요조건이긴 하나 충분조건은 아니다. 생명·자유·공정·복지·환경·안전·민주공화주의의 가치가 반영된 정의와 평화의 통일이라야 70년 분단을 넘는 통일의 의미가 있다. 다른 말로 표현하면 통일이 관련 당사자들에게 자유를 억압·제한하고, 불공정·불평등을 확대하고, 환경과 복지를 개악하고, 백성·시민의 인간 안보를 위협하는 것이서는 안 된다. 오히려 반대여야 한다.

26개 주(칸톤), 4개 공용어를 가진 스위스가 지방성과 다원성 위에 보편적인 평화와 중립의 제도를 구상, 실천한 과정과 정신과 행동을 배워야 한다. 또한 남북통일의 평화가 한반도만의 평화가 아니라 약 110년 전 안중근 의사가 만주 여순 일제 감옥에서 꿈꾸던 동양평화, 동양통일, 동양연합의 실현으로 이어지는 기폭제가 되는 통일이어야 한다. 그래야만 한반도·한인·한민족의 평화가 보장된다.

그 길은 스위스의 지역성과 세계성 그리고 자강능력에서 찾을 수 있다. 국제적십자를 창설한 앙리 뒤낭Jean-Henri Dunant이 품었던 박애정신은, 세계의 어떤 권력도 그 명분과 명제를 거부할 수 없는 세계 보편적인 적십자운동의 씨앗이 되었다. 지구촌 문제 해결을 위한 적십자운동 같은 접근 메커니즘을 발견하기 위해서는 그런 박애주의의 싹을 우리 내부에서부터 제도화해야 한다.

남수단에서 헌신한 이태석 신부, 생명·자연·먹거리 자립의 일가 김용기 선생이 일상적으로 나와야 한다. 이 땅에서 21세기 평화 창조의 선구적 박애·헌신자가 배출되어야 한다. 그리고 이 땅이 생명, 평화, 환경, 사회공동체 연대 부문에서 세계적 선도 국제기구의 중심에 서야 한다. 그것이 21세기형 한국 민족주의요, 한국 통일의 세계적 보편성이다. 국제적십자위원회ICRC는 1863년 설립 시 5인에서부터 현재의 25인에 이르기까지 스위스인들만으로 구성되어왔다. 이것은 민족주의의 극치인가, 세계주의의 극치인가. 스위스는 주변 4대국(독일, 프랑스, 이탈리아,

오스트리아) 그리고 세계패권국들도 꼭 필요로 하는 기술과 제품, 소프트웨어를 선점하고, 자립자강의 의지와 제도가 확고하기 때문에 평화와 독립과 세계중심성이 가능한 것이다.

남한에서는 지구촌 박애·보편주의가 적극적으로 확장되고, 북한에서는 북한판 문익환 목사, 황석영 작가, 임수경 학생이 나올 때라야 자강과 중심성 확립으로서의 통일, 그리고 평화가 온다. 북한에서 인권이 평화의 돌부리가 되지 않도록 하기 위해서라도 북한인권에 대한 장기적 대비를 세울 필요가 있다는 성공회대 조효제 교수의 문제제기는 매우 심층적인 의미가 있다. 평화 – 발전 – 인권을 하나로 묶어서 사고하고, 한반도 평화와 번영, 통일의 길을 닦으려면 인권이라는 토대가 깔려야 한다는 기본관점을 가져야 한다. 남북관계가 개선되기만 하면 이 문제는 저절로 해결될 수 있다고 기대한다면, 그것은 국제동향을 오독하는 것이다. 풍계리 실험장 폐기가 비핵화의 가시적 상징인 것처럼, 정치범수용소 폐쇄가 체제 보장의 실질적 이정표가 될 수 있다고 북한을 독려해야 한다.

인류문제군 테스트베드로서의 한반도

1) 남북화해 – DMZ 화해和諧 – DMZ를 세계평화공원화(남북한 주권 포기?)

화해협력의 첫 단추는 북한의 가난과 열악한 생명·환경 조건을 개선하는 데 지원하는 단기 긴급조치를 본격화하는 것이다. 그러나 2048년, 30년 뒤의 한 세대를 내다보는 통일 대계는 보다 큰 문제의식에서 접근해야 한다. 남북을 초월한 인류문제군, 전통·근대·초근대의 정치외교 및 생명문제군이 가장 복합적으로 얽혀 있는 테스트베드로서의 한반도는 곧 지구촌 인류문제군을 해결하는 데 있어서 가장 격렬하고 치명적인 시험대이기 때문이다.

　김진현은 2008년 10월 23~24일 일산 킨텍스에서 열린 〈비무장지대 보전을 위한 국제 컨퍼런스International Conference on DMZ Conservation〉에서 DMZ를 평화공원화하여 UN 관리하의 국제평화지역World Peace Zone으로 변경, UN 기관 설치와 UN 관련 회의장으로 활용하는 방안('DMZ into global Peace Zone')을 제안했다(물론 남북 모두 DMZ 지역의 주권 포기도 고려해야 한다). 같은 차원에서 최근 작지만 격발적 의미가 있는 문제제기를 이화여대 최재천 석좌교수가 하고 있다. 그는 '생태계의 보고'로서 DMZ가 유지되기를 간절히 원하고 있다.

　남북교류가 활발해져 남북 간 15개의 철도와 도로가 연결되면 비록 분단의 비극으로 탄생했지만 인류의 생태유산이 된 DMZ 내 동물들의 평화가 깨지니 이들을 고가高架로 복원해달라는 것이다. '인간의 화해가 자연에 돌이킬 수 없는 화해禍害를 끼칠까 두렵다'는 결론은, 평화와 통일을 논할 때 휴전 후 65년간의 과거와 30년 후의 미래를 아우르고, 생각의 차원을 지구촌 생명까지 넓히고 높일 것을 촉구한다.

2) 한반도 전체를 유기농 지대로 – 생명자원 자립의 의지

　황폐한 북한 산림과 사회간접자본 개발도 남한의 경험을 반복하기보다 2048년 남북한 통일을 목표로 생물다양성 보존, 안보자강과 생명자원 자립이라는 친환경적, 국가전략적 차원에서 접근해야 한다. 대한민국이 산림녹화에 성공한 것은 사실이지만 산에 나무를 심어 푸르게 하는 것이 국가산림정책의 전부는 아니다. '녹화'를 넘어 산림 자연을 어떻게 에너지와 먹거리의 '생명자원' '자연자본'으로 승격, 치환하느냐가 기본명제인 것이다. 그것은 남한과 북한을 넘어 중국, 인도, 몽골의 공통된 과제이다. 대북지원 북한개발의 모든 측면을 특정 지역의 문제로 다루지 말고 한반도 전체 문제, 중국·인도, 동북아문제군, 인류문제군의 중심명제라는 차원에서 다루어야 정의와 평화, 평화통일의 가치가 있다. 그것이 한반도 문명의 재창조요, 개벽의 길인 것이다.

어차피 자연환경은 파괴되고 현대사회의 소비적 측면에서는 뒤져 있는 북한은 그 복구·발전에서 '근대'라는 이름의 소비지향, 환경파괴적이 아닌 개발, 제3의 개발 모델을 모색할 필요가 있다. 그편이 한국식, 중국식, 베트남식 모델보다 더 저비용, 고효율의 매력적이고 세계적인 개발 모델을 만들어내 북한 주민과 통일한국에 일조할 수 있을 것이다. 예를 들면 한반도 전체의 농업을 유기농으로 하여 인공화학물질 투입거부 농업지대로 만드는 목표도 세울 만하다. 특히 4차 산업혁명의 열매를 한반도 생명자원 자립에 응용, '후발자의 이익'을 누리도록 전략을 짜면 30년 뒤 인류공생의 꿈까지 아우를 수 있을 것이다. 새로운 첨단기술과 적정기술을 활용, 북한은 물론 통일한국은 생명자원 자립의 의지로 '새 지속발전 대안'의 선구자로 나서야 한다.

3) 미래과학기술에 의한 통일 자강 체제

《특이점이 온다The Singularity is Near》(2006)의 저자인 레이 커즈와일Ray Kurzweil은 기계지능machine intelligence, 인공지능이 인간지능을 능가하는 포인트, 즉 특이점singularity을 당초 2045년에서 최근 2029년으로 앞당겼다. 4차 산업혁명은 AI, 3D 프린트, 빅데이터, 로봇에 의한 사회 인프라, 서비스, 교육, 행정, 정치, 군사(무기) 등의 패러다임 변화에 압도적 영향을 미치고 있다.

남북의 통일과정, 통일을 위한 국가능력 제고를 위해서는 물론

2048년 통일한국의 국가사회 목표설정에서도 이 결정적 과학기술 혁명을 활용해야 한다. 특히 한국의 자립·자강에 결정적 약점이자 결점인 생명자원, 즉 에너지·먹거리·물 자원의 완전 자립, 군사력과 정보력 강화, 그리고 새 차원의 군사무기 연구 개발과 확보(EMP, CRISPR, Nanobot 등)에 새로운 과학기술의 활용은 결정적으로 중요하다. 이 혁명적 기술의 확보, 유효한 개발에서의 국가와 민간 역할 재정립을 위해서는 아마도 한국판 방위고등연구계획국DARPA(Defence Advanced Research Projects Agency, 현재의 NARPA)또는 국가적 NARPA가 필요할 것이다. 미래과학기술의 개발체계, 인력 양성과 배치, 동원체제, 국가의 전략목표 설정 등이 통일한국으로 가는 길, 그리고 그 후 통일한국의 자강과 중심성 확보를 위해 결정적으로 중요하다.

4) 통일한국 – 자강·자립의 중심성–Pax Koreana

우리가 통일을 하지 못하는 것은 통일방안을 모르기 때문이 아니라 통일할 수 있는 우리 힘(국력)이 없기 때문이다. 우리가 통일되지 않은 것은 통일의 기회가 없었거나 오지 않아서가 아니라 할 수 있는 내부역량이 없었기 때문이다. 우리 안에서 정의와 평화의 자강이 없었기 때문이다. 2048년 통일한국은 단순히 지리적, 민족적 통일한국이어서는 안된다. 또 행운으로 통일이 온다 해도 자강능력이 없으면 한반도 역사 이래 반복된 운명, 즉 조공·사대·식민·분단의 악성 반도성이 언제든지 닥친다. 단층·단절·충돌의 반도성은 대륙세력과 해양세력 간의 충돌에서 '악성 반도성'을 반드시 반복한다.

통일한국은 주변 강대국뿐 아니라 세계 4대 강국에서도 자유로울 수 있는, 질적이고 스마트한 자강력을 가져야 한다. 한국의 선택이 4대 지정학 패권국의 균형을 결정적으로 깨거나 4강의 가치를 '정의와 평화'로 선도할 수 있는 자강력, 도덕성을 추어야 한다.

이제 '통일한국'은 지리적으로는 예전과 같은 반도이나 중심성의 반도가 되어 반도의 운명을 바꿔야 한다. 반도는 그 주인이 자강능력, 자립·자치·자성의 능력과 결의를 닦으면 대륙과 해양을 잇는 가교, 연결·중재·다양성·다원·균형의 중심이 된다. 근대 전반기에는 식민과 전쟁의 남다른 비극을 겪었지만 반도의 남쪽은 해양을 활용해 산업화, 민주화, 시민 자유, 교육과 과학기술의 고등화, 사회문화의 다원성을 획득한, 즉 제3세계 국가 중 유일하게 근대화에 성공한 나라가 되었다. 전 세계와의 연결성, 국제무대에서의 매력과 대표성, 현재와 미래 인류의 지속가능 대체문명에 기여하는 정도에 있어서나 민주·복지·평등·박애·참여·평화·생명·자유·정의·사랑·인의·자비와 같은 인류 진보의 보편적 가치의 실현과 지향에 있어서 대한민국은 21세기 한반도와 전 세계 한민족의 중심으로 우뚝 섰다. 북쪽도 생명과 자유, 평화적인 가치에서는 눈에 띄게 열등하나 일반적인 후진국에 비하면 일정한 수준은 갖췄고, 미국과 유럽에까지 이르는 ICBM과 핵폭탄을 보유한 나라가 되었다.

남북의 역량을 통일한국의 자강에 적응, 접합, 동원할 수 있다면 한반도의 중심성을 창조할 수 있다. 통일한국이 자강능력을 갖추고 4차 산업혁명을 자강체제 확립에 유효하게 투입할 수 있다면 악성 반도성의 반복을 거부하고 중심성의 통일국가가 되어 새 운명을 창조하고 개벽을 연다. 통일이 되면 근대화 과정의 비극이 퇴적층으로 쌓인 한국만이 갖고 있는 일본, 중국, 러시아, 미국 등 전 세계 800만 교포와 세계에서 두 번째로 많은 크리스천 선교사들이 모두 K-POP과 같은 역할을 할 것이다. 자강능력과 중심성 창조에 성공한 통일한국은 새 문명, 새 생활 양식, 지속가능한 대체문명 창조에서 지구촌의 새로운 주역으로 중심의 울림을 떨칠 것이다. 그것이 백범 김구 선생이 '문화국가'에서 소원했던 한국의 평화Pax Koreana와 세계평화Pax Universa로 가는 길이다.

21세기 한국판 국제적십자운동, 21세기 한국판 노벨평화상, 21세기 한국판 세계 DMZ·자연환경 운동, 21세기 한국판 인류복지세Global Welfare Tax 운동을 창시하고 중심이 되는 것, 그것이 자강이다. 그것이 통일한국, 반도의 중심성 창조요 한인·한민족의 개벽이요 부활이요 해방이다.

- 초고집필: 김진현
- 수정검토: 김소영, 문용린, 허태욱

참 고 문 헌

- 조효제, 〈유엔에서 한반도를 염원하다〉, 한겨레 2018.05.09.
- 레이 커즈와일, 《특이점이 온다》, 김영사, 2007.
- 세계평화포럼, 《세계평화지수 2017》.

한반도 미래전개도
-STEPPER 관점

SUMMARY

1   한반도의 가능한 대안 미래를 지속미래, 선호미래, 최악미래 및 변혁미래의 측면에서 제시

2   선호미래와 변혁미래에 따른 한반도 미래전개도를 STEPPER 관점으로 제시
  - 사회 분야: 남북한 통합세대 등장과 남북한 시민 갈등 대비
  - 기술 분야: 남북한 4차 산업혁명 공동 대응과 북한의 디지털 변혁
  - 경제 분야: 북한 경제성장과 남북한 소득격차 감소와 양극화 심화 대비
  - 정치 분야: 한반도 정치지형 변화 및 국제정치 변화에 대비
  - 인구 분야: 생명과학기술의 발달에 따른 남북한 공히 생명연장 대비
  - 환경 분야: 비무장지대 생태지역화 및 북한 환경규제 강화 필요
  - 자원 분야: 러시아 가스관과 핵융합발전 등에 대비한 에너지믹스 전략

3   미래전개도의 주기적 갱신과 지속 및 최악 미래전개도 작성 필요

1. 한반도 평화와 통일로 가는 멀고 좁은 길

2018년 4.27 남북 판문점 정상회담과 6.12 북미 싱가포르 정상회담으로 비정상이 정상으로 환원될 것으로 기대가 모아지고 있다. 그럼에도 불구하고 한반도의 평화와 공존, 번영과 통일의 길은 멀고 좁은 길일 것으로 예상된다. 국제정치적 요인이 남북한에 끊임없이 영향을 미칠 것이다. 미국과 중국의 경쟁과 갈등이 넓어지고 깊어질 것으로 예견되고 있다. 그 최전선의 하나가 될 한반도의 평화와 통일은 국제정치의 동향에 큰 영향을 받을 수밖에 없다. 남한의 양극화 심화와 북한의 강경세력도 한반도의 평화와 공존에 부정적 영향을 미칠 수 있다. 한반도에 거주하는 시민들이 평화와 번영을 누리기까지 극복해야 할 변수와 장애물은 수없이 많을 것으로 예상된다.

미래학에서 미래예측이란 '가능한 대안 미래를 만들기 위한 사회적 과정'으로 정의된다. 그 멀고, 좁으며, 거친 길을 완주하기 위해서는 미래예측이 필요하다. 긴 호흡으로 다양한 미래 가능성을 전망하고, 대화하고, 이해하고, 합의하고, 준비해야 할 필요성은 한반도에 사는 시민이라면 절박하게 느낄 것이다.

한반도의 평화와 통일로 가는 데는 무수한 갈림길이 있을 것이다. 모든 갈림길을 예상하고 지도로 그리는 것은 어려운 일이기도 하지만 실익도 없다. 백두대간의 갈림길은 아무리 많아도 그 수가 정해져 있으나, 한반도 통일로 가는 길에는 언제든지 예측 불가능한 일이 일어날 수 있기 때문이다. 또한 그 길을 우리가 만들어야 하는 것이라면 길을 새롭게 지도에 그릴 필요가 있다. 일반적으로 우리는 4개의 대안 미래*를 예상할 수 있다.

- 선호미래: 북한 핵의 완전한 폐기 이후, 남북한 평화와 공존을 이루고 경제적 번영을 이루는 것이 남북한의 대다수 시민들이 원하는 선호미래일 것이다. 한반도의 통일은 30년의 준비 과정을 거쳐서 순조롭게 이뤄지며, 북한의 파워 엘리트도 남북한 통일에 적극적이다. 경제적으로 성장한 남북한은 1국가 2체제에서 완전한 통일로 순조롭게 이행한다. 준비과정에서 상호 신뢰를 쌓고 생활수준이 비슷해졌기 때문에, 특별히 통일비용이 추가로 소요되지 않는다. 통일에 따라 저출산 고령화 문제도 완화되며, 남북의 성장동력은 동남아와 아프리카로 나아간다. 한반도의 평화는 동북아의 안정과 평화로 이어지며, 주변국들도 한반도의 발전에 상당히 우호적인 상황이다.

- 변혁미래: 전 지구적 차원에서 미래는 역사적 전환을 목전에 두고 있다. 4차 산업혁명과 탈자본주의, 기후변화, 포스트 휴먼의 등장 등이 이에 해당한다. 생명과학기술의 발달에 따라 인류는 금세기 안에 극단적 생명연장의 성과를 거둘 것이다. 디지털 혁명으로 인해 생산성 혁신을 이루게 되고, 공유와 공용에 기반을 둔 새로운 정치경제 시스템으로 전환하게 된다. 이러한 큰 흐름은 한반도에도 영향을 미쳐 한반도의 평화와 통일이라는 역사적 전환기와 맞물려 한반도의 대변혁을 가져올 수 있다. 남북한 이념 대립의 장은 변혁과 초월을 위한 여유 공간으로 변하게 된다. 한반도는 그 여유 공간을 바탕으로 새로운 사회시스템이라는 현명한 대안을 만들 것이

- 대안 미래를 도출하는 방법은 여러 가지가 있다. 여기서는 대안 미래의 단순성과 명확성을 위해 피터 슈워츠Peter Schwartz의 미래 시나리오 방법을 원용했다. 그는 미래 시나리오를 현재 상태의 지속Business As Usual, 최악의 상황Worst Case, 최고의 상황Best Case 및 변혁Outlier으로 나누었다.

다. 이를 통해 한반도는 세계의 갈등을 극복하는 평화와 통일, 새로운 정치경제 시스템의 상징이 될 것이다. 이 책이 지향하는 통일은 바로 선호미래와 변혁미래이다.

- 지속미래: 한반도 평화와 통일의 길은 좁고 길다. 그 좁고 긴 길에서 길을 잃으면 기존의 불안한 남북한 대치상황은 지속될 수 있다. 북미협상의 결렬 또는 무의미한 협상의 반복, 중국의 북한에 대한 영향력 강화, 중국 견제를 위한 미국의 북한 이용, 미국과 중국의 갈등을 남북한이 대리해야 하는 상황, 북한의 강경세력이 남북한 통일에 반대, 미국의 트럼프 재선 실패와 대북 강경 세력의 집권, 미국 군산복합체의 이익을 위한 긴장 재연, 북한에 강경한 태도를 유지하는 정당의 집권 등 다양한 원인이 어렵게 얻은 남북한 평화와 공존의 기회를 사라지게 할 수 있다. 이 외에 한반도 내외부 위험 요인의 개연성은 수도 없이 많다고 하겠다. 다시 남북한 대치로 돌아가는 경우, 북한은 체제유지를 위해 더욱 핵에 매달리고 내부통제를 강화할 수도 있다. 북한의 생존을 위한 중국에의 의존은 경제적 의존을 넘어 정치적 의존으로 이어질 수도 있다.

- 최악미래: 남북한 종전 및 평화 협상이 무산되고 남북한이 다시 극단적 대치 상황으로 내몰린다. 미국의 대북 제재는 더 강화되고 북한은 더 강하게 도발을 하면서 한반도는 언제든지 전쟁이 발발할 수 있는 위험지역으로 전락한다. 에너지와 자원을 둘러싼 갈등이 심화되고, 무역분쟁이 곳곳에서 일어나면서 세계 경제가 침체되고, 미국과 중국의 갈등은 더욱 날카로워진다. 중국이 경제력 규모에서 미국을 추월한 데 이어, 인공지능, 생명과학기술 및 우주과학기술에서도 미국과 우위를 다투는 상황이 되면서 미국은 중국에

대한 견제를 강화한다. 경제침체와 중국의 부상, 북한의 핵무장을 더 이상 인내하지 못한 미국은 극단적으로 북한을 압박한다. 중국은 미국의 제재를 반대하고 북한을 옹호하며 한반도는 미국과 중국의 대리전 지역이 되어간다. 한반도는 대립의 악순환의 고리에서 주도적으로 나올 역량도 의지도 보여주지 못하고 또다시 민족적 위기에 직면한다. 이 책은 이러한 최악미래를 회피하고, 선호미래와 변혁미래를 실현하기 위한 미래전략을 제시하는 것을 목표로 한다.

2. 한반도 선호 및 변혁 미래전개도

남북한 종전선언 및 평화협정이 체결될 경우 다양한 변화가 전개될 것으로 예견된다. 이를 STEPPER 관점에서 미래전개도로 작성한 것이 '한반도 미래전개도'이다. STEPPER는 사회Society, 기술Technology, 경제Economy, 정치Politics, 인구Population, 환경Environment 및 자원Resource의 각 관점을 의미한다. STEPPER를 통해 전체 미래 변화상에 접근할 수 있다.

　남북한 종전선언 이후 전개 가능한 미래의 모습은 매우 다양하다. 이른바 4차 산업혁명과 같은 기술의 변화, 미국과 중국의 관계 변화 및 한반도 내부의 문제 등이 서로 연결되고 변형되어 미래의 불확실성과 가능성을 만들어내기 때문이다. 여기서 우리는 향후 30년을 대상으로 가능성 높은 긍정 이벤트를 중심으로 낙관적으로 미래가 전개될 것을 전제로 한다. 그리고 아래 도출된 미래전개도 상의 항목은 단·중·장기 시

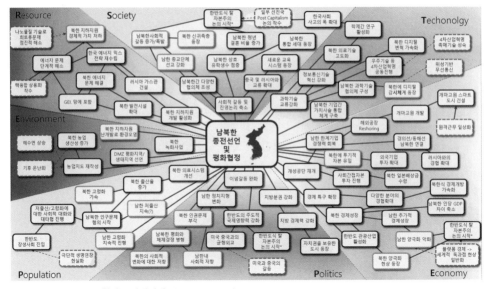

| 그림-1 | 한반도 미래전개도(Futures Wheel)

기별로 수정, 보완 및 추가되어야 하며, 현재의 상황을 반영한 것이라는 점을 밝힌다.

사회Society 분야

가장 먼저 남한 내의 사회적 갈등 및 진영논리가 줄어들 것으로 보인다. 남한과 북한에 대한 정보 개방으로, 적어도 남한 내의 진영 논리는 상당히 줄어들 것이다. 남한이 먼저 인터넷 등을 통한 북한 매체 접근을 허용할 것이며, 남한과 북한이 상호에 대한 무지와 오해가 점진적으로 줄어듦에 따라 상호 접촉과 교류가 확대될 것이다.

이에 따라 남북한 간 다양한 협의체가 조성될 것이다. 먼저 이념과 관련이 없는 과학·기술·환경·인구 등에 대한 협의체가 제한적으로 구성될 것이다. 이후 다양한 협의체가 폭발적으로 증가할 수도 있다. 산업·학계 및 민간 교류가 확대될 것으로 보인다. 그러나 북한은 체제 안정 및 경제적 자신감을 확보할 때까지, 교류를 단계적으로 확대할 것으로 보인다.

남북한 간 신뢰가 형성되면 상호 유학과 남북한 남녀 간의 결혼도 늘어날 것이다. 남북한 유학생, 남북한 결혼 및 그 자녀가 증가함에 따라 새로운 통일세대가 늘어날 것이다. 이들이 사회 통일의 구심점 역할을 하고, 세대가 바뀌면서 한반도의 갈등은 근본적으로 치유되고 새로운 시대로 나아갈 미래가 열릴 것으로 기대한다. 아울러 통일된 사회의 통합을 위하여 사회복지제도의 개선, 언어정책, 교육정책, 지역개발정책, 문화예술의 통합정책 등이 활발하게 논의된다.

기술Technology 분야

북한의 대륙간탄도탄 개발 경험은 첨단기술과 우주기술로 용이하게 전환이 가능하다. 한국의 인공위성 기술과 북한의 발사체 기술이 융합될 경우 우주기술에서 유의미한 성과를 거둘 수 있을 것으로 기대된다. 북한의 소프트웨어 역량과 한국의 IT 역량의 결합도 상당한 시너지를 낼 수 있을 것이다.

북한의 디지털 변혁은 빠른 속도로 진행될 것으로 보인다. 특히 스마트폰을 이용한 디지털 변혁이 급속도로 진행될 가능성이 크다. 더불어 북한은 가용한 최신 정보통신기술들을 도시와 같은 사회기반시설에 접목하는 스마트 도시 기술의 구현의 장이 될 수 있을 것이다. 다만 디지털 기술은 북한 정권에 양날의 칼이 될 수도 있다. 자유의 바람을 불어 넣는 통로가 될 수도 있고, 이를 이용한 감시와 통제가 강화될 수도 있다. 중국의 사례에 비추어 보면 북한이 유사한 경로를 밟을 수 있음을 시사한다. 중국은 안면인식 기술 등을 국내치안에 활용하고 있다. 개방의 속도를 적절히 통제하고, 개방으로 인한 사회적 부작용 등을 최소화하고자 하는 요구가 나올 수 있다. 특히 2020년대 중반부터 가능하게 될 것으로 보이는 위성기반 무선통신 기술은 북한의 언론통제를 무력화하여 체제 불만을 야기할 수도 있다. 이로 인해 북한 내의 인권 침해에 대한 논쟁이 남북한 내부에서 대두될 가능성이 있다.

4차 산업혁명 촉매기술인 가상현실, 핵융합 발전, 생명과학, 나노물질 기술 등의 개발 경쟁이 치열해지면서, 싱귤래리티 시대에 공동대응을 위해 한반도 차원의 협력과 연구 등이 진행될 것으로 보인다. 또한 방송통신의 통합과 지식재산 제도의 통합을 위한 노력이 경주된다.

경제 Economy 분야

남북한 종전 및 평화선언 이후 북한에 대한 UN의 경제 제재가 완화되면, 가장 먼저 개성공단이 재개된다. 또한 단계적으로 개성공단 확장 및 추가적인 경제특구 개설이 이루어질 것으로 보인다. 이에 따라 노동집약적이었던 우리나라 한계기업이 숨통을 틔울 수 있을 것으로 보인다. 해외에 공장을 설립한 일부 기업은 북한과의 단기 및 중기 임금 협상을 통해, 비용에 대한 예측가능성을 확보하고 한반도로 복귀할 가능성이 크다. 이에 따라 한반도에 소재한 기업의 가치사슬을 통일하기 위한 디지털 시스템을 구축할 것이다.

북한에 대한 경제 투자는 상당한 매력이 있다. 미국의 투자가인 짐 로저스는, 가능하다면 북한에 상당한 투자를 하겠다고 거듭 밝히고 있다. 미국의 북한에 대한 민간 투자는 북한의 체제 보장에 대한 보증으로서의 역할을 일정 부분 담당할 것이다. 다만 북한에 상당한 투기적 자본이 유입될 가능성이 높다. 이에 대해서는 한국의 금융전문가가 신뢰감 있는 조언을 줄 수 있어야 한다.

북한에 대한 다양한 경제제재가 해소되고, 남한과 미국 자본의 유입, 일본의 대북 배상금은 북한 경제를 급속도로 발전시킬 것이다. 2017년 발표된 미국 CIA의 보고서 〈The World Factbook〉에 따르면 2015년 기준 북한의 구매력 기반 GDP는 1,700불에 달한다. 통계청의 '2017년 북한의 주요통계지표'에 따르면 2016년 북한의 1인당 국민총소득은 146만원이다. 북한은 2016년 경제성장률이 3.9%로, 같은 해 2.8%였던 한국에 비해 1.1%가 높았다. 국제적 경제제재가 전방위적인 상황에서 보인 경제성장률이기 때문에 특히 의미가 있다. 이는 북한이 상당히 급속도로 발전할 가능성이 있음을 보여준다. 중국과 베트남이 개방초기에 10%와 7%의 경제성장을 보인 것에 비추어 보면, 북한의 경제성장률은 상당히 높을 것으로 보인다. 북한의 경제성장에 따라 남한도 추가적인 경제성장을 거둘 수 있을 것으로 전망된다.

북한 경제개발 진행에 따라 남북한의 일인당 GDP 차이는 줄어들 것이다. 남북한이 하나의 경제권역을 이루고, 탈자본주의 정치경제 시스템이 논의됨에 따라, 남북한 간 화폐 단일화, 단일한 시장을 공유하는 1국가 2체제 가능성이 점증할 것이다. 북한지역의 개발과 교통망 연결, 금융제도와 단일 통화, 조세와 재정 정책의 협력과 통합을 위한 노력이 시작된다.

정치 Politics 분야

남한의 관계가 개선되면서 진영논리가 축소되고, 보수와 진보의 차별성이 줄어들 것으로 예상된다. 각 정당의 헌법에 해당하는 정강을 기준으로 볼 때, 보수와 진보에 속한 각 정당의 차이가 크지 않기 때문이다. 이에 따라 남한의 정치 지형에 변화가 올 것으로 전망된다.

국제정치 측면에서 남북한의 평화와 협력은 한반도의 국제적 영향력을 크게 할 가능성이 있다. 국제정치 측면에서 미국과 중국의 경쟁과 갈등은 넓어지고 깊어질 것으로 보인다.

북한의 경제성장이 성과를 보이면 북한은 자신의 체제에 대한 자신감을 갖게 될 것으로 보인다. 30년의 통일 준비 기간 동안에 남과 북의 생활수준이 비슷하게 되어 격차가 거의 없어진다. 통일을 위해서 주변국과의 외교와 남북의 군사협력과 지방자치에 대한 논의가 활성화된다.

인구Population 분야

북한의 의료시스템이 개선됨에 따라 출생률이 올라가고 평균수명이 늘어날 것으로 보인다. 2015년 북한 합계출생률은 1.9명이며, 기대수명은 70.6세이다. 남한의 2017년 합계출생률은 1.05명이며, 2015년 기대수명은 82.16세이다. 산술적으로 보면 남북한 평화와 공존이 저출산에 긍정적 역할을 할 것으로 보이지는 않는다. 다만 남북한 교류 확대와 이로 인한 가치관의 전환 등이 출생률에 긍정적으로 영향을 미칠 것이다. 북한의 건강과 의료시스템의 개선으로 북한의 기대수명은 급속도로 증가할 것으로 전망된다.

이에 더해 생명과학기술이 기하급수적으로 발달하는 것을 고려하면, 남한의 경우에도 기대수명과 기대여명이 상당히 증가할 것으로 예견된다. 이른바 포스트 휴먼과 트랜스 휴먼을 위한 과학기술의 등장에 따라 극단적 생명연장이 가능하게 될 것으로 예견된다. 이에 따라 고령화에 대한 시각의 전환이 필요하다. 노인의 개념이 달라질 것이고, 직업, 결혼, 교육 등의 근본적 개혁이 필요하다. 평균 기대수명이 120세가 넘는 경우 사회제도의 많은 변화가 요구된다. 이에 대한 사회적 대응을 장생

사회長生社會라고 할 수 있다.

환경Environment 분야

기후변화라는 거대 미래 변수에 대응할 수 있으면서 한반도 맞춤형의 지속적 발전이 가능한 국토개발 계획 수립은 남한이 그동안 빠른 경제성장 속에서 시행착오를 거치면서 얻은 경험을 활용해서 가능할 것이다. 경제성장 주도의 환경정책이 아니라 경제-환경-사회가 공존할 수 있는 신 환경정책에 따라서 산업발전과 자연보전이 동시에 가능한 법, 제도, 거버넌스 등이 구축 및 운영될 것이다.

북한 녹화사업은 상당히 빨리 착수될 수 있다. 수해방지를 위한 녹화사업은 그 실익이 크고 비용이 많이 들지 않기 때문에 평화협정 체결 이후 조속하게 진행될 수 있다. 평화협정 체결 이후 비무장지대에서 남북한의 군사력이 후방으로 철수할 것이다. 70여 년간 개발되지 않은 비무장지대는 생태지역으로 각광을 받을 것이다. 역사적 상징성과 생태지역으로서의 가치 때문에 비무장지대는 세계적 관광지역으로 재조명될 것이다.

온실가스에 대한 통제가 실패하면서 2050년대 즈음에 지구 평균온도가 산업화 이전 시대에 비해 2도 올라갈 가능성이 크다. 지구 평균온도에 비해 한반도의 평균온도가 더 올라가는 현상을 고려하면 개마고원은 거주와 농사에 적합한 지역으로 바뀔 수 있다. 이러한 측면에서, 기후 온난화와 해수면 상승에 따라 한반도 농업지도를 재작성하는 것이 필요하다. 특히 북한의 농업생산성이 증가할 것으로 기대한다. 다만 농업의 디지털화와 배양육 기술의 발달은 농업을 새로운 생태산업으로 진화시킬 것이다. 농업의 변혁에 대응하여 한반도 전체 관점에서 농업지도를 작성하고 이에 따른 농업전략을 수립해야 한다. 이러한 새로운 농업전략 수립에는 고령화 사회라는 미래 예측을 고려해서 도시 농업에 대한 전략도 포함해야 한다.

자원Resource 분야

북한을 통과하는 러시아 가스관 건설에 따라, LNG 복합화력발전소의 경제성이 확보된다. 2030년경에 핵융합발전이 가능해질 수도 있고, 몽골지역 등에 대단위 태양광발전 시설이 건설됨에 따라, 한국은 에너지믹스 전략의 재수립이 필요해진다. 친환경 재생에너지와 에너지 독립 사이의 균형은 한국 사회에서 상당히 오랫동안 논의가 될 것으로 보인다.

북한의 경제개발에 따라 전력수요는 증가할 것이나, 이는 비교적 순조롭게 해결될 것으로 보인다. 북한에 전력공급을 위한 다양한 사업이 단계적으로 진행될 것으로 예견된다. 이는 북한과의 경협이 진행됨에 따라 공장시설 등을 가동해야 하기 때문이다.

북한의 지하자원이 적극적으로 개발될 것이다. 북한에 매장된 희토류 다수의 채굴권을 중국이 가지고 있음을 감안해야 하나, 희토류와 배터리 등의 개발을 연계해서 산업전략과 연계할 필요가 있다. 다만 핵융합 상용화와 나노물질 기술의 개발에 따라 북한의 지하자원의 경제적 가치는 현재 산출한 것보다 줄어들 위험이 있음을 감안해야 한다.

- 초고집필: 김두환, 배일한, 윤기영, 이명호, 이재우
- 수정검토: 박준홍, 이광형, 최승일, 황호택

참 고 문 헌

- 박용하·정휘철·이동근 외, 〈기후변화에 따른 생태계 영향평가 및 대응방안 연구〉, 한국환경정책 평가연구원, 2002.

- 통계청, 〈2017 북한의 주요통계지표〉.

- KAIST 문술미래전략대학원/미래전략연구센터, 《인구전쟁 2045》, 크리에이터, 2018.

- Sohail Inayatullah, *Futures Studies: The Six Pillars Approach*, Future Workshop Material, USIM Malaysia, 2017.

- 〈'STEEP'으로 바라본 '한반도 미래전망도'〉, 전자신문 2018.04.30.

- 〈북한도 저출산·고령화… 당장 통일돼도 17년뒤 인구감소〉, 조선일보 2017.11.21.

- 〈2050년 지구 '2도 상승'…디스토피아 문 열리나〉, 한겨레 2016.11.07.

- 〈'평화' 길목의 한반도…공존 다음의 새로운 갈등 넘어야〉, 한겨레 2018.05.21.

- 〈Jim Rogers: I would buy North Korea if I could〉, CNN Money 2015.05.05.

- 〈Fusion Energy on Grid by 2030, Says MIT Scientist〉, Science Alert 2017.06.29.

- 〈남북이 함께 대규모 ICT단지 건립하자〉, ZDNet Korea 2018.04.26.

- 주러시아 대한민국대사관, 〈러시아 천연가스 국내 및 수출가격〉, 2009.

- 한국항공우주연구원 홈페이지.

- CIA 2017 World Factbook.

- World Bank 홈페이지.

한반도 4단계
미래전략 시나리오

SUMMARY

1   선호미래와 변혁미래의 측면에서 한반도 미래전개도를 단중장기 시점
    에 배치하고, 시기별로 4단계 한반도 미래전략을 도출

2   4단계 한반도 미래전략에 따른 미래 시나리오 제시
    • 1단계: 평화와 공존, 평화협정 이후 평화와 공존 시기
    • 2단계: 한반도 번영 추구와 갈등 극복 시기
    • 3단계: 과학기술 발전과 정치경제 시스템 변화에 대한 주도적 대응과 1국가
      2체제 연합을 실현
    • 4단계: 1국가 1체제 통일시대 달성 시기

3   지금이 한반도가 장기 미래에 대한 준비를 해야 할 시점임을 재확인

1. 단계별 미래전략

STEPPER의 관점에서 통일 준비 4단계별로 미래 시나리오를 살펴보기로 한다. STEPPER는 미래변화 7대 요소로서 사회, 기술, 경제, 인구, 정치, 경제, 환경, 자원을 말한다. 여기서는 선호미래와 변혁미래를 중심으로 전개한다. 선호미래는 우리가 희망하는 미래를 말하고, 변혁미래는 큰 변화를 겪은 후에 전개되는 미래를 말한다.

1단계(2018~2027) : 평화와 공존		
사회(S)	• 사회적 갈등 및 진영논리 축소	• 남북한 간 다양한 협의체 조성
기술(T)	• 과학기술 교류 강화 • 북한 의료기술 고도화	• 남북한 과학기술 협의체 구성 • 4차 산업혁명 개념 접목
경제(E)	• 개성공단 가동, 금강산관광 재개 • 북한 경제성장 • 북한에 투기적 자본 유입 • 외국기업 투자 확대 • 러시아와의 경협 확대	• 경제 특구 확장 • 사회간접자본 투자 진행 • 남한 한계기업 경쟁력 회복 • 경의선/동해선 남북한 연결
정치(P)	• 이념갈등 완화 • 지방분권 강화	• 남한 정치지형 변화 • 미국과 중국의 갈등
인구(P)	• 북한 의료시스템 개선 • 남한 저출산 지속(?)	• 북한 출산율 증가
환경(E)	• 북한 녹화사업	• DMZ 평화지역/생태지역 선언
자원(R)	• 북한 지하지원 개발 활성화 • 북한 발전시설 확대	• 러시아 가스관 건설
2단계(2028~2037) : 공동번영 달성과 갈등의 극복		
사회(S)	• 남북한 상호 유학생수 점증 • 남한 종교단체 선교 강화 • 남북한 사회적 갈등 증가/폭발 • 새로운 교육 시스템 등장	• 남북한 청년 결혼 비율 증가 • 북한 신귀족층 등장 • 중국 및 러시아와 교류 확대 • 한국사회 사고의 폭 확대

기술(T)	• 정보통신기술 혁신 강화	• 학제간 연구 활성화
	• 우주기술 등 4차 산업혁명 공동진행	• 북한 디지털 변혁 가속화
	• 위성기반 무선통신	• 북한에 디지털 감시체계 등장
경제(E)	• 해외공장 Reshoring	• 개마고원 개발
	• 원격근무 일상화	• 북한 일본배상금 수령
	• 다양한 분야의 경협확대	• 북한식 경제개방 가속화
	• 남한 추가적 경제성장	• 남북한 일인당 GDP 차이 축소
	• 남한 양극화 악화	• 한반도 관광산업 활성화
	• 북한 양극화 현상 등장	
	• 플랫폼 경제 → 세계적 독과점 현상 일반화	
정치(P)	• 한반도의 주도적 국제영향력 강화	• 미국 중국과의 균형외교
	• 지방 경제력 강화	• 북한 인권문제 부각
	• 남북한 평화와 체제경쟁 병행	• 북한의 사회적 변화에 대한 저항
	• 남한 내 사회적 저항	
인구(P)	• 북한 고령화 가속	• 남한 고령화 지속적 진행
	• 남북한 인구문제 협의 시작	
환경(E)	• 남북경협 지역의 환경(물, 공기, 폐기물)관리 사업	
	• 북한 지하자원 난개발로 환경오염	• 농업지도 재작성
자원(R)	• 한국 에너지믹스 전략 재수립	• 북한 에너지 문제 해결
	• 에너지 문제 단계적 해소	• 가스 하이드레이트 개발

3단계(2038~2047) : 변혁과 초월

사회(S)	• 남북한 통일 세대 등장	
	• 한반도식 탈자본주의 논의 시작	
	• 일부 선진국 Post Capitalism 논의 착수	
기술(T)	• 4차 산업혁명 촉매기술 성숙	• 싱귤래리티 시대 준비
경제(E)	• 개마고원 스마트 도시 건설	• 기후변화 대응 사회기반시설 개선
	• 단일화폐(암호화폐) 사용	• 일인당 소득 격차 1:1로 축소
	• 한반도식 탈자본주의 논의 시작(사회, 정치, 경제에 공통)	
정치(P)	• 자치권을 보유한 도시 등장	• 1국가 2체제 실현
	• 한반도식 탈자본주의 논의 시작(사회, 정치, 경제에 공통)	
인구(P)	• 저출산/고령화에 대한 사회적 대화와 대타협 진행	
	• 극단적 생명연장 현실화	
	• 한반도 장생사회 진입	

환경(E)	• 한반도 환경 통합관리 전략 수립 • 북한 농업 생산성 증가 • 기후 온난화 및 해수면 상승
자원(R)	• 에너지 문제에 대한 대안 확보 • 북한 지하자원 경제적 가치 저하 • 나노물질 기술로 희토류 문제 점진적 해소

4단계(2048~) : 한반도 대통일	
사회(S)	• 남북 사회통합 • 100세 사회 • 동질성 회복 • 언어통합
기술(T)	• 싱귤래리티 사회 • 포스트휴먼 사회 • 방송개방
경제(E)	• 남북 격차 해소 • 동북아 공동시장
정치(P)	• 1국가 1체제 • 연방의회 • 연방정부 • 지역별 자치권 강화
인구(P)	• 인구 구조개선 • 장생사회(100세 수명)
환경(E)	• 생태계 보존 • 환경오염
자원(R)	• 핵융합 상용화

| 표-1 | 한반도 4단계 미래전개

2. 한반도 4단계 미래전략 시나리오

1단계 : 평화와 공존

남북, 북미, 북일 간의 극적인 수교를 통해서 평화와 공존이 한반도에 사는 시민들이 마땅히 공유할 새로운 시대적 화두로 부상한다. 남북한 간 연락사무소가 개성에 설치되고, 국교수교를 맺고 서울과 평양에 대사관이 들어선다. 서울 세종로에 인공기가 날리고 평양의 문수거리에 태극기가 휘날린다. 까다롭긴 해도 남한 국민들이 북한 방문증을 발급받아 육로, 해로 및 하늘길을 통해 북한을 합법적으로 방문하는 일이 가능해진다. 두 나라가 외교관계를 맺었다고 해서 남북 정권의 상호 불신과 살벌한 군사적 대치상황이 완전히 끝난 것은 아니다. 허나 오랜 분단 체제에 길들여졌던 남북한 국민들에게 또 다른 세계가 열린 역사적 사변은 근본적 의식의 변화를 몰고 온다. 이제 화해와 평화의 길로 가야 한다는 역사적 당위성에는 남북의 어떤 주류 정치세력도 저항하기 어려운 분위기가 형성된다.

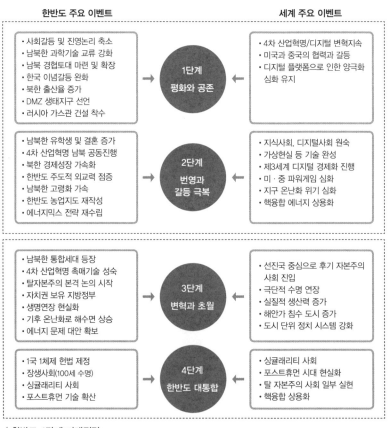

| 한반도 4단계 미래전략

남북한 정부는 오랜 이데올로기 대결의 논리적 모순과 공백을 대체할 통치이념으로 평화적 민족주의를 강조한다. 서로 다른 체제에서 길들여져왔던 남북한 주민을 통일하기 위해서 민족주의는 쉽게 활용 가능한 가치관이기 때문이다. 우리는 같은 민족, 단군의 자손이라는 민족주의적 슬로건과 메시지가 매스미디어에 자주 등장한다. 남북한의 친인척을 찾는 프로그램도 인기를 얻는다. 상호 동질성을 확보하기 위한 과정이다. 한반도의 신민족주의의 등장에 대해 초기에 주변국이 우려의 눈길을 보내기 시작한다.

올림픽 단일팀을 위해 남한 조용필과 북한 현송월이 공동 작사 작곡한 응원가가 유행한다. 2022년 서울과 신의주를 잇는 경의선 고속철도가 완공되고 이듬해 동해선도 뚫린다. 서울에서 평양까지 한 시간 십분, 블라디보스토크까지 네 시간 만에 주파하는 고속철도의 완성은 남북 주민의 접촉과 경제교류를 활성화한다.

남북한 경협이 확대됨에 따라 일부 한계기업이 수명을 연장할 수 있게 된다. 해외로 공장을 이전한 다수의 기업이 한반도로 공장을 리쇼어링한다. 2023년에는 북한을 경유해 러시아 천연가스를 들여오는 가스관 건설이 완성됨에 따라 전력비용이 낮아지고 탄소발생량을 줄이게 된다. 또한 몽골에 대규모 태양광 발전 단지 등이 건설되면서 한반도 에너지믹스 전략의 변화가 요구된다.

2단계 : 공동번영 달성과 갈등의 극복

2단계에 접어들면서 남북한 관계는 본질적으로 크게 달라지기 시작한다. 교통, 통신 인프라가 연결되고 국민 모두가 남북관계 개선으로 인한 혜택을 경험하면서 남북한 협력은 거스를 수 없는 대세가 된다. 북한

시장의 내수화가 꾸준히 진행되면서 남한경제에서 중요한 비중을 차지하고 북한 공단에서 생산되는 상당수 품목들의 가격 경쟁력은 중국, 베트남을 능가한다. 북한의 경제성장률은 상당한 성과를 거두며, 남한도 추가적인 경제성장을 거두게 된다. 남북한의 일인당 국민총생산의 차이는 급속도로 줄기 시작한다.

북한 정권은 김일성주의 색채를 줄이고, 전통 유교, 민족주의, 환경이념 및 반자본주의를 융합한 북한식 사회적 공유경제인 신주체사상을 제창한다. 점점 심해지는 환경재앙과 인공지능 확산으로 인한 일자리 감소 등을 고려할 때 북한이 제시한 신주체사상은 북한의 체제 안정에 기여하였다는 대외적 평가를 받는다. 북한은 신주체사상을 근거로 개인주의, 소비지상주의가 팽배한 남한 방식의 생활상을 비판하기도 한다. 남북한은 활발한 교류를 하면서도 새로운 선의의 체제경쟁을 시작한다. 북한지역에 초고속 통신망이 깔리자 인터넷으로 남북한 TV 시청이 가능해져서, 남북 동질성 회복에 크게 기여하고 있다.

2027년 개성과 DMZ 주변에 한국자본이 투자한 실버타운이 들어서 성황리에 분양을 마친다. 북한 토종 인공지능 기업이 세계시장에서 두각을 나타내는 사례가 등장한다.

서해 NLL 일대가 평화수역으로 바뀌고 남북 간에 군사적 긴장은 크게 완화되었지만, 대규모 군축으로까지는 아직 이어지지 못한다. 북한은 경제성장에 필요한 인력을 확보하고자 군 복무기간과 군인의 수를 대폭 줄이고, 육해공군의 낡은 무기체계를 바꾸는 첨단화 사업에 나선다. 북한은 통일과정에서 소외감을 느끼는 군부를 달래기 위해 핵무기를 포기하는 대신 재래식 군사력은 일정수준 유지해야 한다는 명분을 내세웠으나, 본격적으로 평화시기의 군대로 전환한다. 2028년 미국 군함이 원산을 친선 방문하는 역사적 이벤트가 열린다.

2037년, 북한은 종전 및 평화협정 이후 20년 만에 1인당 GDP 1만 달러, 구매력 기준으로는 1만 5천 달러를 달성한다. 남한의 1인당 GDP도 북한과의 경제협력에 힘입어 예상보다 빨리 7만 달러를 바라보게 된다.

3단계 : 변혁과 초월

남북한이 그동안 거둔 경제적 성과와 체제에 대한 자신감으로 통일 논의를 시작할 수 있게 된다. 유럽 선진국과 미국에서 탈자본주의에 대한 논의가 본격화한 것도 중요한 원인이 된다. 인공지능을 포함한 디지털 혁명, 스마트 로봇 기술, 디지털 농업혁명, 가상현실 기술 등은 일자리의 의미를 변화시키고 근본적 생산성의 향상을 가져온다. 남북한 조폐당국이 공동 발행한 암호화폐가 등장하면서 남북한 국민과 기업들이 자유롭게 상거래가 가능해진다. 남북 지역의 일인당 소득격차가 점차 감소하여, 거의 1:1 정도가 된다. 광역시를 중심으로 한 광범위한 자치권을 인정하는 움직임도 남북한 통일에 대한 선택의 폭을 넓히는 여유를 갖게 된다.

특히 일당제를 유지하면서도 성공적 경제개발을 달성한 북한 정권은 보다 자신감을 갖고 남한과의 통일논의를 진행한다. 개성이 잠재적 통일 행정수도로 거론되면서 남한 자본의 인프라 투자가 집중되고 공단 외곽지역에 대규모 아파트촌과 공공시설이 들어선다.

한반도가 단일국가로서 국제사회에 영향력을 키우고, 전 세계의 한민족이 통일되기를 바라는 한반도 시민의 바람이 증가한다. 이에 따라 1국가 2체제 통일논의가 남북한 정부 간에 논의되기 시작한다. 3단계가 끝날 즈음에는 1국가 2체제가 확립된다. 지역정부가 내정을 담당하고 상당한 수준의 치안 병력을 여전히 유지한다. 반면 중앙정부는 외교를 담당하고 비교적 소규모의 연방군만을 보유한다. 상하원의 연방의회가 구성되어, 제한된 범위의 연방차원의 정책결정과 예산계획 및 법안을 담당한다. 남북한 국민들은 자신들이 원하는 체제를 기획하고 선택하거나 바꿔서 살 수 있다는 사실을 이해하고 다양한 국가모델을 스스로 제시하면서, 남북한 시민들 사이의 연대가 형성된다.

주한미군의 성격이 변하게 된다. 한미연합사는 유지하고 있지만 주둔 병력은 육군보다 공군 해군 위주로 재구성된다. 남한과 미국, 북한과 중국의 군사동맹은 동북아 안보동맹으로 전환된다.

인공지능 통번역 기술의 놀라운 발달로 대부분 분야에서 언어장벽은 사라진다. 한국어를 전혀 못하는 외국인이 한국사회에서 지적인 업무를 수행하고 네트워크를 만드는 데 어려움이 없어진다. 이제 한민족의 개념은 같은 언어를 쓰는 혈연 공동체가 아니라 한반도를 기반으로 문화와 정치적 이해관계를 공유하는 집단으로 점차 의미가 바뀌고 있다. 민족주의자들은 과학기술의 발달로 한민족의 정체성이 모호해지는 상황에 위기감을 느끼고 구체적 통일 로드맵을 서두른다.

4단계 : 한반도 대통일

2048년 단오절에 남북한 정상이 만나 한반도에 1국가 1체제를 추진하는 공동선언문을 발표한다. 이후 남북 각 지역 지방정부의 자치권을 확대하면서 시도정부 기반의 연방정부로 완전한 통일을 이룬다.

한반도가 외세에 의해 분단된 지 100년 만에 길고, 좁고, 거친 길을 걸어서 드디어 하나의 정치적 공동체를 만든다. 그해 여름에 남북한 국민투표가 시행되고, 가을에 황해도 행정수도에 중앙정부가 수립된다. 남북한 합의에 기초하여 초기의 연방정부와 연방의회의 권한을 작게 유지하면서, 합의의 수준을 높이며 연방의 권한을 확대하는 방안을 마련한다.

3. 이제 한반도의 미래에 대한 대화를 나누어야 할 때

앞으로도 북미회담과 북한의 핵폐기 절차, 미국의 북한 체제 보장의 방안, 남북미중의 정전 및 평화협정 등을 둘러싸고 한반도는 격동의 중심지가 될 것이다. 또한 남북한의 군사력 감축과 북한의 대외 개방과 국제 투자의 개시는 북한의 인권 문제를 새로운 이슈로 부각시킬 것이다.

앞에서 제시한 한반도 미래전개도와 단계별 미래 시나리오는 무수히 많은 가능한 미래상의 하나에 불과할 것이다. 우리는 이를 통해서 한반도 미래에 대한 대화를 이끌어내고자 했다. 미래에 대한 대화와 인식의 공유, 의지를 모으는 것은 미래를 만들어가는 첫걸음이기 때문이다. 이제 우리 한반도가, 한국 사회가 그리고 북한 사회가 주도적으로 미래에 대한 대화를 시작해야 할 때다.

한반도의 위대한 정치적 실험과 도전은, 21세기 어느 시점에서 완전한 통일국가라는 결실을 맺을 것으로 기대한다. 이는 미래세대의 몫으로 남겨둬야 할 것이다.

- 초고집필: 김두환, 배일한, 윤기영, 이명호, 이재우
- 수정검토: 박준홍, 이광형, 최승일, 황호택

참 고 문 헌

- 통계청, 〈2017 북한의 주요통계지표〉.

- KAIST 문술미래전략대학원/미래전략연구센터, 《인구전쟁 2045》, 크리에이터, 2018.

- Bill Sharpe, *Three Horizons: The Patterning of Hope*, Triarchy Press, 2013.

- Sohail Inayatullah, *Futures Studies: The Six Pillars Approach*, Future Workshop Material, USIM Malaysia, 2017.

- 〈'STEEP'으로 바라본 '한반도 미래전망도'〉, 전자신문 2018.04.30.

- 〈북한도 저출산·고령화… 당장 통일돼도 17년뒤 인구감소〉, 조선일보 2017.11.21.

- 〈2050년 지구 '2도 상승'…디스토피아 문 열리나〉, 한겨레 2016.11.07.

- 〈'평화' 길목의 한반도…공존 다음의 새로운 갈등 넘어야〉, 한겨레 2018.05.21.

- 〈Jim Rogers: I would buy North Korea if I could〉, CNN Money 2015.05.05.

- 〈Fusion Energy on Grid by 2030, Says MIT Scientist〉, Science Alert 2017.06.29.

- 〈남북이 함께 대규모 ICT단지 건립하자〉, ZDNet Korea 2018.04.26.

2

사회 분야

동질성 회복을 통한 남북 사회통합

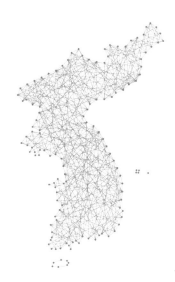

사회통합
: 한반도 통일 준비와 사회통합 전략

SUMMARY

1   통일의 걸림돌은 적대, 이질성, 격차/차이 등
  - 남북체제의 병존과 단계적 통일은 통일의 전제이면서 결과로서 사회통합이라고 할 수 있음

2   사회통합의 원칙과 방법: '행위 → 제도 → 구조' 차원으로 확대하면서 동시에 '사회적 통합 → 경제적 통합 → 정치적 통합'의 방식으로 전개되어야 함

3   사회통합 1단계(2018~2027): 교류, 협력, 상호이해
  - 목표: 개인 차원의 교류와 협력을 통한 상호이해 증진
  - 영역/방법: 상호방문, 단체교류, 공동체협력, 남북소통교류 센터 설치

4   2단계(2028~2037): 문화 공유 및 보편권리 보호
  - 목표: 문화와 제도의 공유를 통한 이질성 극복
  - 영역/방법: 기초교육 공유, 민족문화 복원, 미디어 개방, 기초복지 서비스 제공, 남북주민복지센터 설치

5 3단계(2038-2047): 관리정부, 연합정치, 공동 외교, 화폐 통합

- 목표: 공동관리정부의 구성을 통한 남북연합
- 영역/방법: 남북협치실행기구로 공동관리정부의 구성, '통일국민회의' 운영, 정당교류, 지자체연합과 교류, 공동 외교, 화폐단일화 추진

6 4단계(2048년 이후): 단일헌법, 단일국가, 사회적 다원화

- 목표: 통합적이면서 다원적인 사회로서 단일국가의 형성
- 영역/방법: 통일헌법 제정, 단일정부의 구성, 다층적 지방자치제 도입

7 단계별 실행전략

- 통일의 단계별 접근에 따라 사회통합도 단계별 실행전략과 방안 강구
- 실행전략 및 방안: 남북주민교류촉진법 제정, 난민대책, 투기대책, 난개발대책, 남북공동기초교육 및 기본권 보호에 관한 협약체결, 화폐단일화, 남북연합 및 공동관리정부 구성, 통일헌법 제정 및 단일정부 구성 등

1. 사회통합을 통한 한반도 통일

통일의 걸림돌 : 적대, 이질성, 격차/차이

한반도 통일은 분단을 초래하고 이를 장기간 고착시킨 요인들의 해소 과정 그 자체다. 이 해소가 일거에 이뤄질 수 없다면, 통일은 점진적이면서 단계적인 과정이 되어야 할 것이다. 단기적 통일을 가로막는 요소는 크게 세 가지다. 첫째, 남북의 뿌리 깊은 (정치군사적, 이념적) 적대, 둘째, 남북 체제하에서 만들어진 문화적 이질성, 셋째, 국민소득 등으로 확인되는 남북의 현격한 격차와 차이다. 이런 요소들이 그대로 남아 있는 상태에서 통일이 되더라도, 그 이후의 과정은 반목, 갈등, 불평등의 심화로 점철될 것이다. 이러한 통일은 자칫 또 다른 분단의 빌미가 될 수 있다.

남북체제의 병존과 단계적 통일

적대, 이질성, 격차의 씨앗들은 남과 북의 체제regime에 배태된 것들이다. 동서독과 같은 흡수통일 방식으로 한반도 통일이 하루아침에 이루어질 수 없는 까닭은 이와 관련된다. 따라서 한반도 통일은 남북의 체제가 일정기간 병존하면서 체제 간 적대, 차이, 격차를 점진(단계)적으로 해소해가는 과정의 결과로 구현될 것이다. 단계적 통일은 '통일 준비 → 전면 통일 → 통일 이후'와 같은 시간적 의미만 아니라 '사회통합 → 경제통합 → 정치통합'과 같은 내용적 의미까지 함축한다. 한반도 통일은 민족nation의 틀 내에서 분열국가를 통합국가로 역전시켜가는 과정이기 때문에 정치통합이 외형적이면서 최종적 모습이라면, 민족공동체의 통합적 복원이 그 속을 채운다.

통일의 전제이면서 결과로서 사회통합

준비가 안 된 통일은 북한 주민들의 대규모 주거이탈(난민화), 남한 주민들의 무분별한 대북 진출, 월남 주민들에 대한 배척과 차별, 소득이나 고용 측면에서 남북 주민 간 불평등과 같은 사회문제를 후유증으로 남긴다. 남과 북 체제의 통합이 통일의 완성단계라 하더라도, 그 완성도는 사회통합이 내부적으로 실제 얼마나 이뤄지느냐에 따라 달라진다. 남북은 본래 같은 민족과 같은 국가에 속했기에 통일의 실질적인 과정은 남북이 민족으로서 화합과 유대를 회복하는 사회통합의 과정이 되어야 한다. 사회통합은 그래서 통일의 저항을 줄이는 통일 준비의 조건이면서 통일 이후 사회적 안정을 담보할 통일 결과의 조건이기도 하다.

사회통합의 원칙과 방법

사회통합은 크게 3가지 층위를 갖는다. 첫째는 개인 행위자 차원에서 일상적 상호작용의 반복에 의한 (미시적 수준의) 사회적 통합social integration, 둘째는 시공간을 넘어서는 제도와 규칙의 상호작용에 의한 (거시적 수준의) 체제적 통합system integration, 셋째는 이 두 가지의 결합에 의한 범사회적 통합societal integration이다. 사회통합은 행위 → 제도 → 구조의 차원으로 확장하는 것이면서, 이 모두를 망라하는 것이기도 하다. 통일의 단계적 개념이 적용되는 사회통합은 행위 → 제도 → 구조의 단계로 확장하는 것으로 통일의 완성은 구조의 단계에서 이뤄지는 것이다. 부문 개념을 적용하면, 행위는 사회적 통합(일상적 관계를 중심으로 하는 통합), 제도는 경제적 통합(시장경제 제도를 중심으로 하는 통합), 구조는 정치적 통합(통치를 위한 법제도를 중심으로 하는 통합)으로 구분해볼 수 있다. 하지만 남북의 사회통합은 지리적으로 분리된 두 이질적 사회의 개인적, 집단적 연대와 유대를 복원하는 것이기 때문에 초장소적 상호교류의 메커니즘이 매개되어야 한다.

2. 1단계(2018~2027): 교류, 협력, 상호이해

목표 개인 차원의 교류와 협력을 통한 상호이해 증진

상호방문

남북의 사회통합 출발점은 남북 주민 개인 간 상호방문과 교류를 허용하고 활성화하는 것이다. 이산가족 상봉, 친지초청, 성묘, 연고지 방문 등과 같은 개인과 가족 차원의 자유로운 방문에서 시작하여 일반 주민 사이의 서신교류, 선물교환, 물품배달(택배), SNS 소통 등을 전면 허용하는 것으로 교류를 확대해가야 한다. 역사유적지 관광, 경승지 탐방, 탐방로 순례, 체험관광, 초청 봉사활동 등과 같은 개인 차원의, 비경제적 목적의 방문도 활성화되어야 한다. 이 모든 것은 단절된 민족공동체 삶의 일상관계를 복원하는 것이 되어야 한다.

단체교류

단체 차원의 인적 및 문화적 교류도 다양하게 이루어지도록 허용되어야 한다. 교육단체(학교 등), 봉사단체, 종교단체, 시민단체, 문화예술단체, 연구기관, 지방자치단체 등 공익적 활동을 하는 남북 단체들 간의 상호방문, 인적교류, 정보교류, 공동사업의 추진이 이런 유의 남북교류다. 이 모든 것은 민족공동체 삶의 일상관계를 개인 차원을 넘어 복원하는 것이 되어야 한다.

공동체 협력

남북 사회 각각에 뒤처지고 낙후한 사회부문(사람, 집단, 계층, 지역 등)에 대해 자발성에 기초해 돕고 지원해 차별과 배제의 폐해를 겪지 않도록 해야 한다. 여기에는 크게 세 종류의 협력사업이 있다. 첫째는 사회복지와 관련된 공동체 협력이다. 남북 사회에 함께 살아가는 삶의 영역을 다채롭게 복원하고 구축하는 것으로, 취약지역과 취약계층(저소득층, 장애인, 노령자, 노동불능자, 청소년, 여성 등)을 위한 다양한 복지(고용복지, 생활복지, 의료복지 등)를 확충하는 협력사업이 이에 해당한다. 둘째는 공동체 환경과 관련된 공동체 협력이다. 농촌 및 도시지역의 훼손되고 파괴된(오염된) 환경 복원(예, 산림녹화, 범람하천의 정비, 자연재해의 예방, 서식지 보호, 전통경관 복원 등)을 돕는 협력사업이 이에 해당한다. 셋째는 공동체 삶의 복원과 관련된 공동체 협력이다. 남과 북의 엔지오NGO와 주민들이 함께 참여하는 마을가꾸기, 마을복지(탁아, 육아 등), 커뮤니티 서비스, 커뮤니티 재생 등과 같은 협력사업이 이에 속한다.

남북소통교류센터 설치

남북의 시·군 단위로 설치하는 (가칭) 남북소통교류센터는 남북 주민 간의 다양한 교류와 소통을 조직하고 지원·촉진하는 역할을 하게 된다. 지역주민(혹은 엔지오) 주도의 소통교류센터 운영은 그 자체로 개인 차원의 사회통합을 도모하는 것이다.

3. 2단계(2028~2037): 문화 공유 및 보편권리 보호

목표 문화와 제도의 공유를 통한 이질성 극복

기초교육

중장기적 사회통합은 교육에 의해 촉진되어야 한다. 사회화는 대개 사회적 교육에 의해 뒷받침된다. 따라서 통일 준비 2단계에서 남북의 사회통합을 이끄는(촉진하는) 핵심 방안으로 남북이 동일한 초등교육(학년제, 교과과정, 학습내용 등)을 제도화하는 것을 들 수 있다. 동일한 초등교육을 채택하게 되면, 사회화 초기단계에서부터 남북 주민(특히 미래세대)은 동일한 지식과 세계관을 학습하게 되어 사회통합을 이룰 영역과 이를 지속해갈 가능성이 그만큼 더 커진다.

민족문화(언어, 역사 등)

남북은 같은 언어를 사용했지만, 분단 이후 말(단어)과 말의 의미가 달라진 게 많아, 통일 후 남북 주민 간 소통, 나아가 통합에 적잖은 걸림돌이 될 수 있다. 따라서 통일 준비 2단계에서 사회통합 촉진을 위한 방안으로 남북 간 이질화된 말을 같은 우리말로 회복하는 것(공동사전 발간, 방송 표준어 사용, 전문용어 통일 등)과 함께, 민족기원과 정체성에 관한 역사(민족신화, 삼국역사, 식민역사, 근대사 등)에 대한 해석을 하나로 통일하는 것 등이 주요 사업으로 추진되어야 한다. 그리고 남북 주민들이 어디에 살든 인간으로 존엄과 품격을 누리게 하는 기본권이 보편 권리로서 보호되도록 해야 한다.

미디어 개방

오랜 분단 상황에서 남북 주민들은 이념적으로 왜곡된 정보와 이미지로 서로를 해석하고 받아들이고 있다. 남북 간에 매스미디어의 상호개방은 이러한 문제를 해결하는 데 가장 중요하면서 효과적인 방법이 될 수 있다. 특히 TV 채널의 상호개방은 남북 주민들이 상대의 의식과 태도, 생활방식, 대중문화, 가치관 등을 이해하고 받아들이는 데 크게 도움이 될 수 있다. 현재 남북 TV는 송출방식이 달라서 상호 호환성이 없다. 초고속 통신망이 완성되면 인터넷 TV로 기술적인 장애를 극복할 수 있을 것이다. 미디어의 상호개방은 현실의 시공간 제약을 넘어서는, 즉 가상공간 혹은 초현실공간을 통한 다양한 사회적 상호작용을 이끌어낼 수 있기 때문에 지리적으로 분리된 남북의 사회통합을 도모하는 유효한 수단으로 활용되어야 한다.

기초복지서비스 제공

개방적 사회통합 과정에서 남북 어디에서든 배제나 상대적 소외를 겪는 사람, 계층, 집단, 지역이 필연적으로 있게 된다. 저소득층, 실업자, 농촌거주자, 청소년, 장애인, 낙후지역 주민 등과 같은 취약층에 대해서는 사회적 미니멈social minimum에 해당하는 소득, 교육, 복지, 주거 서비스 등을 받을 수 있도록 해야 한다. 이를 위해 남북은 공동으로 복지재원을 조성하고 복지전달 체계를 남북 모든 지역에 균등하게 구축해야 한다.

남북주민복지지원센터 설치

남북 주민 누구라도 인간답게 살 수 있는 보편권리로서 기초복지 서비스(의료, 주거, 교육 등)를 받는 것은 사회통합 차원에서 대단히 중요하다. 남북이 하나의 복지공동체로서 사회적 통합을 이루기 위한 방안의 하나로 시·군 단위로 (가칭) '남북주민복지지원센터'를 설치해 누구나 사는 곳에서 기초복지 서비스를 향유할 수 있도록 해야 한다.

4. 3단계(2038~2047)
: 관리정부, 연합정치, 공동외교, 화폐통합

목표 공동관리정부의 구성을 통한 남북연합

공동관리정부 구성

통일 준비 3단계에서 사회통합은 제도와 체제system 차원에서 이루어지도록 해야 하는바, 핵심은 남과 북이 공동으로 관리해야 할 부문을 도출해 이를 남북의 (임시) 공동관리정부 역할로 구성하는 것이다. 이는 남북 체제가 완전히 하나로 통합되기 전에 사회통합 차원에서 추진하는 각종 정책사업(화폐단일화, 공동기초교육, 기본권 보호, 사회적 기본서비스, 방송, 표준언어 복원 및 역사연구 등)을 공동관리하기 위함이다. 공동관리정부는 남북의 두 정부 위에 꾸려지는 과도기 협치(거버넌스)기구다. 일종의 (준)연방정부와 같은 것으로 사회통합에 필요한 공동사업을 남북의 합의(양해각서의 체결 등)에 기초해 추진하는 실행기구지만, 정치적 통합을 거쳐 태어날 단일국가 정부의 전신이 될 수 있다.

'통일국민회의' 설립

공동관리정부가 사회통합과 관련된 남북의 공동행정을 담당하는 실행 위원회형 기구라면, 남북 주민을 대표하는 사람들로 구성하는 (가칭) '통일국민회의'는 일종의 통일의회와 같은 대의기구다. 통일과정에서 필요한 남북 사회통합 관련 의제를 남북 대표들이 모여 논의하고 선정 해 남북 정부에 대해 이의 추진을 제안 권고하고, 나아가 남북통일 관련 공통의제를 동시에 제안하면서 추진의 성과를 평가하고 공론화하는 등이 통일국민회의의 역할이 된다. 이 또한 남북 간 합의에 기초해야 하지만, 남북의 두 의회가 합의한다면, 각 의회의 멤버(의원), 혹은 각 의회가 추천하는 남북 주민대표들로 통일국민회의를 구성·운영할 수 있다.

정당 교류

남북통일의 4번째 단계에서 이루어야 할 정치적 통합에 관한 원칙이나 방법 등을 논의하고 합의를 도출하기까지는 남북의 당국 간에 지루한 줄다리기가 지속될 수 있다. 남북의 정당 혹은 정당형 단체들은 교류를 통해 서로의 정치방식을 이해하면서 정치적 통합, 나아가 통일국가의 성격이나 구성방식 등에 관한 관점과 의견을 공유해가는 과정을 이끌도록 해야 한다. 남북 합의를 바탕으로 하는 남북 정당교류는 남북의 주요 정치집단 간에 친목, 대화, 상호이해 등을 위한 것이지만, 활동 여하에 따라선 남북연합이란 틀 내에서 이루어지는 고도의 정치적 과정이 될 수 있다.

'남북지자체연합' 구성

남한의 시·군·구에 해당하는 남북의 기초자치단체들이 참여하는 (가칭) 남북지자체연합이란 연대체를 구성해 지자체 차원의 교류와 협력을 조직적으로 추진하도록 해야 한다. 이는 앞선 단계의 지자체 간 자발적,

공식적, 비공식적 교류와 달리, 통일 이후 통치의 한 단위로 풀뿌리자치, 참여자치, 기관자치 등을 어떻게 꾸려갈지를 사전적으로 그려보고 논의하는 것을 주된 목적으로 한다.

공동 외교 추진

단일국가의 출범 이전이라도, 남북연합의 틀(공동관리정부, 통일국민의회, 정당교류, 지자체연합 등)이 갖추어지면, 외교분야도 남북이 하나의 채널로 통합 운영할 수 있다. 해외 각국에 설치된 남북의 대사관을 하나로 통합 운영하는 것이 이에 해당한다. 통합 대사관은 기존의 남북 외교업무를 각각 처리할 수 있는 업무분장 시스템을 일정 기간 가동하더라도, 이후엔 하나로 통합 처리할 수 있도록 해야 한다. 통합공관이 설치되더라도 남북 정부가 완전히 통합되지 않은 상태에서는 외교업무를 통합외무와 비통합외무로 나누어 처리하도록 해야 할 것이다. 주요 국가(미국, 중국, 일본)에 한해서 남북의 공동외교를 우선적으로 실시하는 것도 한 방법이다.

화폐 단일화 추진

화폐통합은 남북의 정치체제의 통합과 더불어 추진해야 할 사회통합의 핵심부분이라고 볼 수 있다. 단일화폐의 사용은 상품의 생산과 소비가 이루어지는 경제권을 하나로 만들어내게 한다. 남북 동일경제권의 형성은 행위자 차원의 미시 사회적 통합을 넘어 이익거래와 권리설정을 규칙화하고 제도화하는 거시 사회적 통합으로 나가는 중간지대를 구축하는 것이다. 하지만, 남북의 격차(일인당 소득 및 생산액 격차)가 현격하게 남아 있는 상황에서 동일한 화폐의 사용은 '부등가 교환' 메커니즘의 작용으로 부의 지리적 이전과 유출(북에서 남으로)을 자극해 북한 경제의 상대적 피폐화를 초래할 수 있다. 따라서 영국에서 잉글랜드와 스코틀랜드가 파운드란 화폐단위를 공유하지만 각각의 화폐를 발행해 사용하듯이, 남북도 화폐단위를 통일하더라도 일정기간 독자 발행한 화폐를 사용하면서 하나의 경제권을 점진적으로 만들어가야 할 것이다. 이와 함께 부의 유출(북에서 남으로)을 막는 제도들을 남북이 동시에 강구해야 한다.

5. 4단계(2048년~)
: 단일헌법, 단일국가, 다층적 지방자치

목표 통합적이면서 다원적인 사회로서 단일국가의 형성

단일헌법

통일 준비 3단계를 거친 후 남북의 단일국가 형성으로 통일은 완성된다. 그 완성의 기초는 남북의 단일헌법 제정이다. 여기에는 남북통일의 이념, 주권재민, 기본권, 권력구조, 정부구성방식 등을 담도록 해야 한다. 남북 통일국가는 남북의 정치적, 경제적, 사회적 통합에 기초한 만큼, 자본주의와 사회주의를 아우르는 절충적 체제(광의의 사회민주주의)가 되어야 할 것이다. 어떤 체제이든, 통일헌법은 주권재민, 즉 권력은 국민으로부터 나오고, 이를 원리로 하는 통치의 민주적 구조를 만드는 것을 담아내도록 해야 한다.

단일정부

정치적 통합 이후에는 단일국가의 행정부를 구성하게 된다. 이는 정치적 통합이 어떻게 이뤄지느냐에 따라 달라질 수 있지만, 완전히 새롭게 구성하기보다, 이전에 만들어 운영해온 공동관리정부, 통일국민회의 등을 남북 합의를 통해 발전적으로 확대하는 것으로 구성하는 것도 한 방법이다. 하지만 단일국가의 통치체제를 대통령제와 내각책임제, 혹은 집권제, 분권제(연방제 등), 절충형(혹은 분권적 집권제) 중에서 어떤 것을 중심으로 하느냐에 따라 단일정부의 실제 구성은 달라진다. 단일정부의 민주적 구성은 정치적 차원에서 남북의 사회통합을 사실상 마무리하는 의미를 갖는다.

다층적 지방자치

통일국가를 구성하는 지방자치기관은 헌법기구로서 중앙정부와 대등한 권리 관계를 갖도록 해야 한다. 이를 위해서는 먼저 자치권을 통일헌법상의 기본권으로 규정해야 한다. 그렇게 되면 지방자치제는 자치권이 (중앙으로부터 위임되는 것이 아니라) 주민들로부터 위임되는 주민자치제(기관자치제의 대안)의 원리로 꾸려진다. 지방자치기구의 명칭도 중앙으로부터 위임에 의해 구성되는 지방자치단체가 아니라 지역주권에 기초해 구성·운영되는 지방정부로 명명되어야 한다. 그 구성의 방식과 형태에 대해선 주권자인 지역 주민들이 선택할 수 있도록 해야 한다. 따라서 지방자치는 다층적으로 구성되면서 다양한 형태를 띠게 된다. 이 모두는 지방자치제의 설치와 운영에 관한 통일헌법의 규정에 근거하도록 해야 한다.

6. 단계별 실행전략

단계별 추진을 위한 실행전략 및 방안 통일의 단계적 접근에 따라 사회통합도 단계별 실행전략과 방안을 강구해야 한다.

1단계

남북주민 개인 차원에서 교류와 소통을 촉진하는 다양한 사업과 방안들을 남북주민이 주도적으로 추진할 수 있는 것을 포괄적으로 지원하는 법으로 (가칭) '남북주민교류촉진법'이 남북의 공동발의로 제정되어야 한다. 아울러 사회통합을 저해하는 요소들을 사전적으로 차단하는 다면적 대책과 조치를 남북이 공동으로 취해야 한다. 이를테면, 북한 주민들의 일시적 과잉 주거이탈에 대한 예방, 남한 주민들의 무분별한 북한 진출(투기 목적 등으로)의 통제, 경제협력이란 이름으로 이루어지는 무분별한 난개발에 대한 관리 등이 그러하다. 전면적인 통일이 될 때까지, 대규모로 발생할 수 있는 남북주민들의 고용이주도 체계적으로 관리되어야 한다.

2단계

단체(집합적 행위자) 차원에서 남북의 전면적인 사회통합을 촉진하고 지원하는 법률적 근거로 (가칭) '남북의 공동기초교육 및 기본권 보호에 관한 협약'을 남북 합의로 체결해야 한다. 남북 상호 교류를 위한 초고속 통신망을 구축 완료하여, 남북한 주민 모두가 동일한 수준의 문화적 혜택을 누리게 한다.

3단계

체제 차원에서 사회통합을 구현하는 방안으로 남북연합을 구성하되, 그 핵심은 실행위원회형 남북의 '공동관리정부' 구성이다. 남북의 정부가 있는 상태에서 구성되는 공동관리정부는 남북의 통합을 위한 실행과제의 선정과 추진을 공동관리하는 협치기구가 된다. 또한 경제권 단일화를 위한 선행조치로 '화폐의 단일화'가 남북합의를 통해 단기적으로 시행될 수 있도록 해야 한다.

4단계

통일의 완성이 단일국가 혹은 통일정부의 구성이라면, 그 기초는 통일헌법의 제정이다. 이는 남북의 사회통합을 법률로 완성하는 것에 해당한다. 남북의 좁힐 수 없는 이견이 개입할 개연성이 큰 통일헌법의 제정은 남북합의를 바탕으로 설치 운영해 온 통일국민회의, 정당교류, 남북시민자치센터 등을 통해 논의하고 합의하는 과정의 결실이 되어야 한다.

- 초고집필: 조명래
- 수정검토: 이광형, 허태욱

참고문헌

- 김완기, 《남북통일, 경제통합과 법제도 통합》, 경인문화사, 2017.

- 전태국, 《사회통합과 한국 통일의 길》, 한울아카데미, 2013.

- Giddens, A., *The Constitution of Society: Outline of the Theory of Structuration*, Cambridge: Polity, 1984.

언어통합
: 한반도 통일시대 남북한 언어통일 전략

SUMMARY

1   한반도 통일시대를 대비해 남북한 언어 현황을 검토하고 언어통일 방안과 미래전략을 모색하는 작업이 필요

2   구체적인 언어통일 전략을 통해 언어 동질성을 회복하기 위한 체계적인 전략과 정책이 수립되어야 함

3   언어통일 작업은 향후 남북통일 후 발생하는 경제적 사회문화적 통합 비용을 절감하고 갈등을 최소화할 수 있는 가장 핵심적인 요소

4   남북한 통일언어를 위한 단계별 비전과 목표
- 통합 모색기: 언어 차이를 상호 인정하고 존중하는 분위기 조성
- 통합 완성기: 남북한 언어통합 방안 도출
- 통합 구축기: 남북한 언어통합 방안 확산
- 통일 정착기: 통일언어로 단일한 사회문화 공동체 형성

5   남북한 통일언어를 위한 단계별 전략
- 1단계: 남북한 교류와 공동 조사 확대
- 2단계: 남북한 언어통합 방안 구축
- 3단계: 통일언어 확산을 위한 과도기적 운영 체제 방안 실시
- 4단계: 남북한 통일언어 사용 및 단일 언어공동체 형성

6   통일언어 과제 추진을 위한 제안
- 언어학 외에 전 분야의 협조와 공동 노력 병행 필요
- 통일 언어 정착을 위한 제반 환경 조성 및 유지
- 시간을 갖고 진정한 사회문화적 공동체로 발전시켜야 함

1. 남북한 언어 현황과 미래 지향점

광복이 된 지 73년이 흘렀다. 광복 후 남과 북은 하나의 통일된 조국을 완성하지 못하고 분단되어 여전히 세계 유일의 분단국가라는 오명을 안고 있다. 단일언어를 구사하는 단일민족인 한민족이 지속된 단절로 인해 조금씩 사회문화적으로 이질화가 드러났다. 특히 일상생활에서 사용하는 언어는 분단의 영향을 가장 밀접하게 받는 분야라고 볼 수 있다. 분단되고 단절이 될수록 언어는 각자의 방식으로 변하게 되고, 종국에 가서는 변화의 무게를 버티지 못하고 별개의 언어로 분리되는 과정을 밟기 때문이다.

이렇기 때문에 남북한 언어의 이질화 문제는 민감할 수밖에 없으며, 이것이 학자들만의 관심사가 아니라 온 국민의 관심사인 이유가 바로 여기에 있다. 얼마 전 평창 동계올림픽을 계기로 남과 북의 왕래가 다시 시작되면서 때 아닌 '오징어'와 '낙지' 논란이 있었다. 남한의 오징어를 북한에서는 낙지라 부른다는 것이다. 남북한의 언어의 차이가 극명하게 드러나는 순간이었다. 오징어와 낙지의 논란은 남북한 언어차이와 이질화 문제를 여실히 보여주었고 한반도 통일시대를 위해 남과 북이 무엇을 어떻게 준비해야 하는지를 다시금 생각하는 계기였다.

따라서 이러한 시점에서 통일에 대비해 남북한 언어의 현황을 들여다보고 이를 바탕으로 언어통일 방안과 미래전략을 모색해보는 것은 의미 있는 작업이라고 할 수 있다. 구체적인 언어통일 과정을 통해 언어 동질성을 회복하기 위한 체계적인 전략과 정책이 수립되어야 한다. 더욱이 언어통일 작업은 향후 남북통일 후 통합과정에서 발생하는 경제적 비용과 사회 문화적 통합 비용을 절감하고 갈등과 혼란을 최소화할 수 있는 가장 핵심적인 요소라는 점도 상기할 필요가 있다.

남북한 언어 현황과 비교

남북한은 비록 분단되기는 했지만, 언어적인 측면에서는 여전히 동질성을 유지하고 있다. 남북한 사람들은 서로 의사소통이 가능하고 남북의 신문을 큰 불편 없이 읽고 이해할 수 있다. 현재 남북한 언어는 음운 체계에서도 커다란 변화가 없으며, 문법적인 면에서도 차이가 없고, 어휘 면에서도 차이는 크지 않다.

다만 어휘의 경우 이념과 정책에 따라 남북한이 차이를 보이는 예가 더러 있다. 남한에서는 '인민, 동무'라는 말을 사용하지 않으며, 표준어도 차이를 보이는 경우가 있다[누룽지(남) - 가마치(북), 튀김 - 튀기 등]. 또한 외래어에서도 남북한이 차이를 보이는 경우가 있으며(트럭 - 뜨락또르, 백신 - 왁찐, 로켓 - 로케트 등), 언어 순화 과정에서 차이를 보이는 경우도 있고(파마머리 - 볶음머리, 도넛 - 가락지빵, 코너킥-모서리차기, 표백 - 바래기 등), 같은 한자어를 다르게 발음하는 경우도 있다(標識: 표지 - 표식, 歪曲: 왜곡 - 외곡 등).

어휘 가운데서 가장 심각하게 차이가 나는 것은 전문용어일 것이다. 컴퓨터 용어의 경우 데이터베이스database - 자료기지, 폴더folder - 서류철, 하드웨어hardware - 굳은모, 소프트웨어software - 무른모 등 차이가 나고, 의학 용어도 심근心筋 - 심장살, 파킨슨병 - 떨림마비, 조울병躁鬱病 - 기쁨슬픔병 등 차이를 보인다. 북한에서는 용어를 고유어로 다듬는 작업이 활발히 이루어진 결과이다.

또한 어문규범만 보아도 분단 이후 각자 개정을 통해 조금씩 차이가 생기기는 했다. 예를 들어 자모 이름이 다르고(기역 - 기윽, 디귿 - 디읃, 시옷 - 이웃 등), 사전의 자모 배열 순서가 다르다(북한 사전에서는 'ㅇ'이 'ㅅ' 다음이 아니라 모든 자음이 끝난 뒤에 오며, 'ㄲ' 'ㄸ' 등은 남한처럼 'ㄱ'이나 'ㄷ' 다음에 오는 것이 아니라 'ㅎ' 다음에 온다). 특히 사이시옷과(나뭇잎 - 나무잎, 장맛비 - 장마비, 냇가 - 내가 등) 두음법칙 적용에서도(역사 - 력사, 여성 - 녀성, 노동 - 로동 등) 남북한이 차이를 보인다.

그럼에도 불구하고 상대방의 글을 읽고 이해하는 데 별로 문제가 없는 것은 불행 중 다행이다. 이것은 남과 북의 어문규범이 모두 1933년의 한글맞춤법 통일안을 기반으로 하고 있기 때문이다. 1933년 맞춤법은 소위 주시경식 맞춤법(형태적 맞춤법)으로 불리는데, 이전에 수백 년 동안 통용되던 세종대왕의 맞춤법(음소적 맞춤법)과는 다르다. 다행스럽게도 분단 이후 주시경의 제자들이 남과 북에서 노력한 결과 모두 주시경식 맞춤법을 사용하게 된 것이다.

남북한 통일언어의 추진 원칙

6.15 남북공동선언 직후에 남북 언어통합 논의가 활발히 일어났다. 남북한 학술교류도 이어지고 통합 국어사전*도 함께 착수하여 결실이 눈앞에 왔다. 그러나 남북관계의 영향에 따라 후속 조치가 수행되지 않거나 진행되던 사업도 중단되기를 거듭했다. 이제 4.27 판문점선언을 통해 다시 새로운 전기를 맞았다.

남북한 통일언어의 궁극적 목표는 남북한이 언어를 통해 공동체 정신을 회복하는 것이다. 언어는 민족이며 역사와 문화의 공동체를 형성하

---

* 통일 국어사전은 언어규범이 통일되어야 붙일 수 있는 이름이고, 현재 남과 북이 만들고 있는 사전은 통합 국어사전의 성격을 띠고 있다.

는 필수요소이기 때문이다. 공동체란 일반적으로 공통의 생활공간에서 상호작용하며 유대감을 공유하는 집단을 뜻하는데, 미국의 언어학자 라보브Labov는 단지 언어규범이 같다 해서 언어를 통한 공동체가 형성되는 것이 아니라 '가치에 대한 동일한 규범체계를 공유할 수 있어야' 진정한 공동체로 나아갈 수 있다고 했다. 언어통일이 단지 언어의 규범을 통일하는 데에서 그치지 않고 남북 주민의 공통의 가치와 정체성을 회복하게 될 때 진정한 공동체가 만들어진다는 뜻이다. 따라서 언어통일과 공동체 회복은 시간을 갖고 지속적으로 해야 성공할 수 있다.

그렇다면 우리는 어떻게 언어통일을 이루고 이를 통해 공동의 가치와 정체성을 회복할 것인가? 이를 위해 언어통일을 추진하기 위한 기본 원칙 네 가지를 제시한다.

첫째, '호혜성 원칙'은 남북한이 서로 대등한 위치에서 서로가 다르다는 것을 인정하고 상대방을 존중할 때 비로소 통합의 논의가 시작될 수 있다는 것이다. 구체적인 언어통일 작업에서도 상대방의 이념과 정책, 현실을 존중하고 접근할 필요가 있다. 어느 한쪽이 중심이 되어 일방적이고 강압적인 통합을 시도해서는 안 된다는 것이다. 독일의 경우 통일 후 서독을 중심으로 하는 일방적 언어통합을 시도하여 여러 가지 문제점과 혼란을 야기한 사례를 참고할 필요가 있다.

둘째, '지속성 원칙'이다. 문화가 단시일 내에 강제로 주입하여 형성될 수 없듯이 언어통일 또한 시간을 갖고 서서히 진행해야 한다. 물이 스펀지에 스며들듯이 사회 문화적으로 공동체를 형성하기 위해서는 조급성을 버려야 한다. 그리고 무엇보다도 정책과 전략의 수립 자체가 목표가 아니라 이것이 실제 언어생활에 뿌리내리고 자리를 잡는 데까지를 목표로 삼아야 한다. 그러기 위해서는 지속적인 관심과 인내심이 필요하다. 만약 통일된 언어규범을 만들어 남북의 초중고 같은 제도적 교육현장에서 약 12년 동안 남북한 학생들에게 적용한다면 그들이 성인이 될 시기에는 진정한 언어공동체가 형성될 가능성이 크다. 미디어의 지속적인 개방도 이러한 맥락에서 중요하다.

셋째, '다양성 원칙'은 언어통일 정책이나 전략을 수립하고 시행할 때 어느 특정 분야에 집중된 것이 아니라 다양한 분야에서 함께 접근해야 한다는 것이다. 언어통일은 단지 언어학의 문제만이 아니라 사회 전체의 문제이기 때문이다. 전문용어의 경우만 하더라도 언어학자 이외에도 모든 분야의 전문가가 관심과 노력을 기울여야 실마리를 찾을 수 있다. 또한 남북한의 교류도 민관이 함께 힘을 모아 추진해야 하며, 학술적, 문화적, 사회적 모든 분야를 망라해서 교류가 이루어져야 실효를 볼 수 있다.

마지막으로 '효율성 원칙'이다. 정책 수립이나 시행은 작업의 성격에 따라 효율적인 순서로 진행되어야 한다. 단번에 이상적인 통일안이나 정책을 수립하여 시행하는 것만이 능사는 아니다. 어떤 것은 하루 빨리 통일안을 만들어 시행할 필요가 있지만, 또 어떤 것은 조금씩 고쳐가면서 통일안을 개정 확대해나갈 필요도 있다. 또한 처음부터 이상적이고 완벽한 통일안을 만들 것인지 아니면 쉬운 부분부터 합의해서 점차 시간을 갖고 확대해나갈 것인지를 결정하는 것이 중요하다. 따라서 분야와 부문에 따라 시급함과 용이함을 고려하여 적절히 정책을 수립해야 한다.

예를 들어 곧바로 통일사전을 만드는 것이 중요한지 아니면 남북한 대조사전과 함께 통합사전*을 만든 뒤 이를 기반으로 통일사전을 만드

---

* 대조사전은 편찬만 되지 않았을 뿐 남과 북이 이미 그 준비를 완료한 상태이고, 통합사전은 현재 80% 정도 완성된 상태에 와 있다. '통합사전'의 올림말은 남과 북의 어휘를 병기하는 형태로 수록할 예정이며, 남과 북에서 새롭게 찾은 새말을 대폭 반영할 예정이다.

는 것이 바람직한지도 생각해봐야 한다. 또한 전문용어나 국제표준과 관련된 언어 부분은 하루빨리 통일안을 만들어 국제화에 대응해나가야 하지만 표준어와 같은 것은 단번에 어느 하나를 통일안으로 선정해 시행할 것이 아니라 복수표준어라는 중간단계를 거쳐 시간을 갖고 다음 단계로 진행해가는 것도 고려할 필요가 있다.

2. 남북한 통일언어를 위한 비전

이 장에서는 향후 30년 후에 남북이 통일된다는 가정 아래에서 10년 단위로 통일을 준비하기 위한 언어통합의 비전과 목표를 4단계로 나누어 제시한다.

1단계(2018~2027) 통합 모색기 : 언어 차이를 인정하고 존중하는 분위기 조성

1단계는 남북한이 어느 정도 언어공동체를 유지하고 있는지를 객관적으로 파악하는 단계이다. 즉 남북의 분단으로 서로의 체제와 이념에 따라 언어공동체가 훼손되었는지 객관적으로 파악하고, 서로의 차이를 객관적으로 알아가는 단계이다. 이것은 남북이 단일한 언어공동체를 회복하기 위해서 꼭 필요한 사전 작업 과정이다. 이를 위해서는 먼저 상호 적대감을 해소하고 교류와 협력의 분위기가 형성되어야 한다. 언어는 일상생활과 밀접하므로 언어통일을 위해서는 추상적이고 이론적인 접근으로는 한계가 있다. 실제 현장에서 어떻게 언어가 쓰이고 있는지, 그리고 그들은 상대방의 언어에 대해 어떤 생각을 갖고 있는지를 파악해야 한다. 현재 거의 완성 단계로 치닫고 있는 남북 통합사전 성격의 〈겨레말 큰사전〉 편찬이 1단계를 완성하는 데 큰 역할을 할 것으로 사료된다.*

2단계(2028~2037) 통합 완성기 : 남북한 언어통합 방안 도출

2단계는 남북한이 객관적으로 파악하고 인식한 양쪽 언어의 차이를 좁혀나가는 단계이다. 1단계를 통해 남북한의 언어공동체가 어느 정도 훼손되었는지가 드러났다면, 2단계에서는 그 훼손된 언어공동체를 어떻게 복구할 것인지를 공동 모색하고 더 나아가 남북이 하나의 언어통합 방안을 도출해내는 단계를 말한다. 언어 규범의 통합, 용어의 통합, 언어 정책의 통합 등 전 분야에서 언어통합이 완성되는 시기이다.

3단계(2038~2047) 통합 구축기 : 남북한 언어통합 방안 확산

3단계는 남북이 도출한 하나의 언어통일안을 양쪽에서 구체적이고 지속적으로 실시하는 단계를 말한다. 남북한이 통일된 언어규범과 통일 국어사전, 통일된 전문용어 등을 현장에 직접 사용하면서 실질적인 언어통합을 도모하는 단계이다. 통일된 언어규범과 통일사전 등이 곧바로 남과 북에서 기존의 규범과 사전을 대체할 수는 없을 것이다. 과도기적인 단계로서 남과 북이 각자의 언어규범과 사전을 계속 사용하되 통일안도 함께 사용할 수 있는 토대를 마련해야 한다. 그렇게 된다면 남과 북의 언어 이질화는 더 빨리 극복될 수 있을 것이다.

---

* 〈겨레말 큰사전〉 편찬은 1단계의 내용을 전제로 준비되고 있다. 남과 북의 사전 검토, 문헌 검토, 현장 조사를 바탕으로 이루어지고 있는 것이다. 그런 점에서 〈겨레말 큰사전〉 편찬은 1단계의 기간을 다소 줄이는 데 역할을 할 것으로 사료된다.

4단계(2048~) 통일 정착기 : 통일언어로 단일한 사회문화 공동체 형성

마지막 4단계는 남북통일이 되었다고 가정하고, 이를 바탕으로 통일된 언어가 언어공동체 형성에 기여하는 것은 물론이고, 나아가 남북한이 사회문화적 공동체를 회복하는 데까지 나아갈 수 있는 단계를 말한다. 앞서 만들어낸 통일 언어규범, 통일사전 등 제반 언어통일의 요소들이 남과 북에서 지속적으로 사용되어 일상생활에 완전히 뿌리를 내리는 단계로, 훼손된 언어공동체가 진정으로 복구되는 통일 언어의 정착기라고 부를 만하다. 마지막 단계까지 다다른다면 남북은 공동의 가치와 정체성을 갖는 명실상부한 공동체를 형성할 수 있을 것이다.

3. 남북한 통일언어를 위한 미래전략

앞서 네 단계로 나누어 제시한 남북한의 통일언어 비전을 실천하기 위한 구체적인 전략 방안을 아래와 같이 제시한다.

1단계 전략 : 남북한 교류와 공동 조사 확대

1단계 전략은 남북한이 사회 문화적 교류를 바탕으로, 남북한 언어 차이를 확인하기 위한 공동 작업을 체계적으로 실시하자는 것이다. 이미 우리는 6.15 선언 이후 남북한의 학술적 교류와 통일사전 작업 등을 시도했었다. 예를 들어 남한의 언어정책기관인 국립국어원과 북한의 사회과학원 언어학연구소가 학술교류를 했고, 남북이 〈겨레말 큰사전〉을 편찬하기 위해 노력해왔으며, 남북한 정보기술용어를 표준화하는 작업도 시도되었다. 따라서 교류를 다시 시작하여 중단되었던 그동안의 성과와 조직을 다시 살리고 분야를 확대하여 상호 신뢰를 이끌어내는 것이 무엇보다 중요하다. 이와 더불어 독일의 경우에서 알 수 있듯이 통일 이전 단계에서 상호 방문과 미디어의 상호 개방은 언어의 동질성 회복을 위해 중요한 요소이다.

- 교류·협력의 '안정화'와 '활성화'를 위한 제도적 구축 방안 실시
- 남북한 언어 공동 실태조사 및 공동 연구 실시
- 남북한 상호 방문 및 TV 방송, 인터넷 등 미디어 개방 실시
- 남북한 언어 상호 교차 교육 실시

2단계 전략 : 언어 통합 방안 마련

2단계 전략은 남북한이 훼손된 언어공동체를 복원하기 위해 다각도로 통합 가능성을 모색하고 이를 바탕으로 언어통일 방안을 수립하는 것이다. 남북 교류가 자유로워지고 상호 존중의 정신이 확고해진 상태에서 분야별 단체별로 언어통합을 위한 다양한 협의체를 조직하고 이를 통해 언어통일 방안을 체계적으로 수립한다. 예를 들어 거의 완성단계에 있는 〈겨레말 큰사전〉 편찬을 바탕으로* 남북한 통일 어문규범을 수립할 수 있도록 남북한 언어정책기관들이 나서야 한다. 또한 각 분야별로 협의체를 구성하여 분야별 전문용어가 통일되도록 노력하고 통일된 용어를 ISO와 같은 국제표준화기구에 등재하여 국제화에도 대비해야 한다. 이를 위해 가능하면 먼저 남북 절충안을 도출하고, 여의치 않을 시에는 남북 복수표준안을 만들거나 제3의 기준을 마련하는 절차도

---

* 거의 완성 단계에 와 있는 〈겨레말 큰사전〉은 1단계에서 출간될 것으로 사료된다.

고려할 필요가 있다.

- 분야별 단체별 언어통합을 위한 다양한 협의체 조직
- 언어규범과 국어사전 등 통일 언어 규범 방안 구축
- 각종 분야의 용어 및 기준 표준화 작업 완성
- 국제화 대응을 위한 한국어 국제표준안 마련

3단계 전략 : 통일 언어 확산을 위한 과도기적 운영 체제 방안

3단계 전략은 남북이 도출해낸 언어통일안을 지속적으로 남북한 사회에 확산하여 정착할 수 있는 방안을 마련하는 것이다. 언어통일안은 시작에 불과하다. 이를 통해 남북한 주민들이 진정한 언어공동체를 이루기 위해 실질적인 작업이 지속적으로 실시되어야 한다. 통일 언어규범을 남북한이 공동 '원칙'으로 하고 각자 규범을 일정 기간 '허용'하는 방안을 마련하고, 이를 위한 공동기구를 조직할 필요가 있다.

만약 통일 어문규범으로 남과 북이 단일한 교과서를 제작하여 초중고 교육에서 지속적으로 사용한다면 더할 나위 없이 바람직하겠으나 이것이 당장 실현되기는 어렵다. 다만 남북이 통일 어문규범으로 각자의 교과서를 제작하여 사용하기만 해도 커다란 효과가 있을 것이다. 또한 통일 언어규범을 기반으로 고전을 공동 번역하거나 문헌과 자료를 함께 정리하는 방안도 필요하다. 이 과정에서 남북은 상호 존중의 정신으로 장기적으로 통일 규범을 확대 적용하여 실질적 확산의 효과를 이룰 수 있다.

- 과도기적 통일언어 시행을 위한 협의체 구성
- 분야별 통일언어 사용 단계별 실시
- 통일언어로 각자의 교과서 제작 및 교육
- 통일 규범 기반 공동 번역 작업 및 데이터베이스화 작업 실시

4단계 전략 : 남북한 통일 언어 사용 및 단일 언어공동체 구축

마지막 4단계는 한반도가 정치적으로 통일되었다고 가정하고, 이를 바탕으로 통일된 언어가 언어공동체 형성에 기여하는 것은 물론이고, 나아가 남북한이 사회문화적 공동체를 회복하는 데까지 나아갈 수 있는 단계를 말한다. 과도기적 단계를 거쳐 언어통일안이 남과 북에 자리잡게 되고, 이질감과 혼란 없이 남북이 통일안을 함께 사용할 수 있는 단계이다. 각자의 규범과 함께 앞서 만들어낸 통일 언어규범, 통일사전 등 제반 언어통일의 요소들이 남과 북에서 지속적으로 사용되어 일상생활에 뿌리를 내리는 단계로, 훼손된 언어공동체가 진정으로 복구되는 통일 언어의 정착기라고 부를 만하다. 마지막 단계까지 다다른다면 남북은 공동의 가치와 정체성을 갖는 명실상부한 공동체를 형성할 수 있을 것이다.

- 남북의 일상생활에서 통일언어 전면적 시행
- 통일언어로 공동 교과서 제작 및 교육
- 신문 방송 등 미디어에 통일언어 시행
- 언어공동체 유지를 위한 기구 구성

4. 맺음말

이제까지 남북한 언어 현황을 간략히 살펴보고 통일 시대를 대비해 언어통일 전략을 생각해보았다. 그러나 언어통일은 규범 통일에 그치지 않으며 동일한 규범을 사용한다 해서 곧바로 언어공동체, 더 나아가 사회문화적 공동체가 회복되는 것이 아니라는 점을 다시 한 번 강조하고 싶다. 언어는 생활이고 사고체계에 영향을 미치며 역사 문화적 유산이기 때문이다. 이 글에서 명쾌하고 단순한 통일 전략과 방안을 제시하지 못하고 중언부언한 까닭도 바로 여기에 있다.

이러한 점을 고려하여 덧붙이고 싶은 말은 먼저 남북한 언어통일 작업은 언어학만의 문제가 아니라는 점이다. 통일된 언어규범을 만드는 것은 언어학자의 몫이겠지만, 이를 확산하고 실제 언어생활에 정착케 하는 과정에는 정부와 민간, 학술단체를 비롯한 전 분야의 협조와 공동 노력이 병행되어야 한다. 통일언어를 일선 학교에서 교육하고 남북한이 통일언어에 입각해 미디어 활동을 하는 것은 언어학의 범위를 넘어선 것이다. 언어통일 과정의 어려움이 여기에 있다.

그리고 통일언어가 현실과 동떨어진 상징적 규범으로 전락해서는 안 된다는 점이다. 즉, 오징어와 낙지를 남북 어느 한쪽으로 통일한다고 해서 문제가 해결되는 것이 아니라는 것이다. 실제 생활 속에서 통일언어가 지속적으로 사용되어 사고체계에 스며들 때야 비로소 남북한 언어 공동체가 회복된다고 말할 수 있다. 따라서 남북한 언중들이 생활 속에서 통일언어를 제대로 사용할 수 있도록 제반 환경을 조성하고 지속적으로 노력할 때 남북한 언어통일은 서서히 뿌리를 내릴 것이다.

남북이 분단된 조국을 통일하여 본래의 하나된 조국으로 만들어야 한다는 사명감이 여전하고, 한반도 통일시대를 위해 언어 통일의 문제를 해결하기 위해 지속적으로 노력한다면 남북의 언어통일은 실현될 수 있을 것이다. 그러나 앞서 설명했듯이 언어공동체란 단지 공통의 언어 규범을 사용하는 데서 끝나지 않고 공통의 가치와 정체성을 공유할 때에 비로소 형성될 수 있다는 말을 되새겨야 한다. 이제 다시 통일의 기운이 불기 시작했다. 남과 북은 이러한 분위기를 살려서 화해와 협력을 바탕으로 하나의 언어공동체를 만들고 이를 통해 남북이 진정한 사회 문화적 공동체로 나아가기를 기대해본다.

- 초고집필: 시정곤
- 수정검토: 양재석, 오봉옥

참 고 문 헌

- 권재일, 〈남북한 언어 문화의 현실과 통합 방안〉, 《광복 70주년 기념 겨레말 통합을 위한 국제학술회의》, 국립국어원 · 겨레말큰사전남북공동편찬사업회, 2015, 1-28.

- 김민수, 《남북의 언어, 어떻게 통일할 것인가》, 국학자료원, 2002.

- 김종회, 〈남북한 문화이질화 현상과 문화통합의 실천적 과제〉, 《한국문학논총》 제 36집, 2004, 5-24.

- 남성우, 〈북한의 표준 · 규격화 체계와 향후 남북한 통합방안 연구〉, 《입법과 정책》(국회입법조사처) 제7권 제2호, 2015, 33-58.

- 박경자 외, 《응용언어학사전》, 경진문화사, 2001.

- 정성장 · 양운철 · 백학순 · 박종철 · 오양열, 《한국의 국가전략 2030: 통일》, 세종연구소, 2016.

- 최경은, 〈통일 이후 동서독 독일어의 통합 과정〉, 《독일언어문학》 21, 2003, 55-79.

- Labov, William, *Sociolinguistic Patterns*, Philadelphia: University of Pennsylvania Press, 1972.

사회복지: 한반도 통일 및 4차 산업혁명 시대 복지국가 전략

SUMMARY

1   남북한 복지제도 통합을 위한 시사점 도출을 위해 각 국에 현존하는 복지제도의 유사성과 차별성 파악 필요
    - 남한: 자본주의 수정전략으로서의 복지제도 vs. 북한: 중앙집권적 공산주의 생산 분배 체제 기반 복지제도
    - 사회보장 범주별 남북한 사회보장제도 비교

2   통일비용으로서 복지비용을 예상, 전략을 마련하기 위해 독일의 선先 경험을 살펴볼 필요
    - 독일 통일 초기 13년간 동독 지역 주민에 대한 사회보장 지출은 통일비용의 거의 절반 수준
    - 한반도 통일비용은 30년간 준비단계에서 투입되고, 정작 통일시에는 추가 비용 적음

3   독일 통일 과정에서 복지국가의 사회정책에 대한 설계는 서독 제도를 동독에 점진적으로 확산 · 적용하는 방식

4   통일에 관한 한국인의 복지 인식
    - 통일보다는 국방 지출에 동의
    - 통일 이후 세금 부담에 대해서는 기피
    - 국방보다는 복지에 정부지출을 늘려야 하나, 통일비용으로서 북한 주민을 위한 복지비용 부담은 기피

5   단계별 복지국가의 점진적 동조화harmonization 전략
    - 통일시대 한국 복지국가 방향은 고용친화적 사회서비스 복지 강화
    - 점진적 복지 동조화의 단계별 전략
      1단계: 경제협력과 자유왕래를 통해 남북 일인당 소득격차 완화
      2단계: 단일경제권 창출, 기본적 사회보험 적용 확대
      3단계: 정치연합을 통한 남북격차 축소, 추가적 사회서비스 적용 확대
      4단계: 1국가 1체제 통일 완성, 복지국가에 관한 사회적 시민권 공유

1. 남북한 사회보장의 유사성과 차별성

기능 중심의 남북한 사회보장제도 비교

장기적으로 남북한이 1국가 1체제의 통일을 지향할 경우, 가장 큰 문제 중의 하나는 통일비용의 상당부분을 차지할 것으로 예상되는 복지제도의 통합일 것이다. 그렇다면 과연 현 시점에서 남북한에 현존하는 복지국가의 제도들은 어떠한 유사성과 차별성을 지니는가? 경제적 격차와 분배에 관한 체제적 차이 때문에 남북한의 제도들은 내용이나 수준에서 상당한 차이를 노정한다. 기본적으로 남한은 자본주의의 수정전략으로서 복지국가를 발달시켰기에 서구 선진 복지국가의 발달을 추격하는 방식으로 모방하여온 반면, 북한은 중앙집권적인 공산주의의 생산분배 체제를 발달시켜왔다. 특히 북한의 경우에는 경제적 난관 때문에 실질적 복지로 보기 힘든 수준에 그치는 명목적 제도화 경향이 지배적이다. 따라서 양자를 비교하기 위해서는 제도 명칭 중심의 명목적인 제도의 비교보다는 실질적이고 기능적인 제도 비교가 필요하다. 사회정책학에서는 이러한 비교를 기능적 등가물functional equivalences에 관한 비교라 한다.

기존 연구에 의하면, 기능 중심의 비교시 남북한 복지제도는 다음과 같이 크게 3가지로 구분된다.

① 상호 동질적으로 존재하는 제도
② 어느 한 쪽에만 존재하는 제도
③ 지역이나 대상 면에서 부분적으로 일부 존재하는 제도

먼저 남북한 모두에 존재하는 기능적으로 동질적인 제도로는 공적연금, 산재보험, 사회보훈 등이 있다. 보건의료 제도로서 남한은 건강보험이 있으며 북한은 무상치료제가 있다.

어느 한 쪽에만 있는 제도들도 있다. 남한의 국민기초생활보장제도, 기초연금, 장기요양보험, 다양한 종류의 사회복지서비스, 근로장려세제(EITC)는 북한에는 없다. 한편, 북한의 중요한 복지제도인 배급제 등은 남한에는 없는 제도이다.

부분적으로 상호 일부 존재하는 제도들로는 고용보험과 시설보호 등이 있다.

사회보장 범주별 남북한 사회보장제도 비교

사회보장기본법에 의하면 복지국가의 사회보장제도는 사회보험, 사회서비스, 공공부조 등으로 구성된다. 민간에서 제공되는 영역을 포함해서 남북한 사회보장제도 중 유사한 급여를 중심으로 제도를 비교 정리하면 다음과 같다(이철수, 2015).

제도 구분	남한	북한
사회보험	공적연금(국민연금, 공무원연금, 사학연금, 군인연금, 우체국연금)	노령연금, 유가족연금, 제대군인생활보상비
	개인연금(민영보험)	임의가입 형태로 일부 근로자 가입
	퇴직연금(기업연금)	–
	주택연금	–
	고용보험	경제특구 기업과 외국기업 일부
	산재보험	폐질연휼금, 노동능력상실연금
	건강보험	무상치료제와 중복

제도 구분		남한	북한
사회보험		일부 대상(군복무/교정시설)	무상치료제
		노인장기요양보험	–
		노인장기요양보험 일부 대상자	요양보호(거택보호)
		각종 민영(사적)보험	사회보험(임의가입)
공공부조		국민기초생활보장제도	–
		긴급복지지원	–
		의료급여	무상치료제와 중복
		기초연금	–
		중증장애인연금	장애자연금, 장애원인이 노동재해일 경우 폐질연휼금, 노동능력상실연금과 중복
		근로장려세제	–
		시설보호대상자 일부(식량)	의식주 배급제
사회보훈		보훈연금/보훈 의료서비스 등	국가공로자연금, 영예군인연금 등 현물지원
사회복지 서비스		노인복지	양로원(시설보호)
		여성복지	산전산후 휴가(150일)
		아동복지	국영 탁아서비스와 교육, 애육원(시설보호)
		장애인복지	보조금, 보장구 지원, 고용지원, 양생원(시설보호)
		청소년복지	무상교육제와 중복
		(한부모)가족(다문화)복지	–
		지역사회복지	–

제도 구분		남한	북한
사회 서비스	고용지원		완전고용임에 따라 최초 고용 외 불필요
	교육복지		무상교육제(일부 유상)
	주거복지		주택 국가공급제(매매 가능)
	보건의료		무상치료제와 중복
긴급구호		긴급복지지원과 일부 중복	–
재해구호		각종 재난 구호서비스 프로그램	재난 대비 운용
민간사회 안전망		각 전문기관별 각종 사회복지서 비스 프로그램	–
지자체 사회안전망		각 광역, 지자체별 각종 공공서비 스프로그램(사회적 기업, 마을기업)	–
기타		최저임금제	일부 외국기업에 해당

2. 통일비용으로서 복지비용

독일 통일비용의 구성

통일비용은 통일을 저해하는 허들이다. 이런 면에서 완전한 통일까지 들어갈 통일비용을 고민하는 것은 전략 마련의 필수요건이 된다. 무에서 유를 창조하기보다는 앞선 사례를 살피는 것이 전략 마련에서 효과적이다. 이런 면에서 우리보다 앞서 통일을 일구어낸 독일의 경험은 우리의 미래 전략 마련에도 큰 시사점을 지닌다.

독일 통일에 들어간 경제적 비용은 최저 1조 유로(약 1,490조원)에서 최대 2조 1,000억 유로(약 3,129조원) 정도로 알려져 있다. 알렉산더 피셔 독일경제연구소 사무총장에 의하면, 1991년부터 2010년까지 독일 정부가 동독 지역에 쏟아부은 돈이 2조 1,000억 유로라 한다. 베를린자유대학의 계산에 의하면, 2009년까지의 동독 지역 지원액은 1조 6,000억 유로 규모라 한다. 한편, 독일 연방정부는 1991년에서 2005년 사이 15년 동안 총 1조 4,000억 유로를 통일비용으로 지출했다고 발표했다.

이 중에서 복지국가의 통합비용이 엄청난 수준에 이르고 있다. 독일 건설교통부와 연방경제자문위원회에 따르면 초기 13년간 동독 지역 주민에 대한 연금과 노동시장 보조금, 육아 보조금 등을 포함한 사회보장 지출 총액은 6,300억 유로로서 전체 통일비용의 49.2%라고 한다. 경제적 통일비용 중 복지국가를 위한 사회보장 지출 비중이 가장 컸던 것이다.

한반도의 통일 준비 비용

한반도의 평화 정착에 필요한 비용 또한 만만치가 않다. 영국의 자산 운용사 유리존 SLJ가 발표한 보고서에 의하면, 향후 10년간 2천 167조 원에 이를 것이라는 전망이다. 이 계산은 독일 통일 과정을 참고로 삼아 이루어진 것으로, 지금 통일이 된다는 전제로 추정한 것이다. 현재 환율 기준, 독일의 통일비용이 총 1조 7천억 유로(미화 약 2조 달러)에 달했다는 것이 추정의 근거다. 이는 독일의 현재 GDP 대비 62%에 준하는 금액이다.

유리존은 동서독과 남북한의 차이도 비교했는데, 서독과 동독의 인구 비율은 4대 1이었지만 남북한의 인구는 2대 1이어서 인구 격차는 큰 문제가 안 될 것으로 내다봤다. 반면, 동독보다 훨씬 낮은 경제수준을 보이는 북한 경제를 상향 견인하려면 독일 통일 과정에서보다 훨씬 더한 비용이 들 것으로 예상하였다.

남북한 통일비용 중 최소 절반 정도는 독일의 경험과 마찬가지로 복지비용으로 들어가게 될 것인데, 인구 비율상 동독보다 두 배인 북한에 들어갈 복지비용은 독일 수준의 사회보장 동조화를 가정하면 독일의 두 배로 보는 것이 타당하다. 이 경우, 남북한 통일비용은 독일의 경험에 단순 대입한 것에 비해 50% 정도 더 들 공산이 농후하다 하겠다. 그러나 우리가 주목해야 할 차이점은 갑자기 통일을 맞은 독일은 통일 후에 예산이 급격히 투입되었지만, 이 책의 '통일 마스터플랜 2048'에서는 30년 동안 서서히 예산이 투입되어 관련 충격이 매우 적을 것으로 예상한다.

3. 독일 통일의 교훈: 제도의 점진적 통합

통독 과정에서 노동시장 정책, 노사 관계 제도, 연금 정책 등 복지국가의 사회정책에 대한 설계는 서독 제도를 동독에 점진적으로 확산 적용하는 방식으로 이뤄졌다(Lehmbruch, 1991). 이는 통일이라는 거대 담론 속에서 기존의 제도적 차별성을 점차 시정하는 일련의 과정을 통해 시간을 두고 추진되었다. 독일 통일의 가장 뚜렷한 특징은 질서 정책적 접근에 입각한 서독 제도의 총체적인 이식이었다.

독일에서 통일에 관한 합의가 형성된 과정과 사회정책을 정리하면 다음과 같다(황규성, 2013). 가장 기본적인 제도 통합의 방향성은 서독이 가지고 있던 사회적 시장경제 모드를 중심으로 이뤄졌다고 할 수 있다. 문제는 남북한 통일 또한 이러한 독일의 경험을 답습할 수 있는가로 모아진다. 궁극적으로 1국가 1체제의 완전 통합을 상정할 경우, 남북한 역내 국민들은 동일한 복지국가의 일원으로서 시민권적 권리를 향유하게 될 것이다. 하지만 독일의 경우에서와 마찬가지로 단계적이고 점진적인 사회보장 제도의 이식과 확산만이 가능할 것으로 예상되는데, 이는 기본적으로 위에서 살펴본 것처럼 통일비용의 대종을 이루는 복지비용을 한 번에 감당할 수 없기 때문에 생기는 모종의 전략적 예산제약 문제라 할 수 있다.

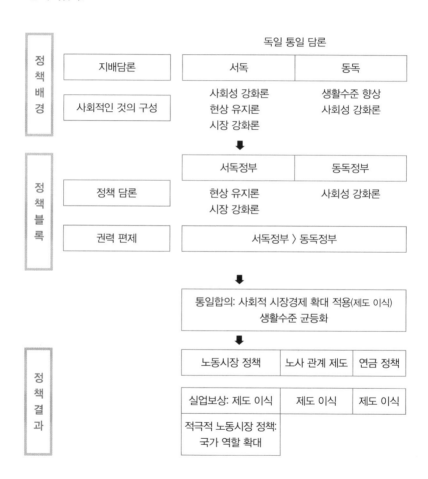

4. 통일에 관한 한국인의 복지인식

장기적으로 1국가 체제로의 완전한 통일에는 천문학적인 비용이 발생하며 이는 새로운 종류의 정치적인 균열을 파생할 것이다. 통일비용의 기본적인 주체가 될 남한 국민들이 지니는 복지국가에 대한 인식과 입장이 중요해지는 대목이다. 서울대 사회정책연구그룹의 조사에 따르면, 가장 기본적인 남한 국민들의 복지인식은 다음과 같이 요약된다.

① 소득격차 등의 시정을 위해 복지의 확대가 필요하다고 보는 국민이 대부분
② 50% 정도의 국민이 성장과 복지의 균형을 원함
③ 복지에 드는 비용부담에는 대부분이 난색을 표함

이러한 조사결과를 보면, 남한에서의 복지확대조차 쉽지 않은 상황이다. 세금이나 보험료 인상 등 복지비용을 감당하는 데 난색을 표하는 국민이 대부분이기 때문이다. 지금 이 순간에도 복지확대를 주장하는 정치인들이 증세는 반대하는 난센스가 연출되고 있으며 이는 향후 재정위기의 근원문제로 작동할 공산이 크다. 이런 상황에서 천문학적인 북한 역내 복지비용을 감당할 정치적 묘안의 마련은 매우 중요한 일로 부상한다.

같은 조사에서 사회정책 영역별 정부지출에 대한 인식 중 국방, 통일 관련 항목을 보면 통일보다는 국방 지출에 대략 2배 정도 더 넉넉한 인식을 보이는 상황이다. 통일 이후 세금 부담에 대해서는 최근으로 오면서 더 박해지는 경향을 보이고 있기도 하다. 국방보다는 복지에 정부 지

출을 더 늘려야 한다고 보는 한편, 통일비용으로서 북한 주민을 위한 복지비용에는 부담 의사가 적은 것이 지금의 현실이다. 향후 통일과정에서 복지비용 마련 문제가 정치적인 휘발성을 가질 수밖에 없는 이유들이다.

5. 단계별 복지국가의 점진적 동조화 전략

통일 & 4차 산업혁명 시대 복지국가의 방향성

지속가능한 복지국가의 방향성, 특히 4차 산업혁명 시대에 줄어드는 일자리 문제를 감안할 경우의 전략적 지향은 근로동기 침해 효과가 있는 현금복지보다는 고용친화적 사회서비스 복지를 강화하는 것에서 찾아야 한다. 이는 통일시대의 복지국가 확대 과정에서도 동일하게 적용되어야 할 문제다. 사회서비스를 중심으로 생산과 복지가 결합되어야 하는 이유들은 다음과 같다.

첫째, 사회서비스는 전통적 가족의 맥락에서 여성이 전담하던 일들을 사회가 떠맡아주는 것을 의미한다. 이는 교육받은 여성의 노동시장 참여를 도와 사회전체의 생산성 제고에 기여하게 된다.

둘째, 근로빈곤층의 경우 다양한 복지문제와 결부된 경우가 적지 않다. 예를 들자면 현금급여와 더불어 다양한 부가적 사회복지서비스, 예컨대 약물남용 상담, 건강서비스, 자녀교육서비스 등이 있어야 직업훈련이나 근로시간 확보 등이 용이해질 수 있기 때문이다. 현금급여만으로 해결되지 않는 문제들을 사회서비스를 통해 해결할 수 있다.

셋째, 복지를 못 받을까봐 제대로 된 노동시장 활동을 회피하는 현상인 '빈곤의 덫'과 같은 근로동기 침해를 예방하는 데 사회서비스가 현금 복지에 비해 우월한 효과를 지닌다. 특히 적극적 노동시장 서비스는 그 자체로 고용친화성이 높다.

통일시대 복지전략에서도 재정적으로 지속가능한 공정복지의 기본 원칙은 매우 중요하다. 확대되는 복지수준에 따라 복지비용을 적절하고 공정하게 분담하는 데 우선순위를 두어야 한다. 한국의 경우에는 통일이라는 특유의 상황 때문에 통일 이전부터라도 복지국가 확장의 속도조절이 필요하다. 앞에서 살펴본 것처럼, 통일비용은 주로 북한 주민의 복지를 증진시키기 위한 사회보장성 비용과 관련된다. 독일식 통일이 현실화된다면, 가장 낮은 단계의 공공부조 프로그램인 국민기초생활보장제도만 적용했을 경우에도, 북한지역 GDP의 약 300%, 통일한국 GDP의 8%가 소요될 것으로 추산된다. 장기적으로는 편익이 비용을 상쇄할 수 있을지도 모르지만, 사회주의에서 자본주의로의 전환은 개인적으로도 사회적으로도 단시간에 가능한 일이 아니다. 적어도 단기적으로는 급격한 대규모의 복지비용이 발생할 것이다. 이렇게 보면, 통일 이전 남한의 복지확대는 증세에 기대는 것이 옳고, 만약 국채를 통해 복지를 할 여지가 있다면 통일시대의 북한지역 복지확대를 위한 최후의 보루로 남겨야 할 것이다. 북한지역 주민들에 대한 점진적으로 잘 짜인 복지확대는 사회적 갈등을 회피하기 위한 필요조건이자 20년 정도 후에는 수익으로 환원될 하나의 투자일 것이다. 남한 복지는 증세로, 통일 복지는 국채로 하는 재원마련의 2중 전략two-track strategy을 마련하는 것이 현실적인 대안일 것이다.

점진적 복지 동조화의 단계별 전략

1단계(2018~2027)는 경제협력과 자유왕래를 통해 남북 일인당 소득 격차가 20:1에서 10:1로 완화되는 시기이다. 이 단계에서의 북한 주민에 대한 남한 복지제도 적용은 공공부조 중심으로 시작한다. 산업투자에 따른 직업훈련 등 적극적 노동시장 정책에 더해 일자리 제공이 우선시되어야 하며 노동시장에서 실패한 경우에 한하여 생계급여, 의료급여, 교육급여 등 공공부조를 통해 생활의 최저선을 지원하는 단계이다. 북한 주민에 대한 공공부조의 재원은 국채 발행이 선호된다. 증세를 통해 불필요한 남북 갈등을 유발할 이유가 없기 때문이다.

2단계(2028~2037)는 단일경제권을 형성하는 공동번영의 시기다. 남북의 경제 격차는 5:1로 축소될 것이며, 이를 통해 기본적인 사회보험의 적용확대가 가능해질 시기이다. 건강보험, 산재, 고용보험, 장기요양보험, 국민연금 등이 남북한 주민 모두에게 적용될 수 있을 것이다.

3단계(2038~2047)는 1국가 2체제의 정치연합을 통해 남북격차 또한 2:1로 축소되는 시기이다. 이 시기에는 추가적인 사회서비스가 대부분 북한 주민에게도 주어지며, 남한과 북한의 복지를 위한 각각의 재원 마련이 해당 지역에서 해결될 수 있는 시기이다.

4단계(2048~)는 1국가 1체제로 통일이 완성되는 시기로서 복지국가에 관한 사회적 시민권의 전반이 골고루 공유되며 사회권의 유지를 위해 필요한 재원 마련도 통일된 국가 속에서 개인들의 공정한 부담을 통해 분담되는 시기이다. 이 시기가 되면 양측의 소득수준이 비슷해지기 때문에 특별히 추가적인 통일비용이 많이 소요되지 않는다.

- 초고집필: 안상훈
- 수정검토: 최윤정, 허태욱

참 고 문 헌

- 〈통일비용 절반을 동독 주민 복지에 투자〉, 조선일보 2014.3.25.

- 〈한반도 통일비용 10년간 2천 167조원 추산〉, 연합뉴스 2018.5.11.

- 안상훈, 〈세계화 시대, 생산적 보완성이 높은 복지전략에 관한 비교사회정책 연구: 사회서비스형 복지국가 전략의 경제적 성과를 중심으로〉, 《사회복지연구》 32, 2007, 131-159.

- 안상훈 외, 〈지속가능한 한국의 복지국가 비전과 전략〉, 보건복지부 연구용역 보고서, 2007.

- 이철수, 《남북한 사회복지 제도통합 쟁점과 전략》, 보건사회연구원 발표문, 2015.

- 황규성, 《통일 독일의 사회정책과 복지국가》, 후마니타스, 2013.

- Lehmbruch, Gerhard, "Die deutsche Vereinigung: Strekturen und Strategie", *Politische Vierteljahresschrift* 32, 1991, No.4, pp.585-604.

교육통합
: 한반도 통일시대 교육 전략

SUMMARY

1 통일과 관련하여 교육은 학교교육을 통해 미래세대의 통합을 추진하고, 성인교육을 통해 민족의 동질성 회복

2 분단 이후 남북한은 매우 다른 교육제도를 운영
 • 남한은 6 - 3 - 3년 학제, 북한은 1(의무) - 5 - 3 - 3년 학제 운영
 • 남한의 교육과정은 민주주의 체제에 적합한 민주시민 양성, 북한은 사회주의 체제를 유지하고 재생산하는 기능을 담당
 • 교원제도, 교육행정체제의 측면도 매우 상이하게 운영

3 남북한 교육통합의 비전과 추진 방향
 • 통합적 교육이념의 설정
 • 미래지향적 교육혁신 추진
 • 상호 이해를 위한 교육과 학술교류 활성화
 • 사회적 통합을 위한 성인대상 상호 이해교육 활성화

4 통일국가를 위한 교육 정책의 단계적 전략
 • 1단계(2018~2027): 통합 교육체제 모델 및 로드맵 마련
 • 2단계(20828~2037): 학제 통합, 공통 교육과정 등 기반 구축
 • 3단계(2038~2047): 교원 양성과정 및 임용 등 교원 제도 통합
 • 4단계(2048~): 통합 교육체제 운영

5 통일한국의 미래 인재 양성을 위한 새로운 교육 패러다임 구상 필요

1. 통일과 교육통합의 의미

한반도의 통일을 대비하기 위해서는 정치, 경제적인 통합뿐 아니라 사회, 문화 등 전 사회 영역에서의 통합이 필요하다고 할 수 있다. 그중에서 교육은 학교교육을 통해 미래세대의 통합을 추진하고, 성인교육을 통해 민족의 동질성 회복을 구현할 수 있는 결정적인 역할을 한다는 점에서 중요성이 강조될 필요가 있다. 통일시대에 교육에서 세 가지 주요한 논점은 교육 분야에서 남북한 교류와 협력을 통한 상호 이해, 통일을 위한 남북한 통합 교육체제의 설계, 통일된 한반도에서의 통합 교육체제 구축과 운영이라고 할 수 있다. 이러한 내용들은 남북한의 통합을 향한 연속선상에 있다고 볼 수 있다. 남한과 북한은 오랫동안 형식과 내용 면에서 서로 다른 교육체제를 운영해왔기 때문에 통합을 위한 과정도 장기적 관점에서 점진적으로 추진해갈 수 있는 전략과 로드맵이 필요하다.

2. 남북한 교육제도의 현황 비교

남북한의 학교제도(이하 '학제')는 근본적으로 다르게 운영되고 있다. 남한은 유아, 초등, 중등교육의 학제가 '(1) - 6 - 3 - 3년 학제'로서 초등학교와 중학교에 해당하는 9년 간은 의무교육으로 교육비를 국가에서 무상으로 지원한다. 학생 개인의 능력과 소질에 따라 중학교 단계부터 다양한 학교 유형을 선택할 수 있으며, 국·공립 이외에 다양한 사립학교가 설립되어 운영되고 있다. 고등학교부터 계열분화가 시작되어 크게는 대학 진학을 위한 일반고와 자율고, 취업을 위한 특성화고로 구분되어 있으며, 다양한 교육적 수요를 해소하기 위한 특목고도 운영하고 있다. 북한의 경우에는 오랫동안 '1-4-6년 학제'를 운영해왔는데, 유·초·중 11학년 무상의무교육을 실시해왔다. 북한은 2012년에 '12년제 의무교육제(1-5-3-3)'를 기반으로 하는 학제개편을 발표하면서 변화를 시도하였다. 학생개인의 학교 선택은 원칙적으로 제한되어 있으며 특수목적 학교를 제외하면 대부분 학교는 거주지로부터 근거리 배정 원칙으로 운영되고 있다. 노동당과 교사의 결정에 의해 진학하는 경우가 대부분이고, 모든 학교는 국립이며 사립학교는 없다. 혁명유자녀와 신분적으로 특수한 계층 및 예술과 체육 분야의 특기자를 위한 특수목적학교를 운영하고 있다.

남북한은 교육과정과 교육 내용이 크게 다르다. 남한의 교육과정은 민주주의 체제에 적합한 민주시민 양성을 가장 기본적인 과제로 삼고 있으나, 북한의 교육과정은 사회주의 체제를 유지하고 재생산하는 기능을 담당하는 주요 수단으로 여겨지고 있다. 교육 목표의 진술 체계에 있어 남한은 추구하는 인간상과 핵심역량이 상세한 반면 교과의 학교별 학년별 목표는 생략되어 있다. 반면에 북한은 총론에서 교과에 이르기까지 구체적이고 상세하게 기술되어 있는 특징이 있다. 교육과정의 영역 및 교과 구성에서는 남북한이 공통적으로 교과와 비교과 영역으로 구성되어 있지만, 북한은 사회주의 이념 우상화 교과 외의 일반 교과는 거의 필수과목 중심으로 구성되어 있는 반면, 남한은 중등학교에서 선택과목 중심으로 구성되어 있다는 차이를 보인다.

교육제도의 중요한 부분이라고 할 수 있는 교원제도에 있어서도 큰 차이가 있는데, 남한의 경우에는 기본적으로 초등교원은 목적형으로 양성하고, 중등교원은 개방형으로 양성하는 반면, 북한은 교원양성기관(교원대, 사범대)의 학생 선발 과정에서부터 당성과 정치성을 중요한 선발 기준으로 활용하여 목적형 형태로만 운영하고 있다. 여기서 개방형은 많은 대학에서 후보자를 양성하여 임용시험을 통해 선발하는 방식을 의미하고, 목적형은 임용을 위한 수요를 예측하여 그 숫자에 해당하는 교원을 양성하는 방식을 의미한다. 양성방식에 따라 임용방식도 차이를 보이는데, 남한은 임용시험을 통한 선발 및 배치 방식을 취하고 있으나, 북한은 교원양성기관(교원대, 사범대) 졸업자들을 교원으로 임용하여 의무적으로 복무하도록 하는 방식을 취하고 있다.

남북한의 교육행정체제를 비교해보면, 중앙교육행정제도, 지방교육행정제도 그리고 단위학교 운영에서 큰 차이를 보이고 있다. 남한의 중앙교육행정제도는 대통령이 정부의 수반으로 교육정책과 행정 운영의 중심에 있고, 국무회의를 통해 교육정책들을 심의·조정한다. 특히, 교육부는 실질적 교육행정을 위한 중심기관으로 교육에 대한 정책을 총괄적으로 관리하는 중앙행정기관의 역할을 수행한다. 북한의 중앙교육행정제도는 교육정책 수립·지도·감독 및 평가를 담당하는 노동당 중앙위원회 과학교육부와 교육행정을 집행하는 정무원 교육위원회로 구분된다. 교육위원회는 형식상 남한의 교육부와 같은 역할을 담당하고 있지만, 노동당 중앙위원회의 관리·감독을 받고 단순집행기능만 담당하기 때문에, 지방교육자치제를 실시한 남한보다는 훨씬 강력한 중앙집권적 성격으로 운영되고 있다. 남한의 지방교육행정제도의 경우 지방교육자치의 원칙에 따라 일반 행정기관과 별도로 교육청이 독립적으로 운영되며, 시·도 단위의 17개 교육청 중심으로 교육행정이 운영되고 있다. 북한의 지방교육행정제도는 일반행정과 교육행정이 통합되어 운영되고 있다. 특히, 노동당 중앙위원회 산하의 도당 및 군당의 학교교육부가 지방교육행정기관을 지도·관리 감독함으로써, 당위원회가 행정보다 우위에 있다. 남한의 단위학교의 경우에는 학교장이 학교 내의 교육을 책임지고 관리한다. 특히, 학교 내의 학부모위원, 교원위원, 지역위원을 중심으로 학교운영위원회를 운영함으로써, 학교운영의 자율성 및 지역사정을 고려한 다양한 교육을 실시하도록 유도하고 있다. 반면에 북한의 단위학교는 학교 당위원회가 학교장과 평행선상으로 구성되어 있어, 학교경영 전반에 대한 운영을 당의 지도와 감독을 받고 있으며, 학교장은 학교운영과 관련된 모든 업무를 당에서 파견 나온 노동당 간부들과 논의하여 결정하도록 하고 있다.*

교육제도 측면의 차이는 실질적인 교육활동에 있어서도 상당한 차이를 나타내는 원인으로 작용하고 있다. 실제 교육활동을 살펴보면, 교수-학습 활동, 학생들의 학교 활동, 학교의 문화 등에서 큰 차이를 나타내고 있다. 남한에서는 교과 이외의 교육활동은 학생 개인의 선택에 따라 다양하게 이루어지고 있는 반면에 북한의 경우에는 학과수업 이외에도 소년단, 청년동맹 등의 조직을 통해 학생들의 사상교육과 정치사회화가 강조되고 교사의 지시와 조직규율에 복종하는 것이 중시되는 상황이다.

3. 남북한 교육통합의 비전과 추진 방향

통합적 교육이념의 설정

남한과 북한은 서로 다른 이데올로기를 바탕으로 교육이념을 설정하고

---

* 실질적으로 노동당이 학교교육을 전담하고 있는 체제이고, 학교교육기관들은 단순 전달기관으로서 기능적인 행위를 담당할 뿐이다.

있다. 통일이 된다면 기본적으로 남한의 자유민주주의 이념을 바탕으로 교육이념이 설정될 필요가 있으나, 상호 합의할 수 있는 인류 공통의 보편성에 기반한 교육이념이어야겠다. 우리나라의 교육이념으로 명시되어 있는 '홍익인간弘益人間'은 보편적 교육이념으로 무리가 없을 것으로 보이며, 민주시민의 양성을 구체적으로 실현할 수 있도록 하되 한민족의 공동체의식을 함양할 수 있도록 해야 할 것이다. 통합적 교육이념의 설정은 교육과정의 통합을 통해 구체화된다고 할 수 있다. 교육과정은 교육이념이 구체적으로 구현되는 과정이며 교과에 따라서는 체제의 이데올로기가 그대로 반영되는 경우도 있기 때문이다. 따라서 선언적 의미의 교육이념 통합도 중요하지만 세부적인 교육이념의 통합을 구현하기 위해서는 역사, 사회, 윤리 등 이데올로기가 반영되는 구체적인 교육과정의 영역과 내용의 설정을 위한 남북한 연구자들의 공동 연구가 추진될 필요가 있다.**

미래지향적 교육혁신 추진

남한의 교육은 해방이후 급격한 양적 팽창의 과정을 통해 전 국민의 교육 기회를 획기적으로 확대하여 세계적인 성과를 거두고 있다. 근대식 교육제도는 경제적 성장과 사회적 발전에 크게 기여해온 것으로 평가받고 있지만, 공급자 중심의 대량교육체제mass educational system는 미래사회를 대비하기에는 부족한 부분이 많은 것으로 비판받고 있다. 모든 학생들이 본인의 꿈을 키우고 소질과 적성에 따라 성장하는 맞춤형

** 한편 가치교육과 관련한 문제가 상존하는 측면이 있다. 북한과 남한의 보편적 가치지향성이 다른데, 이것을 통합하는 일은 몇 십 년을 내다보아야 하는 것이다. 각자의 가치를 충돌하지 않는 가이드라인을 만들어 교사들에게 매뉴얼을 제시해주어야 하는 등의 구체적인 방안이 준비되어야 할 것이다.

학습지원을 하기에는 부적합한 것으로 평가받고 있다. 따라서 통일시대에 대비하여 미래형 학교교육 체제에 대한 새로운 디자인이 필요한 상황이다. 학교제도의 유연화, 학생의 소질과 적성에 적합한 개인별 교육과정의 설계, 인공지능과 빅데이터를 활용한 맞춤형 학습지원 체제, 미래 교원의 역할 재규정에 따른 양성과 임용제도 개선, 개인별 경력개발에 맞춘 포용적inclusive 대입제도 등을 포함하는 미래지향적 교육혁신을 추진할 필요가 있다. 이는 통일시대에 대비한 통합교육체제의 설계로 볼 수 있으며, 가능하다면 북한의 교육전문가들도 함께 참여하여 만들어갈 수 있을 것이다.

상호 이해를 위한 교육과 학술교류 활성화

통일국가로 진행하는 과정에 많은 시간이 걸릴 것으로 예상되기 때문에 경제적 협력과 자유 왕래가 이루어지는 단계에서부터 교육 분야의 교류를 활성화할 필요가 있다. 우선적으로 가능한 부분은 대학에서의 교류협력이라고 할 수 있다. 대학 수준에서 연구 및 학점교류를 통해 방문연구원, 박사후연구원, 교환학생 등의 교류를 확대할 필요가 있다. 좀 더 장기적으로는 대학과 대학원 과정에서 상호 입학을 허용하여 남북한 대학에서 유학할 수 있는 기회를 제공해주는 것도 적극적으로 추진할 필요가 있다. 초·중등학교 단계에서는 단기적인 방문과 교류를 통해 상호 교육과 문화에 대한 이해의 폭을 넓히는 과정이 필요하다. 교육정책 연구 분야의 학술 교류는 공동연구나 학술대회 등을 통해 교육 분야에서 상호이해와 통합적 제도를 설계할 필요가 있다. 우선적으로 논의가 필요한 주제인 학제, 교육과정, 교육행정체제, 교원정책, 교수 – 학습, 평가제도 등에 대한 공동의 연구 활동을 추진하여 미래를 함께 설계해야 할 것이다.

사회적 통합을 위한 성인대상 상호 이해교육 활성화

남북한의 서로 다른 체제에서 오랫동안 생활해온 성인들은 이데올로기부터 제도, 생활에 이르기까지 너무나 다른 삶을 살아왔다. 남북한 사회에 대한 상호 이해 수준은 매우 피상적이며, 서로에 대해 무지한 부분도 상당히 많은 상황이다. 일반 주민들을 대상으로 남한과 북한의 체제와 사회, 문화에 대해 이해할 수 있는 다양한 온·오프라인의 교육자료를 개발하고, 여러 가지 매체를 활용한 학습기회를 제공할 필요가 있다. 언론도 중요한 매체로 활용될 수 있으며, 성인 대상의 다양한 교육활동과 문화교류를 통해서도 상호 이해의 기회를 확대해나갈 필요가 있다. 남북한 주민들이 상호 이해하는 과정은 민족의 동질성을 회복하는 중요한 과정이며, 장기적인 관점에서 전략적으로 접근할 필요가 있을 것이다.

4. 통일국가를 위한 교육 정책의 단계적 전략

1단계(2018~2027) 목표 : 통합 교육체제 모델 및 로드맵 마련

1단계는 남북한 경제협력과 주민들의 자유왕래를 기본적인 전제로 설정하고 있다. 남북한은 분단 이후 오랜 시간 동안 서로 다른 교육제도를 운영해왔다. 학제부터 시작하여 교육과정, 교원제도, 교육행정체제에 이르기까지 이질적인 제도를 운영해온 결과, 서로 상이한 교육활동과 학교 문화를 갖고 있다. 남북한의 교육정책 담당자, 교수와 연구자, 주민과 학생 등이 자유롭게 왕래할 수 있다는 것을 전제로 교류를 확대해나갈 필요가 있다. 다양한 분야에서 공동연구가 진행될 수 있지만, 교육분야에서는 상호 제도의 이해와 통합적 교육체제를 만들기 위한 교육전문가들의 공동연구를 통해 남북한 교육통합 모델, 추진 시나리오와 로드 맵을 만들어나갈 필요가 있다. 특히 이 과정에서는 남북한의 교육체제를 상수로 두고 이를 통합하는 방식을 지양하고 미래사회의 변화를 반영하여 새로운 교육 패러다임을 만들어가는 혁신적 접근이 필요하다.

2단계(2028~2037) 목표 : 학제 통합, 공통 교육과정의 개발 등 기반 구축

교육 분야에서는 1단계에서 만들어진 남북한 교육통합 모델을 바탕으로 가장 기본적인 교육제도인 학제를 통합해나갈 필요가 있다. 현재 남한은 '(1) - 6 - 3 - 3년 학제'를 운영하고 있고, 북한은 '1 - 5 - 3 - 3년 학제'를 운영하고 있어서 초중등교육의 연한이 12년과 11년으로 다르게 운영되고 있다. 학제의 경우에는 세계적인 표준global standard이 초중등교육을 12년으로 운영하는 것으로 볼 수 있으므로 남북한 논의를 통해 북한의 학제를 12년제로 개편해나갈 필요가 있다. 다만 미래형 학제의 방향이 유연한 학제임을 고려할 때 전기중등교육단계(중학교) 혹은 후기중등교육단계(고등학교)에서는 무학년제(학점제) 등의 방식으로 전환하는 것도 함께 고려해야 한다. 또한 학제와 긴밀하게 연결되어 있는 교육과정의 경우에는 남북한 통합적 교육과정의 핵심 내용을 설정하고 이를 최소한의 필수 이수 영역으로 설정하여, 남북한의 지역적 특성을 반영할 수 있는 선택 영역을 넓게 인정해주는 것이 바람직할 것이다.

3단계(2038~2047) 목표 : 교원 양성과정 및 임용 등 교원제도 통합

3단계에서는 정치연합 형태로 1국가 2체제 운영을 전제로 한다. 교육 분야에서는 학제 통합과 남북한 공통 교육과정을 중심으로 교원제도의 통합을 추진할 필요가 있다. 남북한 공통 교육과정을 개발하는 과정에서 자연스럽게 교원의 양성과 임용의 방식도 통합적으로 조정해나 갈 수 있을 것이다. 교원제도의 통합은 학교의 교실 내에서 이루어지는 교수-학습, 평가 등 교원의 주요 활동에 대한 통합 운영을 의미하기 때 문에 실질적으로 교육 수준의 통합을 이루어낼 수 있다. 남북한의 학생 들이 대학과 대학원 과정에 상호 입학하고 졸업하는 비율이 높아질 경 우에는 남북한의 교원양성 과정에서 교육을 받은 교사가 교차하여 학 교에 근무할 수 있도록 개방할 필요가 있다. 교사의 교류를 통해 교육의 통합이 더욱 진전될 수 있을 것이다.

4단계(2048~) 목표 : 통합 교육체제 운영

4단계는 통일을 통해 1국가 1체제로의 실질적 통합을 전제로 한다. 통일국가에서는 단일한 중앙교육행정제도, 지방교육행정제도를 운영 할 수 있으며, 단위학교 운영 방식도 통일된 제도로 운영될 수 있을 것 으로 본다. 중앙교육행정제도로서 교육부가 전국 수준의 교육정책과 제 도를 관리할 수 있다. 국가 수준에서 본다면 학제, 교육과정, 교원제도 등의 법적 기반을 마련하고 관리하는 것이 중요한 역할이라고 할 수 있 다. 특히 통일국가에서는 사회적 약자에 대한 국가 수준의 교육지원이 더욱 중요한 과제로 등장할 것으로 예상된다. 지방교육행정제도는 국가 적 제도를 바탕으로 하여 교육청 수준에서 교육의 다양성 구현, 모든 학 습자의 실질적 학습 기회의 보장, 지역 차원의 성인학습 지원이 가장 중 요한 역할로 대두될 것이다. 단위학교 차원에서는 개인 학생들의 개별화 된 학습수요를 충족시켜주기 위한 맞춤형 교육을 실현해나가야 할 책무 가 더욱 높아질 것으로 예상된다. 또한 고령화 사회에 대비하여 지역사 회의 학습센터 역할을 수행해야 하는 역할도 담당해야 할 것이다.

5. 맺음말

한반도의 평화 정착과 남북한 통일은 우리 민족의 중요한 과제라고 할 수 있다. 통일의 과정에서 다른 분야도 모두 의미가 있지만 교육의 통합은 학교교육을 통한 미래세대의 통합이라는 부분과 함께 성인 교육을 통해 전 국민이 한 국가의 정체성을 공유한다는 점에서 중요성이 더욱 강조될 필요가 있다. 남북한은 분단 이후에 서로 매우 다른 교육제도를 운영해왔으며, 교육제도의 틀이 다르다는 점 이외에 교육과정 등 교육의 내용도 다르고, 심지어 적대적인 부분도 상당히 많이 존재한다. 서로 다른 관점으로 상대를 바라보고 있다는 점에서 서로의 교육제도와 내용을 이해하는 것이 다른 어떤 것보다 우선적으로 필요하다.

우리나라의 교육제도는 남북한 통일을 대비하여 바꾸어야 할 부분도 있지만 보다 근본적으로는 미래사회의 인재를 길러내기에 한계를 갖고 있다는 내적 문제를 안고 있다. 따라서 남북한 통일에 대비한 교육체제를 구상할 때에는 반드시 현재 우리 교육제도가 안고 있는 산업화 시대의 잔재를 허물고, 인공지능과 빅데이터, 자율주행 자동차가 운행되는 미래사회에 적합한 인재를 양성해낼 수 있는 미래지향적 제도 설계가 이루어져야 한다. 남한의 교육제도와 교육과정을 무조건 북한에 이식하려는 일방적 접근보다는 남한과 북한의 교육시스템을 미래지향적 관점에서 한 단계 업그레이드시킬 수 있는 새로운 교육 패러다임을 구상해야 할 것이다.

- 초고집필: 정제영
- 수정검토: 문용린, 박승재, 이재우

참 고 문 헌

- 김진숙 외, 〈통일 및 미래사회 대비 남북한 초·중등학교의 통합 교육과정 개발 방향〉, 한국교육과정평가원, 2014.

- 김진숙 외, 〈통일 대비 남북한 통합 교육과정 연구 (I)〉, 한국교육과정평가원, 2015.

- 윤종혁 외, 〈통일 시대에 대비한 북한교육 지원 방안 연구〉, 한국교육개발원, 2007.

- 정제영, 〈지능정보사회에 대비한 학교교육 시스템 재설계 연구〉, 《교육행정학연구》 34(4), 2016, 49-71.

- 정제영, 〈4차 산업혁명 시대의 학교제도 개선 방안: 개인별 학습 시스템 구축을 중심으로〉, 《교육정치학연구》 24(3), 2017, 53-72.

- 한만길 외, 〈통일에 대비하는 교육통합 방안 연구〉, 한국교육개발원, 2012.

지역개발
: 통일시대 단계별 지역개발 전략

SUMMARY

1   통일은 한반도 주민 삶의 질 향상 차원에서 접근해야 하고 이러한 목
표를 실현하기 위해서는 남과 북이 분단되었던 과거 100여 년(완전 통
일 시점을 2048년으로 예상할 경우) 사이 누적된 차이와 이질성을 극복하기
위한 비용 수반

- 비용은 경제적 비용, 사회적 비용, 문화적 비용 등 다양한 형태로 분류될 수
  있겠지만 무엇보다 '주민들의 삶의 여건 마련'이라는 지역개발 관련 비용
  이 가장 우선적으로 고려되어야 할 것임

2   지역개발은 주민 삶의 여건 수준 설정과, 이의 최소 수준 및 평균적 조
건(남북 균형 수준)을 설정하는 단계로부터 시작. 통일 한반도의 지역개
발은 부분적으로는 지역별 차별화 전략을 통해, 전체적으로는 서로 다
른 공간기능을 분담하여 결과적으로 규모의 경제를 활용하는 방향으
로 추진되어야 함

3   통일 한반도의 공공분야 관리체계가 지방분권형으로 예상되고 있지만
남북 간 균형발전은 통일 국가의 1차적 국정과제가 될 것임

- 남북균형발전 정책과제는 통일 중앙정부와 지방정부의 적절한 역할 분담을
  통해 접근되어야 함. 그러나 통일 정부는 적극적 보충성의 원칙에 근거하여
  열악한 북한지역의 지역개발 사업을 우선하여 지원해야 함

4 통일 이후 남북 균형발전을 위한 지역개발 전략 단계별 제안

- 중앙정부 주도의 남북 간 핵심시설(점에 해당)을 연결하는 선(線, 네트워크) 구축: 국토 공간의 효율화 도모
- 중앙정부와 지방정부의 역할분담을 통한 선線과 선을 잇는 지역거점 확보와 지역거점 특화를 통한 공간기능 분담: 지역특화와 상생교류
- 지방정부 주도의 주민들의 일상생활 여건 조성을 위한 지역사회개발 추진으로 주민들의 삶의 질 향상에 기여: 사회적 자본 축적

5 남북 균형발전을 위한 지역개발 단계별 전략

- 1단계: 유라시아 대륙과의 교류 활성화를 위한 한반도 기점의 '망사형 공간체계' 구축
- 2단계: 핵심거점 구축 – 지역특화에 의한 공간기능 분담체계 구축
- 3단계: 핵심거점과 주변 지역의 상호작용을 통한 정주권 활성화
- 4단계: 통일과 공간정의 실천 전략

6 통일 대비 지역균형발전을 위한 주요 과제 제시

- 남북 교류활성화 단계: (가칭) 남북균형발전위원회 설치, 운영
- 통일 완성 단계: (가칭) 남북균형발전기금 조성 및 활용

1. 남북 주민 삶의 여건과 지역개발 정책의 미래 지향점

통일비용에 대한 다양한 논의가 있었지만 이의 논거에 대한 합의점을 찾기는 쉽지 않다. 다만 독일 통일을 예로 들어 남북 통일비용을 추정하는 경우에 대해서는 어느 정도 설득력을 얻고 있다. 하지만 남북통일은 한반도라는 특수한 상황과 관련한 비용을 필요로 한다. 남북통일은 대륙에 깊숙이 위치한 동서독의 통일과는 지형적, 정치적 상황을 달리한다. 정치·지리적 관점에서 한반도 통일은 극동아시아 네트워크 구축이라는 또 다른 가능성을 안고 있다. 이와 같이 남북통일은 지역개발 관점에서 다양한 각본이 가능하다. 또한 한반도 통일시대 지역개발 전략은 통일 준비 단계와 이후의 상황 설정을 어떻게 하느냐에 따라 다양한 주장이 있을 수 있다. 이 글은 통일 한반도의 다양한 지역개발 전략을 '한반도 경제발전과 국토이용의 효율화' 관점에서 접근하고자 한다.

경제활동은 공간space 위에서 자원을 변형하는 과정으로 전개된다. 따라서 경제활동은 공간조건과 밀접하게 관련되어 있다. 공간은 면적 크기뿐만 아니라 위치와 형태에 따라 경제활동에 다양한 영향을 미친다. 공간은 사람의 활동을 담아내는 그릇이기도 하고, 사람의 활동과 자본, 자원, 정보, 기술 등 유동적流動的 경제요인을 선택, 촉발하기도 한다. 즉, 사람의 공간선택은 목적에 따라 제한적이라서 결국 공간이 사람의 활동을 선택하는 것과 같다. 프리드먼Friedman(1972)의 지적대로 인간활동 특히 사람의 경제활동은 공간조건에 의해 의제된, 즉 공간파생적space contingent이고, 동시에 다른 사람의 경제활동에 영향을 미쳐서 공간형성적space forming이기도 하다. 자동차 공장이 입지할 수 있는 공간속성과 정유공장이 입지할 수 있는 공간속성은 다르다.

　지역개발은 지역특성(공간조건)을 살려 지역발전을 이끌어내기 위한 공공의 노력으로 정의된다. 지역특성에 따라 인구(노동력의 원천), 자원, 자본, 정보(의사결정) 및 기술의 흐름방향과 흐름속도는 다르다. 결국 지역발전을 실현하기 위해서는 이들 유동적 생산요소를 끌어들일 수 있는 공간조건을 만드는 것이 중요하다. 이와 같은 지역발전 작동체계와 지역격차는 〈그림-1〉로 나타낼 수 있다. 〈그림-1〉은 한반도 통일과 함께 남북이 균형발전을 이루기 위해 어떠한 공간조건을 필요로 하는지에 대한 논의의 단초를 제공한다.

출처: 소진광(2006: 5)

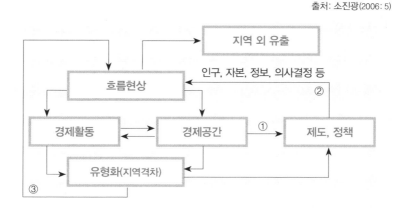

| 그림-1 | 지역발전의 작동체계와 지역격차

　〈그림-1〉에서 인구, 자본, 정보, 의사결정 등 유동적 생산요소는 지역특성에 따라 이동하여 흐름현상으로 확인된다. 이러한 흐름현상은 인간의 경제활동과 경제공간에 영향을 미칠 것이고, 그 결과 이러한 유동적 생산요소를 끌어들이는 지역은 발전하고 이들 유동적 생산요소가 유출되는 지역은 낙후되어 지역격차가 발생한다. 이러한 지역격차를 완화

하기 위해 제도를 만들고, 정책을 실시하는데, 이러한 제도와 정책이 인구, 자본 등 유동적 생산요소의 흐름방향에 영향을 미친다. 결국 남·북의 분야별 지역격차를 어떻게 인지하고, 어느 수준으로 완화할 것인가에 따라 사회적, 문화적, 경제적 통합 관련 비용이 달라질 것이다. 따라서 한반도 통일 이후 남북 균형발전(혹은 용인될 수 있는 격차) 범위 설정이 매우 중요하다.

2. 통일 지역개발 추진 방향

통일 한반도의 지역개발 추진방향은 다음과 같이 설정되어야 한다.

첫째, 남북의 경제, 사회, 문화적 격차를 해소하기 위한 통일 정부의 적극적 보충성 원칙 준수가 담보되어야 한다. 이러한 통일 정부의 노력은 한반도의 정치·지리적 상황을 활용하여 전반적인 국가발전 수준을 향상하고, 한반도를 기점으로 하는 유라시아 대륙 연결망(네트워크) 구축을 통해 인접 국가와의 공동번영 기틀을 마련한다는 관점에서 접근되어야 한다. 한반도 통일이 단순히 남과 북의 물리적 통합에 그치지 않고, 남과 북의 상호보완적 발전 잠재력을 활용하여 국민 전체의 실질적인 삶의 질 향상에 기여하여야 한다.

지방분권형 통일 국가 안에서는 한반도 통일비용이 일부 특정 지역, 계층만 부담할 수도 없고, 또 그러한 비용분담과 관련하여 사회적 혼란이 야기될 가능성이 있다. 따라서 남북균형발전의 수준과 비용분담과 관련한 정책적 맥락의 큰 '틀'은 남북의 정당한 대표성을 통해 결정되어야 하기 때문에 통일 이전이라도 남북균형발전위원회를 설치하여 다양한 입장과 의견을 수렴하여야 한다. 이러한 노력은 중앙정부의 몫이다. 남북 균형발전 수준설정은 집단적 평등 개념에 근거하여 다양한 지역과 구성원의 자유재량 일부를 유보할 수 있는 합의를 통해 접근되어야 한다.

둘째, 중앙정부와 지방정부가 함께 보조를 맞추어 수행하여야 할 정책과제로 남과 북이 각자의 특성을 살려 공간기능을 특화하고 이를 인접 지역과 공유할 수 있는 기제(機制, apparatus)를 구축하는 일이다. 이 과정에서 자원과 잠재력은 있으나 이를 활용하기 어려운 지방정부에 대해서는 통일 중앙정부의 적극적 보충이 필요하다. 특히 지역 특화산업육성은 전적으로 지방정부의 판단과 지역 주민들의 동의가 필요한 정책과제라서 통일 이후라도 중앙정부와 지방정부의 적절한 역할분담이 필요한 분야이다.

셋째, 지방정부 역량과 관련하여 주민들의 생활여건을 개선하는 노력이 필요하다. 이러한 지역사회개발 전략은 공공부문과 민간부문의 영역을 포괄하는 분야로 지방정부와 주민과의 역할분담이 필요하다. 특히 정부주도의 지역사회개발이 성공하지 못한 과거 경험에 비추어 통일 한반도의 지역사회개발은 '주민에 의한, 주민을 위한, 주민의 지역사회개발사업' 수행이 되도록 '상향적 의사결정' 과정에 근거한 '협치'를 통해 접근되어야 한다.

한편, 상기의 '상향식'의 지역사업 육성과 중앙정부와의 '협치'를 중시함에도 불구하고, 환경에 미치는 영향이 일정 지역 범위 이상으로 크거나 지역 간에 상충이 심화된다면 이에 대한 중앙정부의 간섭이 지역의 이해에 우선할 수 있는 원칙 수립이 필요하다. 건강한 환경은 한반도의 미래 후손을 위해서 지켜야 할 유한적인 자원이기 때문이다.

3. 통일국가를 위한 지역개발과 한반도 공간활용도 제고 방안

공간은 인간활동의 필요성(점), 움직임(movement, 선), 이동 목적별 거점據點 혹은 결절nodal point, 結節, 거점의 계층성과 영향범위라는 단계를 거치면서 활용도가 높아진다. 점點은 특정 위치 개념으로 인간생활에 필요한 낱개의 활동여건을 나타낸다. 선線은 인간의 현 상태와 미래 필요로 하는 상태를 이어주는 활동을 지원하는 수단 혹은 통로에 해당한다. 따라서 선은 인간의 의도와 목적을 연결하는 수단이고, 새로운 필요성을 촉발하는 매체媒體이다. 이러한 통로는 방향과 속도를 포함하고 있어서 시간과 공간의 상호작용으로 유지, 관리된다. 하지만, 인간이 현재 처해 있는 여건과 미래 바람직하다고 생각하는 희망은 항상 차이가 있기 마련이고, 이러한 차이는 공간변화를 통해 좁혀지거나 벌어진다. 이와 같이 공간은 단순히 점과 선으로 구성되어 있는 게 아니고, '희망' 혹은 '욕망'이라는 제3차원의 '힘power'에 의해 영향권으로 인지된다. 따라서 공간은 인간의 생각을 담아낼 수 있는 그릇이다. 무엇을 담을 것인가에 따라 점과 선이 다르듯이 한반도 통일을 통해 얻을 수 있다고 믿는 이점을 어떻게 정의하고 인지하느냐에 따라 한반도 공간체계는 달라질 수 있다.

이상준 외(2013, 2015)는 통일 한반도 공간구성요소를 점과 선으로 인지하고 11개 핵심 사업을 선정하였다. 이 연구가 전문가 설문조사를 통해 선정한 한반도 개발협력 핵심 사업은 거시적 차원에서 2개, 미시적 차원에서 9개로 구성되어 있다. 우선 거시적 차원에서 통일 한반도 핵심 사업은 ① 한반도 서부측 인프라 회랑(서울 - 신의주), ② 한반도 동부측 인프라 회랑(서울 - 나선) 등 2개이다. 미시적 차원의 통일 한반도 핵심 사업은 ③ 개성 - 해주, ④ 평양 - 남포, ⑤ 신의주 - 단둥, ⑥ 설악 - 금강 - 원산, ⑦ 함흥 - 부전고원, ⑧ 신포 - 단천, ⑨ 백두산 - 개마고원, ⑩ 나선·청진 - 훈춘 - 하산, ⑪ 평화지대DMZ 사업 등 모두 9개가 선정되었다. 다른 한편, 국정자문위원회(2017)가 제시한 통일 한반도 신新경제지도는 〈그림-2〉와 같이 주로 거시적 차원의 선으로 구성되어 있다. 이들 통일 한반도 핵심 사업은 주로 물리적인 점과 선을 구축하는 것이어서 주민들의 주도권 및 주인의식을 촉발할 수 있는 '힘power'을 담보하지 못한다. 따라서 주민들의 주도권과 주인의식에 기초한 삶의 질 향상을 위한 생활여건 개선과 함께 주민들의 일상생활 터전에서 사

출처: 국정자문위원회(2017)

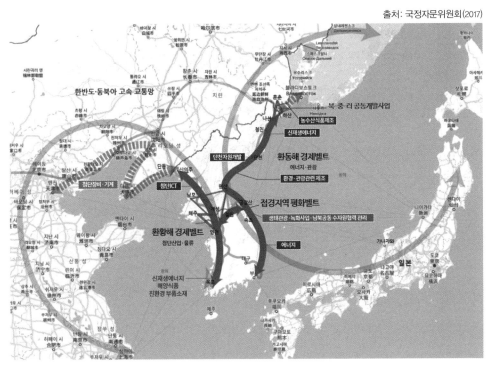

| 그림-2 | 한반도 신新경제지도

회적 자본을 축적하는 초미시적 접근ultra micro approach이 추가될 필요성이 있다.

사회적 자본을 축적하기 위해서는 주민들의 일상생활 터전에 대한 주민 주도권과 주인의식이 필요하다. 이러한 주민 주도권과 주인의식은 주민들이 스스로 느끼는 절박함the felt wants이 전제되어야 하고, 이러한 절박함에 기초하여 이를 스스로 해결하고자 하는 주민 의지를 촉발할 수 있는 정책환경이 조성되어야 한다. 이러한 정책환경은 일상생활과 관련한 집단 의사결정 방식이 '협치governance'에 근거할 때 가능하다. 이러한 맥락에서 통일 국가의 지역개발과 한반도 공간활용도 제고 방안은 다음과 같이 시기별로 4단계로 나누어 접근할 수 있다.

1단계(2018~2027) 목표
: 유라시아 대륙과의 교류기점 구축을 위한 한반도 '망사형 공간체계' 구축

2018년을 기점으로 향후 10년간 한반도의 공간활용도를 높이고, 통일비용을 줄이기 위해서는 남한의 필요성과 북한의 절박함을 모두 충족시킬 수 있는 공간축의 조성이 필요하다. 이러한 맥락에서 한반도 공간활용도는 유라시아 대륙과의 교류기점을 구축함으로써 제고될 수 있다. 〈그림-2〉에서 제시된 한반도 서해축과 동해축은 단순히 남과 북을 연결하는 효과에 그치지 않고, 이를 확장하여 유라시아 대륙과의 교류증진에 기여한다. 따라서 향후 10년간 한반도 개발협력은 이들 서해와 동해의 두 축을 구축하거나 기존 도로와 철도망을 복원, 현대화하여 일본을 비롯한 태평양 연안과 유라시아 대륙의 교두보를 확보하는 데 초점을 두어야 할 것이다. 이와 같이 유라시아 대륙과의 교류발판을 구축하면 이로 인한 파급효과를 통해 통일 한반도 공간효율성은 높아질 것이다.

2단계(2028~2037) 목표
: 지역특화에 의한 핵심거점 구축과 공간기능 분담체계 형성

1단계에서 남과 북을 잇는 네트워크가 구축된다면 그러한 선을 따라 핵심거점을 구축하고 이들 거점별 특화된 기능을 다른 지역과 공유, 분담하는 지역개발이 필요하다. 어느 지방이든 나름대로 부존자원이 다르고, 경제활동 여건이 달라서 획일적인 지역경제 활성화 전략은 오히려 차별화된 지역별 잠재력을 사장하는 결과를 초래하기 쉽다. 따라서 남과 북의 다른 점이나 이질감을 '다양성의 조화'로 전환하기 위한 지역특화 전략이 필요하다.

이러한 지역특화는 우선 해당 지역에서 차별화의 이점the advantage of differenti- ation을 확보하고, 다양한 지역별 차별화의 이점을 인접 지역과 공유함으로써 상호 부족한 공간기능을 보완하면 한반도 전체적으로 규모의 경제scale economies를 확보할 수 있다. 이러한 지역별 차별화의 이점을 서로 공유할 수 있는 지방분권형 국가운용체계의 필요성은 남과 북의 격차를 줄여야 한다는 당위성과도 연계되어 있다.

3단계(2038~2047) 목표
: 핵심거점과 주변 지역의 상호작용을 통한 정주권 활성화

1단계와 2단계의 지역개발은 남과 북이라는 별개의 공간이용체계를 통합하는 데 초점을 둔 사업들이다. 이러한 공간통합은 공간규모를 몇 개의 계층으로 구분하느냐에 따라 각기 다른 지역격차로 인지되고, 1960년대와 1970년대 성장거점 전략 경험에서와 같은 '빨대효과'로 인해 핵심거점 주변지역을 상대적으로 낙후시킬 가능성이 높다. 따라서 지역마다 핵심거점과 주변지역의 상호작용을 일방적이 아닌 쌍방향으로 유지, 관리할 필요가 있다.

이러한 공간 상호작용은 주민의 번영people's prosperity에 초점을 둔 정주권개발settlement development 즉, 주민들의 생활터전을 개선하는 지역사회개발을 통해 가능하다. 즉, 남과 북을 잇고, 유라시아 대륙과의 교류발판을 구축하며, 핵심거점 건설을 통한 지역특화가 성숙되면 다음 단계로 지역사회 개발을 통한 주민들의 일상생활 터전 개선이 필요하다. 물론 지역사회 개발을 통한 주민들의 삶의 질 향상은 1단계와 2단계부터 병행 추진될 수도 있다. 그러나 단계별 큰 맥락을 구분할 경우 1단계와 2단계의 사업들은 지역사회개발의 전제 혹은 여건조성의 성격을 지니고 있어서 서로 보완적 관계에 있다. 즉 1, 2단계의 사업들이 선행되어야 지역사회 개발도 실질적인 성과를 거둘 수 있다. 이러한 지역사회 개발사업은 새마을운동에서처럼 '주민에 의한, 주민을 위한, 주민의 협치'로 접근하여 주민역량을 강화할 수 있어야 한다. 이러한 접근은 체제전환 과정에서 통일비용을 저감하기 위해서도 필요하다.

4단계(2048~) 목표 : 통일과 공간정의 실천

통일과 함께 고려되어야 할 지역개발 전략은 첫째, 토지(소유)제도의 개혁, 둘째, 체제전환 과정에서의 주민역량 강화, 셋째, 일상생활 무대에 해당하는 지역사회 재건rebuilding community 혹은 일상생활 무대에서의 주민 공동체 회복, 넷째, 지역경제 작동체계의 구축에 역점을 두어야 한다. 이에 더하여 통일 한반도가 지방분권형 국가체계로 운영된다는 전제하에 중앙정부와 지방정부의 역할, 특히 낙후지역에 대한 중앙정부의 적극적 보충 역할이 필요하다. 이러한 보충적 역할은 결국 공간정의spatial justice를 실현하는 데 긴요하다. 공간정의는 보다 넓은 지역을 하나의 단위로 할 경우와 주민들의 일상생활무대인 지역사회를 하나의 단위로 할 경우에 다르게 인지되고, 다른 수단으로 실천될 수 있다.

이러한 공간정의는 한반도 공간체계 차원에서는 다소 고려하기 어려운 측면도 있겠지만 미세한 지역사회 단위에서 접근하면 적은 비용으로도 크게 개선될 수 있다. 또한 공간정의는 경제, 사회, 문화, 환경 등 모든 분야와 연계되어 있어서 이들 분야별 공간영향 범위에 따라 상호 충돌할 가능성을 안고 있다. 이와 같이 공간정의가 분야별로 충돌할 경우 어느 분야를 우선할 것인지는 주민들의 선택에 맡겨야 한다. 다만 주민들의 선택이 어떠한 경우에도 '지속가능성'을 저해해서는 곤란하다. 따라서 통일 이후 한반도의 공간정의는 주민역량에 의한 지역사회개발 방식으로 정의되고 실천되어야 한다. 주민들의 일상생활 무대인 조그만 지역사회는 주민들의 기본수요basic needs를 파악하기 쉽고, 이와 관련한 분야별 우선순위 조정도 쉽다.

4. 통일국가의 지역개발 미래전략

1단계 전략
: 중앙정부의 핵심 기반시설 확충을 통한 남북격차 해소와 완화 노력

통일 한반도의 지역개발 전략은 우선 국가경쟁력을 높이고, 주변 국가들과의 상생발전을 도모하기 위한 핵심기반시설 확충에 초점을 두어야 한다. 이러한 지역개발 전략은 국가가 주도권을 잡고 지방정부가 협력하는 방식으로 접근되어야 한다. 특히 상대적으로 낙후가 심한 지역에 대해서는 통일 중앙정부의 적극적 보충, 지원이 필요하다. 통일 국가가 직면할 가장 중요한 과제는 남북 격차일 것이고, 이를 어떠한 방법으로, 어느 수준으로 좁힐 것인가는 향후 통일 국가 국민들의 삶의 질에도 커다란 영향을 미칠 것이다.

2단계 전략
: 지역특화발전과 공간기능 분담기조 확보를 위한 중앙정부와 지방정부의 역할 분담

통일 한반도에 핵심 기반시설이 구축되면 지역 잠재력을 활용한 지역특화 전략이 필요하다. 이러한 지역특화는 지역 간 공간기능 분담의 필요성을 증대시켜 결국 지역 차별화의 이점과 지역별 규모의 경제를 동시에 확보할 수 있는 장점을 지니고 있다. 따라서 지역특화발전 전략은 중앙정부와 지방정부의 긴밀한 협조를 통해 접근되어야 한다. 이 경우 중앙정부의 지원은 지역별 여건을 고려하고, 주민역량을 지원하는 방식으로 차별화되어야 한다.

3단계 전략
: 지역사회개발을 통한 사회적 자본 축적과 협치 구축 전략

통일 한반도의 핵심 기반시설 구축 및 지역특화발전 전략은 산업화를 촉진하는 효과로 이어질 것이다. 그러나 일반적으로 산업화는 개인주의와 분파주의sectionalism를 부추겨 주민 일상생활에서 신뢰trust, 공동사업에 대한 참여, 주민조직(네트워크) 결속력, 이타주의 등 사회적 자본social capital을 훼손하는 속성을 지니고 있다. 특히 체제전환 과정을 거치면서 주민들은 새로운 사회적 규범이나 시장원리에 적응하기 위한 일종의 불안감을 느낄 수 있다. 이러한 체제전환 관련 주민 불안은 지역사회 발전을 통한 주민역량 강화를 통해, 그리고 주민 스스로의 주도권과 주인의식을 통해 완화될 수 있다. 또한 주민 주도권과 주인의식은 협치governance를 통해 높아지고 실천될 수 있다. 주민이 새로운 제도와 규범, 시장원리에 적응하지 못하면 1, 2단계에서 수행된 지역개발 사업들은 주민들의 '삶의 질' 향상과 이어지기 어렵고, 단지 장소의 번영place's prosperity에 그친다.

4단계 전략 : 남북 균형발전과 공간정의 실천

북한지역의 주민들이 새로운 체제나 규범, 시장원리에 적응하지 못하면 남북 균형발전을 위한 정치, 사회적 비용이 커진다. 위의 3단계와 같이 지역사회개발을 통해 주민들의 일상생활 무대인 삶의 터전에서 사회적 자본이 축적되면 그만큼 남북 균형발전과 공간정의 실현도 쉬워진다. 균형발전과 공간정의 실현은 남북의 사회, 문화적 동질성 회복에도 크게 기여할 것이다.

5. 맺음말

통일 한반도의 지역개발 전략은 태평양과 유라시아 대륙을 잇는 거시적 맥락과, 남북의 격차해소와 기능연계 및 주민들의 삶의 질 향상이라는 미시적 맥락으로 나누어 접근할 수 있다. 이러한 지역개발 접근 전략은 공간의 점과 선을 통한 지역특화 및 교류의 필요성에 근거하고 있다. 이에 더하여 통일 한반도의 지역개발은 중앙정부와 지방정부의 역할분담 및 주민역량에 따라 재정수요를 달리한다. 통일 한반도의 지역균형발전 비용을 저감하기 위해서는 지방분권에 의한 핵심거점 개발과 지역특화 전략, 중앙정부의 적극적 보충에 의한 낙후지역개발 지원 및 지역 간 네트워크 구축, 주민들의 주도권과 주인의식 제고가 수반되어야 한다.

다른 한편, 통일 한반도의 지역개발 전략은 남북균형발전, 통일비용 최소화, 통일효과 극대화에 초점을 두고 접근되어야 한다. 우선 남북균형발전은 통일의 대전제에 해당한다. 특히 분단으로 오랫동안 이질화된 남북의 균형범위를 분야별로 어떻게 설정하느냐는 매우 중요하다. 이와 함께 통일 한반도 국가의 체제, 주민들의 체제전환 과정, 새로운 시장원리에 대한 주민 적응 등은 지역개발과 함께 보조를 맞추면서 단계별로 추진되어야 할 과제이다.

통일비용을 최소화하거나 통일효과를 극대화하는 작업은 통일 이전 남북교류를 통해 상당부분 실현될 수 있다. 다만 통일이 단순한 물리적 통합이 아니라 경제, 사회, 문화적 동질성 회복이라는 측면에서 통일 준비 단계에서 남북 당국이 (가칭) 남북균형발전위원회를 설치, 운영하고, 국제사회와 남북교류를 통해 추가적인 수익을 창출하는 기업을 포함한 다양한 이해당사자를 발굴하여 (가칭) 남북균형발전기금을 조성할 필요가 있다.

- 초고집필: 소진광
- 수정검토: 박준홍, 양재석, 임경수, 허태욱

참 고 문 헌

- 건설교통부 국토균형발전본부, 《국토업무편람》, 2007.

- 국정자문위원회, 《한반도 신경제지도》, 2017.

- 김용웅 · 차미숙 · 강현수, 《新지역발전론》, 한울아카데미, 2009.

- 소진광, 〈사회적 자본의 측정지표에 관한 연구〉, 《한국지역개발학회지》 16(1), 2004, 89-118.

- 소진광, 〈지역균형발전 정책대상으로서의 지역격차인식과 개별 기업의 공간선택 한계〉, 《한국지역개발학회지》 18(4), 2006, 1-23.

- 소진광, 〈지역발전 패러다임 연구〉, 《지방행정연구》 30(1), 2016, 3-39.

- 이상준 외, 〈통일시대를 향한 한반도 개발협력 핵심 프로젝트 선정 및 실천과제〉, 국토연구원, 2013.

- 이상준 외, 〈한반도 · 동북아 공동발전을 위한 북한국토개발 핵심 프로젝트 실천 방안 연구〉, 국토연구원, 2015.

- 한국경제 60년사 편찬위원회, 《한국경제 60년사: 제IV권 국토 · 환경 편》, 한국개발연구원, 2010.

- Friedman, J., "The General Theory of Polarized Development", in Hansen, N., (ed.), *Growth Centers in Regional Economic Development*, New York: Free Press, 1972.

문화예술
: 공감성 확장을 통한 동질성 회복

SUMMARY

1   통일시대를 준비하는 교류확대 정책 필요

2   동질성 제고 노력의 방향성을 가르쳐줄 문화공감지수 개발

3   국제 체육 경기에서 남북 단일팀의 응원가 작사 작곡을 우선 시작함

4   문화적 동질성 회복을 위한 단계별 목표와 실천 방안
   • 1단계(2018~2027) : 교류확대와 남북한 문화공감지표 개발 및 연구
   • 2단계(2028~2037) : 연구지표에 기초한 통일문화운동의 전개
   • 3단계(2038~2047) : 남북한 전문인력의 공동 참여
   • 4단계(2048~) : 문화적 동질성과 다양성의 회복

5   문화적 동질성 회복의 전략과 예시
   • 전통문화의 확산 유형과 인지도 파악
   • 전통문화를 계승한 세계적 수준의 대상 발굴 : 태권도, 무용기보법
   • 월북 예술인을 통한 동질성 모색

6   문화적 동질성 회복 과정에서의 변수와 대비
   • 이북 5도 지역의 무형문화재 지정 문제
   • 제2의 청년문화 태동과 대비

1. 통일시대를 준비하는
  문화예술 전략의 방법론 재고

남북한은 분단 이후 서로 다른 정치 체제를 택하였고 문화예술정책 또한 다른 길을 걸어왔다. 남한의 예술가들이 자유경쟁을 하며 역량을 키워온 것에 비해 북한은 정부 주도로 예술인력을 양성하고 공연무대까지도 통제하는 방식을 취해왔다. 따라서 남북한 예술인들의 예술에 대한 인식과 접근 방식에는 차이가 있으며 이들의 예술작품을 바라보는 대중들의 시각 또한 다를 수밖에 없다. 남북 간의 정치적 화해 무드가 조성될 때마다 체육분야 단일팀 구성, 북한응원단 파견, 남북한 합동음악공연 등을 기획하였으나 그 내용과 방식은 유사한 패턴을 거듭하고 있는 실정이다. 이것은 기존의 활동에 대한 객관적 지표와 데이터가 없기 때문에 반복되는 현상일 수 있다. 이제부터라도 남북 문화교류의 성장을 위해서는 정량화된 지표를 개발하여 체계화된 기초자료를 마련해야 한다. 아울러 전통문화를 문화예술 교류의 토대로 삼아 일정한 방향이 유지되도록 노력해야 할 것이다.

2. 문화적 동질성 회복을 위한 단계별 목표와
  실천 방안

상호 교류 확대를 통하여 동질성을 높이는 것이 기본적인 노력이다. 통일을 준비하는 1~3단계까지의 주요사업은 기초자료 확보, 대중문화 교류, 전문가 협력사업이며 4단계 이후는 통일단계의 수준으로 한류문화의 재도약을 설정하였다.

1단계(2018~2027) : 남북한 문화공감지표 개발 및 연구

문화 동질성 확대를 위해서는 상호 교류 활성화가 첫걸음이다. 음악, 미술, 문학, 무용, 게임, 영화, 연극, 체육 등의 모든 분야에 걸쳐서 교류를 시작한다. 그리고 문화공감지표를 개발하여 문화예술작품에 공감하는 지표로 활용할 수 있다. 예를 들어 남한 걸그룹의 노래, 북한 혁명가극단의 공연에 대해 남북한의 사람들은 각각 어느 정도로 공감하는지 정량적 지표를 개발하자는 것이다. 이를 위해 아래 공감지표 문항 예시표에서 보여주는 바와 같이, 남북한 세대별 표본 수치를 동일하게 설정하여 지면을 통한 설문, 대면, 온라인 등 다양한 방식으로 지수를 산출할 수 있다. 따라서 1단계 기간에는 잦은 교류 프로그램을 만드는 노력과 함께 발전적 미래를 위한 기초자료 연구에도 노력해야 한다.

한편, 앞으로 국제경기에 남북 단일팀 출전의 기회가 늘어날 것이다.

행사	분야	가수	곡목	공감도
남북 통일 음악제	대중 가요	조용필	돌아와요 부산항에	-2 -1 0 1 2
			허공	-2 -1 0 1 2
		최진희	사랑의 미로	-2 -1 0 1 2
	동요	KBS어린이합창단	고향의 봄	-2 -1 0 1 2
			금강산	-2 -1 0 1 2
			휘파람	-2 -1 0 1 2
	연주	왕재산 경음악단	반갑습니다	-2 -1 0 1 2

| 표-1 | 공감지표 문항의 예시

이러한 경기에 사용할 수 있게, 단일팀 응원가를 작사 작곡하는 것이 필요하다. 이것은 그동안 교차 공연으로 상호 호감도가 높아진 남한의 조용필, 북한의 현송월 콤비가 공동 작업을 한다면, 비교적 쉽게 받아들여질 것으로 예상한다. 아울러 남북 가수들이 상대방의 노래를 부르는 공연과 또한 일반인 상대로 상대방 노래 부르기 경연대회를 개최하는 것도 도움이 될 것이다.

2단계(2028~2037) : 연구지표에 기초한 통일문화운동의 전개

1단계에서 단순한 문화교류를 시도했다면 2단계부터는 비무장지대DMZ와 같은 중립지역에 예술회관을 건립하여 통일예술 거점지역으로 만들 필요가 있다. 이러한 상징적 공간은 통일문화운동을 확산시키는 구심점이 될 수 있다. 2단계에서는 전문가 집단의 참여보다는 대중문화행사가 중심이 되어 최대 다수가 참여하는 것이 보다 전략적일 수 있다. 따라서 프로그램 내용은 이벤트성의 과거 모델을 따를 가능성이 높다. 그러나 구성내용이 문화공감지표를 근거로 기획된다는 점에서 기존 방식과는 구분된다.

- 남북공동 기획 프로그램
  - 공동 작사·작곡: 남북한 기념일 제정 및 '통일의 노래' 공모 대회
  - 남북 대학가요제/청년가요제: 판문점, 서울, 평양 순환 개최
  - 남북한 대중음악 콘테스트: 남북한 혼성그룹 발굴 프로젝트
  - 전국노래자랑: 참여 지역 확대, 남북주민 공동 참여

3단계(2038~2047) : 남북한 전문인력의 공동 참여

이전 단계의 프로그램이 다수의 참여를 위한 일회성의 이벤트였다면 3단계부터는 장기간의 실행계획이 요청되는 작업들이다. 기획의 시작부터 제작, 공연, 마무리까지 남북인력이 함께 투입되는 사업인만큼 충분한 시간과 소통이 보장되어야 한다. 사업과정에서 북한기획자의 지휘 아래 남한의 예술가들이 움직일 수도 있고, 북한 무용가와 남한 연주자의 협력 등 다양한 방법이 가능하다. 또한 음향, 조명 등의 전문기술인력이 가세하여 프로그램의 질적 향상을 기대할 수 있다. 이들의 공동작업은 남북한 문화예술교류를 위한 거점지역에서 집중적으로 진행하게 되며 필요에 따라 지역은 확장될 수 있다.

- 남북 예술전문인들의 공동작업 예시
  - 기초학문 발의: 남북한 예술용어 통일 공동학술회의
  - 예술단체 설립: 남북혼성 합창단, 클래식연주단, 국악연주단, 전통무용단 설립
  - 문화발굴사업: 남북한 전통민요 발굴 공동조사 및 무형문화재 연구재단 설립
  - 남북한 합작 사업: 영화제작, 미술전시, 무용극·뮤지컬제작, 연극축제
  - 남북한 문화예술 전문가 아카데미 설립: 조명, 무대미술, 설치, 촬영, 음향 등
  - 남북 유형문화재 관리 통합방안 추진위 설립
  - 남북 예술행정전문가 통합교육기관 설립

4단계(2048~) : 문화적 동질성과 다양성의 회복

이전 과정이 문화동질성이라는 정서 회복에 초점을 맞추었다면 4단계에서는 제도의 동일화가 이뤄지는 시기이다. 공공영역의 제도적 통합과 동질성이 확보되면서 남북은 더 이상 분단이 아닌 통일의 이미지로 표현되고 인식될 것이다. 한편 민간예술영역은 자율성이 한층 강화되면서 동질화 과정에서 주목받지 못했던 문화적 다양성 회복에 일조할 것이다. 문화적 동질성과 다양성이 확보된 단계에서는 새로운 한류가 바람을 탈 것으로 기대된다. 또한 이전보다 다양해진 전통예술 소재들은 예술 산업의 확장과 더불어 민족의 완벽한 통합에 중심이 될 것이다.

3. 문화적 동질성 회복의 전략과 예시

남북한의 일치된 공감대를 발견하고, 이들의 교집합을 확대하기 위해 문화공감지표의 필요성을 주장하였다. 그런데 공감의 방향성을 설정하는 방식은 또 다른 문제이다. 정량적 지표가 정밀하게 마련되었다고 하더라도 동질성 회복의 방향은 남북한이 서로 맞추어나가야 할 문제인 것이다. 만약 방향설정에 각자의 입장만을 내세운다면 실질적 성과 없이 탁상공론으로 변질될 수 있다. 따라서 원만한 진행을 위해 전통문화 영역을 중심으로 방안을 모색하고자 한다.

전통문화의 확산 유형과 인지도 파악

분단 이후 남북이 전통문화를 대하는 입장은 차이를 보여왔다. 예를 들어 과거 조상들로부터 전승된 음악을 남한은 전통음악으로, 북한은 민족음악으로 부르고 있다. 전통문화라 할지라도 전국적으로 확산된 것과 특정 지역에서만 관심을 보인 것으로 구분이 된다. 판소리 장르는 세계문화유산에 등재될 정도로 남한을 대표하는 전통예술이지만 북한에서는 특별한 인기가 없다. 이를 두고 '김일성이 판소리를 싫어해서 보급이 안 되었다'라는 이야기도 있지만 분단 이전 자료를 보더라도 북한보다는 남한지역에서 유행했음을 알 수 있다. 반면 민요는 접근 방식에 차이가 있지만 남북한 모두 중요한 음악유산으로 인정하고 있다. 따라서 전통과 관련된 사항들을 역사적으로 고찰하여 남북한 모두가 그 가치를 깊이 인정하고 현재에도 계승하고 있는지 살필 필요가 있다.

전통문화를 계승한 세계적 수준의 대상 발굴

태권도의 경우 남북한은 각자 다른 국제협회에 가입(남한은 WTF, 북한은 ITF)하여 활동하고 있다. 그러나 남북 모두 태권도를 세계 최고의 전통무술로 여기고 이어가고 있다. 이와 같이 남북한이 현재까지 전통적 가치를 계승하고 있는 공통 대상을 발굴하여 동질성 회복의 기회로 삼을 수 있다.

종묘제례는 조선시대의 궁중제사로, 여기서 연행되는 음악을 종묘제례악이라고 한다. 남한에서는 UNESCO 인류무형문화유산에 등재된 종묘제례와 종묘제례악을 오늘날까지 전승하고 있다. 종묘제례에 연행된 춤을 일무佾舞라고 하는데 이는 '시용무보時用舞譜'라는 책에 기록되어 있다. 북한에서는 1970년대 유네스코 산하 국제무용협회CID-UNESCO의 지원을 받아 '자모식무용표기법'을 개발하여 동작을 표기할 수 있는 체계를 만들었다. 북한이 자체적인 표기법을 개발하면서 시용무보를 참조했는지는 알 수 없으나 기록을 중시하는 한민족의 공통분모를 발견할

첨대부호					자리방향부호			
구분	번호	부호	이름		구분	번호	부호	이름
가짐형래	1	ㄴ	펴 기		자리	1	○	앞
	2	ㅣ	휘 기			2	⊙	뒤
	3	ㅓ	급히기			3	θ	옆
	4	ㅓ	더급히기			4	⊖	우
놀림형래	1	e	뿔리기			5	⊕	아 래
	2	S	굽이치기			6	∅	비 낌
	3	W	뿔 기			7	⊗	엇비낌
	4	Z	흔듬기			8	ㄷ	오른쪽
	5	~	벗겨치기			9	ㄱ	왼 쪽
	6	ｘ	어기기			10	，	올 림
	7	L	잦 기			11	，	내 림
	8	Ω	돕 기			12	＋	중 심
	9	∧	뛰 기		방향	1	）	안
						2	＜	밖
						3	↑	세평면방향
						4	↓	무대방향

상 : 종묘제례에서의 일무佾舞
하 : 종묘제례 일무를 표기한 시용무보時用舞譜

북한이 독자적으로 개발한 자모식무용표기법
子母式舞踊表記法

| 그림-1 | 무용 기보를 위한 전통방식과 북한의 기보법

수 있다. 향후 종묘제례에 사용된 전통 춤을 자모식무용표기로 변환하여 시용무보와 비교해보는 것도 고려해볼 만한 일이다.(위 그림 참조)

현재로서 인기가 없고 고루해 보이지만 남북이 택할 수 있는 소재는 정치이념이 배제된 전통문화로 귀결될 가능성이 높다. 전통소재로 남북한의 공감을 확장하는 방식은 사업초기부터 문화공감지표 연구와 함께 병행되어야 한다. 따라서 전래동화에서부터 다양한 문화재에 이르기까지 방대한 기초연구가 필수적으로 뒤따라야만 한다.

월북 예술인의 작품을 통한 동질성 모색

1945년 광복 이후 무용가 최승희, 작가 정지용, 대중음악 작곡가 김해송, 대중음악 작사가 조명암, 판소리 명창 박동실, 가야금 명인 최옥

삼 등 수많은 예술가들이 월북하여 북한에서 활동하였다. 정치적 민주화가 이루어지기 전에는 이들의 이름과 작품은 규제 대상이기도 했다. 월북 예술인 중 정지용은 '향수'라는 노래가 히트하며 대중들에게 인지도를 높였고 무용가 최승희는 과거 발표했던 영상들이 발굴·전파되면서 한국 최초의 현대무용가로 인식되고 있다. 한편 대중들에게 이름이 낯선 조명암(본명 조영출)은 〈갑돌이와 갑순이〉의 작사자이다. 이들의 작품은 제목만으로도 남북한 모두가 관심을 가질만한 소재들이다. 또한 대표작들은 대부분 월북 이전에 발표되었기에 이념논쟁에서도 자유로워 남북 양측의 활용을 기대할 수 있다.

4. 문화적 동질성 회복 과정에서의 변수와 대비

전통에 기반한 공통주제를 발견하고 객관적 지표를 활용한다면 남북 간의 문화적 동질성은 자연스럽게 회복될 것이다. 그러나 제도의 차이는 통일과정에서 다른 문제를 발생시킬 수 있다. 통일 이전의 동독에서는 무대예술의 기획과 관객 동원은 예술가의 몫이 아니었다. 그러나 통일 이후 동독 출신의 예술가에게 무대의 빈자리를 걱정해야 하는 상황이 발생하였다. 통일 이후 남북도 독일의 전철을 밟을 가능성을 염두에 두어야 한다. 이와 같이 제도적 차이로 인해 발생할 수 있는 여러 변수들을 가정하고 해결점을 찾아보는 노력이 병행되어야 한다.

이북 5도 지역의 무형문화재 지정 문제

남한에서는 분단 이후에도 서울에 '이북5도청'을 설치하고 도지사를 두어 북한을 회복하지 못한 남한의 영토로 보았다. 1998년에는 함경도 민요 〈애원성〉이 함경북도 무형문화재로 1호로 지정되었고 이후 14개의 무형문화재가 생겨났다. 이들은 남한에서 지정된 북한지역의 무형문화재에 해당한다. 현재 이북5도청은 '이북5도위원회'로 명칭을 바꾸어 활동하고 있다. 그런데 차후에 남북한 전통문화재의 통일된 정비를 시작하게 되면 남한에서 단독으로 지정한 북한지역 무형문화재의 인정범위를 놓고 논란이 생길 가능성이 높다. 이와 같이 하나의 문화유산을 놓고 남과 북이 각자 지정한 예를 조사하여 해결방안을 모색해야 한다.

제2의 청년문화 태동과 대비

1960년대 후반 전 세계는 기존 질서의 부정, 반전 운동, 장발 등으로 인식되는 히피문화 및 청년문화를 경험하였다. 당시 청년문화를 대하는 기득권의 시선은 곱지 않았다. 한국에서는 대학생을 중심으로 포크음악과 청바지가 유행하며 청년문화를 이끌었으나 군사정권하에서 한계를 지닐 수밖에 없었다. 북한에서 이러한 청년문화가 존재했는지에 대해 아직까지 밝혀진 바가 없다. 향후 남북한의 문화예술교류가 확대되고 문화공감지수가 확대될 경우 북한에서도 나름의 청년문화운동이 전개될 가능성이 높다. 남한에서도 과거 꽃피우지 못했던 청년문화가 재부상할지도 모를 일이다. 남북한의 젊은이들이 기존 체제에 반발심을 표출할 때 남북 간의 정치·문화예술계는 어떻게 이를 수용할 것인지에 대한 깊은 고민이 필요하다.

5. 맺음말

이상으로 남북의 문화예술적 동질성 회복을 위해 시기별 목표, 전략, 변수라는 3가지 내용을 다루었다. 그 내용을 요약해보면 문화적 동질성 회복을 위한 1차 작업으로 '문화공감의 확장'을 주장하였고 이를 위해 문화공감지표라는 정량적 수치개발을 제안하였다. 4단계에 걸친 문화동질화의 과정은 철저하게 객관적 지표에 근거하여 진행되어야 하고 이들의 방향은 전통을 바탕으로 한 공감대의 확장으로 보았다. 아울러 그 과정에서 발생할 수 있는 변수를 제시하고 대비할 것을 지적하였다.

남북이 장기간 추진할 문화예술사업이 관객들에게 공감을 일으키지 못한다면 남북 간 문화적 동질성 회복은 요원한 일이 되고 말 것이다. 동질화 작업이 진행될수록 남북의 정체성은 보다 분명하게 하나로 드러날 것이며 이를 통한 한민족의 통합된 정신이 선명하게 구현될 것으로 기대된다.

- 초고집필: 권정구
- 수정검토: 양재석, 이광형, 허태욱

참고문헌

- 강석승, 〈문화교류를 통한 동질성 회복 방안〉, 《국학연구》, Vol.10, 2007.

- 권도희, 〈북한의 민요연구사 개관〉, 서울대학교 동양음악연구소, 《동양음악》 Vol.29, 2007.

- 김구회, 〈정부와 민간단체의 남북한 사회문화 교류에 대한 비판적 분석〉, 경기대학교 정치문화대학원 박사학위 논문, 2013.

- 김상철, 〈남북한 문화의 이질화와 동질성 회복방안〉, 《福祉行政研究》, 안양대학교 복지행정연구소, 2003.

- 오양열, 〈남북문화교류 협력사업 분석 및 발전 방향 남북문화교류의 전망과 과제〉, 웹진아르코 224호, 2012.

- 이찬도, 〈남북한 문화콘텐츠교류와 정책적 접근방안〉, 《한국통상정보학회지》, 제9권 3호, 2007.

- 박영정 외, 〈남북문화 교류협력사업 분석 및 발전방안 연구〉, 문화체육관광부, 2013.

- 신해은, 〈무대 위의 북한 : 탈북공연예술단체의 연행과 재현〉, 서울대학교 대학원 석사학위 논문, 2016.

- 이미재, 〈통일 독일의 문화예술 정책이 통일 한국에 주는 시사점〉, 《한독사회과학논총》, Vol.25 No.1, 2015.

- 이창환, 〈양독의 통일과 문화정책〉, 《예술문화연구》, Vol.2, 1992.

- 최정호, 〈분단국의 통일과 문화예술 및 문화예술인의 통합에 관한 연구 : 독일의 경우를 중심으로〉, 한국문화예술진흥원 문화발전연구소, 1991.

- 함재묵, 〈남북통일 시 문화통합을 위한 민족문화 콘텐츠 개발에 관한 시론적 연구〉, 대진대학교 통일대학원 석사학위 논문, 2013.

- 국립국악원, 《韓國音樂學資料叢書, 제4집 : 시용무보, 정재무도홀기》, 국립국악원, 1980.

- 김창남, 《대중문화의 이해》, 한울아카데미, 2018.

- 이상면, 《독일의 예술분단에서 통일로》, 시공사, 1996.

- 전영선, 《북한의 문학과 예술》, 역락, 2004.

- 황경숙, 《북한 무용의 이해》, 한국학술정보, 2006.

- 〈작가 황석영씨 부인 김명수씨 망명생활·가족관계 공개〉, 국민일보 2002.8.9.

- 〈서울에서 만나는 평양성사람들—북한예술로 읽다 북한 무용(3)〉 현장언론 민플러스 2017.9.9.

- 〈황해도 화관무, 평양 검무 … 이러다 사라지고 말겁니다〉, 국민일보 2017.12.12.

정치행정·외교 분야

4단계 통일 준비 30년

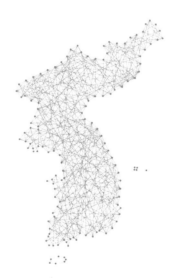

통일 전략
: 독일 통일에서 배우는 한반도 통일 전략

SUMMARY

1   분단 독일의 상황과 오늘날 한반도의 여건이 다르지만, 독일 통일은 한반도 통일에 의미가 큼
    - 자유민주주의와 시장경제 체제에 의해 이룩한 유일한 평화통일의 사례
    - 주변 강대국들의 반대 등 어려운 여건을 극복하고 이룬 통일
    - 통일 과정에서 일어났던 다양한 문제가 한반도 통일 과정에 소중한 참고가 됨

2   독일은 1989년 가을 베를린장벽을 붕괴시킨 동독 주민의 평화혁명에 이어 '내부적인 문제'와 전승 4개국과 협의하는 '대외적인 문제'를 해결하고 통일을 이룩함

3   전승 4개국의 동의를 받아야 했고, 주변 강대국의 반대에도 독일이 통일을 이룰 수 있었던 3가지 요인
    - 통일을 이루고자 하는 동·서독 주민들의 의지
    - 미국(특히 조지 부시George H. W. Bush 대통령)의 적극적인 지지
    - 독일 국가 지도자들의 능력과 국가적 역량

4   한반도 통일 전략
    - 통일에 대한 관심·의지와 통일 역량 구축
    - 북한의 변화 유도
    - 북한에 관한 정확한 정보 축적
    - 국제사회의 지지와 협조를 얻기 위한 통일외교 추진
    - 남북 기본 조약 체결
    - 북한 주민들의 심리적 상실감(갈등) 대비
    - 북한 주민의 대규모 이주 대비
    - 국가 지도자의 확고한 통일 의지와 능력

1. 독일 통일은 왜 한반도 통일에 의미가 있는가?

분단을 종식시키고 통일을 이룩하는 것은 분단국의 주요 과제이다. 지난 20세기에 베트남, 예멘과 독일이 통일을 이룩했으나, 독일의 사례는 우리에게 여러 시사점을 주고 있고 또 참고할 내용도 많다. 분단 독일의 상황은 오늘날 한반도의 환경과는 달랐다. 동·서독은 동족상잔의 비극을 겪지 않았으며, 상품 교역, 상호 방문, 전화 통화, 우편 교류, 도시 간 자매결연 등 다양한 분야에서 교류를 지속적으로 추진했다. 이처럼 독일의 상황이 달랐지만 독일 통일은 한반도에게 큰 의미가 있다. 그 이유는 무엇인가?

첫째, 자유민주주의와 시장경제 체제에 의해 이룩한 유일한 평화통일의 사례라는 점이다. 독일이 이룬 평화통일은 한반도에게 주는 가장 중요한 메시지다. 우리가 추구하는 통일도 자유민주주의와 시장경제 체제에 의한 평화통일이기 때문에 독일 통일이 의미가 있는 것이다.

둘째, 주변 강대국들의 반대 등 어려운 여건을 극복하고 이룬 통일이라는 점이다. 독일 통일에 미국, 영국, 소련, 프랑스 전승 4개국의 동의 내지 승인이 필요했으나, 소련은 물론 영국과 프랑스가 거대한 독일의 등장을 우려하여 강하게 반대했다. 주변 강대국의 반대로 통일이 무산될 수 있었으나 독일은 이를 외교로 극복하고 통일을 이룩했다.

한반도 통일에 주변국의 동의는 필요하지 않으나 통일 여건은 쉽지 않은 상황이다. 북한의 핵·미사일 위협이 여전히 존재하고 있으며, 북·중 유대관계가 강하고, 미국과 중국이 동아시아에서 전략적 패권 경쟁을 하고 있는 상황에서 중국이 북한을 전략적 자산으로 여기고 있기 때문이다. 이처럼 통일 여건이 어렵지만 주변 강대국의 반대를 극복하고 이룬 독일 통일은 우리도 어려운 여건을 극복하고 통일을 이룰 수 있다는 확신을 주고 있다.

셋째, 독일 통일의 사례가 한반도 통일에 중요한 참고가 된다는 점이다. 한반도 통일의 발단은 독일 통일과는 다를 것이나 독일 통일 과정에서 발생했던 다양한 사례들(즉, 수십만 동독 주민의 서독 이주, 주변국의 지지를 얻기 위한 통일외교 활동, 통일비용 조달 문제, 동독 지역 주민들의 심리적 갈등 문제, 소련 점령기간 중 몰수되었던 동독 내 토지의 소유권 문제 등)은 우리 통일 과정에서도 그대로 일어날 문제들이다. 독일 통일 과정에서 잘된 점은 본받고, 잘못된 점은 반면교사反面敎師로 삼아 반복하지 않도록 우리 실정에 맞게 준비하는 것이 우리의 과제다.

2. 독일 통일 과정

동독 주민의 평화혁명

1989년 늦여름 동독 주민들은 대규모 탈출과 개혁을 요구하는 시위를 하며 분단의 상징인 베를린장벽을 붕괴시키는 평화혁명을 이루었다. 장벽이 붕괴되고 3주 후인 11월 28일 헬무트 콜Helmut Kohl 서독 총리는 극비리에 준비한 '독일과 유럽 분단 극복을 위한 10개 방안'을 발표하며 통일을 추진했다. 콜 총리의 10개 통일방안은 (1)동독의 정치·경제·사회 개혁을 이룬 다음에 (2)동·서독이 국가 연합적 조직으로 발전하여 (3)유럽 국가들과 협력하여 통일을 이룩한다는 3단계 방안으로 요약된다.

'내부적인 문제'와 '대외적인 문제'의 해결을 통한 통일

독일 통일은 분단 당사자인 서독과 동독의 문제였으나 동·서독의 합의만으로는 통일을 이룰 수 없었다. 전승 4개국의 동의가 필요했기 때문이었다. 따라서 독일은 '내부적인 문제'의 해결과 '대외적인 문제'의 해결이란 '투 트랙'으로 통일을 추진해야 했다.

'내부적인 문제'는 동·서독이 협의하여 해결할 수 있는 문제들이다. 즉, 동·서독 화폐 교환비율 문제, 경제·사회 통합 문제, 헌법인 기본법 개정 문제, 서독 법의 동독 지역 내 적용 문제, 통일된 독일의 수도, 연방정부와 의회의 소재지 결정 문제 등이다. 내부적인 문제는 서독이 자유 총선(1990년 3월 18일 실시)에 의해 수립된 동독 민주 정부와 협의, 1990년 5월 18일에 '통화·경제·사회동맹 조약'을, 8월 31일에는 '통일 조약'을 체결하여 해결했다.

'대외적인 문제'는 포츠담 협정(1945년)과 독일 조약(1952/54년)으로 발생한 문제들이다. 즉, 전승 4개국의 '베를린과 전全 독일에 대한 권한과 책임'의 해제 문제, 통일된 독일과 폴란드 간의 국경선 문제, 통일된 독일의 북대서양조약기구NATO 잔류 문제, 동독 주둔 34만 소련군의 철수 시기와 철수 비용 문제, 통일된 독일의 군 병력 감축과 ABC(핵·생화학) 무기 포기 문제 등이다. 이러한 '대외적인 문제'는 동·서독이 아닌 전승 4개국이 해결할 문제였기 때문에 통일 여부와 시기는 전적으로 이들 문제를 어떻게 해결하느냐에 달려 있었다.

독일은 통일 과정 내내 미국의 확고한 지지를 받으며 전승 4개국과 수십 회의 정상회담과 외무장관 회담을 갖고 9월 12일 2 + 4 조약*을 체결하여 '대외적인 문제'를 해결했다. '내부적인 문제'와 '대외적인 문제'를 완전히 해결한 독일은 1990년 10월 3일 통일을 이룩했다.

3. 독일이 통일을 이룰 수 있었던 요인

분단 독일인들은 통일이 20세기에는 어려울 것으로 생각했다. 그 이유
는 (1)에리히 호네커Erich Honecker 동독 서기장이 서독을 방문하는 등
동·서독 교류가 너무 잘 이루어지고 있어 분단이 고착화 될 것이고,
(2)소련이 중요한 위성국인 동독을 계속 붙잡고 놓아주지 않을 것이며,
(3)강대국의 반대로 전승 4개국의 동의를 받기가 어려울 것으로 여겼기
때문이다. 그러면 이렇게 어렵다고 여겼던 통일을 이룰 수 있었던 요인
은 무엇일까?

첫째, 통일을 이루고자 하는 동·서독 주민들의 의지 때문이다. 동독
주민들은 1989년 가을 베를린장벽을 붕괴시킨 평화혁명을 이루었으며,
1990년 3월 18일 실시된 자유 총선에서는 신속한 통일을 희망했다. 서
독은 동독 주민의 평화혁명을 통일로 이끌어냈다. 이러한 측면은 남북
한과 같이 동족 간 전쟁으로 적대감이 형성되지 않았다는 점에서도 볼
수 있을 것이다.

둘째, 미국 특히 조지 부시George H. W. Bush 대통령의 적극적인 지지
때문이다. 통일이 전승 4개국의 동의가 있어야만 가능했던 상황에서 소
련, 영국과 프랑스의 반대로 불투명했으나, 부시 대통령의 지지로 독일
은 통일을 이룰 수 있었다.

셋째, 콜 총리 등 국가 지도자들의 능력과 국가적 역량이 있었기 때문
이다. 베를린장벽이 붕괴되자 콜 총리는 재빠르게 통일을 추진했고, 콜

- 2+4 조약Zwei-plus-Vier-Vertrag은 모스크바에서 영국, 프랑스, 미국, 소련 4개국과 동·서 독일
  사이에 체결된 조약으로, 1990년 5월부터 4차례 진행된 2+4 회담의 최종 합의 문서이다.

총리와 한스디트리히 겐셔Hans-Dietrich Genscher 외무장관은 1990년에만 전승 4개국 정상 및 외무장관들과 60여 차례의 회담을 하며 '대외적인 문제'를 해결하고 2+4 조약을 체결했다. 또한 볼프강 쇼이블레Wolfgang Schäuble 내무장관은 동독 대표와 교섭하며 '통일 조약'을 체결하여 내부적인 문제를 해결했다. 이처럼 정치지도자들의 노력이 컸다.

무엇보다 국제정세의 변화와 이 기회를 포착한 독일의 국가 역량이 큰 기여를 했다. 1980년대 후반은 동독의 후견인 역할을 하던 소련이 붕괴되는 시기였다. 소련의 붕괴에 따라 생긴 힘의 공백을 절묘하게 활용했다. 독인은 소련의 재정적인 어려움을 위하여 통일 전후 여러 차례 경제 지원을 했다. 그 내역은 2억 2천만 마르크 상당의 생필품 지원(1990.1.), 50억 마르크 차관 제공(1990.5.), 10억 마르크 상당의 농산품 지원(1990.10.), 동독 주둔 소련군 철수 비용 155억 5천만 마르크 지원 등이다. 이러한 경제 지원은 소련의 지지를 얻는 데 큰 도움이 되었다.

4. 한반도 통일 전략

통일에 대한 관심·의지와 통일 역량 구축

뜻이 있는 곳에 길이 있다고 했듯이 통일에 대한 관심과 의지는 통일을 이룰 수 있는 토대다. 주변 강대국들이 반대했음에도 독일 통일이 가능했던 이유는 동·서독 주민들의 의지가 강했기 때문이다. 한반도 통일도 마찬가지다. 우리의 의지가 확고해야 통일을 이룰 수 있다. 특히 1020 세대가 통일 문제에 더 많은 관심을 갖도록 정부와 학계의 노력이 필요하다.

통일은 의지가 있어야 하지만 통일 역량이 뒷받침되어야 가능하다. 역량이 부족하면 기회가 와도 통일을 이룰 수 없기 때문이다. 통일 역량을 구축해야 할 또 다른 이유는 남북한 간에 소득격차는 매우 큰데 비해 인구 격차는 적기 때문이다. 2016년 한국의 국민총소득과 1인당 소득은 각각 북한의 45배와 22배이며(한국은행 통계), 한국 인구는 북한의 약 두 배 수준이다. 즉, 남한 주민 2명이 경제적으로 매우 어려운 북한 주민 1명을 부양해야 하는 실정이다(독일 통일 시 서독 주민 4명이 동독 주민 1명을 부양했음).

국민총소득GNI 증대도 통일 역량을 키우는 일이다. 통일 과정에서 매년 북한으로 일정한 비용을 이전할 경우, 국민총소득이 늘어나면 그만큼 부담이 줄어들게 된다. 2016년 우리나라 국민총소득은 1,639.1조 원이었는데, 이 총소득이 3,000조 원으로 증가하면 부담이 줄어든다. 또한 GDP 대비 국가 채무비율도 낮은 수준으로 유지해야 한다. 우리나라의 GDP 대비 국가 채무비율 39.7%(2017년 말 기준)는 경제협력개발기구OECD 회원국들에 비해 낮은 편이지만, 통일에 대비하여 가능한 한 낮은 수준(40~50%)으로 유지해야 한다. 채무비율이 낮으면 통일비용 조달이 좀 더 용이하다. 우리는 더 많은 준비로 통일 역량을 키워야 한다.

- 1~3단계(2018~2047) 전략 :
  - 1020 세대에게 통일에 대한 관심 제고(정부와 학계의 관심과 노력)
  - 정치, 외교, 경제, 사회, 문화, 노동, 교통 등 국가업무 전반에 걸친 통일 역량 구축
  - 국민총소득GNI 등 경제력 증대, 국가 채무비율을 낮은 수준 (40~50%)으로 유지

북한의 변화 유도

남북관계 개선, 평화 정착, 그리고 통일의 토대를 마련하기 위해서는 북한이 긍정적으로 변해야 한다. 빌리 브란트Willy Brandt가 추진한 '신동방정책die neue Ostpolitik'의 토대를 마련했던 에곤 바Egon Bahr는 "공산 국가는 스스로 변하지 않기 때문에 꾸준히 접촉하여 변화시켜야 한다"라고 강조했다. 폐쇄 사회인 북한을 개혁·개방의 길로 이끄는 데 어려움이 있겠지만 변화시켜야 한다.

북한 변화의 출발점은 '완전한 비핵화'다. 즉, '완전하고 검증 가능하며 되돌릴 수 없는 핵 폐기CVID'를 이루어야 한다. 무엇보다도 북한이 '완전한 비핵화'로 가는 노선에서 중도에 이탈하지 않도록 잘 이끌어야 한다. '완전한 비핵화'와 연계하여 인도적인 분야(영유아와 산모 지원, 이산가족 상봉), 환경(산림녹화), 보건(말라리아 퇴치), 스포츠(축구, 농구) 분야 등을 시작으로 교류를 점차 확대하며 지속되도록 해야 한다.

외부정보 유입과 인권문제 제기도 필요하다. 북한을 비방하는 내용보다는 한국과 국제사회 소식, 노래와 드라마는 물론 자유와 인권, 민주주의 기본 개념을 이해할 수 있는 내용의 대북 방송을 하고, 이동 저장장치USB 등을 보내 북한 주민의 의식을 변화시켜야 한다. 북한의 인권유린 문제는 유엔도 해마다 거론할 정도로 국제문제화됐고, 우리는 북한 주민의 인권을 개선하기 위해 2016년 '북한인권법'을 제정했다. 인권은 인류 보편의 가치로 북한의 인권유린 문제를 제기해야 북한 주민의 인권이 개선되고, 변화도 이끌어낼 수 있다.

- 1단계(2018~2027) 전략 : 북한의 신속하고도 '완전한 핵 폐기CVID' 달성

- 1~3단계(2018~2047) 전략 : 인도적인 분야, 환경, 보건, 스포츠 교류 등 점진적인 교류 확대, 개혁·개방 유도, 외부정보 유입, 인권 문제 제기

북한에 관한 정확한 정보 축적

독일 통일 과정에서 서독의 가장 큰 실수는 동독을 잘 몰랐다는 점이다. 특히 동독의 경제와 재정 문제를 올바로 파악하지 못했다. 통일 과정에서 경쟁력을 잃은 대부분의 동독 기업들의 파산으로 실업자가 발생했고, 실업 수당, 연금 등 사회보장비로 인해 통일비용이 많이 소요되었다. 통일 이후 20년(1990~2010년) 동안 소요된 통일비용 약 2조 1,000억 유로(약 3,000조 원)의 52.4%가 사회보장비였다.

향후 북한과의 경제협력과 통일에 대비하여 북한에 관해 가능한 정확하고 많은 정보를 축적해야 한다. 북한 경제재건의 기초자료인 인구, 국민소득, 도로·철도 시설, 산업 구조, 전력 수급 및 송전설비 현황, 자원 현황, 주택, 상하수도 시설 등에 관한 정보가 필요하다. 북한에 관한 정보를 많이 축적하면 할수록 통일 과정에서 실수를 줄이며, 통일비용도 줄일 수 있다.

- 1~3단계(2018~2047) 전략 : 북한 전반에 관한 정확한 정보 축적

국제사회의 지지와 협조를 얻기 위한 통일외교 추진

한반도 통일의 대전제는 평화 통일이다. 북한 핵 위협과 한반도에 대한 주변 4강대국의 이해관계에서 안정적이고 평화적인 통일을 위해서는 이에 맞는 통일외교 추진이 요구된다. 우선 통일을 적극 지지해줄 국

가를 확보해야 한다. 동맹관계가 있고, 자유민주주의와 시장경제 가치를 공유하고 있는 미국과 확고한 협조체제를 구축해야 한다. 또한 북한과 강한 유대관계가 있는 중국의 지지와 협조를 얻기 위한 외교도 추진해야 한다. 중국의 이해와 지지를 얻기가 쉽지 않지만, 그럼에도 대중외교를 강화해야 한다. 또한 러시아, 일본, 유엔, 유럽연합EU, 아세안 등의 지지와 협조를 얻기 위한 외교도 필요하다. 한반도 통일을 지지해줄 국가가 많으면 많을수록 좋다.

통일외교 추진 시 한반도 통일이 주변국 등 국제사회에 '이익'이 되고, 통일 한국이 국제평화유지와 환경 문제 등에 더 많은 기여를 할 것이라는 점을 강조하여 통일 한국에 대한 '신뢰'도 쌓아야 한다. (통일외교 전략에 관한 상세 내용은 제3장 3항 '주변국 협조를 이끄는 통일외교 전략' 참조).

- 1~3단계(2018~2047) 전략 : 미·중에 대한 외교 강화, 국제사회의 지지 기반 확대(통일 한국은 주변국 모두에게 이익, 통일 한국에 대한 신뢰 조성)

남북 기본조약 체결

동·서독 관계의 발전은 1972년 12월에 체결한 동서독 기본조약이 토대가 되었다. 이 조약으로 동·서독은 유엔 동시 가입, 상주대표부 교환에 이어 교류와 협력을 꾸준히 추진했다. 남북한 간에도 기본조약 체결이 필요하다. 기본조약은 남북관계를 정립하고 교류와 협력에 관한 토대가 될 것이며, 서울과 평양에 상주대표부 교환과 TV 방송·신문사 특파원 교류 등 전반적인 교류와 경제협력의 기본내용을 담게 된다. 이 조약은 남북 의회의 비준 동의를 받아 국민적 합의와 지지가 뒷받침되도록 한다.

- 1단계(2018~2027) 전략 : 남북 기본조약 체결

북한 주민들의 심리적 상실감(갈등)에 대한 대비

독일이 통일된 지 30년 가까이 되어 통합 작업은 대부분 완료되었으나, 아직 미진한 분야는 동독 주민들의 심리적인 갈등 문제다. 이는 분단국 주민들이 서로를 이해하고 하나가 되는 데 얼마나 많은 시일이 소요되는지를 잘 말해주는 사례다. 동독 지역 주민의 상실감이 컸는데, 그 주된 이유는 실직失職 때문이었다.

한반도 통일의 완성은 북한 주민들이 느끼게 될 심리적인 갈등 해소에 달려 있다. 남북한 주민들은 70년 넘게 서로 다른 체제에서 지냈으며, 북한 주민들은 자유민주주의와 시장경제 체제를 경험할 기회를 갖지 못했다. 북한 주민들이 갖게 될 심리적인 상실감 내지 갈등에 대한 대비를 해야 하며, 이 준비는 통일 이후가 아닌 지금부터 해야 한다. 교류 증진, 새로운 사회시스템 적응 교육 자료 준비는 물론 일자리 제공 및 소득격차 해소 등이 필요하다. 또한 이미 정착한 북한 이탈주민(2018년 3월말 기준 3만 1,530명)들이 새로운 사회체제에 적응하는 데 어려움이 없도록 지속적인 관심과 지원도 필요하다.

- 1~3단계(2018~2047) 전략 : 인도적인 분야(이산가족 상봉 등), 환경, 보건, 스포츠 분야 등을 시작으로 점진적인 교류 확대
- 2~4단계(2028~) 전략 : 새로운 사회시스템 적응 교육자료 준비, 남북 주민 간 소득격차 해소

북한 주민의 대규모 이주 대비

독일 통일은 수십만 동독 주민의 서독 이주가 발단이 되었으며, 통일 이후에도 동독 지역 주민들이 서독 지역으로 꾸준히 이주했다. 한반도 통일 과정에서도 북한 주민들의 대규모 남한 이주가 예상된다. 그 이유는 (1)두 지역 간의 소득격차(기준: 70%)가 크면 클수록, 소득이 낮은 지역의 주민들은 소득이 큰 지역으로 이주하게 되며, (2)젊은 층(20~40대)이 자신의 장래를 개척하기 위해, (3)통일이 확실히 이루어질 것인가에 대한 불안 때문이다. 일부에서 북한 주민에 대한 거주·이전의 자유를 제한해야 한다는 주장이 제기되고 있으나 효과는 없다. 중국, 러시아, 또는 동해와 서해를 통해 넘어오기 때문이다.

이주 규모는 통일 전후로 약 178만 명(대외경제정책연구원, 2014)에서 250~300만 명이 예상된다. 북한 주민의 대규모 이주는 북한지역의 공동화를 초래하게 되고, 남한에게는 북한 주민을 수용하는 문제가 따른다. 따라서 주민들이 북한에 계속 남아 있도록 북한 내 사회간접자본 확충으로 일자리와 거주지 제공 등의 대책을 마련해야 한다. 이러한 대책에도 불구하고 최소한 수십만 젊은 층의 남한으로의 이주는 불가피하다. 이들을 우리 노동시장이 흡수하고 거주지 마련 등의 대책도 마련해야 한다.

- 3~4단계(2038~) 전략 : 북한 주민 이주 억제 대책과 수용 대책 마련(일자리와 거주지 제공 등)

국가 지도자의 확고한 통일 의지와 능력

독일이 통일을 이룰 수 있었던 요인 중의 하나는 콜 총리 등 국가 지도자들의 의지와 국가 역량이다. 콜 총리는 베를린장벽 붕괴라는 기회를 적기適期에 잡아 주변 강대국의 반대를 극복하고 통일을 이루었다. 동독과 '통일 조약'을 체결했던 쇼이블레 당시 서독 내무장관은 "동독과 협상보다는 서독 내 연정 파트너, 의회, 야당, 주정부, 이익단체 등을 이해시키고 지지를 얻는 과정이 더 힘들었다"라고 회고한 바 있다. 이는 한반도 통일 과정에서도 북한과의 협의보다는 한국 내 합의를 이루는 과정이 더 어렵다는 교훈을 주는 것이기도 하다.

대북 정책과 통일 문제에 대한 국민의 여론이 다양하다. 국가 지도자에게는 다양한 국민 여론을 모아 국민적 합의와 지지를 얻는 노력이 요구된다. 주변국 지도자들의 이해를 구하고 지지와 협조를 얻는 것도 국가 지도자의 몫이다. 또한 꾸준한 준비로 통일 역량을 축적하고, 기회가 왔을 때 그 기회를 놓치지 않는 능력도 요구된다. 독일 통일(19세기 프로이센의 통일)을 이룩했던 오토 폰 비스마르크Otto von Bismarck는 "역사 속을 지나가는 신神의 옷자락을 놓치지 않고 잡아채는 것이 정치가의 임무다"라며 통일 기회를 잡는 정치인의 능력을 강조했다.

- 1~3단계(2018~2047) 전략 : 대북 정책과 통일 문제에 대한 국내적 합의와 지지를 얻고, 통일 역량을 축적하며, 주변국의 이해와 지지를 얻는 국가 지도자의 능력

5. 맺는 말

한반도 평화통일은 우리가 이루어야 할 과제이다. 독일이 이룬 평화통일은 한반도도 평화통일을 할 수 있다는 소중한 메시지를 주었다. 기다리기만 해서는 통일을 이룰 수 없다. 우리가 통일 문제에 더 많은 관심과 의지를 갖고, 북한에 관한 다양한 정보를 축적하면서, 북한을 꾸준히 변화시키고, 남북 교류를 점진적으로 확대하며, 주변국의 이해와 지지를 얻는 외교활동도 요구된다. 무엇보다도 통일의 기회가 왔을 때 놓치지 않고 통일을 이룰 수 있는 역량 구축이 중요하다.

통일을 이루는 데는 어려움이 따르고, 또 비용도 소요된다. 그러나 통일 한국의 면적은 영국과 비슷하고, 인구는 독일과 비슷하여 강대국으로 발전할 수 있는 토대를 갖추게 된다. 통일 한국은 중국, 러시아, 일본과의 교류를 확대하며 이 지역의 경제 발전을 견인할 것이며, 통일 한국의 국제 위상도 더욱 높아질 것이다. 통일은 축복이다.

- 초고집필: 손선홍
- 수정검토: 서용석, 이경숙, 이광형

참 고 문 헌

- 손선홍, 《독일 통일 한국 통일: 독일 통일에서 찾는 한반도 통일의 길》, 푸른길, 2016.

- 손선홍, 《분단과 통일의 독일 현대사》, 소나무, 2005.

- 손선홍, 〈북한을 어떻게 변화시킬 것인가〉, 《외교》 121호, 한국외교협회, 2017.

정치체제

: 한반도 통일시대 단계별 정치체제 디자인 전략

SUMMARY

1 　남북한의 정치체제는 여러 이질적이고 대립적인 이념을 기반으로 성립되었으며, 남한은 시장경제에 입각한 자유민주주의체제를, 북한은 통제적 계획경제에 입각한 사회주의체제를 정치체제의 근간으로 유지

2 　통일한국의 정치체제는 남한의 체제를 원형으로 설계하는 것이 되어서는 안 되며, 21세기의 새로운 이념과 가치, 최신기술에 기반해 설계되어야 함

3 　통일한국의 새로운 정치체제가 성공하기 위해서는 다음과 같은 점진적이면서도 단계적인 목표와 전략이 요구
 - 통일한국의 정치체제 구상을 위한 기본원칙 수립
 - 남북한이 공유할 수 있는 기본 이념과 가치 형성
 - 북한지역의 정당 형성과 선거제도 도입
 - 직접민주주의에 기반한 통일한국의 정치체제 완성

4 　통일한국의 정치체제 미래전략
 - 1단계 전략: 남북의 정치체제가 갖고 있는 장점의 조화로운 조합
 - 2단계 전략: 다양한 민주적 가치의 우월성 증명
 - 3단계 전략: 원만한 통합을 위한 최적의 정치체제 모색
 - 4단계 전략: 온오프라인 조합에서 '정부없는 지배구조'로

5 　통일한국의 진정한 통합을 위한 정치체제는 남북한의 서로 다른 차이의 인정에서부터 시작

6 　통일한국의 새로운 정치체제 설계는 21세기의 이념과 가치, 그리고 첨단기술에 기반해 설계

7 　이러한 과정을 통해 지구상의 그 어느 나라도 아직까지 구현해보지 못한 새로운 정치체제를 한반도에 창조 모색

1. 남북 정치체제의 현황과 미래 지향점

남북 현황과 비교

김창희(2001)는 정치체제를 "한 국가 내에서 일정한 정치적 이념 목표 또는 신조를 구현하기 위해 정치적 활동을 조직화하고 원활한 정치 생활을 유지하기 위한 일정한 구조(제도)와 장치를 갖춘 정치적 단위체"로 정의하고 있다. 남북한의 정치체제는 여러 이질적이고 대립적인 이념을 기반으로 성립되었다. 1948년 남한에는 자유를 강조하는 자유민주주의 체제가 수립되었고, 북한에는 평등을 강조하는 사회주의 체제가 수립되었다. 경제적으로는 남한이 시장경제에 입각한 자본주의체제라면, 북한은 생산수단의 사적 소유를 인정하지 않는 사회주의체제를 표방하고 있다. 남한의 자유민주주의 체제는 의회민주주의를 기반으로 견제와 균형을 원리로 하는 대통령제를 채택하고 있으며, 북한의 사회주의 체제는 중앙집권적 공산당의 정치권력 독점을 그 특징으로 하고 있다. 남북한의 정부가 수립된 이후 남과 북은 정치적 환경변화에 따라 몇 차례의 지배구조에 대한 수정과 발전이 있었으나, 남한은 시장경제에 입각한 자유민주주의 체제를 북한은 통제적 계획경제에 입각한 사회주의 체제를 정치체제의 근간으로 유지하고 있다.

통일한국의 정치체제 추진 방향

70여 년이라는 한반도의 오랜 분단 상황으로 볼 때 남북이 통일이 된다고 할지라도 서로 공유할 수 있는 이전의 정치체제는 존재하지 않는다. 남북이 조선왕조시대의 정치체제로 돌아가지 않는 이상 통일한국의 새로운 정치체제를 설계해야 한다. 일부 논자들은 남한의 정치체제가 통일한국의 원형이 되어야 한다고 주장하지만, 남한의 정치체제는 200년도 더 된 서구의 낡은 시스템일 뿐이다. 이러한 측면에서 한반도의 통일은 새로운 정치체계를 실험해볼 수 있는 전례 없는 기회일 수도 있다. 통일한국의 정치적 실험이 성공하기 위해서는 점진적이면서도 단계적인 목표와 전략이 요구되며, 이를 요약하면 다음과 같다.

- 통일한국의 정치체제 구상을 위한 기본원칙 수립
- 남북한이 공유할 수 있는 기본 이념과 가치 형성
- 북한지역의 정당 형성과 선거제도 도입
- 직접민주주의에 기반한 통일한국의 정치체제 완성

2. 통일한국을 위한 새로운 정치체제 비전

1단계(2018~2027) 목표
: 통일한국의 정치체제 구상을 위한 기본원칙 수립

통일한국의 새로운 정치체제 구상을 위해 세워져야 할 첫 번째 기본원칙은 남북한 시민들이 공유할 수 있는 가치체계와 이념의 정립이 될 것이다. 기본 이념과 가치의 출발은 무엇보다 인간으로서의 존엄과 자유롭고 평등한 삶의 보장이 되어야 할 것이다. 이러한 원칙과 가치하에 통일헌법과 연계한 정치체제가 구상되는 것이 두 번째 원칙이다. 통일한국의 정치체제가 절차적 정당성과 당위성을 충족시키기 위해서는 통일헌법 구상과의 연계는 필수적이다. 세 번째 원칙은 오랜 분단에서 비롯된 남북한 차이에 대해 인식하는 것이다. 지난 70여 년간 이어진 한반도의 오랜 분단의 역사는 민족의 동질성을 약화시키면서 다양한 분야에서 차이를 만들어냈다. 따라서 서로 다른 가치관, 세계관, 인구의 양과 질, 기술 숙련도 등에 대한 차이를 명확히 인식하고, 이를 발전적으로 융합해 정치체제에 녹여내야 할 것이다. 마지막 네 번째 원칙은 21세기의 사상과 기술에 기반한 정치체제의 구상이다. 현재 세계 대부분의 국가들과 우리나라의 정치체제는 16세기의 기술과 18세기의 사상에 기반하고 있다. 통일한국은 유럽과 북미에서 수백 년 전의 사상과 기술에 기반한 현재 형태의 정치체제와 정부형태, 지배구조를 더 이상 맹목적으로 복제해서는 안 될 것이다. 21세기의 새로운 사상과 최첨단 기술에 기반해 정치체제의 판을 새로이 짜는 접근이 필요하다.

2단계(2018~2037) 목표
: 남북한이 공유할 수 있는 기본 이념과 가치 형성

남한은 자유민주주의와 시장경제를 기본 이념으로 삼고 있다. 이는 헌법에 명시되어 있으며, 여러 차례의 헌법 개정을 거치면서도 지금까지 굳건하게 유지되어왔다. 반면, 북한은 사회주의 이념을 근간으로 생산수단의 사적인 소유 제한, 중앙집권적 계획경제, 일당독재 등을 유지해왔다. 남북한의 이념과 가치를 간단히 말하자면 자유와 경쟁이냐, 평등과 분배냐의 문제로 귀결될 수 있다. 그러나 이러한 이념과 가치관은 18세기 서양에서 발현된 가치들이다. 물론 이러한 가치와 이념은 지금도 중요하며, 향후에도 상호보완적으로 발전되면서 통일한국의 정치체제에 녹아들어가야 한다. 그럼에도 불구하고, 근대에 형성된 자본주의, 민주주의, 사회주의 모두 현재 우리가 직면한 난제들을 해결하는 데 있어서 많은 한계와 문제점을 노정하고 있다. 자본주의의 끝없는 탐욕과

성장 추구는 극심한 양극화와 인류의 지속가능성을 위협하고 있으며, 민주주의도 다수의 횡포와 현세대 중심의 의사결정 구조로부터 자유롭지 못하다. 무엇보다도 대의제 민주주의로 선출된 대표들은 전체 시민들의 이해를 제대로 대변하지 못하고 있다.

21세기 통일한국의 정치체제에는 21세기가 요구하는 새로운 가치들이 반영되어야 한다. 그중의 하나가 바로 '지속가능성'일 것이다. 이는 남북한뿐만 아니라, 인류가 공동으로 추구해야 할 가치이기도 하다. 현재 인류는 기후변화, 환경오염, 자원고갈 등 지속가능성을 위협하는 많은 요인들에 노출되어 있다. 이러한 위협으로부터 한반도도 예외는 아닐 것이다. 또한, 전 세계적으로 진행되고 있는 고령화도 지속가능성을 위협하고 있다. 특히, 남북한의 빠른 고령화 속도는 국가의 재정과 경제를 파탄으로 내몰 수도 있다. 무엇보다도, 현세대와 미래세대 간의 공평한 자원배분의 심각한 왜곡을 가져올 수 있다. 따라서 통일한국의 정치체제에 '세대 간 정의'를 포함한 '지속가능성'의 가치는 반드시 고려되어야 한다. 이 외에도 '소유'에서 '공유'를 기반으로 하는 '공유의 가치', 사회와 공공의 행복 속에서 개인의 행복을 추구하는 '공공의 가치', 개인의 자유와 공동체적 책임을 동시에 강조하는 '공동체적 가치' 등이 통일한국의 정치체제에 주요한 이념으로 정착될 필요가 있다.

3단계(2038~2047) 목표
: 북한지역의 정당 형성과 선거제도 도입

미래에는 ICT나 블록체인과 같은 기술의 발전으로 인해 정치중개 기관인 정당과 직업정치인이 소멸될 것이라는 많은 예측과 논의들이 진행되고 있다. 이러한 논의는 오랜 민주주의의 역사와 대의제 민주주의의 한계를 직접 경험한 국가에서 시민들의 정치참여 욕구 증대와 함께 나타나는 현상이다. 그러나 자유민주주의를 전혀 경험해보지 못했고, 스스로 대표자를 선출해본 적이 없는 북한 주민들에게 직접 민주주의를 통한 정치참여를 요구하면 많은 혼란을 가져올 수 있다. 물론, 정치체제의 판을 새로이 깐다는 측면에서 새로운 실험을 북한지역에 적용해볼 수도 있으나, 그러기에는 북한 주민들의 민주주의 의식이 너무 뒤처져 있다. 따라서, 향후 남북한 전 지역에 적용될 직접민주주의는 우선 북한의 대의제 민주주의를 보완하는 방식으로 진행되어야 할 것이다. 즉, 북한 주민들이 자신들의 대표자를 선출하는 예행연습이 필요한 것이다. 이를 위해 북한지역의 정당 형성과 선거제도를 도입하는 것이 중장기적 목표로 설정되어야 할 것이다.

4단계(2048~) 목표
: 직접민주주의에 기반한 통일한국의 정치체제 완성

오늘날 우리가 사용하고 있는 정치체제는 18세기에 발명된 것이며, 21세기의 현실과 조화를 이루지 못하고 있다. 따라서 21세기의 기술적, 문화적, 사회적 현실과 가치를 반영한 정치체제가 설계되어야 한다. 그 중에 하나가 시민들의 정치참여 욕구 증가와 첨단기술의 활용을 통한 직접민주주의의 구현일 것이다. 이러한 맥락에서 통일한국의 마지막 목표는 대리인을 통해서가 아닌 국민들이 직접 국가적 의사결정에 참여하는 직접민주주의에 기반한 정치체제의 완성이다.

21세기의 기술은 18세기의 기술적, 지리적 한계로부터 발현된 대의제 민주주의를 직접민주주의 체제로 변화시킬 수 있다. 특히, 최근에 급속히 부상하고 있는 블록체인 기술은 직접민주주의 완성에 핵심적인 역할을 할 것으로 기대되고 있다. 신뢰의 기술이라고 불리우는 블록체인 기술은 가장 중앙집권화된 권력이라고 할 수 있는 국가의 운영방식에 커다란 변화를 가져올 것으로 전망되고 있다. 또한, 시민들이 직접 의사결정에 참여함으로써 대의제 민주주의의 핵심인 정당과 대리인들을 쓸모없게 만들어버릴 수도 있다. 즉, 통일한국의 새로운 정치체제는 궁극적으로 직접민주주의와 분권·분산된 정치권력을 근간으로 설계되어야 한다.

3. 통일한국의 정치체제 미래전략

1단계 전략 : 남북의 정치체제가 갖고 있는 장점의 조화로운 조합

첫 번째 원칙인 남북한 주민들이 공유할 수 있는 가치체계와 이념 정립을 위해서 우선적으로 사회주의가 강조하는 평등과, 자유주의가 강조하는 자유를 적절하게 조화시키는 전략을 모색해야 할 것이다. 자유와 평등은 현재 인류의 가장 보편적인 가치로 여겨지고 있으나, 자유와 평등은 상호 보완적이면서도 상충적이라는 딜레마를 갖고 있다. 개인의 자유가 확대되면 사회적 평등은 축소되고, 사회적 평등이 확장되면 개인의 자유는 위축되기 때문이다. 소련 붕괴 이후 체제 전환국이나, 북유럽의 사민주의 사례들을 검토해 남북한이 공유할 수 있는 최적의 가치와 이념을 도출할 필요가 있다.

두 번째 원칙인 통일헌법과 연계한 정치체제를 구상하기 위해서는 남북한 공동의 대표들로 구성된 가칭 '통일헌법준비위원회'를 구성할 필요가 있다. 통일헌법준비위원회는 남북이 공유할 수 있는 가치와 이념을 정립함은 물론, 원활한 사회통합을 견인할 수 있는 대안적 정치체제도 함께 논의하는 역할을 담당해야 한다. 중요한 점은 통일헌법과 정치체제를 구상함에 있어 충분한 숙의과정을 거칠 필요가 있다.

세 번째 원칙인 남북한 차이에 대한 명확한 인식을 위해서는 북한지역의 면밀한 실태조사가 선행되어야 한다. 실태조사에는 북한 인구에 대한 양적·질적 조사가 기반이 되어야 한다. 양적조사를 통해 북한의 인구규모 등을 조사하고, 설문이나 심층인터뷰를 통해 북한 주민들의 가치관과 세계관을 조사해 남북한의 중요한 차이가 무엇인지를 파악해야 할 것이다. 마지막으로 21세기의 사상과 기술에 기반한 정치체제 구상을 위해서는 현재 급속히 발전 중에 있는 최신 기술들에 대한 리뷰와 정치적 활용 방안에 대한 연구가 수행되어야 한다. 아울러, 뉴턴역학에서 파생된 기계론적 세계관과 계몽주의에서 파생된 합리주의를 대체할 수 있는 새로운 세계관과 이념에 대해 연구하고, 이를 정치체계에 적용할 방안을 강구해야 할 것이다. 즉, 21세기의 새로운 사상과 최첨단 기술에 기반해 통일한국 정치체제의 판을 새로이 짜는 접근이 필요하다.

2단계 전략 : 다양한 민주적 가치의 우월성 증명

북한 주민들을 포용하고 진정한 사회통합을 이루기 위해서는 남한의 경제적인 우월성보다는 남한이 가지고 있는 민주적인 다양한 가치를 보여주는 것이 필요하다. 이러한 가치에는 자유와 민주적 가치는 물론, 지속가능성, 공유와 공공, 공동체, 세대 간 정의 등의 가치가 포함될 수 있다. 사회주의 주체사상에 물들어 있는 북한 주민들에게 있어서 이러한 가치들은 매우 생소할 수 있으며, 당장에는 동의하거나 공유되기 어려울 수도 있다. 따라서 북한 주민들에 대한 체계적인 계몽과 교육에 대한 점진적이면서도 단계적인 전략이 요구된다.

먼저, 북한 주민들에게 다양한 가치를 확산하고, 또 공유하기 위해서는 우선 남한 사회에서 이러한 가치들이 뿌리내리고 공고화되어야 할 것이다. 절차적 민주주의를 넘어 보다 심화된 민주적 가치가 남한 사회에 먼저 구현되어야 할 것이며, 그 외의 가치들도 남한 사회에 먼저 정착이 되어야 한다. 두 번째로 건강한 공론문화의 조성이다. 집단적 찬양과 비판에만 익숙해져 있는 북한의 주민들에게 공론의 공간을 만들어 설득과 토론을 통해 합의를 만들어갈 수 있는 역량을 배양해야 한다. 이러한 공론의 문화는 아직 남한 사회에도 실험 중이며, 뿌리를 내리지 못하고 있지만, 남북한이 공유할 수 있는 새로운 이념과 가치 정립을 위해 추진될 필요가 있다.

3단계 전략 : 원만한 통합을 위한 최적의 정치체제 모색

통일한국의 정치체제와 관련해 완전한 통일부터 연방제, 내각제, 대통령제 등에 이르기까지 다양한 형태가 논의되고 있다. 남북연합이나 연방제 같이 하위 단위의 자율성 보장도 고려할 수 있으나, 완전한 통일을 전제로 할 때 정치체제를 대통령제로 할 것인지, 의원내각제로 할 것인지, 혹은 이원집정부제로 할 것인지의 문제가 남는다. 아직까지는 대통령제와 내각제 외에 고려할 수 있는 대안적 시스템은 보이질 않고 있기 때문이다. 물론, 의회제도에 있어서 단원제로 할 것인지, 양원제로 할 것인지에 대한 문제도 고려의 대상이다. 통일한국의 새로운 정치체제 구상 초기 단계에서는 어떻게 하면 남북한의 원만한 통합을 이룰 수 있는지에 초점이 맞추어져야 할 것이다.

강원택(2012)은 통일한국의 정치체제로 내각제가 더 유리하다고 주장한다. 내각제는 제왕적 대통령제보다 이질적인 사회를 포용하는 데 적합한 권력구조이기 때문이라는 것이다. 특히, 대통령제이건 내각제이건 대의민주주의 체제하에서는 정당의 역할이 그 무엇보다 중요하다. 정당은 계층, 지역, 연령, 성별 등 다양한 사회의 이해관계자들을 대변하고, 또 이를 정치제도권 안으로 흡수하는 역할을 한다. 문제는 북한이 정당정치를 전혀 경험해보지 못했다는 데 있다. 따라서 초기에는 남한 정당의 주도하에 북한의 주민들을 기존 남한 정당에 편입시키거나, 필요하다면 북한지역을 기반으로 한 새로운 정당 창설도 필요할 것이다. 이러할 경우 북한지역에 민주주의 선거제도를 도입하고 총선을 실시해 북한 인구 비례에 맞게 대표자를 선출하도록 한다.

그러나 통일의회를 단원제로 운영할 경우 인구가 남한의 절반밖에 되지 않는 북한은 남측 지역과 북측 지역의 이해관계가 걸린 사안에 대해서는 절대적으로 불리할 수밖에 없다. 따라서 양원제로의 전환을 통해 남과 북에 동등한 정치적 대표성을 보장할 필요가 있다. 하원은 인구수에 비례해 의원을 선출해 남북 국민들의 전반적인 이해를 대변하도록 하고, 상원은 남북 동수로 의원을 선출해 북한의 지역 대표성을 강화하도록 하는 것이다. 양원제에 더해 한 가지 더 중요한 제도적 실험으로 국회를 하원, 중원, 상원으로 구성된 3원제를 운영하는 것도 고려해 볼 수 있다. 3원제는 '세대 간 정의'라는 가치의 정치적 실현을 그 목적으로 한다. 예를 들어, 하원은 현세대 국민들을 대표하고, 중원은 지역을 대표하고, 상원은 미래세대를 대표하도록 하는 것이다.

4단계 전략 : 온오프라인 조합으로부터 '정부 없는 지배구조'로

21세기의 기술은 유례없는 정보에 대한 접근성, 참여에 대한 욕구와 표현 능력, 참여에 대한 비용절감 등을 제공하고 있다. 그러나 오늘날의 정치체제는 2~5년마다 선거를 통해 시민들의 의견을 수렴하고 있으며, 빠른 사회변화에 제대로 대응하지 못하고 있다. 현재 우리는 21세기의 기술에 기반한 18세기의 기관들과 상호작용하기 위해 최선을 다하는 21세기의 시민들인 것이다. 21세기 통일한국의 새로운 정치체제를 설계하기 위해서는 온라인과 오프라인 모드에서 혁신적인 도구와 방법, 과정이 요구된다.

새로운 정치체제를 설계하는 데 있어서 첫 번째 단계는 온라인 도구와 새로운 종류의 정당을 창설해 시민들의 직접적 정치참여를 제고하는 것이다. 이러한 정당은 기존의 규칙에 따라 행동하지만, 시민과 협력해 의회에서 결정을 내리는 방식이다. DemocracyOS와 아르헨티나의 'Net Party(Partido de la Red)'는 이러한 조합의 대표적인 사례라고 할 수 있다. DemocracyOS는 오픈소스 투표 및 토론 플랫폼을 통해 토론하고 정치적 이슈에 대해 온라인상에서 투표할 수 있다. 아르헨티나의 Net Party도 DemocracyOS와 관련된 시민들의 결정에 따라 의회에서 의사결정을 수행하겠다고 공표한 바 있다. 스페인 정당 포데모스Podemos의 '아고라 보팅Agora Voting'도 블록체인을 기반으로 한 전자투표 시스템을 활용하고 있다. 이러한 노력들은 18세기 정치체제를 21세기로 끌어들이기 위한 대표적인 노력들이라고 할 수 있다. 즉, 통일한국의 직접민주주의로 향한 첫 번째 단계는 온라인 시민참여 플랫폼과 오프라인의 기존 정당의 조합을 실험해보는 것이다.

두 번째 단계로는 '정부 없는 지배구조governance without government'

에 대한 실험이다. 신뢰의 기술이라고도 불리우는 블록체인 기술은 중재자 없이 거래나 계약을 진행할 수 있으며, 분산화된 장부 형태로 기록되어 중앙집중형 정부보다 안전하다. 즉, 블록체인 기술에 기반해 금융거래가 이루어지게 되면 중앙의 신뢰할 수 있는 기관이 필요 없게 된다. 블록체인의 작동원리는 중앙정부에도 충분히 적용될 수 있다. 블록체인 기술에 기반한 '탈중앙화된 자율조직Decentralized Autonomous Organization'은 경영자 없이도 회사 조직을 운영할 수 있게 하는 시스템이다. 탈중앙화된 자율조직 시스템이 제공하는 조직 운용방식에는 의사결정에 참여하는 주주와 계약인만 존재한다. 주주들이 의견을 모아 회사의 경영 방향을 결정하는 구조이다. 계약인은 주주가 결정한 방향대로 회사가 운영될 수 있도록 지원하는 역할만 한다. 마찬가지로 탈중앙화된 자율조직 방식을 정부에 적용할 경우 국가의 국정방향을 국민들이 직접 결정할 수 있게 된다. 행정부가 시스템의 실행을 주관하고, 사법부가 이를 감시하는 구조가 된다면 굳이 기존의 정부와 같은 거대 조직은 필요 없게 될 것이다. 의회와 정당이라는 정치 중개 기관도 물론 필요가 없게 될 것이다.*

- 그러나 한편으로 블록체인 기술을 첨예하게 대립되는 구성원들 간의 이해관계를 조율하고 갈등과 대립을 완화/해소해야 하는 설득과정을 수반하는 '탈중앙화된 자율조직'에 어떻게 활용하는지에 대해서는 더욱 긴밀한 세부 단계들이 필요할 것이다. 자율적인 조직운영 방식으로 국정방향을 국민들이 직접 결정한다는 것은 포퓰리즘의 함정에 빠지지 않기 위해서, 다수의 국민들이 합리성과 전문성을 더욱 확고히 갖추고 있다는 전제 요건들이 필요한 측면이 있다.

4. 맺음말

한반도의 미래는 한반도의 주민들과 지도자들의 의지와 행동에 의해 결정되어야 한다. 지금까지의 통일 논의는 주로 남한의 자본과 기술, 북한의 노동력과 자원을 결합할 때 커다란 시너지 효과를 볼 수 있다는 경제적 관점에 치우쳐져 있던 것이 사실이다. 현재 진행 중인 한반도의 평화 분위기 조성과 통일로 향한 남북의 노력은 새로운 정치체제 설계에 특별하면서도 귀중한 기회를 제공해줄 것이다. 통일한국의 진정한 통합을 위한 정치체제는 남북한의 서로 다른 차이의 인정에서부터 시작되어야 한다. 남한의 자유민주주의와 시장경제, 북한의 사회주의가 갖고 있는 각각의 장점을 정치체제 안에 조화롭게 수렴해야 할 것이다. 또한, 통일한국의 새로운 정치체제 설계는 21세기의 이념과 가치, 그리고 첨단기술에 기반해야 한다. 이러한 과정을 통해 지구상의 그 어느 나라도 아직까지 구현해보지 못한 새로운 정치체제의 출현이 한반도에서 탄생할 수 있기를 기대해본다.

- 초고집필: 서용석, 짐 데이터Jim Dator
- 수정검토: 서용석, 최승일

참고문헌

- 강원택, 《통일 이후의 한국 민주주의》, 나남, 2012.

- 김창희, 〈남북한 정치체제와 권력구조의 비교〉, 《전남대학교 세계한상문화연구단 국내 학술 회의》 40, 2001, 169–188.

- Jacob L. Nelson, Dan A. Lewis, and Ryan Lei, "Digital Democracy in America: A Look at Civic Engagement in an Internet Age" *Journalism & Mass Communication Quarterly* Vol. 94(1), 2017, 318–334.

- Karolina Koc–Michalska, Darren G Lilleker, Thierry Vedel, "Civic political engagement and social change in the new digital age", *New Media & Society* Vol. 18(9), 2016, 1807–1816.

- Koc–Michalska et al, "Civic political engagement and social change in the new digital age", *New Media & Society*, Vol. 18(9), 2016, 1807–1816.

- Marianne Kneuer, "E–democracy: A new challenge for measuring democracy", *International Political Science Review* Vol. 37(5), 2016, 666–678

외교
: 주변국 협조를 이끄는 통일외교 전략

SUMMARY

1 　북한 핵·미사일 위협, 북·중 유대관계, 중국의 부상, 미·중의 전략적 패권경쟁, 주변 강대국의 이해관계 등으로 한반도 통일 환경은 우호적이지 않음. 이러한 환경에 있는 한반도 통일을 이루기 위해서는 외교의 중요성이 두드러짐

2 　한반도의 통일 환경은 다음과 같이 정리할 수 있음
   * 한반도 주변 강대국의 이해관계
   * 북한의 핵·미사일 위협 지속
   * 남북한 간에 지속적인 교류 부재
   * 중국의 부상과 북·중 유대관계
   * 동아시아에 다자안보조약기구의 부재
   * 통일에 주변국의 동의는 필요하지 않음

3 　이러한 통일 환경에서 추진할 통일외교 전략은 다음과 같음
   * 북한의 완전한 비핵화를 위한 외교활동
   * 통일에 우호적인 국제 환경 조성
   * 미국의 확고한 지지와 협조 위한 통일외교
   * 대 중국 외교 강화
   * 국제사회의 지지기반 확대를 위한 통일외교
   * 한국을 배제하는 '코리아 패싱Korea Passing' 방지
   * 중립국으로의 통일 배제

1. 한반도의 통일 환경

독일 통일에 미국, 영국, 소련과 프랑스 전승 4개국의 동의가 필요했으나 소련, 영국, 프랑스가 반대하는 상황에서도 통일이 가능했던 데에는 독일의 통일외교가 큰 기여를 했다. 독일의 정치학자 카를 카이저Karl Kaiser가 독일 통일을 "직업 외교가 거둔 위대한 승리의 하나"로 평가했을 정도다. 오늘날 한반도의 통일 환경은 분단 시 독일의 상황과는 다르지만, 한반도 통일에도 '외교'는 중요하다. 우선 한반도의 통일 환경을 알아보고, 바람직한 통일외교 전략을 제시하고자 한다.

한반도 주변 강대국의 이해관계

한반도는 지정학적으로 미국, 중국, 일본, 러시아 4강대국의 이해관계와 안보 문제가 교차하는 곳에 위치하고 있다. 이런 지정학적 요인으로 인하여 한반도 정세는 예로부터 주변국의 이해관계에 영향을 받아왔으며 당면 과제인 통일 문제도 예외는 아니다. 한반도 통일은 당사자인 남북한이 해결해야 할 문제이다. 그러나 북한의 핵·미사일 위협, 중국의 부상浮上과 북·중 유대관계, 동아시아에서 미·중의 전략적 패권경쟁, 일본의 보통국가화 추구 등 주변 강대국들의 이해관계로 인해 통일 환경은 호의적이지 않다.

북한의 핵·미사일 위협 지속

북한 핵·미사일은 남북관계 개선과 한반도와 동아시아의 안보 질서를 위협하고 있는 가장 큰 장애요인이다. 북한은 핵·경제 병진노선 아래 6차례의 핵실험을 하며 핵탄두의 소형화, 경량화와 표준화에 성공했다고 주장한 데 이어 2017년 11월 29일에는 화성-15형 대륙간탄도미사일ICBM을 시험 발사하며 '국가핵무력 완성'을 선언한 상태다. 남북이 장기간 군사적으로 대치하고 있는 상황에서 북한의 핵·미사일 위협이 지속되고 있다.

남북한 간에 지속적인 교류 부재

남북관계 개선, 평화통일 기반 조성, 북한 주민의 심리적 갈등 완화 등을 위해서는 분단 당사자 간에 지속적인 교류가 이루어져야 한다. 그러나 남북한 간에 지속적인 교류는 없는 실정이다. 그 이유는 북한이 개방을 거부하고 극도의 폐쇄사회 체제를 유지하며 한국의 교류 제의에 응하지 않고 있기 때문이다. 설령 제의에 응하더라도 비료, 식량, 의약품 지원 등과 관련된 교류에 제한되어 있다. 대표적 인도적 교류인 이산가족 상봉마저 북한의 이해관계에 따라 간헐적으로 이루어지고 있는 실정이다.

중국의 부상과 북·중 유대관계

중국이 부상하고 있고, 미·중이 동아시아 지역에서 대립과 갈등을 반복하며 전략적 패권경쟁을 하고 있는 상황에서 중국은 북한을 전략적 자산으로 여기고 있다. 북·중 관계는 "입술이 없으면 이가 시리다"라는 순망치한脣亡齒寒의 관계라고 할 정도로 긴밀하다. 중국이 한반도의 비핵화를 주장하면서도 유엔이 결의한 대북 제재의 완전한 이행에 소극적인 이유다. 또한 중국은 한반도 통일이 '평화적이고, 외세의 개입 없이 자주적으로, 비핵화'에 의해 이루어져야 한다는 입장을 표명하고 있으나, 통일보다는 북한이 완충지역으로 계속 존재하는 현상유지를 원하고 있는 실정이다.

동아시아에 다자안보조약기구의 부재

북대서양조약기구NATO는 냉전 시 서독 등 서유럽의 안보를 지켜왔고, 독일 통일 과정에서는 바르샤바조약기구가 더 이상 적이 아니라고 선언하며 통일이 평화적으로 이루어지는 데에도 기여했다. 또한 유럽안보협력회의CSCE는 냉전시대에 동·서 유럽 양 진영 간에 대화의 장을 제공하면서 긴장을 완화하는 기능을 했다.

한반도와 동아시아에는 북한 핵·미사일 위협, 주변 강대국의 이해관계로 등으로 긴장이 지속되고 있다. 그러나 이러한 문제를 안정적으로 관리하고, 향후 한반도 통일이 평화적으로 이루어지도록 지원할 다자안보조약기구는 없는 실정이다.

통일에 주변국의 '동의'는 필요하지 않음

주변 강대국들의 이해관계로 인해 일부에서 한반도 통일에 주변국의 '동의'가 필요하다는 주장이 제기되고 있으나 이는 잘못된 것이다. 한반도의 분단 원인이 독일과는 다르기 때문에 우리의 통일에는 주변국의 '동의'는 필요하지 않다. 따라서 주변국들이 통일 과정에 과도하게 개입하지 않도록 해야 하며, 우리가 그러한 빌미를 제공하는 일이 없도록 유의해야 한다. 다만, 북한 핵·미사일 문제 해결과 평화적이고 안정적인 통일을 이루기 위한 차원의 국제사회의 지지와 협조는 필요하다. '지지와 협조'는 '동의'를 얻는 것과는 다르다.

2. 바람직한 한반도 통일외교 전략

북한의 완전한 비핵화를 위한 외교활동

남북관계 발전과 한반도의 평화 안정은 북한의 '완전한 비핵화'에 달려 있다. 북한의 '완전한 비핵화'가 중요한 이유다. 그러나 북한이 헌법에 핵보유국을 명시한 데 이어 "핵·경제 병진노선이 일시적이 아닌 항구적인 전략 노선"이고(2016년 5월 노동당 제7차 대회), '국가핵무력 완성'을 선언한 상황에서 '완전한 비핵화'가 쉽지 않고 시간도 많이 남아 있지 않다.

북한의 비핵화는 '완전하고, 검증 가능하며, 되돌릴 수 없는 핵 폐기CVID'가 되어야 한다. 비핵화 대상은 현재 핵과 핵개발을 재개할 수 있는 잠재적 핵 능력, 즉 핵탄두와 미사일, 연구개발시설, 저장고, 핵연료 제조 및 재처리 시설, 인력 등을 포함한다. 2018년 4월 판문점 정상회담에서 '완전한 비핵화'가 언급이 됐으나 북한이 아닌 '한반도 비핵화'가 언급됐고, 또한 북한이 '단계적, 동시적 비핵화'를 주장하고 있어 완전한 비핵화로 갈 길이 먼 실정이다. 미국과 긴밀한 공조 체제를 유지하면서, '완전한 비핵화'로 가는 노선에서 북한이 중도에 이탈하지 않도록 당근책도 제시하는 외교 노력을 기울여야 한다.

- 1단계(2018~2027) 전략
  - '완전한 비핵화' 즉, '완전하고, 검증 가능하며, 되돌릴 수 없는 핵 폐기CVID' 추진
  - 신뢰 가능한 검증 체계 수립, 최종 해결 시까지 한·미 간 긴밀한 공조 체제 유지

- 북한이 '완전한 비핵화' 노선에서 중도에 이탈하지 않도록 당근책도 제시(대북 제재 해제, 김정은 체제 보장, 국제사회와 연계한 북한 경제 재건 지원, 미·북 수교 등 제시)
- 북한의 '완전한 비핵화'와 연계한 평화체제 대비

통일에 우호적인 국제 환경 조성

한반도 통일은 한국과 주변국 모두에게 윈-윈win-win이 되어야 한다. 통일을 안정적으로 이루기 위해서는 통일 환경이 우호적이어야 한다. 한반도 통일이 미국, 중국, 러시아, 일본 등 주변국들에게 불리할 것으로 우려하고 있지만, 주변국 모두에게 이익이 된다. 한반도 통일로 중국 동북3성의 GDP만 최소 1조 위안(약 165조 원), 일본의 GDP는 246억 달러, 러시아는 연간 50억 달러의 이익이 각각 창출될 것이라고 한다.

통일한국으로 인해 중국은 무역·관광·투자 증가와 동북3성의 개발로, 러시아는 천연가스 송유관과 시베리아 철도 연결 등으로, 일본에게는 북핵 위협 해소와 통일한국이란 거대 시장이 형성된다. 더 나아가 통일한국, 중국, 일본, 러시아 4개국 간의 경제·인적 교류도 크게 증가하여 동북아시아의 경제도 발전될 것이다. 이처럼 통일한국이 이익이 된다는 점을 이해시켜 주변국들이 통일한국에 대해 우려하지 않도록 해야 한다.

아울러 통일한국이 국제평화 유지, 환경보호와 재난구조 등 국제사회가 당면한 문제 해결에 더 많이 기여할 것이라는 '신뢰'도 주어야 한다. 또한 통일한국이 미국에 편중되지 않고 중국, 일본, 러시아와도 협력하며 발전해나갈 것이라는 '믿음'을 주는 외교도 추진해야 한다.

- 1~3단계(2018~2047) 전략
  - 한반도 통일이 미국, 중국, 러시아, 일본 등 주변국 모두에게 이익이 됨을 이해시킴
  - 국제사회에 통일한국의 신뢰 제고(국제평화 유지, 환경 문제, 재난 구조 등 국제사회가 당면한 문제 해결에 더 많은 기여)
  - 통일한국은 미국에만 과도하게 편중되지 않고, 주변국들과 협력하며 공존하는 관계로 발전할 것임

미국의 확고한 지지와 협조 위한 통일외교

독일 통일은 미국 특히 조지 부시George H.W. Bush 대통령의 절대적인 지원이 있어 가능했다. 한반도 통일을 평화적이고 안정적으로 이루기 위해서는 국제사회의 지지와 협조가 필요하다. 따라서 통일을 적극적으로 지지하고 협조해줄 국가가 있어야 한다. 자유민주주의와 시장경제의 가치를 공유하고 있으며, 동맹관계를 유지하고 있는 미국이 이러한 역할을 할 수 있을 것이다. 미국은 한반도의 평화·안정 구축과 자유민주주의와 시장경제 원칙에 의한 평화통일을 공식적으로 지지하고 있는 나라이다.

중국의 반발을 우려하여 미국과의 관계를 소홀히 하여 미·중 사이에 중간적인 입장을 취해서는 안 된다. 통일 과정에서 결정적으로 필요한 시기에 미국의 도움을 받지 못하는 일은 없어야 하기 때문이다. 동아시아에 한반도의 평화를 유지하고, 통일을 적극 지지해줄 다자안보조약기구가 없는 상황에서 한·미 동맹을 토대로 협력 범위를 넓히며 미국을 안보와 통일의 든든한 동반자로 삼아야 한다.

- 1~3단계(2018~2047) 전략
  - 한·미 동맹을 토대로 미국과 확고한 협조체제 유지(한·미 동맹은 통일 이후에도 유지)

대對 중국 외교 강화

북핵 문제 해결과 통일을 평화적으로 이루기 위해서는 중국의 지지와 협조도 필요하다. 북·중의 강한 유대관계와 중국이 북한을 전략적 자산으로 여기고 있어 어려움이 있지만 대중국 외교도 강화해야 한다.

첫째, 중국이 통일한국의 최대의 수혜자라는 점을 이해시켜야 한다. 중국은 한반도 통일로 많은 것을 잃을까 우려하고 있지만, 가장 많은 이익을 얻을 나라이다. 우선 역사적인 유래와 지리적인 가까움으로 인해 중국은 통일한국과 정치, 경제, 문화 등 모든 분야의 교류가 통일 전과는 비교할 수 없을 정도로 크게 늘어날 나라이다. 2015년 중국은 우리나라 전체 교역량의 23.6%, 전체 관광객의 45.2%를 점유하여 비중이 압도적으로 높았는데, 통일이 되면 중국의 비중은 더욱 증가할 것이다. 특히 동북3성은 교류와 투자가 크게 늘어나 이 지역의 국내총생산GDP이 약 1조 위안 증가할 것이라는 전망도 있다. 통일한국은 중국과 정치, 경제, 관광, 환경 문제 등에서 더 많은 교류와 협력에 대비해야 한다.

둘째, 중국에게는 한반도 통일로 북한이라는 완충 지역이 사라지지만, 한반도가 비핵화되고, 일본의 핵무장도 억제할 수 있어 핵 확산 우려를 해소할 수 있다.

셋째, 대 중국 외교를 강화하기 위해 한국·미국·중국 3국 간의 협의 체제도 만들어 정례적인 협의를 해나갈 필요가 있다. 한국·미국·일본은 물론 한국·일본·중국의 3국 간에 정상회의도 있는 상황에서 한·미

·중 협의 체제도 필요하다.

- 1~3단계(2018~2047) 전략
  - 중국은 통일 한국의 최대의 수혜자임
  - 동북아시아 지역의 핵확산 우려 해소 가능(한반도의 비핵화와 일본의 핵무장 방지)
  - 한·미·중 3국 간의 협의 체제 결성 등

국제사회의 지지기반 확대를 위한 통일외교

러시아, 일본, 유엔, 유럽연합EU과 아세안에 대한 통일외교도 필요하다. 한반도에 대한 영향력이 줄어들었으나 유엔 안전보장이사회 상임이사국인 러시아가 한반도 통일 과정에서 소외감을 갖지 않도록 유의해야 한다. 러시아는 한반도 통일로 천연가스 송유관과 시베리아 철도 연결, 극동 러시아 개발 등으로 이익을 얻을 수 있다. 일본은 북핵 위협에서 벗어나 안보 우려가 해소되고, 통일한국이란 거대한 시장이 형성된다. 유엔, 유럽연합과 아세안의 지지를 얻기 위한 외교도 필요하다. EU는 2017년 10월 16일 대북 투자 전면금지, 원유·석유제품의 수출 금지, 유럽 내 북한 노동자에 대한 노동허가 갱신 불허 등의 강력한 대북 제재 결의안을 채택한 바 있다. 이처럼 한반도 통일에 대한 국제사회의 지지기반을 넓혀나가야 한다. 독일 통일 당시 외무장관이었던 한스-디트리히 겐셔는 "통일을 이루기 위해서는 확실한 친구가 있어야 하고, 가능한 한 많은 친구가 있어야 한다"라고 조언했다.

- 1~3단계(2018~2047) 전략

- 러시아와 일본의 지지를 얻기 위한 통일외교
- 유엔, 유럽연합, 아세안을 대상으로 한 통일외교

한국을 배제하는 '코리아 패싱Korea Passing' 방지

독일 통일을 위한 '대외적인 문제' 협의에 소련, 영국과 프랑스 3개국은 독일을 배제하고자 했다. 그러나 독일은 통일의 당사자가 배제되어서는 안 된다며 미국의 도움을 받아 2+4 회의기구에 참여하여 대외적인 문제를 해결하고 통일을 이루었다.

주변 강대국들의 이해관계가 다른 상황에서 한반도 문제를 당사자인 한국과 협의 없이 결정하는 일이 없도록 외교를 강화해야 한다. 특히 미·중이 전략적 담합을 하는 일이 없도록 유의해야 한다. 도널드 트럼프 미국 대통령이 2017년 11월 7일 문재인 대통령과 정상회담 직후 가진 기자회견에서 한국은 굉장히 중요한 국가라며, 한국을 건너뛰는 일은 없을 것there will be no skipping Korea이라고 했지만, 냉혹한 국제정치 현실에서 방심해서는 안 된다.

- 1~3단계(2018~2047) 전략
  - 미·중 등 국제사회가 한국과 협의 없이 전략적 담합하는 일이 없도록 유의

중립국으로의 통일 배제

통일을 추진하며 유의할 점은 '중립국으로의 통일'이 되서는 안 된다는 것이다. 중국, 일본, 러시아로 둘러싸인 한반도의 안보 환경은 중립국 스위스와 오스트리아가 있는 유럽의 상황과는 전혀 다르다. 이들의

주변에는 프랑스, 영국, 독일, 이탈리아, 스페인 등 비슷한 힘을 가진 나라들이 상호 견제를 하고 있고, 이들 국가들이 자유민주주의와 시장경제라는 공동의 가치를 갖고 있어 어느 나라도 중립국의 중립성을 훼손하려고 하지 않는다. 나토나 EU도 회원국들이 중립국의 중립성을 훼손하는 것을 허용하지 않고 있다.

그러나 한반도의 상황은 다르다. 중국, 일본, 러시아는 과거에 한반도 지배 야욕을 드러냈던 나라들이다. 어느 한 나라가 통일한국의 중립 지위를 훼손하고자 할 경우, 이를 저지하기도 어려운 실정이다. 통일한국은 무늬만 중립국으로 남아 주변국의 강한 영향력 아래에 놓일 가능성이 크다. 통일한국이 허약한 국가가 되지는 않겠지만, 19세기 말 열강의 틈바구니에서 혼란스러웠던 상황이 재현될 가능성을 배제할 수 없다.

- 2~3단계(2028~2047) 전략
  - 중립국으로의 통일 방지

3. 맺는 말

북한의 핵 위협이 지속되고 있고, 주변 강대국의 이해관계 등이 얽혀 있는 한반도의 통일을 이루기 위해서는 외교가 중요한 수단이다. 우선 북한의 '완전한 비핵화'에 중점을 두면서, 미국과는 한·미 동맹을 토대로 확고한 협조체제를 구축하며, 중국의 이해와 지지를 얻기 위한 외교가 요구된다.

또한 주변국들이 통일한국에 우려하지 않도록 통일에 우호적인 환경을 조성하는 외교도 필요하다. 특히 통일한국이 주변국 모두에게 '이익'이 되며, 국제평화 유지, 환경보호, 재난구조 등 국제사회가 안고 있는 문제 해결에도 더 많은 기여를 할 것이라는 '신뢰'를 주는 외교 노력도 병행해야 한다. 한반도 통일은 핵 위협에서 벗어나 동북아 지역에 평화를 정착시키고, 더 나아가 이 지역의 경제 번영에도 기여할 것이다.

- 초고집필: 손선홍
- 수정검토: 서용석, 이경숙, 이광형

참 고 문 헌

- 대외경제정책연구원, 〈통일편익비용 분석과남북한 경제통합 방안〉, 2014.

- 대외경제정책연구원, '남북통일이 주변 4강에 미치는 편익비용 분석' 국제세미나, 2014.9.17.

- 손선홍, 〈독일 통일 외교의 시사점과 우리의 통일외교 전략〉, 《외교》 124호, 2018.

- 손선홍, 《독일 통일 한국 통일: 독일 통일에서 찾는 한반도 통일의 길》, 푸른길, 2016.

- 손선홍 · 이은정, 〈독일 통일 총서 18 & 19 : 외교 분야〉, 통일부, 2016.

헌법
: 한반도 통일헌법의 방향과 전략

SUMMARY

1   통일헌법은 통일국가의 기본 이념과 가치의 선언, 민주공화국 구현을 위한 체제 구축, 사회통합을 위한 결단과 근거를 주된 내용으로 해야 함

- 통일 준비 기간은 남북한이 공유할 수 있는 통일헌법의 기본 이념과 가치를 형성하는 기간임
- 통일헌법의 기본 이념과 가치의 출발은 무엇보다 인간으로서의 존엄과 가치 및 자유롭고 평등한 삶의 보장이어야 함
- 통일헌법은 기본적 인권의 보장과 한반도 전역의 통일된 독립국가로서 새로운 '민주공화국'의 구현을 목표로 하는 규범이어야 함
- 통일헌법은 분단이 야기한 여러 갈등과 분열 그리고 경제적 격차 등을 통합 (해소)하기 위한 특별 조치들을 포함하여 사회통합을 이끌어야 함

2   통일헌법은 여러 쟁점이 있지만 기본적 통일방식에 따른 근본적 차이 고려, 국가·정부·의회 형태의 구성문제, 국제관계와 국가승계의 문제 등이 중요 쟁점임

- 통일방식: 대등한 합의통일의 중요성과 현실성

- 국가·정부·의회 형태 구성: 헌법적 가치와 이념의 실현에 기초한 헌법적 결정 문제
- 국제관계: 국제평화주의 원리의 확고한 구축

3 분단의 세월이 만든 여러 격차들이 통일헌법 제정의 가장 어려운 관문이 될 수 있음을 명확하게 인식하고 준비해나가야 함
- 통일에 대한 인식 격차: 자유민주적 기본질서 vs. 사회주의혁명 완성
- 헌법과 법률에 대한 인식 격차: 민주적 헌법국가 vs. 수령 영도주의
- 인간관과 가치관의 격차: 자유주의적 개인 vs. 집단주의적 인간
- 인구 격차와 민주적 대표구성: 5,170만 vs. 2,560만

4 특정한 세력, 집단, 지역이 주도하는 통일이 아닌 남북 모든 구성원이 함께 통일을 염원하고 통일국가의 가치와 이념을 형성(공유)할 때 비로소 통일의 시대는 열릴 수 있음

1. 통일헌법의 의미와 내용

헌법이란 국가와 사회의 법적 기본 질서로서 하나의 국가적 공동체를 구성하고 운영하는 기본 원리와 공동체 구성원의 기본 권리를 내용으로 한다. 통일국가란 결국 하나의 헌법에 따라 구성 및 운영되는 국가를 의미하기 때문에 한반도의 통일과정에서 헌법의 역할은 매우 중요하다고 할 수 있다. 따라서 통일을 준비하고 통일국가를 형성해나가는 과정에서는 통일국가의 헌법을 어떻게 만들어야 할지 남북이 함께 숙고해나가야 할 것이다. 다시 말해 통일의 준비기간은 결국 남북한이 공유할 수 있는 통일국가 헌법의 기본 이념과 가치를 형성하는 기간이어야 한다는 것이다.

통일국가의 기본 이념과 가치 선언

통일국가가 지향할 기본 이념과 가치는 원칙적으로 통일국가의 국민이 될 남북한 정치공동체 구성원의 의사에 따라 결정되어야 한다. 그럼에도 우선 근대 국민국가 이래 국가권력에 정당성을 부여하는 원천인 인간의 존엄과 가치 보장이라는 인권의 기본 이념이 배제될 수는 없을 것이다. 국가는 국가 자체를 위해 존재하는 것이 아니며 통일이라는 국가통합 역시 통일 자체 혹은 국가를 위해 이뤄지는 것은 아니다. 그것은 항상 정치공동체 구성원의 인간으로서의 존엄과 가치의 보장을 더 강화하기 위해 이뤄져야 정당성을 획득할 수 있는 것이다. 따라서 통일헌법의 기본 이념과 가치의 출발은 무엇보다 남북한 구성원의 인간으로서의 존엄과 가치를 보장하고 자유롭고 평등한 공동체를 만드는 것이어야 한다.

이러한 통일국가의 기본 이념과 가치를 선언하는 것이 통일헌법의 첫 번째 역할이다. 통일헌법은 여기서 출발하여 통일국가의 기본 이념과 가치를 실현하기 위해 최적화된 국가 형태와 구체적인 국가 조직을 마련해야 한다. 이러한 인권 실현 중심의 통일이 아닌 다른 목적의 통일로 통일 인식이 전도되는 경우에는 통일 자체의 규범적 정당성의 기반이 매우 약화될 수밖에 없을 것이다.

통일국가의 국체로서 민주공화국 구현

통일국가는 민주공화국이어야 한다. 특히 분단 이전에 우리의 선조들이 꿈꾼 한반도 독립국가의 정체성을 함축한 이 '민주공화국'이라는 이상은 21세기에도 여전히 유효하며, 남북한이 함께 공유할 수 있는 국가체제의 기본이라고 할 수 있다.

통일헌법은 기본적 인권의 보장과 한반도 전역의 통일된 독립국가로서 새로운 민주공화국을 구현하는 것을 목표로 하는 규범이어야 한다. 이러한 합의를 공고히 만드는 것이 무엇보다 구체적인 통일헌법 수립을 위해 다가오는 수많은 난해한 쟁점을 해결할 수 있는 초석이라고 할 수 있다. 입법, 행정, 사법 등의 권력분립의 문제부터 의회 구성, 선거제도 마련, 행정조직 구성 및 행정구역 개편, 사법부의 구성과 관할 설정, 체제불법*에 따른 과거청산의 원칙 마련 등 통일헌법의 구체적 규정을 확정하기까지는 수많은 난관이 존재한다. 그러한 난관을 매번 협의를 통해 극복한다는 것은 사실상 거의 불가능한 일이라고 할 수 있다. 따라

---

* 불법국가 내지 불법정권이 저지른 범죄에 대하여 처벌하는 것으로, 통일 후 과거 체제불법을 청산하는 일은 통일헌법의 원리에 따라서 이루어져야 할 것이다.

서 우선 서로 합의하고 공유할 수 있는 가치와 체제를 확인하고 그것을 나침반 삼아서 구체적인 문제들을 하나씩 풀어가야 할 것이다. 그리고 그 출발에는 기본적 인권의 보장과 민주공화국에 관한 확고한 합의와 선언이 있어야 할 것이다.

통일국가의 사회통합을 위한 결단과 근거

법적인 통일을 이뤘다고 해서 정치, 경제, 사회, 문화 등 광범위한 영역의 분단이 모두 함께 끝나는 것은 아니다. 70년의 세월 동안 남북의 대치 속에서 만들어진 거대한 분단의 장벽은 법적 차원의 국가통합 혹은 국가합병만으로 극복할 수 있는 대상이 아니라는 것을 우리는 모두 알고 있다. 특히 서로의 존재 자체를 부정하면서 서로를 증오와 멸시의 대상으로 교육해온 긴 세월과, 한민족이라고는 하지만 통일된 국가에서 한순간도 살아보지 못한 대다수의 국민들은 이 통일국가라는 터전 위에서 쉽게 하나의 공동체로 통합되지 못할 가능성이 매우 높다. 이러한 상황 속에서 통일헌법은 공동체의 분열을 막고 사회통합을 이끌어내는 결단이자 근거로 작동해야 할 것이다.

특히 통일 이후에 예상되는 가장 큰 분쟁 사항으로 꼽히는 북한지역 토지에 대한 소유권 주장이나 체제불법에 대한 과거청산 요구 등은 사전에 일정한 합의를 이루지 못한다면 통일국가 전체를 갈등과 분열로 몰아갈 수 있는 이슈들이라고 할 수 있다. 또한 국호, 수도, 국기, 표준어 등의 사항 또한 통일국가의 통합을 위해 통일헌법이 명시적으로 확인해야 할 사항이라고 할 수 있다. 다시 말해, 일반적으로 헌법에 제정되는 내용뿐만 아니라 통일헌법에는 분단으로 인해 형성된 수많은 갈등과 분열을 통합하기 위한 내용의 특별한 규정들이 함께 포함되어야 한다는 것이다.

이러한 것들과 함께 남과 북의 차이를 인식하고 이를 배려하기 위한 규범적 근거를 통일헌법에 마련하는 것도 필요하다. 남북한의 이념적 차이에 기초한 갈등과 함께 두 지역이 하나의 국가 체제로 포섭될 경우 발생할 수 있는 가장 큰 갈등의 근원은 바로 경제적 차이라고 할 수 있다. 이러한 경제적 차이를 고려하지 않고 남과 북에 동일한 규범과 체제가 적용될 경우 경제적으로 열악한 지위에 있는 북한지역 및 그 지역의 구성원들에게 사실적 차별이 발생할 수 있으며, 그러한 차별은 통일국가의 분열을 야기할 수 있는 매우 위험한 요소라고 할 수 있다. 따라서 통일헌법은 이러한 차이를 분명하게 인식하고, 그 차이를 규범적으로 배우기 위한 특별조치들을 한시적으로라도 규정해둘 필요가 있다. 헌법의 역사성은 바로 각 공동체가 가지고 있는 특수한 사정들을 헌법 규범을 통해 정서하고 통합된 국가를 만들기 위한 규범적 결단과 근거를 마련해두는 것이라고 할 수 있다. 분단국가에서 통일국가로 이행하는 거대한 역사의 변천을 만드는 통일헌법에는 이러한 역사성이 더욱 강조되어야 한다.

2. 통일헌법의 쟁점

통일방식과 통일헌법

통일헌법은 우선 통일방식에 따라 그 내용과 절차에 있어서 큰 차이를 가질 수밖에 없다. 대등한 관계에 기초한 합의통일과 일방적인 우위에 기초한 흡수통일이라는 통일방식의 차이는 결국 새로운 헌법의 제정이냐 대한민국 헌법의 확장이냐 하는 차이로 귀결된다. 어떠한 수사를 동원하든지 대한민국 헌법의 효력 범위 변경과 통일 관련 내용을 일부 삽입하는 개헌을 통해 한반도 통일국가를 수립하는 것은 독일식 흡수통일의 구상이며, 남북한 총선거를 기초로 통일헌법제정의회를 구성하여 통일헌법을 제정하는 방식이 대등한 합의통일이라고 할 수 있다.

대한민국에서 지난 30년간 이뤄진 개헌 논의만 보더라도 헌법 규범을 고치는 합의의 어려움을 충분히 알 수 있다. 완전히 새로운 헌법을 만들어내는 작업은 이와 비교할 수 없을 정도로 어렵다. 게다가 이질적인 가치와 이념을 가진 남북의 대표가 회의를 통해 합의에 이르러서 새로운 헌법을 만드는 것은 불가능하다는 것이 현실론자들의 입장이라고 할 수 있다.

이러한 현실론자들은 대한민국의 압도적 우위에 기초하여 이미 일정한 체계적 완성도를 가지고 있는 대한민국 헌법을 한반도 전역에 적용할 수 있도록 남과 북이 합의하는 것을 통일 합의로 보고, 통일헌법은 대한민국 헌법의 일부를 개정하여 완성할 수 있다고 본다. 어쩌면 이러한 관점이 현실적이고, 실현가능한 방법일 수도 있다. 그러나 이러한 현실론의 문제는 북한의 체제 변화 및 남으로의 일방적 흡수 수용 등을 너무 낙관적으로 전망한다는 점이며, 동시에 이러한 일방적 흡수가 야기할 통일국가 내의 갈등과 분열의 요소를 간과하고 있다는 점이다. 이러한 흡수통일은 북한 주민을 2등 국민으로 만들 위험요소와 과도한 통일비용으로 남한 사회의 거대한 저항을 초래할 위험요소를 모두 가지고 있다는 점을 결코 망각해서는 안 될 것이다.

따라서 항구적 평화와 공존의 합의, 경제 공동체 구축, 외교와 국방을 공유하는 대외적 1국가/대내적 2체제, 완전한 통일국가 체제 등 점진적 통일의 계획을 갖추는 것이 더 현실적일 수 있다. 그리고 그 과정에서 통일헌법을 점진적으로 완성해나간다면 한반도 전역의 통일국가를 위한 새로운 통일헌법을 창조하는 것이 결코 불가능한 일은 아닐 것이다.

통일 방식	대등한 합의통일	일방적 흡수통일
통일헌법 형성 절차	① 통일조약 체결 ② 남북한 총선거 ③ 통일헌법제정의회 구성 ④ 통일헌법안 제안 ⑤ 남북한 국민투표 ⑥ 통일헌법 제정	① 통일 합의(북한의 체제 변화 – 남으로의 흡수 동의) ② 대한민국 헌법 개정 ③ 통일국가 헌법으로 효력 확대

통일헌법의 국가·정부·의회 형태

민주공화국으로서 통일국가를 구성하는 과정에 있어서 중요한 선결 과제는 국가형태를 결정하는 것이다. 연방국가와 단일국가 중 어떤 국가형태를 취하는가는 통일헌법의 내용에도 매우 큰 영향을 미친다. 연방국가로 구성하게 되는 경우에 통일헌법은 연방정부의 형태와 권한, 지방의 독립성과 중앙정부의 개입 범위 등을 확정하는 것이 주된 역할이다. 그리고 나머지 구체적인 내용들은 지방의 개별 헌법에 위임할 수 있다. 그러나 만일 연방형태의 구성이 지나치게 개별 주의 독립성만을 강조하는 경우에 통일국가의 성격 자체를 약화시킬 가능성이 높다는 점을 잊어서는 안 된다. 따라서 연방국가 형태를 선택하는 경우에도 통일국가의 기본 이념과 가치를 함께 공유하는 공동체가 될 수 있도록 통일헌법을 만들어야 할 것이다. 만일 남북이 이러한 기본 이념과 가치를 실질적으로 공유하는 것이 아니라면 그것은 외형상 연방국가라고 하더라도 실질은 국가연합이라는 점을 분명히 인식해야 한다.

국가형태가 결정되면 다음은 정부형태를 결정해야 한다. 정부형태는 기본적으로 의회와 정부의 구성과 관계를 어떻게 하는가의 문제로 크게 대통령제, 의원내각제, 이원집정부제로 유형화할 수 있다. 오랜 기간 대통령제에 익숙한 대한민국의 경우 통일국가에서 다른 시도를 떠올리는 것이 경험적으로 쉽지 않다. 또한 통일국가의 경우에 강력한 리더십과 구심점을 만들 필요가 있기 때문에 1인 기관인 대통령에 의해 통합되는 정부형태를 선호할 가능성이 있다. 반면에 대통령제의 경우에 결국 1인 기관의 대표성이 매우 강한 힘을 갖고, 상대적으로 인구가 적은 북한지역의 경우 사실상 대통령을 배출할 가능성이 매우 낮기 때문에 대통령제를 선호하지 않을 수도 있다. 내각제의 경우 다양한 이해관계에 따른 연립정부를 구성할 수 있기 때문에 여러 정치 세력이 출현할 수 있는 통일국가에서 선호될 수 있다. 하지만 이러한 내각제는 안정적인 정당 구조 없이는 매우 불안정해질 가능성이 높다는 점에서 예측하기 어려운 새로운 국가체제인 통일국가에 적합하지 않을 수도 있을 것이다. 이러한 점들에 대한 오랜 기간의 논의를 바탕으로 통일국가의 정부형태를 결정해야 한다. 물론 국가형태가 우선 결정되어야 구체적인 정부형태도 결정될 수 있을 것이다.

마지막으로 의회형태는 크게 양원제와 단원제의 선택이다. 다수 헌법 연구자들은 양원으로 국회를 구성하여 지역 비례성과 인구 비례성 모두를 실현할 수 있을 것이라고 한다. 그러나 양원제의 경우 통일국가에 산재한 법률적 문제를 해소하는 과정에서 단원제와 비교할 때 매우 비효율적일 가능성도 존재한다. 정당성과 효율성 중 상대적으로 통일국가를 형성하는 시기에 필요한 것이 무엇인가에 대한 헌법적 결단에 따라 의회형태는 결정될 수 있을 것이다. 또한 연방국가 형태를 선택하는 경우에는 양원제 도입의 필요성이 상대적으로 더 높다고 할 수 있는데, 이러한 점들도 함께 고려해야 할 것이다.

통일헌법과 국제관계

헌법은 대내적 최고 규범의 성격을 가지고 있지만 동시에 국제사회에서 통일국가가 어떤 규범적 체계에 기초하여 국제관계를 체결(수립)하는가에 관한 근본적 결정이라고 할 수 있다. 현재 대한민국 헌법과 같이 국제평화주의를 채택하고, 상호주의와 국제법의 존중이라고 하는 체계를 갖춰야 하는 것은 통일헌법에 대한 기본적인 요청이라고 할 수 있다.

하지만 나아가서 기존의 남과 북이 각각 체결해온 조약 및 각각의 국가가 보유하거나 부담하는 권리 및 의무관계를 어떻게 정리할 것인지도 간단하지 않은 사항이다. 특히 세계화 시대에 변화해온 국적 규정, 재외국민 및 재외동포의 범위와 처우를 비롯하여 WTO 및 FTA를 근간으로 하는 국제무역 체제에서 통일국가가 어떻게 과거의 국제관계를 정리하고, 새로운 국제관계를 형성할 것인지에 관한 근본적 합의와 선언이 필요하다. 그리고 이러한 지점에서는 단순히 남과 북의 합의만이 아니라 국제사회 전반에서 남과 북의 통일을 어떻게 받아들이고 승인해주는가의 문제도 고려사항이라고 할 수 있다.

이러한 쟁점들에서 통일국가가 원만하게 출발하기 위해서는 무엇보다 한반도의 통일국가 출현이 주변국과 국제사회의 이익이 된다는 점을 명확하게 밝혀야 할 것이다.

3. 통일헌법의 난관과 우리의 준비

통일에 대한 인식 격차

통일에 관한 합의와 통일헌법 제정에 있어서 우선적으로 넘어야 하는 가장 큰 난관은 통일 자체에 대한 규범적, 사실적 인식의 격차이다. 특히 남과 북의 헌법은 통일을 완전히 다른 시각에서 접근한다. 대한민국 헌법의 통일관은 한마디로 자유민주적 기본 질서에 입각한 평화통일이라고 할 수 있으며, 북한 헌법의 통일관은 한반도 전역에서의 사회주의 혁명 완성이라고 할 수 있다. 자유민주적 기본 질서와 사회주의혁명은 양립하기 어려운 대립적 지향이다. 이러한 대립을 해소하기 전에는 경제공동체나 1국가 2체제의 구상 모두 현실적으로 실현되기 어렵다. 헌법 개정 없이 남측이 자유민주적 기본질서의 지향을 포기한다는 것은 헌법 위반을 야기하는 것인데, 그렇다고 북측이 사회주의혁명 노선을 포기하기를 마냥 기다릴 수도 없다. 이러한 상황에서 우선 양측의 통일에 대한 공유의 지점을 확대해가는 것이 중요하다. 그것은 바로 평화이다. 남과 북은 규범적으로 평화통일의 지향을 선언하고 있으며, 이에 기초하여 남과 북이 우선 한반도의 항구적 평화 정착과 공존을 위한 합의를 만들어가는 것이 통일을 위한 초석이 될 것이다. 2018년 남북 정상은 한반도의 항구적 평화를 위한 발걸음으로 종전선언과 평화협정 체결을 약속하였다. 우선 여기서 출발하여 남북교류와 경제협력이 확대되어 나간다면 우리가 함께 만들고자 하는 통일국가의 이상에 대한 공유와 합의점을 찾아갈 수 있을 것이며, 이를 토대로 남과 북이 전향적인 헌법개정 등의 준비 작업을 이뤄나갈 필요가 있다.

헌법과 법률에 대한 인식 격차

헌법적인 접근에 있어서 통일을 위해 넘어야 하는 또 다른 난관은 헌법과 법률 자체에 대한 인식 격차이다. 대한민국은 여러 우여곡절을 거쳤지만 1987년 헌법 체제 이래 민주적 헌법국가의 기획을 성실하게 이행해가는 국가라고 할 수 있다. 다시 말해, 최상위 규범으로서 헌법이 존재하고, 모든 국가권력은 헌법의 통제를 받으며, 국민의 기본권 제한은 반드시 법률의 형식을 통해 이뤄지는 체제를 형식적으로는 완성했다고 할 수 있다. 반면에 북은 여전히 수령의 영도를 중심으로 한 국가체제를 고수하고 있으며, 헌법 상위에 전대 수령의 유훈과 조선노동당의 당헌이 존재한다. 북한도 여러 법률을 통해 국가체제를 운영하고 있기는 하지만 수령과 조선노동당의 결정이 헌법과 법률을 압도하는 힘을 가지고 있으며, 그것이 장기간 체화된 사회구조를 유지하고 있다.

이러한 차이는 생각보다 강한 영향력을 가질 수 있다. 특히 통일 합의의 규범적 성격에 있어서 남측은 헌법적 절차에 따라 대통령이 부여받은 권능과 국민투표와 같은 민주적 절차를 통해 통일 합의의 규범력을 확보할 수 있지만 북측의 경우 수령의 결단에 근거하여 통일 합의를 이룰 경우 그것이 공동체 전반에 확고한 규범력을 지속적으로 가질 수 있을지 여부가 확실하지 않다. 따라서 통일국가를 이루기 위해서는 소수의 권력자가 지배하는 사회가 아닌 성문화된 법이 지배하는 사회로의 변화와 이를 위한 일정한 인식과 교육이 필요하다. 물론 대한민국의 경우에도 여전히 전근대적 시각으로 국가 혹은 대통령을 바라보는 사람들이 존재한다. 하지만 다수의 시민이 주권자로서 스스로의 권한과 책임을 명료하게 인식하고 있기에 민주적 헌법국가로서 대한민국이 작동할 수 있는 것이다. 통일국가의 경우에도 다수의 시민이 주권자로서의 역할과 권한을 인식하고, 국가권력을 제어하는 헌법과 법률에 대한 인식을 갖출 때 비로소 통일헌법 제정에 기초한 통일국가의 수립이 진지하게 이뤄질 수 있을 것이다.

인간관 및 시민과 공동체에 관한 가치관의 격차

외관상으로 명확하게 인식되기는 어렵지만 장기간의 분단이 만든 중요한 격차 중 하나는 바로 시민과 공동체에 관한 가치관의 차이이다. 북의 시민과 공동체의 관계를 한마디로 함축하는 것이 북한 헌법 제63조˙의 "하나는 전체를 위하여, 전체는 하나을 위하여"라는 집단주의 원칙이다. 이러한 집단주의 원칙은 인간이 가지고 있는 개체성보다는 집단 속에서 인간 자체를 실현해야 한다는 집단성을 강조하는 것으로 마치 공동체를 하나의 인간으로 상정하고, 구성원들은 이를 구성하는 세포들로 인식하는 것이다. 그래서 우리가 우리 몸의 암세포를 서슴없이 제거하는 것처럼 북은 공동체에 암적인 존재로 인식된 사람을 망설임 없이 제거하는 것이다. 이러한 인간관 혹은 시민과 공동체의 관계에 관한 가치관의 차이는 단기간에 극복하기 어려운 격차이다.

북한식 사회주의 관점에서 인간의 진정한 자유와 권리는 국가의 철저한 계획과 명령에 복무할 때 실현되는 것이다. 그러나 대한민국 헌법이 규정하고 있는 자유와 권리는 개인을 중심으로 인식된 것이며, 각 개인은 고유성과 존엄성을 가지고 평등한 자유를 누려야 하는 존재로 상정된다. 이러한 차이는 헌법의 기본 이념과 가치를 설정할 때, 기본권에

• 조선민주주의인민공화국에서 공민의 권리와 의무는 하나는 전체를 위하여, 전체는 하나를 위하여라는 집단주의 원칙에 기초한다.

관한 규정을 제정할 때 극단적으로 대립할 수 있다. 물론 북한의 개혁과 개방 및 경제적 발전이 이러한 인간관에 대한 변화를 야기할 수도 있지만 근본적으로 뿌리내린 이러한 가치들이 변화하기 위해서는 적어도 한 세대 이상의 시간이 소요될 수도 있다.

어쩌면 국가나 정부의 형태보다 더 우선적으로 통합을 이뤄가야 하는 것이 바로 이러한 인간에 대한 가치와 철학의 문제라고 할 수 있다. 통일을 위해 다양한 사회문화적 교류가 전제되어야 하는 이유는 분단의 시간 동안 멀어져버린 인간 자체에 대한 시각과 철학을 공유해나가기 위함이라고 할 수 있다. 그리고 이러한 공유 없이 통일을 말하는 것은 실질이 사라진 외형만의 통일을 지향하는 것이 된다는 점을 분명하게 인식해야 한다.

민주적 대표구성과 인구 격차

인간관 혹은 가치관처럼 내면화된 격차와 달리 외형적으로 즉시 인식되는 매우 중요한 차이는 바로 인구의 격차이다. 인구 격차는 대의제 민주주의를 기초로 한 국가 구성에 있어서 민주적 대표 구성 문제와 직결된다. 일반적으로 인구비례에 기초한 대표 선출과 의회구성이 이뤄져야 선거에 관한 헌법 원칙인 평등선거 원칙에 부합하는 선거가 이뤄졌다고 할 수 있다. 그러나 남측 인구가 북측 인구의 2배를 넘는 현실에서 이러한 인구비례 대표 구성은 남측에게 일방적으로 유리한 의회구성이며, 결국 남측의 주장만이 관철될 가능성이 매우 높기 때문에 결코 북이 받아들일 수 없는 것이다. 하지만 동시에 대한민국의 국민으로서 통일에 관한 합의에 있어서 북측 시민의 절반에 미치지 않는 대표성을 보장받는 남북동수 구성은 대한민국 국민의 정치적 대표권을 지나치게 제한한다는 반박에 부딪힐 수밖에 없다. 이 문제는 제헌의회 구성을 넘어 통일의회에 있어서도 지속적으로 제기될 수 있는 문제이다. 이를 해소하기 위해서 일정한 경과규정을 두고 단계적으로 인구비례를 실현해가는 방식 등도 고려해볼 수 있다. 하지만 향후 통일국가의 근간을 결정하는 통일헌법 제정에 있어서 민주적 대표를 남북동수로 구성해야 통일이 가능하다는 통일 논리만으로 정당화하고 극복하기에는 민주적 정당성의 흠결이 계속 지적될 우려가 있다.

물론 현재 대한민국의 인구가 정체된 상황에서 북측의 경제성장으로 인한 급속한 인구 성장이 발생하여 이러한 격차를 메울 가능성도 존재한다. 하지만 이것을 기다리기에는 현재의 격차가 너무 크다고 할 수 있다. 여기서 중요한 점 역시 헌법 이념과 가치에 대한 공동체 전반의 공유라고 할 수 있다. 지금 대한민국의 경우에도 각 지역, 특히 대도시와 그 외 지역의 인구 격차는 매우 심각한 상황이다. 그러나 인구비례 대표를 통해 구성되는 국회가 대한민국 전체에서 대표성과 정당성을 갖고 있는 이유는 바로 대한민국 국회가 모든 국민의 이익을 위해 활동할 것이라는 믿음이 전제되어 있기 때문이다. 따라서 통일의 과정에서 통일의회가 남북 모든 국민의 이익을 위해 활동한다는 믿음을 형성해나가는 것이 이러한 인구 격차의 논란을 해소하기 위해 선행되어야 하는 일이라고 할 수 있다. 그리고 이것이 가능하기 위해서는 맹목적인 믿음을 만드는 것보다 통일국가의 공동체 구성원이 일정한 가치와 이익을 공유하고, 통일국가의 발전과 이익이 특정한 지역과 집단이 아닌 모든 공동체 구성원의 고른 이익으로 향유될 수 있어야 할 것이다.

4. 맺음말: 통일헌법과 점진적·단계적·계획적 통일

통일 마스터플랜 2048에 따라 통일헌법의 완성을 향한 단계를 구분해 보면 다음과 같은 단계로 이행한다고 할 수 있다.

규범적 이행 단계	
1단계 (2018~2027)	• 종전선언 • 한반도의 항구적 평화와 공존을 위한 평화선언 • 남북 교류와 협력 체제 구축 및 자유왕래를 위한 남북기본합의
2단계 (2018~2037)	• 통일의 단계와 계획 합의 • 대한민국 헌법 개정: 통일절차 등 규정 • 남북 경제공동체 구축을 위한 합의 • 국제조약 체결 등에 있어서 통일국가 준비단계 고려
3단계 (2038~2047)	• 남북연합국가 출범 선언 • 1국가 2체제 구축 (외교, 국방 통합) • 통일헌법 제정을 위한 통일위원회 출범 (한반도 총선거 준비, 헌법 초안 마련)
4단계(2048~)	• 통일헌법 제정 (통일국가 출범)

이러한 점진적, 단계적, 계획적 통일만이 수많은 통일의 난관을 슬기롭게 극복하고 한반도에서 이상적인 통일헌법을 마련하고, 이에 기초한 통일국가를 출범하게 할 수 있는 유일한 방법이라고 할 수 있다. "통일은 대박"이라고 포장하는 경제적 효과에 치우진 일방적 흡수 전략 속에 잠재되어 있는 북한 인민을 착취하는 기획과 구상은 결국 비극과 파국을 만들 우려가 높다. 한반도에 사는 모든 국민이 주인인 나라, 그리고 모두를 위해 존재하는 나라로서 통일국가를 꿈꾼다면 이를 위해서 필요한 것은 점진적인 접근이다. 한걸음씩 서로를 알아가고, 일상적 가치부터 인간관, 철학, 삶의 질 등을 차츰 공유해가는 접근을 통해 통일국

가의 헌법은 기초될 수 있으며, 비로소 한반도의 진정한 통일시대가 찾아올 수 있다는 점을 잊어서는 안 된다.

통일은 특정한 세력, 집단, 지역의 주도로 이뤄져서는 안 된다. 그것은 결국 그들을 위한 통일일 뿐이다. 한반도의 모든 구성원이 함께 통일을 염원하고, 통일을 위해 통일국가의 가치와 이념을 하나씩 만들어간다면 그때로부터 통일의 시대는 열릴 것이다.

- 초고집필: 이승택
- 수정검토: 서용석, 이경숙

참고문헌

- 김종세, 〈한국의 통일방안을 위한 헌법적 접근: 국민적 합의를 기반으로 한 대북 정책을 중심으로〉, 《공법학연구》 9(1), 2008, 61-83.

- 김철수, 《한국통일의 정치와 헌법》, 시와진실, 2017.

- 김상겸·정윤선, 〈독일 통일헌법 제정상의 교훈을 통한 한반도 통일헌법 구상〉, 《한독사회과학논총》 22(1), 2012, 147-178.

- 송인호·최귀일, 〈통일헌법 제1조에 관한 고찰〉, 《동아법학》 66, 2015, 341-364.

- 이효원, 《통일헌법의 이해》, 박영사, 2016.

- 전학선, 〈통일헌법과 사회·경제통합〉, 《유럽헌법연구》 16, 2014, 97-127.

- 정만희, 〈통일헌법을 위한 단계적 헌법개정〉, 《동아법학》 66, 2015, 205-251.

- 정철, 〈통일헌법의 권력구조〉, 《법학논총》 25(2), 2012, 165-203.

군사협력
: 남북한 군사협력과 통합 전략

SUMMARY

1   4단계 통일전략을 추진함에 있어서 1, 2단계에는 남북한 간에 군사협력이 이루어지고, 1국가 체제인 3, 4단계에는 군사통합을 이루는 과정이 추진됨을 설명함

2   남북한 군사통합의 전제조건을 제시함
   • 북한의 핵무기가 사전에 제거되어야 하는 이유를 설명함

3   4단계 통일전략 중 1, 2단계에서의 군사협력 추진 전략을 제시함
   • 1단계, 적대관계 해소 및 신뢰구축 방안을 제시함
     종전선언, 평화협정 체결, 북한핵의 CVID, 남북한 상호간 및 주변국에게 신뢰를 구축해야 함을 설명함
   • 2단계, 군비통제 및 군사시설 복원방안을 제시함
     남북한 공히 각각 50만 명 수준으로 병력 감축을 해야 되는 것과, 통일한국군이 사용하지 않을 장비, 물자 및 시설에 대한 처리 방안, 이 과정에서의 투명성 제고 방안을 제시함

4   4단계 통일전략 중 3, 4단계에서의 군사통합 추진 전략을 제시함
   • 3단계(2038년 이후) 군사통합 완성 및 정착 방안 제시: 군사통합 단계의 부대구조와 운용개념을 설명하고, 70만 명 수준으로의 병력 감축 방안을 설명함
   • 통일 후의 군사 운용방안 제시: 약 50만~60만 명 수준으로 점진적 병력 감축, 통일한국군이라는 단일군 운용 방안과 이 때의 징집제도로 징병제가 필요함을 설명함

1. 군사협력과 군사통합의 의의

2018년 4월 27일의 남북정상회담과 판문점선언은 우리에게 한반도의 진정한 평화와 통일에 대한 체계적인 준비의 필요성을 다시금 일깨워 주었다. '평화'는 전쟁, 분쟁 또는 일체의 갈등이 없이 평온함 또는 그런 상태를 의미하며, 나아가 전쟁에 대한 공포가 제거된 상태를 말한다. 6.25 전쟁이 정전상황에 놓여 있는 한반도에 있어서 평화는 1차적으로 남북한 간의 긴밀한 '군사협력'에 의해서 보장될 수 있다.

일반적으로 국가 간의 군사협력은 크게 두 가지 경우로 나눌 수 있다. 그 하나는 우방국 내지 동맹국 간의 군사협력으로서 상호 우호증진, 군사력 강화, 그리고 필요시 연합 임무수행능력 향상 등을 목적으로 하며, 다른 하나는 군사적으로 대립상태에 있는 국가 간의 군사협력으로서 상호 신뢰증진, 군사적 충돌방지와 군사력 통제 등을 목적으로 한다. 이러한 군사협력의 내용으로는 군 인사교류, 정보교환, 주요훈련의 사전통보 및 상호 참관, 통신선 유지, 국경의 공동관리, 불가침협정의 체결 및 군비감축 등을 추진하는 것이 있으며, 남북한 간의 군사협력이 여기에 속한다.

'통일'은 두 개 이상의 정치체제가 하나로 결합하는 국제법적 사건으로서, 남북한에 있어서는 해방 이후 남북으로 분단되어 상이한 체제로 지내오던 상태를 극복하여 정치·경제적으로 하나의 체제를 만들고 문화적 동질성을 회복하는 것이다. 따라서 이러한 통일을 위해서는 정치·경제·사회·문화 등 제 분야에 걸친 통합이 이루어져야 하며, 특히 정치통합은 하나의 이념과 제도로 구성되는 단일한 정치체제가 집단 구성원 모두를 규제하는 상태 또는 주권의 결합상태로서 이는 '군사통합'으로 뒷받침이 된다.

사전적으로 군사통합이란 "서로 다른 지휘계통하에서 독자적으로 운영하고 있는 개별적 군사 분야의 제반 기능과 조직체계를 단일 지휘체계하의 하나의 공동기능 및 조직체계로 결합시키는 과정"을 말한다. 남북한 간의 군사통합은 남과 북의 상이한 군대 집단으로 하여금 제도와 조직, 지휘계통, 전략전술 등을 단일화하여 통일한국의 새로운 군사조직체로 재구성하는 작업과정이다. 분단국들의 군사통합 사례를 살펴보면 충분한 사전 준비와 예상되는 문제점들에 대한 대비가 미흡할 경우 심각한 후유증을 겪게 되고 심한 경우는 예멘의 경우에서와 같이 내전이 일어날 수도 있으므로, 과거 전쟁의 당사자이면서 매우 상이한 체제하에 놓여 있는 남북한에 있어서 군사통합은 통일과정에서 가장 중요하면서도 어려운 과업이 아닐 수 없다.

통일을 추진해 나가는 과정에서의 군사협력은 통일 이전에 추후의 군사통합을 위한 여건을 조성하는 과정에서 이루어지는 것이고 군사통합은 통일의 구체적인 실현과정으로서, 군사통합의 과정은 이전의 군사협력과는 전혀 다른 차원의 군사적 조치가 이루어지는 과정이다. 독일 통일의 사례를 보면 독일은 매우 짧은 기간이나마 통일과정에서 압축적으로 4단계의 군사통합의 과정을 거쳤다. 즉, 1단계(2개월간)로 군사통합을 준비하여, 2단계(40일간)에서 동독군을 인수하고, 3단계(통일 후 6개월간)에는 구 동독군의 개편을 추진하였으며, 4단계 정착단계를 진행하였는데 이중 1, 2단계는 통일 선포 이전의 기간으로서 군사협력 단계로 볼 수 있고, 통일 선포 후 이루어진 3, 4단계는 본격적인 군사통합의 단계로 볼 수 있다. 이러한 독일의 사례는 우리의 실정과 다소 차이가 있지만 우리의 군사통합 추진에 참고할 만한 교훈이 적지 않다.

이 책에서 우리는 4단계 통일전략을 논하고 있다. 이러한 전략에 따른 군사적 조치를 고려해보면, 가상 통일 시나리오상 2018~2037년간의 1, 2단계에서는 2국가 체제에서 남북한 간에 군사협력을 시행하여 이후에 추진될 군사통합의 여건을 조성하고, 1국가 체제인 3, 4단계에서 군사통합을 추진하게 된다. 이때 군사협력은 상호합의에 의거하여 남북한 각자가 주체적으로 추진하는 반면에, 군사통합은 공동으로 시행된다는 차이점이 있다.

2. 남북한 군사통합의 전제조건

상호합의에 의한 통합

통일의 과정에서 군사통합은 국가통합의 일부분으로 이루어지는 것이지만, 양 당사국에게 있어서 힘의 원천이 되는 군의 특성으로 인하여, 군사통합이 어떻게 진행되느냐 하는 것은 국가통합의 성패에까지 영향을 미칠 수 있다. 군사통합이 시행되는 유형은 일반적으로 통합 과정에서의 강제성 여부와 주도성 정도를 기준으로 강제적 흡수통합, 합의에 의한 대등통합, 합의에 의한 흡수통합으로 분류한다.

먼저 강제적 흡수통합 방식은 베트남의 사례에서와 같이 전쟁에서 승리한 국가가 패전국의 군대를 일방적으로 흡수하는 방식으로서 우리의 평화통일 구상에는 맞지 않는 방식이다. 합의에 의한 대등통합 방식은 예멘에서의 사례에서처럼 당사국간 합의에 의해 일대일의 대등한 입장에서 산술적으로 합치는 통합방식을 말한다. 이 방식은 통합 이후에도 해결이 어려운 수많은 갈등요인을 내재하고 있다는 단점이 있다. 실제로 예멘에서는 이로 인해 불가피하게 내전을 치룬 후 승리한 북예멘에 의한 강제적 흡수통합으로 귀결되었다는 점에서 우리의 군사통합 방식으로는 바람직하지 않다. 한편, 합의에 의한 흡수통합 방식은 독일의 사례에서와 같이 두 개 이상의 국가가 합의한 통합협상의 결과에 따라 주도권을 가진 국가의 군대가 중심이 되어 단일체계로 통합하는 방식이다.

어떠한 경우든 남북한 군사통합은 쌍방이 합의에 의하여 상호 장점을 취한 단일안을 만들어 통합하는 형태가 되어야 할 것이다. 남북한은 각기 군사강대국이던 미국과 소련의 군사 체제를 답습해 군사적 전통이 상이하다. 무기체계는 남한이 첨단군사기술에 기반하여 압도적으로 성능이 우세한 가운데, 장거리 미사일이나 핵무기·화생무기 등 전략무기와 재래식 무기의 양적인 측면에서는 북한이 우세한 상황이다. 평화체제 정착과 통일과정에서 북한 전략무기의 상당부분이 제거되고 재래식 무기는 도태·폐기된다고 전제할 때 남한 중심의 통합 가능성이 있다고 볼 수 있다. 다만, 북한군의 전술과 지휘방식 등은 군사협력과정에서 차이점을 학습하고 군사통합과정에서 장점을 취해나갈 수 있을 것이다. 이러한 방안이 지금은 쉽지 않아 보이지만, 충분한 시간을 갖고 상호 신뢰를 쌓아나간다면 충분히 가능할 수 있다.

북한 핵무기

남북한의 군사통합을 위해서 북한의 핵무기가 사전에 제거되어야 하는 당위성은 다음의 두 가지로 설명될 수 있다. 첫째는, 북한이 핵을 폐기하지 않으면 평화체제가 정착될 수 없기 때문이다. 혹시 북한이 핵을 보유한 상태에서 평화롭게 지낼 수도 있을 것이라는 생각을 할 수 있겠으나, 그것은 가능한 일이 아니다. 한쪽이 핵을 가지고 있는 한, 군사적인 긴장은 계속될 것이고, 따라서 평화체제는 가능하지 않다.

둘째는, 주변국과의 문제로서, 핵무기를 보유한 강력한 통일한국을 주변국들이 수용하려 하지 않을 것이기 때문이다. 핵무기를 보유한 통일한국의 등장은 일본의 핵무장 욕구를 자극하는 등 지역 내 불안정성을 제고할 가능성이 있기 때문에 주변국들이 우리의 통일을 적극적으로 저지할 우려가 있다. 따라서 통일에 대한 주변국들의 동의와 협조를 이끌어내기 위해서도 북한의 핵무기는 사전에 제거되어야 한다.

3. 군사협력 추진 전략 : 1, 2단계 (2018~2037)

1단계(2018~2027) : 적대관계 해소 및 신뢰구축

현재의 남북한은 정전협정이 유지되고 있는 상태로서 말 그대로 전쟁을 중지하고 있을 뿐 무력 대치상태가 지속되고 있는 실정이다. 이러한 전쟁 중지 상태를 종결상태로 전환하기 위해서는 종전에 대한 합의 즉, 종전선언이 필요하며 나아가 군사적 대치상태와 적대관계를 해소하기 위해서는 상호 불가침협정과 평화협정의 체결이 요구된다.

그런데 종전선언이나 평화협정 체결은 남북한만의 합의로서가 아니라 최소한 휴전협정 체결 당사국의 동의와 참여가 필수적이므로 국제적인 성격을 띠고 있다. 또한 그 당사국 중 핵심국가인 미국은 종전선언이나 평화협정 체결의 조건으로 핵무기와 생화학무기 등 대량살상무기의 제거를 요구하고 있으며, 특히 핵무기에 대해서는 완전하고, 검증이 가능하고, 불가역적인 폐기(CVID; complete, verifiable, irreversible dismantlement)를 요구하고 있으므로, 이 단계에서는 북한과의 군사협력을 통하여 이러한 조치가 반드시 이루어지도록 해야 한다.

군사협력 단계는 그 자체로서의 중요성도 있지만 군사통합을 향해 나아가기 위해서는 군사력의 상호 감축을 이루어야 하므로 상대에 대한 굳건한 신뢰구축이 무엇보다 중요하다. 또한 한반도의 지정학적인 특성으로 인하여 통일을 이루기 위해서는 주변국의 사전 동의와 협조가 필수적이기 때문에 통일한국의 미래비전에 대한 주변국의 신뢰도 구축되어야 한다. 즉 장차 통일한국이 지향할 동맹정책을 포함한 국방정책과 이에 수반한 군사력의 규모와 군사전략 등에 대해서도 주변국과 공감대를 형성할 필요가 있다.

2단계(2028~2037) : 군비통제 및 군사시설 복원

이 단계에서는 군비통제가 정교하게 이루어져야 한다. 군비통제에서 가장 중요한 과제는 병력감축이다. 독일의 경우 통일 이전에 동서독군의 합계는 76.8만 명(서 49.5만 명, 동 17.3만 명) 이었으나, 주변국들과의 협의 결과 통일 이후 37.5만 명을 목표로 병력감축을 추진하였는데, 통일 이전에 미리 동독군을 약 절반으로 감축함으로써 통일 이후의 감축 소요를 완화시켰다. 우리의 경우 2016년 12월 기준으로 남북한의 총 병력은 190.5만 명(남 62.5만 명, 북 128만 명)에 달하는데, 이 병력을 그대로 유지한 채로 통일을 하는 것은 우리에게 너무 큰 부담이 될 뿐 아니라 주변국에서도 이를 수용하지 않을 것이다.

통일 이후의 적정 병력수준에 대한 일반적인 판단결과는 대체로 50만 명 내외로 나타나고 있는데, 이를 위해서는 약 140만 명에 달하는 막대한 병력을 감축해야 한다. 이를 통일 이후에 한꺼번에 추진하게 되면 심각한 사회문제를 야기할 우려가 있으므로 통일 이전인 이 단계에서 일정 부분의 병력감축을 달성하는 것이 바람직하다. 독일의 경우를 살펴보면 통일 이전에 서독은 거의 병력을 감축하지 않고 동독군만 감축을 추진하였고, 통일 후에 동독군을 통일 독일군에 흡수한 후, 시간 여유를 가지고 목표수준까지 단계적인 병력감축을 시행하였다. 우리의 경우 이 단계에서의 병력감축은 남북한이 협의하여 각각 자체적으로 시행하되, 한국군은 통일한국의 최종적인 목표수준과 근접한 50만 명 수준으로 감축하고, 북한도 이와 비슷한 수준까지 병력감축을 시행하도록 하는 것이 바람직하다. 그리고 직업군인이 정년퇴직을 하게 되면 자연스럽게 감소하기 때문에, 인위적인 감원은 없을 것으로 생각된다.

이 단계에서 추진되어야 하는 또 하나의 중요한 사항은 통일한국군에서 사용하지 않을 노후 내지 잉여장비와 물자를 처리하는 일이다. 현재 남북한군의 무기체계와 장비들은 대부분 호환성이 떨어지므로 통일한국군이 이를 혼용하는 것은 매우 비효율적일 것이며, 특히 북한군의 무기와 장비 및 전투물자는 대부분 노후되었다. 따라서 장비와 물자의 수준에 따라 통일한국군에서 사용 가능한 장비 등을 제외하고, 사용하지 않을 것들은 민수용으로 전환하거나 전시용으로 재활용하고, 그 밖의 장비와 물자는 처분하거나 폐기처분을 하여야 한다. 또한 통일 후 사용하지 않을 군사시설에 대해서는 절차에 의거하여 처리하되, 지뢰지대 등 장애물 지역과 오염지역은 사전에 원상회복이 이루어져야 한다.

이 단계에서는 남북한 공히 제반사항을 투명하게 추진함으로써 불필요한 마찰이 발생하지 않도록 하고, 현장 확인팀 등을 상호 교환방문토록 함으로써 상호검증이 될 수 있도록 하는 것도 필요하다. 또한 남북한군 간의 상호신뢰를 뒷받침하기 위하여 남북한 연대급 이상의 부대 등 일정 제대별로 고문 내지 부지휘관이나 참모장교를 교환하는 것 등도 고려할 수 있을 것이다.

4. 군사통합 추진 전략 : 3, 4단계(2038~)

3단계(2038~2047) : 지휘체계 단일화

이 단계는 1국가 2체제하에서 본격적으로 통일과정이 진행되는 단계로서 실질적인 군사통합이 시작되어야 한다. 이전까지 남북한 군은 각각의 지휘체제를 유지하였으나 이 단계에서는 연합 지휘체제에 의한 조정 통제가 되어야 하며, 부대구조도 1국가 2체제에 부합하도록 아래 그림과 같은 형태로 재편성하는 것이 바람직하다.

| 그림-1 | 군사통합 단계의 부대구조(가칭)

위 그림에서 남북통합군사령부에는 군사통합시 존속시킬 남북한 육·해·공군의 전투부대와 전투지원부대들을 소속시켜서 기간 중 한반도 방위를 책임지면서 군사통합 작업을 진행하도록 한다. 그리고 남부 및 북부지역 사령부는 남북통합군사령부에 속하지 않은 부대들에 대한 해체 작업과 군용시설들의 원상복구 및 처분, 군사통합 후 사용하지 않을 장비와 물자 처리 등의 임무를 수행하도록 한다. 이러한 부대구조와

운용개념은 이 단계에 국한하여 운용하고, 이러한 임무 수행 후 남부 및 북부지역 사령부는 해체하고 남북통합군사령부가 자연스럽게 통일한 국군으로 발전될 수 있도록 한다.

이 단계에서도 남북한 군 병력의 대폭적인 감축과 통합이 이루어져야 한다. 병력감축은 앞선 단계에서 달성된 약 100만 명 수준으로부터 약 70만 명 수준으로 감축하고, 이 때 전역 및 해고되는 군인과 군무원에 대해서 금전적 지원과 함께 직업교육 및 취업알선 등 전직지원이 적절히 이루어져야 한다.

4단계(2048~) : 군사통합 완성 및 정착

이 단계는 남북통일 과정의 완성 단계인 1국가 1체제로서 통일한국 군이라는 명실상부한 단일군 체제를 갖추어야 한다.

이 단계에서는 복무기간 단축, 부대구조 개편 등을 통하여 통일한국군 의 적정규모로 판단되고 있는 약 50만 명 수준까지 병력감축을 지속 추진 한다. 또한, 이 단계에서는 국방비의 감축 요구가 높을 것이 예상되므로 그에 부응하면서 한반도에 대한 방호충분성을 보장할 수 있는 군 운용을 해야 할 것이다.

통일한국군의 병역제도는 징병제를 기본으로 하는 것이 바람직하다. 미 래 가용 병역자원을 고려할 때 50만 명 수준의 병력을 유지하면서, 사회와 의 단절을 줄이기 위해 군복무기간이 단축된 징병제가 유리하다. 또한, 모 병제를 운용할 경우 남북한의 경제적 수준 차이에 의해 특정지역 출신들 이 병력의 대다수를 차지할 가능성이 높다. 이러한 우려를 불식하고 군을 안정적으로 운용하는 데에, 그리고 통일한국에 대한 소속감을 높이고 동화 를 이루는 데에도 징병제를 운용하는 것이 효과적일 것이다. 독일도 통일

후 20년 동안 징병제를 유지해왔던 점을 참고할 필요가 있다.

통일 과정에서 군사통합은 가장 중요하면서 가장 어려운 과정이다. 독일의 통일이 평화적으로 마무리될 수 있었던 것은 동서독 간의 군사통합이 안정적으로 이루어졌기 때문이다. 30년 동안 준비 기간을 가진다면, 우리는 독일보다 훨씬 수월한 통합을 이룰 수 있을 것이다. 다가올 남북통일의 시기에 성공적인 군사통합으로 조국의 평화적 통일을 보장할 수 있도록 지속적인 연구와 준비가 필요하다.

- 초고집필: 선종률
- 수정검토: 김기호, 신인균, 이광형, 임춘택, 허태욱

참 고 문 헌

- 강광식, 《통일 한국의 체제구상》, 백산서당, 2008.

- 국방대학교 안전보장문제연구소, 〈주요국과의 군사협력 평가 및 증진방안〉, 2017.

- 국방부, 〈2016 국방백서〉

- 국방부, 〈독일 군사통합 자료집〉, 2003.

- 권양주, 《남북한 군사통합 구상》, KIDA Press, 2014.

- 권양주 외, 〈남북한 군사통합시 대량살상무기 처리방안 연구〉, 한국국방연구원, 2008.

- 김강녕, 《남북한관계와 군비통제》, 신지서원, 2008.

- 김관호, 《한반도 통합과 갈등해소 전략》, 선인, 2011.

- 김기호, 《현대 북한 이해》, 탑북스, 2018.

- 김의식, 《남북한 군사통합과 북한군 안정화전략》, 선인, 2014.

- 박균열, 〈통일 한국군의 문화통합과 가치교육〉, 한국학술정보, 2006.

- 정충열, 《남북한 군사통합 전략》, 시간의물레, 2014.

- 제정관, 《한반도 통일과 군사통합》, 한누리미디어, 2008.

- 하정열, 《한반도 통일 후 군사통합 방안》, 팔복원, 1996.

- 한용섭, 《한반도 평화와 군비통제》, 박영사, 2015.

- 선종률, 〈남북한 군비경쟁 양상 변화에 관한 연구〉, 울산대학교 박사학위 논문. 2011.

- 신범식, 〈러시아 – 중국 안보 · 군사 협력의 변화와 전망〉, 《中蘇研究》 통권 112호, 한양대학교 아태지역 연구센터, 2006, 63 – 90.

행정
: 통일 준비와 4차 산업혁명 시대 행정 전략

SUMMARY

1   행정통합은 둘 이상의 행정체제가 하나의 행정체제로 통합되는 과정 및 결과이며, 중앙정부 조직, 공무원 제도 등 행정 조직의 관리, 운영, 서비스의 전환을 요구

- 남한은 삼권분립의 원리와 당정이 분리되어 있으나, 북한은 당·국가 일치 체제
- 남북 행정통합의 추진 방향은 행정개혁의 자율성 확보와 점진적 개혁을 위한 지원시스템 구축

2   통일국가를 위한 행정통합의 비전

- 1단계(2018~2027) 목표: 북한의 권력 분산과 행정인프라 구축을 위한 남한의 협력
- 2단계(2018~2037) 목표: 북한 행정개혁의 추진
- 3단계(2038~2047) 목표: 컨트롤타워 설치와 행정기구 재배치 시행
- 4단계(2048~) 목표: 4차 산업혁명 시대 행정체제 통합과 조직융합관리

3   통일국가를 위한 행정전략 및 주요과제

- 북한의 행정인프라 구축과 남북 교류 확대(1단계): 행정표준화 작업, 공무원 역량강화 사업과 공무원 교류 협력의 확대, 국가정보화와 전자정부시스템 구축지원
- 북한의 정부조직개편과 인사제도개혁(2단계): 북한의 행정법제 정비 및 정부조직개편 시행, 북한의 인사행정개혁, 새로운 기술제도의 행정부분 적용
- 행정통합을 위한 사전 정비작업(3단계): 중앙정부 통합을 위한 법제도 정비, 정부청사 재배치 확정, 정보화 시스템 통합 및 연계
- 행정체제 통합과 조직융합관리(4단계): 상향식 비전과 미션의 설정, 조직문화 통합, 맞춤형 단계적 통합 프로그램과 교육, 공정한 인사의 기준과 절차를 마련, 인사 갈등 해결을 위한 프로그램 개발

4 각 단계별로 실행계획 및 보완 체계

- 1단계: 북한지원을 위한 기금 확충
- 2단계: 조직진단센터와 국가행정학원의 설치
- 3단계: 행정통합을 위한 공론화위원회 설치
- 4단계: 조직융합을 위한 상시 컨설팅 지원체계 마련

1. 남북 행정체제의 현황과 미래 지향점

행정통합은 둘 이상의 행정체제가 하나의 행정체제로 통합되는 과정 및 결과로 정의될 수 있다(최진욱, 2000). 행정통합은 남북한이 하나가 되는 가장 최종적 모습으로 남북한 체제 통합의 성공여부를 판단할 수 있는 핵심이다. 이러한 행정통합은 중앙정부 조직, 지방자치단체의 행정구역 및 계층구조, 공무원 제도 등 행정조직의 관리, 운영, 서비스의 전환을 의미한다. 본 글에서는 통일을 준비하는 과정에서 조직 관리와 운영 측면에서의 남북한 행정통합의 미래전략에 관해 기술하고자 한다.

남북한 행정체제 현황 비교

1) 국가기관의 조직원리

남한은 입법부, 사법부, 행정부가 상호 견제와 균형이 이루어지도록 국가권력이 삼권으로 분리되어 있다. 즉 권력분립의 원칙이 적용되고 있다. 중앙행정조직은 대통령을 행정수반으로 국무총리제를 두고 있다. 중앙행정기관은 부, 처, 청과 위원회로 구성되어 있다.

북한 국가기관의 조직원리는 형식적으로 민주적 중앙집권제라는 사회주의 체제의 조직원리를 두고 있으며, 인민주권론에 기초한 민주집중제는 대의제와 권력분립을 기본으로 하는 남한과 대립하고 있다. 무엇보다도 북한 권력구조의 핵심에는 조선노동당이 있고, 노동당의 노선과 정책을 집행하기 위한 권력 행사기관으로 국가기관들이 존재하는 당·국가일치제로 집약될 수 있다. 북한의 권력체계는 외형상으로는 입법(최고인민회의), 사법(재판소, 검찰소), 행정(내각)의 3권 분립제도를 취하고 있으나, 조선노동당을 중심으로 한 강력한 중앙집권 체제를 형성하고 있다. 또한 북한은 헌법상에서 국가의 기관과 조직을 총괄하여 '국가기관체제'로 부르고 있으며, 이러한 국가기관들의 권한은 지역적 관할 범위에 따라 중앙국가기관과 지방국가기관으로 분류되며, 그 기능과 역할에 따라 주권기관, 행정기관, 제판·검찰기관으로 다시 구분된다. 사회주의체제의 특성상 지방정부를 포함하여 북한의 모든 기관들은 국가기관이며, 사기업이나 사회조직들은 인정되지 않고 있다(심익섭, 2002, 93-94).

남북한 행정체제의 차이를 보면, 남한에서는 행정부의 국무회의가 정책을 결정하고 집행하는 임무를 수행하나, 북한의 내각은 최고인민회의의 결정을 집행하는 행정적 집행기관에 불과하다. 또 남한은 대통령이 국가의 수반이며, 행정의 수반이나, 북한은 총리가 행정의 수반이며 최고인민회의 상임위원장이 국가수반이다. 또 남북한 행정체제에서 당의 역할도 차이가 있다.

2) 관료체제

남한의 관료제도는 서구의 관료제도를 도입하였으며, 직업공무원제도를 시행하고 있다. 공무원은 중앙과 지방으로 구분된다. 선발에 있어 공개경쟁 시험제도를 원칙으로 하고 있으며, 공무원의 정치적 중립과 신분보장을 특징으로 하고 있다(헌법 제7조 1항). 공직 분류에 있어 남한은 1~9급의 계급제를 시행하고 있다.

북한의 관료제도는 김일성주의를 일관적인 이념으로 하고 있다. 북한 관료제의 가장 큰 특징은 외형상으로는 관료제도(내각)가 정치제도(당)와는 분리된 이원론적 형태를 취하고 있으나, 지향하는 목표가 같다는 점에서 일원론적 당·국가 관료제화의 특징을 가진 이중적인 형태를 취한다는 점이다. 다시 말해, 북한의 관료체계는 강령한 중앙집권적 체제하에서 당계층제와 행정계층제 간의 겸직이나 중첩을 통해 행정기관에 대한 당의 통제를 강화하는 형태를 지니고 있다. 외형상의 이원론적 행태에도 불구하고 당은 각종 제도적 장치를 통해 행정기관에 절대적인 영향력을 행사하고 있다. 예를 들어, 중앙당 안에 감독 부서를 두어 각급 행정기관을 감독하고, 당의 정치국 요원들을 주요 행정기관에 상주시키는 방식으로 행정기관에 대한 당의 통제를 시도하고 있다. 이 외에도 핵심당원으로 구성된 감찰기관과 사회안전부를 통해 행정기관에 대한 감시와 겸직장치 등 당 기구와 행정조직을 밀접하게 연결함으로써 당의 통제를 강화하는 방식을 취하고 있다. 즉, 북한의 당·국가관료제의 특징은 고도의 중앙집권적인 형태하에서 당계층제와 행정계층제의 이중 겸직장치나, 구성원 중첩을 통한 당의 통제를 강화하는 구조라고 할 수 있다(심익섭, 2002, 115). 결국, 북한의 행정기관들은 당의 방침과 최고지도층의 의사결정을 인민들에게 전달하는 도구에 불과하다고 할 수 있다.

남북 행정통합의 추진 방향

행정통합은 조직관리와 운영, 서비스 등 각 체제에 따른 특성이 있어 추진이 대단히 어렵다. 무엇보다도 급진적 통일이 될 경우 행정통합은 패러다임 자체의 변화가 이뤄져 대단한 혼란이 예상된다. 행정체계란 사회가 발전되면서 점진적으로 진화하는 것으로, 변화의 상황을 분석하고 이 분석을 바탕으로 지속적인 통합 노력이 요구된다. 즉 행정통합은 각자의 자율성을 바탕으로 점진적이고, 낮은 수준에서 높은 수준으로 단계적 통합이 요구되는 일이다.

- 행정개혁의 자율성 확보

점진적 행정통합을 위해서는 남북한 스스로 통합을 위한 개혁의 자율성을 확보해야 한다. 특히 북한의 경우 노동당을 행정으로부터 실질적으로 분리해내는 것에서 출발해야 할 필요가 있다. 시장주의체제로 전환하기 위해서는 시장주의 체계에 적합한 행정체제로의 전환이 요구된다.

- 점진적 개혁을 위한 지원시스템 구축

점진적·자율적 개혁을 위해서는 행정시스템의 표준화와 지원시스템 구축이 요구된다. 각국의 행정체제는 정치체제와 경제체제의 영향을 받고 있기 때문에 체제가 다른 남북한은 먼저 행정 시스템의 표준화가 필요하며, 이 표준화에 맞는 지원시스템을 구축하는 것이 필요하다.

2. 통일국가를 위한 행정통합의 비전

1단계(2018~2027) 목표 : 북한의 권력 분산과 남한의 협력

통일국가가 시장주의 경제체제를 도입한다는 것을 전제로 할 경우 무엇보다도 북한 스스로 행정개혁을 추진할 수 있어야 한다. 이를 위해서는 북한 권력의 분권화가 점진적으로 이뤄져야 한다. 일정기간 당정체제를 유지하더라도 내각이 일할 수 있도록 권력을 분산시켜야 하며, 중앙의 권력을 지방으로 분산하는 작업이 요구된다. 북한의 권력 분권화 작업과 함께 남한은 북한의 시장체제와 관련된 행정의 역할에 대한 지원과 협력을 강화해야 한다. 남한의 경우, 중앙정부의 권한을 지방으로 더욱 많이 이전해야 하며, 국세와 지방세도 조정할 필요가 있다. 지방으로 더 많은 권한의 이전은 통일국가 시 지방자치제 활성화로 지방자치권을 더욱 확대하는 노력이 요구된다.

2단계(2028~2037) 목표 : 북한 행정개혁의 추진

사회주의 체제에 시장경제를 도입할 경우 가장 핵심이 되는 것은 행정개혁의 지속적인 추진이다. 시장경제의 성공적인 전환을 위해서는 행정수요에 맞게 정부의 역할과 기능을 바꿔야 한다. 이를 위해서는 조직개편, 인사제도, 중앙과 지방의 권한 구분, 행정제도의 공고화가 요구된다. 정부조직개편은 행정개혁에 있어 가장 중요한 개혁 수단의 하나다. 조직개편은 사업단위까지의 개혁을 진행하여야 하며, 경제특구·경제개발구 등에 대한 기구설치 및 관리 방식 등에 대해 자율권에 대한 논의가 필요하다. 특히 정·경분리를 원칙으로, 업종에 따른 관리 및 사업단위의 자율권을 확대함으로써 국가재정의 부담을 줄이는 것이 필요하다.

행정개혁 과정 중에서 특히 인사제도의 개혁이 매우 중요하다. 전통적인 간부인사제도의 폐단, 관료의 과도한 권한, 가부장제적 통치 및 간부종신제 등 인사제도에 대한 개혁이 필요하다. 이와 함께, 중앙과 지방 간의 권한 관계, 즉 중앙과 지방 정부 간의 인사권·재정권·정책결정권 등의 합리적인 구분 또한 요구된다. 이는 한국의 지방분권 확대와 연계될 필요가 있다. 남북한 모두 중앙집중적 권한을 지방으로 이전하는 것이 요구된다.

3단계(2038~2047) 목표 : 컨트롤타워 설치와 행정기구 재배치 시행

행정통합을 위한 총괄 조직이 남북한 공동으로 설치되어야 한다. 여기서 남북한 행정수요와 기능, 제도화, 공직문화 등의 차이점을 진단하고, 이를 개선할 수 있는 대안에 대한 검토가 요구된다. 또한, 통일 이후

행정조직의 어느 단위까지 통합할 것인지와 정부청사를 어떻게 배치할 것인가에 대한 논의를 시작해서 작업을 완료해야 한다.

4단계(2048~) 목표 : 4차 산업혁명 시대 행정체제 통합과 조직융합관리

통일이 되고, 단일행정체제로 통합되면, 통합된 조직이 융합될 수 있는 관리, 특히 이 시기에 예상되는 4차 산업혁명 시대 맞춤형 관리가 요구된다. 일반적으로 조직융합관리란 업무방식과 조직문화 등 제반 환경이 서로 다른 조직들로 통합된 조직이 시너지 효과를 단기간 내에 창출할 수 있도록 체계적으로 관리하는 활동이다. 여기에는 조직통합 이후 조직문화와 인사 등에서 예상되는 갈등을 극복하고, 직원들이 단일 부처의 공동목표 달성을 위해 업무를 수행할 수 있도록 관리하는 활동 등이 포함된다(행안부, 2007 : 2) 남북한이 낮은 수준에서 높은 수준으로의 단계적 통합을 하더라도 조직문화 및 조직기능 등에 있어서 충돌은 불가피할 것이다. 물리적 통합을 넘어 화학적 결합이 이뤄지지 못하면 진정한 통일이 될 수 없다. 따라서 통일 이후에는 남북한 조직이 융합될 수 있는 관리 노력이 지속적으로 추진되어야 한다.

3. 통일국가를 위한 행정 전략

1단계 전략 : 북한의 행정인프라 구축과 남북 교류 확대

북한의 권력 분산과 남한의 협력이라는 목표를 달성하기 위해서는 다음과 같은 전략이 요구된다.

- **행정표준화 작업**: 1단계에서 중요한 것은 행정표준화 작업이다. 행정표준화는 행정통합의 전제이며, 향후 온오프 통합을 위해서 행정업무에 필요한 행정기능 등을 표준화해야 한다. 행정업무의 표준화가 진행되면, 남한의 북한에 대한 전자정부시스템 구축 지원이 필요하다.

- **공무원 역량강화 사업과 공무원 교류 협력의 확대**: 북한 공무원의 역량을 강화할 수 있는 콘텐츠의 발굴 및 가공이 필요하다. 이를 위해서는 "남북한 공무원 포럼"을 운영해야 한다. 포럼 운영은 사회주의 체제를 유지하면서 시장체제로 전환할 수 있는 아이디어를 개발하고, 적용할 수 있는 시스템, 행정 프로세스, 조직개혁 사례를 발굴 및 수집하고, 이를 북한에 이전할 수 있도록 자문과 지원을 할 수 있어야 한다. 이를 위해서는 중앙 행정 단위 부처별로 포럼을 운영하는 것이 요구된다. 북한의 행정 인프라에서 중요한 것은 북한 관료의 행정역량을 강화하는 것이다. 이를 위해서는 북한대학에 행정학과를 개설할 수 있도록 지원하는 것이 필요하다. 이들 고등교육기관에서 북한지역 공무원들에게 법치행정을 교육하는 것은 발전국가의 관료 역량을 단기적으로 향상할 수 있는 좋은 방법의 하나라고 할 수 있다.

- **국가정보화와 전자정부시스템 구축지원**: 행정표준화 작업과 더불어 전자정부시스템 구축을 지원할 필요가 있다. 물론 전자정부시스템 구축을 위해서는 다량의 전기가 요구되는데, 전력 인프라 사업이 완료되면 전자정부시스템 지원도 함께 추진해야 할 것이다.

- 북한의 정부조직 개편 시행: 북한의 정부조직은 행정수요에 따라 기능과 역할을 지속해서 개혁해야 한다. 시장경제체제 도입 초기의 행정수요와 발전기의 행정수요가 달라지기 때문에 북한 정부조직은 변화하는 환경과 이에 따른 행정수요에 맞게 변화시켜야 한다. 조직개편에서 중요한 것은 정부의 기능과 권한에 대한 조정과 함께 진행되어야 한다. 시장경제 초기에는 중앙정부의 기능이 강화될 필요가 있으나, 발전기에 진입하게 되면 조정기능 또는 지원기능으로 전환할 필요가 있다. 특히 규제기능의 적절한 조화가 경제발전에 중요한 역할을 하므로 이에 대한 남한정부의 적절한 컨설팅이 요구된다.

- 북한의 인사행정 개혁: 인사행정은 국가발전과 통일국가로 가는 가장 중요한 요소라 할 것이다. 공무원의 역량을 강화하기 위해서는 독립적 인사기구를 설치할 필요가 있다. 새로이 설립된 독립적 인사기구에서 공직분류체계 정비, 보수체계 정비, 지역별, 기관별 공개경쟁 시험 도입 등 인사정책 전반에 대한 로드맵을 작성하고, 최종적으로 국가공무원법을 제정하여 인사행정 개혁의 제도화가 요구된다.

- 새로운 기술제도의 행정부분 적용: 남한정부의 가장 중요한 부분은 인공지능 등 새로운 기술제도를 행정에 도입하고, 실태를 파악하는 것이 중요하다. 신기술의 행정활용을 적극적으로 도입하고, 이에 따른 문제점 등을 검토할 필요가 있다. 이후 북한과의 협력을 통해 북한행정에 도입할 수 있도록 유도해야 한다.

3단계 전략 : 행정통합을 위한 사전 정비 작업

- **중앙정부 통합을 위한 법제도 정비:** 행정기관의 조직, 조직원칙, 관리방식 등 행정체제가 충분히 작동하기 위해서는 제도화, 법제화를 통한 규범적인 행정체제의 운영 및 관리활동이 보장되어야 한다. 이를 위해서는 중앙정부의 통합을 위한 법제도를 사전에 정비할 필요가 있다. 북한과의 행정통합을 위해서는 북한 행정제도가 시장경제체제에 적합한지에 대한 재검토가 필요하다. 즉 1단계와 2단계에서 추진한 권력위임과 행정개혁이 제도화되면서 나타난 문제점을 북한 자체적으로 파악하고, 남한 행정제도와의 차이를 면밀하게 재분석해야 한다. 재분석을 바탕으로 행정체제 통합의 장애요인을 파악하고, 이를 개선하기 위한 대책을 남북한이 공동으로 마련해야 한다.

- **정부청사 재배치 확정:** 정부청사는 행정통합에 있어 주요 이슈라 할 수 있다. 현재 남한의 세종시와 북한의 평양시에 배치된 정부청사를 하나로 통합 운영하는 것이 요구되는데, 어느 지역에 배치하느냐에 따라 다양한 갈등을 야기할 수 있기 때문이다. 따라서 하나의 지역으로 정부기구를 통합할 필요가 있다. 이러한 물리적인 통합이 이뤄지지 못하면, 행정통합 이후 조직적 융합이 작용하지 않아 행정비효율이 발생할 수 있기 때문이다.

- **정보화 시스템 통합 및 연계:** 정부청사가 한곳에 통합될 경우 전자정부시스템 역시 사전에 통합 및 연계작업이 시작되어야 할 것이다. 통합 작업은 부처 간 일반적 문서의 공유부터 시작해서 점차 결재시스템까지 통합하는 수준으로 나갈 필요가 있다.

4단계 전략 : 조직융합 체계 도입

남북한 중앙정부의 조직을 통합하기 위해서는 남북한 조직융합관리가 필요하다. 남북한 조직융합관리는 통합 이전에 미리 계획되어야 하며, 어떻게 하여야 융합이 잘 이루어질 수 있는가를 파악하고, 이를 실제 남북한 행정통합 과정 중에 실천해야 한다. 행정통합을 위해서는 통합할 행정 부분끼리 자율적으로 통합을 실현해야 한다.

- **상향식 비전과 미션의 설정**: 남북한 행정통합에 있어 가장 중요한 것은 부처별로 비전과 미션을 부여해 자율적으로 만들어야 한다는 점이다. 남북한 공무원이 함께 개별 부처의 비전과 미션을 만들 필요가 있으며, 이렇게 도출된 통합 비전과 미션으로부터 새로운 사업과 업무, 정책을 도출할 수 있어야 한다.
- **조직문화 통합**: 남북한 행정을 통합하기 위해서는 새로운 통합행정의 이상적 조직문화를 제시하여야 한다. 이를 위해서는 통합 전 남북한 공무원의 문화를 진단할 수 있는 도구를 만들어 정기적으로 행정문화를 평가·진단할 수 있어야 한다.
- **맞춤형 단계적 통합 프로그램과 교육**: 통합 프로그램과 교육 프로그램을 운영할 때 공무원들이 다른 부처의 공무원들과 교류할 수 있도록 해야 한다. 통합된 행정체제 안의 공무원들이 비공식적인 모임을 가질 수 있도록 비공식적인 교류를 확대할 필요가 있다.
- **공정한 인사의 기준과 절차를 마련**: 남북한 인사관행과 행정통합에 따른 인사시스템의 차이를 파악하고, 특히 승진 소요기간 등을 조정해야 한다. 또한 행정의 규모가 거대화되고, 전문성을 요하는 분야가 확대됨에 따라 공직분류를 기존의 계급제 중심에서 직위분

류제를 대폭 확충하는 인사조직상의 개혁이 필요하다.

- 인사 갈등 해결을 위한 프로그램 개발: 공무원에게 인사배치와 승진은 매우 중요하므로 통합 이후 인사배치와 승진 등은 과정과 결과를 투명하게 공개하여야 한다. 불평등한 인사가 있으면 조직이 와해할 수 있으므로 피해를 보는 공무원을 적극적으로 지원하는 교육프로그램을 마련해야 한다.

4. 각 단계별 실행계획 및 보완 체계

- 1단계 실행 보완사항: 북한지원을 위한 기금 확충 – 남북한 행정교류 협력을 위해서는 기금이 필요한데, 북한형 ODA 전담조직을 신설하여 이곳에서 행정, 경제, 보건 등 다양한 협력사업을 할 필요가 있다.
- 2단계 실행 보완사항: 조직진단센터와 국가행정학원의 설치 – 행정개혁을 위해서는 조직진단 상시화를 위한 조직진단센터 설치와 인적역량 강화를 위한 남한의 인재개발원(교육)과 행정연구원(행정 및 정책연구)을 통합한 북한판 국가행정학원의 설치가 요구된다.
- 3단계 실행 보완사항: 행정통합을 위한 공론화위원회 설치 – 행정 재배치는 지역갈등을 유발하는 민감한 사항으로 자칫 남북갈등을 일으킬 수 있으므로 사전에 북한과 남한의 주민들을 대상으로 한 공론화위원회를 설치할 필요가 있다. 이를 바탕으로 최종적으로 대상지를 선정하는 것이 필요하다.
- 4단계 실행 보완사항: 조직융합을 위한 상시 컨설팅 – 조직융합의

측면에서 새로운 조직을 만들어 운영하기보다는, 1단계부터 조직 진단센터 또는 북한 국가행정학원(가칭)을 활용하여 상시로 조직진 단을 하는 전담기구를 설치할 필요가 있다. 이를 통해 조직융합관리와 관련한 전문 컨설팅을 수행하도록 하는 것이다.

5. 맺음말

본고에서는 남북한의 행정통합이 점진적으로 이루어진다는 가정하에 남북행정통합의 비전과 전략을 제시해보았다. 남북한의 행정통합은 향후 진행될 미래의 환경변화에 따라 실천 과제를 유연하게 재구성하고 대응해나갈 필요가 있다. 특히 행정통합이 이뤄질 시점에는 인공지능 등 새로운 기술에 의해 지금 추구하는 행정개혁과 다른 접근법이 요구될 수 있다. 예를 들면 조직진단센터를 설치할 필요 없이 인공지능에 의해 객관적으로 조직진단을 할 수 있기 때문이다. 행정통합은 결국 남북한 행정조직, 인력, 예산이 통합되는 과정이지만, 사람의 역할이 제일 중요하다고 여겨진다. 사람이 융합되어야 진정한 행정통합이 이뤄질 수 있기 때문이다. 따라서 행정을 수행하는 인력의 통합 이후 기계와의 협력 등은 차후에 논의할 필요가 있다.

- 초고집필: 이재호
- 수정검토: 박승재, 서용석, 허태욱

참 고 문 헌

- 김현곤·구갑우 외, 〈통일한국을 대비한 국가정보화 비전 및 전략 연구〉, 한국정보화 진흥원, 2010.

- 심익섭, 〈제1장 북한의 행정구조와 원리〉, 심익섭·신현기, 《북한정부론》, 백산자료원, 2002.

- 양현모, 〈통일 대비 인력양성 방안〉, 한국행정연구원, 2011.

- 양현모, 〈통일 한국 관료시스템 구축 방안〉, 한국행정연구원, 2015.

- 이재호 외, 〈평화·통일시대를 대비한 경기도 접경지역 행정통합 방안 연구〉, 경기개 발연구원, 2013.

- 조태준·황혜신, 〈대부처주의(부처통합)의 효과와 성공요인에 관한 연구〉, 한국행정연 구원, 2009.

- 최진욱, 〈남북한 행정통합 방안〉, 통일연구원, 2000.

- 행정안전부, 〈조직융합관리 매뉴얼 요약〉, 2008.

지방자치
: 4차 산업혁명 시대 남북 지방자치 추진 전략

SUMMARY

1   지방자치가 주도하는 국가운영은 남북한 통일 준비와 4차 산업혁명의
    기술 발전과 급변하는 환경에서 국가생존의 필수요건
    • 현재의 중앙집권적 관치는 냉전과 남북한 군사적 대치, 산업경제 시대가 만
      들어낸 구시대적 잔재
    • 분권자치를 통해 지역갈등 극복, 국가 균형발전 및 다원주의적 경제 · 사회
      로 전환 필요

2   통일한국의 지방자치는 연방국가형 분권자치 모델이 바람직
    • 광역 지방정부에 준국가적 자치권 부여로 중앙집권적 관치 탈피
    • 통일과정에서의 절차적 합법성, 민주적 정당성 확보에 기여
    • 통일이후 남북한 지역 갈등 해소 및 지역 균형발전을 위해서도 필수

3   남북한 지방자치 단계별 추진전략
    • 1단계: 남한에서부터 우선 준연방수준의 분권자치로 정치적 통일을 위한
      민주적 역량 배양
    • 2단계: 남한의 준연방형 분권자치 - 북한의 단일국가형 분권 추진
    • 3단계: 남한의 연방형 분권자치 - 북한의 준연방형 분권자치 정착
    • 4단계: 남북한 단일정부 - 연방형 분권자치 완성

4   통일 준비를 위한 과도기적 지방분권을 위한 추진과제
    • 남한에서 지역별 특색에 맞는 다양한 분권자치 모델 실험 유도
    • 남북한 지방정부 교류협력을 통한 북한지역의 자치 역량 배양

1. 지방자치제도의 개요

지방자치제도의 기본 개념

국가와 지방의 관계는 국가성격의 역사적 변천에 따라 바뀌어 왔다. 18세기 절대국가에서는 중앙집권이 강했고, 19세기 자유방임체제에서는 지방분권이 강했으며, 20세기 복지국가에서는 중앙집권이 다시 강하게 대두되었다. 그러나 21세기 글로벌화와 디지털 시대에는 국가의 보호 장막의 의미가 퇴색되면서 다시 새로운 개념의 지방분권이 요구되고 있다.*

대한민국도 4차 산업혁명과 디지털 기술이 만들어내는 빠른 변화와 예측할 수 없는 고도의 불확실성이라는 새로운 환경변화에 효율적이고 효과적으로 대응하기 위해서는 지금까지와는 다른 분권적 국가운영 시스템이 요구된다. 세계시장에서 경쟁하는 기업과 마찬가지로 지방도 국가의 보호 장막에서 안주하기보다는 세계시장 속에서 직접 경쟁하고 생존력을 키워나가야 하는 시대가 되었기 때문이다.

흔히 지방자치는 단체자치와 주민자치라는 두 가지 요소로 구성된다. 단체자치는 중앙권력으로부터 독립하거나 중앙의 지나친 간섭을 배제하는 지방분권의 의미가 강하고, 주민자치는 지방사무를 주민들의 참여에 의해 처리한다는 민주적 이념으로서 주민이 주인 노릇을 한다는 의미를 강하게 내포한다. 전자의 단체자치, 즉 지방분권은 민주국가가 아닌 공산주의 독재국가에서도 시행될 수 있으며, 중앙과 지방이 각자의 적합한 역할을 담당하는 기능적 분업의 의미가 강하다. 즉 지방의 사무

---

* 최창호(2009), p.68.

는 그 지방의 특색을 잘 알고 주민의 요구와 기대와 밀착된 지방 행정
단위에서 담당하는 것이 더 적합하다는 점, 즉 능률이 강조된다. 후자의
자치, 즉 주민자치는 주민이 지방정부의 주인으로서 직접적인 참여를
통해 지방 관료의 타성이나 비능률을 막고 주민들의 요구를 보다 충실
하게 지방정치와 행정에 반영시킨다는 민주주의 이념이 강하게 내포된
것이다.

지방자치제도의 유형

일반적으로 중앙정부와의 관계, 특히 자치권의 수준과 내용에 따라
지방자치는 국가마다 다양한 형태를 띠고 있다. 각국의 중앙-지방 간의
권력관계는 국가의 형성과정이나 통일과정 또는 과거로부터 이어져온
전통 등과 같은 역사적 산물의 성격이 강하다. 예컨대 미국의 경우는 식
민지 개척이나 서부개척 시대부터 자연발생적으로 생성되어온 전통에
의해 주정부의 자치권은 당연한 기본권으로 존중된다. 영국의 경우도
역시 잉글랜드, 웨일즈, 스코틀랜드, 북아일랜드 등 4개의 지역이 하나
의 연합왕국United Kingdom으로 통일되는 과정에서 자치의 전통이 자리
잡게 된 것이다.

남북한 통일 시 지방자치 형태는 단일국가형, 연방국가형의 양극단을
포함해 그 중간 형태인 준영방형(또는 준단일국가형) 등 세 가지**를 생각
해볼 수 있다.

연방국가형은 미국, 캐나다 및 독일이 이에 해당된다. 즉 이들 국가는
연방정부, 주정부, 지방정부 등 세 개 단위의 정부로 구성되어 있다. 예

** 강용기(2008), p.42.

컨대 미국의 경우 미합중국 연방정부 밑에 50개의 주州가 있으며, 주 아래에는 약 8,000여 개의 지방정부가 있다. 여기서 지방정부는 주정부를 의미하는 것이 아니고 주의 하위정부인 카운티county, 시city, 타운town, 빌리지village 등을 의미한다. 특히 미국의 지방정부는 주州정부의 창조물로서 주에 의해 창설되거나 운영되는 관계로 지방정부의 형태는 주마다 매우 다양하고 복잡하다는 특징이 있다.

단일국가형은 지방정부가 국가(중앙정부)의 전체적 권력구조 안에 놓여 있다. 프랑스와 한국 및 일본이 여기에 해당한다. 예컨대 프랑스의 경우 중앙정부 아래 레종region, 데파르트망department, 코뮌commune의 지방정부가 있는데, 모두 중앙정부의 통제와 감독하에 놓여 있다. 특히 프랑스는 나폴레옹이 통치할 시기에 군대식의 통일된 체제로 지방조직을 정비하면서 국가의 관여가 강한 집권적 전통이 강하게 자리 잡았다.

절충형 또는 중간형으로서 준연방형이 있다. 준연방국가형은 형식적으로는 단일국가의 형태를 띠고 있으나 실질적으로는 연방국가처럼 운영되는데, 영국이 이에 해당하는 대표적인 예이다. 영국은 잉글랜드, 웨일즈, 스코틀랜드, 북아일랜드 등 4개 지역이 국왕 아래 단일국가 형태를 띠고 있다. 그러나 4개 지역이 각각 언어와 종교, 인종 등이 다르며, 지역마다 지방색이 매우 강해 실질적으로는 지방국가local state 형태를 유지하고 있다. 특히 스코틀랜드와 웨일즈는 각각 129명과 60명의 의원으로 구성된 의회가 구성되어 독자적인 입법권을 갖고 있으며, 외교, 국방 등을 제외한 광범위한 영역에서 자주권을 갖고 있다.

2. 통일 준비로서의 지방자치의 이념적 가치와 도구적 역할

통일한국의 지방자치 모델

통일국가의 지방자치제도의 형태는 어떠해야 할까? 이는 통일 과정 및 방법과도 직결되는 문제다. 노태우 정부 이래 역대 정부가 기본적으로 전제해왔던 통일 전략은 3단계 통일론*이다. 이는 북한정권의 붕괴와 흡수통일을 은연중에 전제하고 있기 때문에 남북한 군사적 대치가 계속되는 상황에서는 의미가 있을 수 있으나, 남북한 종전선언 및 평화헌법하에서는 적절한 방안으로 보기 어렵다.

그렇다면 종전선언과 평화헌법하에서는 어떤 형태의 국가운영체제를 기대해야 할 것인가?

앞에서 살펴본 3가지 유형 중에서 분단된 국가가 평화적이고 합법적이고 민주적인 절차로 통일에 이르는 모델로는 연방국가형 지방자치제도가 그나마 현실적이다. 가장 최근의 사례로서 독일은 구동독 지역의 5개 주의 주민들이 민주적 투표를 통해 독일연방에 가입하는 형식으로 통일을 달성했다. 영국의 경우도 스코틀랜드와 북아일랜드 지역이 비슷한 절차를 통해 연합왕국United Kingdom의 일원으로 편입되었다. 미국 또한 50개 주로 구성된 합중국으로 완성되는 과정에서 새로운 주들이 연방에 가입하는 형식과 절차를 통해 오늘의 합중국으로 탄생하였다.

이처럼 연방국가형 지방자치제도가 분단된 국가의 통일 모델로서 현실성이 높은 이유는 연방에 가입하는 주들이 준국가차원의 자치권을

---

* 3단계 통일론은 남북한 화해협력 - 국가연합 - 완전 통일로 이루어져 있다.

유지하기 때문에 자치권의 양보를 최소화할 수 있으며, 연방 가입 이전에 비해 국방, 외교, 복지 등 국가차원의 사무에서 일종의 규모의 경제 내지는 범위의 경제를 누릴 수 있는 이점이 크게 작용한 것이라 할 수 있다.

이러한 역사적 경험과 현실적 논리에 비추어볼 때 남북한 통일을 염두에 둔 지방분권과 자치는 연방주의federalism의 원리에 입각한 지방자치로 전환할 필요가 있다. 연방주의는 두 가지 관점에서 남북한 통일국가의 지방자치 모델로서 또 다른 장점이 있다.

첫째, 연방제 수준의 지방자치 확대는 통일 이전에 남북한의 서로 다른 체제 차이를 수렴시킴으로써 남북한의 이질성을 상당 부분 완화시키고 통일 이후에 있을 중앙정부와 남북한 지방정부 간의 자치와 협치를 더 용이하게 조화시킬 수 있다.

둘째, 연방주의는 국방/외교/재분배 등 국가 사무를 제외한 나머지 대부분의 공공서비스를 지방정부에 이양하고 광범위한 자치권을 허용하기 때문에 남북한의 체제 차이로 인한 이질성을 통일 절차의 마지막 단계에서 상당부분 수용하거나 극복할 수 있다. 즉 남북한의 서로 다른 정치구조, 경제구조 및 지방행정체계의 차이를 획일적으로 일치시킬 필요가 없이 '1국가 2체제'의 통일국가까지도 가능하다는 것이다. 물론 통일 이후에 통일국가의 정치·사회적 통합과 안정을 위해서도, 또한 절차적 통일을 내용적 통일로 완성시켜가는 과정에서도 필수불가결한 요소이기도 하다.

따라서 남북한 통일을 준비하는 차원에서 연방국가형 지방자치를 우리가 추진할 지방자치 모델로 삼고 단계별 추진 전략을 강구할 필요가 있다.

4차 산업혁명 시대의 지방자치 모델

남한 사회가 북한과는 달리 자유민주주의 체제이기는 하지만 냉전과 체제 대결의 부산물로서 강력한 중앙집권 관치가 강하다. 그러나 이제는 남한 사회의 민주적 요구나 기대, 개방화의 시대적 흐름, 4차 산업혁명과 디지털 경제에 대응하여 남한 사회의 생존과 번영을 위해서도 연방제 수준의 지방자치의 길로 가는 것이 바람직하다.

즉 4차 산업혁명 시대가 요구하는 다원주의적 정치·경제·행정 서비스 제공을 위해서도 남한부터라도 먼저 적극적으로 연방국가 수준의 지방분권과 주민자치의 길로 나가야 한다. 주민이 직접 참여하는 건강한 풀뿌리 민주주의가 활성화되고 지방정부의 권한과 책임성이 증진될 때, 비로소 다원주의적인 지역발전과 국가발전이 가능해질 것이다. 이 같은 남북한 지방정부 간 교류협력이 남북관계의 진전 및 북한의 개혁개방과 연동될 때 북한의 민주화와 분권화가 촉진될 수 있는 자극제가 될 것이다.

연방국가형 지방자치의 가장 중요한 원리의 하나는 중앙정부와 지방정부 간의 기능과 권한의 배분에서 '보충성의 원리'에 보다 충실할 수 있다는 것이다. 보충성의 원리란 주민생활에 필요한 모든 공적 기능은 주민과 가장 가까운 곳에 위치하는 지방정부에 우선적으로 귀속되고, 지방정부가 수행할 수 없거나 국가 전체에 해당하는 기능은 보완적으로 상위 정부 또는 국가에 귀속된다는 원리를 말한다.

이 같은 권력의 분립과 기능의 전문화는 4차 산업혁명과 같은 급격한 사회경제적 환경변화에도 보다 탄력적으로 대응할 수 있게 할 것이다.

통일절차상 지방자치의 도구적 가치

연방국가형 지방자치제도는 남북한이 정치적 통일에 이르는 절차적 또는 수단적 가치도 크다. 앞에서도 살펴보았듯이 연방국가형 지방자치 제도는 영국, 미국, 독일, 독립국가연합CIS 등 분열된 지역이나 또는 다양한 민족들이 연합하여 통일국가를 구성하기가 상대적으로 수월하다는 것이 역사적 경험이다. 이는 높은 수준의 지방자치권 보장이 중앙과 지방의 권력분립을 통해 단일의 중앙정부에 의한 권력남용의 우려를 최소화시키고, 분열과 갈등이 생기더라도 민주적 절차와 타협을 통해 이를 적절히 해소할 수 있는 가능성이 크기 때문이다.

뿐만 아니라 연방국가형 지방자치는 통일과정에서 절차적 합법성과 민주적 정당성을 확보하는 데도 용이하다.

이는 연방국가형의 경우 북한 주민이 원할 때는 대한민국의 일부로 편입될 수 있는 평화적이고 합법적인 절차가 미리 투명하게 정립될 수 있기 때문이다. 이는 결과적으로 통일절차와 방법의 예측 가능성이 높아지고 통일과정을 용이하게 하고 소요 기간도 단축시킬 수 있다. 예컨대 독일 통일의 경우와 같이 북한 내부의 급변사태나 북한정권의 결정에 의하여 북한지역 전체 또는 일부 지역이 주민투표를 통해 자율적으로 연방의 일원으로 가입할 수 있는 길도 열어둘 수 있을 것이다.

따라서 연방국가형 지방자치제도로 개헌을 추진할 경우에는, 연방가입 절차, 자치권의 허용 수준 등을 명시해 북한지역 전체 또는 일부 지역이 주민투표를 통해 민주적, 합법적 절차를 통해 연방의 일원으로 가입할 수 있는 문을 열어둘 필요가 있다.

이 모든 가능성을 열어두기 위해서는 남한 사회부터라도 먼저 과도기적으로 연방제 수준의 지방자치를 도입하여 안착시키고, 통일에 앞서 일정

기간 학습 경험도 미리 쌓아갈 필요가 있다.

연방국가형 지방정부의 구성단위

연방국가형 지방자치제도로 전환할 경우 준국가적 자치권을 가질 연방의 기본 구성단위, 즉 주州정부에 해당할 지방정부 단위를 어느 수준에서 정해야 할까?

그동안 5대 초광역권 중심의 5+2 혹은 5+3 구상* 등도 제기되어 왔으나 장차 북한의 일부 지역이 개별적으로 연방에 가입할 수 있기 위해서는 현재 남한의 16개 광역시·도와 같은 수준의 지방 단위를 연방의 기본 구성단위로 하는 것이 바람직해 보인다.**

기존의 광역시도는 기존의 행정구역체제를 존중하는 절차적 편리성이 있고, 지역별 향토적 동질성과 유대감이 이미 형성되어 공동체 의식이 강하다. 만일 이를 무시하고 여러 행정구역을 인위적으로 뒤섞어놓으면 하나의 행정구역 체계 내에서 지역 간 갈등의 소지가 너무 크다. 그러므로 한편으로는 오랜 전통을 존중하고 다른 한편으로는 연방국가형 개헌을 위한 절차적 간편성과, 그리고 북한지역과의 지방행정조직 조화의 관점에서도 기존 행정구역을 존중하는 것이 바람직해 보인다.*** 이럴 경우 북한의 일부 지역의 가입은 물론이고 북한 전체가 한꺼번에 가입하는 것도 가능하다는 장점이 있다. 남북한 경제협력과 자유왕래가

---

* 5대 초광역권은 수도권, 충청권, 호남권, 동남권(부산,울산,경남), 대구경북권을 지칭하고 +2는 강원과 제주, +3은 여기에 세종시를 추가한다.
** 통일국가의 기본구성 단위를 남한과 북한이라는 두 개를 기본단위로 하는 것은 통일 이후 갈등이 고착화될 우려가 크고, 연방국가형 지방분권과 자치의 원리와도 부합하기 어렵다.
*** 기존 행정구역들이 자체적인 필요에 의해 초광역권으로 자발적으로 통합하도록 중앙정부가 다양한 인센티브 부여 등 간접적으로 유도하는 방식을 병행할 수 있다.

활발해지고 북한의 개혁개방이 확대될수록 북한 내에서도 지방분권과 균형발전에 대한 요구가 더욱 강렬하게 분출될 것이다. 이 경우에도 북한내 주민들의 자치요구는 기존의 지방행정구역 단위를 중심으로 표출될 가능성이 크다는 점도 고려할 필요가 있다.

아직 북한에서는 지방분권과 주민자치는 상상하기 어려우나 평화헌법하에서는 북한도 개혁개방을 통해 경제발전과 주민생활의 향상을 위해 시장경제 확대, 개인의 기본권 확대와 정치 민주화, 지방분권과 주민자치를 점진적으로 실현해가야 할 것이다. 지금까지와 다르게 대결적 남북관계가 공존과 협력의 남북관계로 진화해나가게 되면 지금은 불가능해 보이는 그와 같은 변화가 가능해질 것이다.*

3. 남북 지방자치 단계별 추진전략

1단계 : 2018~2027(경제협력, 자유왕래)

우선 남한 사회가 먼저 지방자치제도 성숙 및 남북통일을 준비한다는 목표하에 지금과는 달리 연방국가형에 가까운 지방자체제도를 실시하고 정착시킬 필요가 있다. 그리고 남한지역 내에서 다양한 지방자치가 가능한 실험적 모델을 시도하도록 유도하여 다양한 성공모델을 개발할

---

* 한편, 냉전 종식 이후 동남아 ASEAN의 후발 회원국인 공산주의 국가들은 선발 회원국에 비해 개발격차가 아직 해소되지 않은 현실적인 한계들이 나타나 있는 상태이다. 이러한 현실적인 한계들을 극복하기 위해 러시아 혹은 중국을 잇는 신 실크로드를 통해 개발격차를 좁히고, 관광 등 부가수입 창출로 남한의 원조 없이 자치할 수 있게 해야 전략 등도 심도 있게 고려해야 할 것이다.

수 있는 여건을 미리 조성해야 한다. 이는 장차 북한지역에서 분권과 자치가 허용될 경우 북한 지자체들이 참고하고 활용할 수 있는 다양한 롤모델 개발의 의미가 있다. 이를 위해서는 광역자치단체별로 높은 수준의 자치권한을 부여하고, 광역자치단체별로 각자 자율적으로 하위 지방정부의 지방자치제도를 창의적으로 고안하고 정착시킬 수 있도록 자율권을 부여할 필요가 있다.

남북한 간에 자유왕래가 실시된다고 하더라도 남북한은 각각 자신들의 고유한 체제를 유지하고 있는 단계이므로, 북한의 지방자치에 대해서는 남한정부에서 구체적으로 개입하기는 어렵다. 따라서 우선은 남한에서부터 연방국가 수준의 강력한 분권형 지방자치제도의 정착과 성숙을 도모해야 한다. 이에 반해 북한지역에서는 북한의 사회주의 체제의 특성상 주민자치는 당분간 어려울 것이다. 그러나 북한의 개혁개방이 확대되면 단체자치 형태의 지방분권은 사회주의 체제와도 양립가능하기 때문에 사실상 북한 스스로의 필요에 의해 상당한 속도로 진전될 수도 있다.

따라서 북한지역의 경우에는 주민이 직접 다스리는 주민자치까지는 아니더라도 중앙과 지방 간의 적절한 사무배분을 통해 능률성을 위한 분업적 관점과 주민의 요구와 기대를 보다 가까운 지역에서 적절하고 신속하게 대응할 수 있다는 측면에서의 지방분권을 유도할 필요가 있다.

2단계 : 2028~2037(자유무역, 단일경제권)

단일경제권 시대가 되면 경제적으로는 상당부분 통합이 이루어진 상태라고 할 수 있다. 이 단계는 장차 목표로 하는 정치연합을 위한 준비단계이기도 하다. 이 단계에서는 남한지역은 연방국가형 또는 준연방국가형 지방자치가 뿌리내리도록 하면서, 북한지역은 단일국가형의 지방자치가 뿌리내리도록 지원한다.

이 단계에서는 남한과 북한의 지방자치단체 차원에서(광역시도 지방정부)에서 자매결연 등 지방자치단체 또는 지방정부 간 자율적인 협력을 유도한다. 특히 남한내에서의 다양한 자치분권 모델을 남북한 지자체 간의 교류협력을 통해 북한 주민이 자연스럽게 학습할 수 있도록 지원하여 북한 주민들이 자치역량과 민주의식의 고양과 역량을 배양할 수 있도록 돕는다.

북한은 경제 분야에서부터 우선적으로 지방의 자율성과 지방분권을 강화하도록 지원하는 것이 바람직하다. 이는 북한이 다른 분야와는 달리 경제 영역에서는 비록 제한적인 수준이지만 지방분권이 이미 오래전부터 허용되고 있기 때문이다. 이 단계에서는 북한지역 내에서는 사회주의 체제에서도 수용이 가능한 단일국가형 지방분권을 추구하고, 비록 주민자치까지는 아니더라도 단체자치 수준의 지방분권이 뿌리내리도록 하고, 장차 명실상부한 지방자치를 위한 준비단계로 삼을 필요가 있다.

3단계 : 2038~2047(1국가 2체제, 단일화폐)

한국은 연방국가형, 북한은 준연방국가형 지방자치를 실시한다. 특히 북한지역에서도 분권자치 수준을 단계적으로 확대시켜 나가도록 지원하여 단체자치와 주민자치가 함께 병행 추진되도록 지원한다.

단일화폐가 통용될 정도로 경제교류가 활발해지면 남북한 지방자치 정부 간의 교류와 협력도 매우 활발해질 것이다. 이러한 과정에서 그동안 남한 사회에서 어느 정도 뿌리내린 연방국가형 지방자치 모델이 북한 주민들에게도 상당한 간접학습 효과를 통해 북한지역도 주민이 직접 참여하는 지방자치로 전환하는데 추진력을 부여할 수 있을 것이다.

남한과 북한의 화폐의 가치가 다르고 단위도 다르기 때문에 한반도 전역에서 통일화폐를 정착시키는 것은 쉽지 않은 일이 될 수도 있다. 따라서 단일화폐 출범에 앞서 현재 활발하게 발전하고 있는 블록체인 기술을 응용한 전자화폐가 남북한 간의 전자 상거래 등에서부터 통일화폐로 우선 사용될 가능성도 크다.

4단계 : 2048~ (통일, 1국가 1체제)

1국가 1체제의 완전한 정치통합이 이루어지면 북한지역으로 4대 보험이 확대 적용되어야 할 것이다. 1국가 1체제의 완전한 정치통합으로 나아가는 중요한 추진력이 될 수도 있고, 그에 대한 북한 주민의 거부감도 크게 약화될 것이다.

정치연합 시 남한지역과 북한지역이 국가권력 또는 중앙정부의 권한을 어떻게 공유 또는 분점할 것인가 하는 것은 통일과정의 안정적 관리와 추진을 위한 절차적 또는 수단적 효용성 차원에서 중요한 문제이다. 또한, 이후에도 통일국가의 정치적 안정성과 단일국가로서의 정체성과 일체성을 단단하게 유지하기 위한 조건으로서의 도구적 가치도 매우 크다.

권력분점 내지는 공유방식에 있어서 특히 중요한 것이 의회기능이다. 의회는 연방국가의 전례를 참고하여 지역 대표성을 갖는 상원과 인구비례를 대표하는 하원으로 구성되는 양원제가 필요하다. 인구비례로만 할 경우 남한의 인구가 북한에 비해 2배에 달한다는 측면에서 북한지역 주민들의 요구와 기대를 적정수준으로 담아내기 어렵기 때문에 이는 남북한 통일과정에서 중요한 장애요인이 될 것이다. 이러한 장애를

100% 해소하기는 어려우나 어느 정도 수용할 수 있는 방안으로 남북한 비슷한 수준의 인원으로 구성되는 상원이 필요하다. 상원은 인구비례대표인 하원에서의 다수를 차지하는 남한지역 의원들에 의한 다수권력의 남용을 효과적으로 견제할 수 있는 역할을 함으로써 북한지역 주민들의 우려를 상당부분 완화시킬 수 있기 때문이다.

상원 구성의 토대는 광역시도별 2인의 대표들로 구성되는 방식이 현실적으로 가장 적합하다. 광역시도의 지방행정구역의 경계는 분단 직전의 행정구역을 기준으로 하되, 인구규모의 크기를 어느 정도 감안하여 조정하는 것이 바람직할 것이다. 분단 직전 북한지역의 광역 행정구역은 함경도, 평안도, 황해도, 그리고 강원도 일부(3.5개 도), 남한지역은 경기도, 충청도, 경상도, 전라도, 강원도 일부(4.5개 도)였다. 참고로 제주도는 분단 직전에는 전라남도 행정구역이었으나 이후에 분리되었는데, 지리적 특수성을 고려하여 하나의 독립된 광역행정구역으로 인정할 필요가 있다.

결국 북한은 3.5개, 남한지역은 5.5개의 비율로 상원을 구성할 수 있다. 물론 극단적으로는 남북한 동수로 상원을 구성하고, 매 10년 등 일정기간을 단위로 인구비례를 감안하여 조정하는 방안도 생각해볼 수 있다.

- 초고집필: 최창옥
- 수정검토: 서용석, 최승일

참 고 문 헌

- 강용기, 《현대지방자치론》, 대영문화사, 2008.

- 성경륭, 《균형사회와 분권국가의 전망》, 한울, 2013.

- 소진광 등, 《한국 지방자치의 이해》, 박영사, 2008.

- 임성일, 《지방자치단체의 위기와 파산》, 해남, 2017.

- 정재욱·안성수, 《한국 지방자치의 이해》, 대명, 2008.

- 최창호, 《지방자치학》, 삼영사, 2006.

- 최창호, 《지방자치의 이해》, 삼영사, 2009.

COREA
2048

4

경제 분야

남북 개인소득 비율 1:1을 목표로

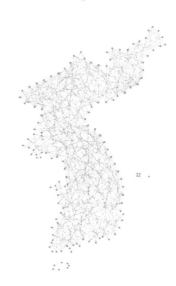

경제 효과
: 한반도 통일 준비와 경제적 효과

SUMMARY

1   최근 한반도는 평화와 번영을 위한 중대한 계기를 맞이하고 있음

2   통일 준비를 위해 과거 분단국과 유럽연합의 통합과정을 살펴봄으로써 평화적 · 단계적 통일에 대한 시사점을 얻을 수 있음

3   한반도 통일과정이 점진적으로 이행된다는 전제하에 각 단계의 추진목표, 추진기구, 경제정책과 대외환경에 대한 여러 실천방안을 제시하고자 함
   - 평화정착 단계에서는 정전협정과 평화협정을 체결함
   - 경제통합 단계에서는 남북경제공동위원회를 통한 교류협력, 단일시장과 화폐통합을 통한 경제통합을 완성함
   - 정치통합 단계에서는 남북연합을 구성 · 운영함

4   한반도 통일의 경제적 효과는 비용보다는 편익이 더 크므로 남북한 경제에 상호번영을 가져올 것임. 초기에는 통합과 통일비용으로 남한경제에 부담이 될 수 있지만, 중장기적으로는 북한은 물론 남한의 경제성장을 견인하는 원동력이 될 것임. 그러나 통합/통일 비용을 줄이고 편익을 확대하기 위해서는 치밀한 로드맵을 작성해야 함

1. 들어가는 글

문재인 대통령과 김정은 국무위원장은 2018년 4월 27일 '한반도의 평화와 번영, 통일을 위한 판문점선언(이하, 판문점 선언)'에 전격 합의하였다. 이번 선언은 지난 2000년 6월 15일과 2007년 10월 4일의 남북한 정상의 선언에 비하여 이행 가능성이 높을 것으로 판단된다. 그 이유는 첫째, 과거 두 번의 남북 정상 간 선언은 대통령의 임기 후반에 실현됨으로써 다음 정부로 교체되는 순간 추동력을 상실하고 말았다. 둘째, 한반도의 정전협정과 평화협정의 중요한 당사자인 미국의 트럼프 대통령이 6.12 싱가포르 회담을 성사시키면서 북한과의 대화에 적극적으로 나서고 있다는 점이다.

2. 한반도 통일 준비

분단국의 통일 사례와 시사점

남북한의 통합을 준비하기 위해서는 과거 분단국들의 분단과 통일의 역사를 살펴볼 필요가 있다. 먼저, 분단의 원인으로는 제국주의의 팽창정책과 식민지배, 국가 내부의 이념대립, 제2차 세계대전을 발발시킨 파시스트 정권과 패전국가 등의 요인들이 있었다. 제국주의 침략과 국가 내부의 이념대립으로 분열된 국가로는 베트남, 중국, 예멘이 있으며 패전에 따른 전범국가로는 오스트리아와 독일이 있다.

오스트리아와 독일은 정치 지도자들의 단합 혹은 꾸준한 교류와 협력을 통하여 전범국의 낙인을 벗고 통일을 달성했다. 베트남과 예멘의 경우, 내전을 통해 무력으로 통일하였으나 그 과정에서 엄청난 인명의 살상과 물질적인 피해를 보았다. 중국은 아직 대만과 통일을 이루지 못하고 있다(표-1 참조).

출처: 김병오, 민족통일과 남북연합, 여강출판사, 2001, p.74

구 분	오스트리아	베트남	예멘	독일	중국
분단원인	전범국	식민통치, 이념대립	식민통치, 이념대립, 종교갈등	전범국	이념대립
분단기간	1945~1955	1955~1975	1967~1990	1945~1990	1949~
대립경험	없음	내전	내전	경쟁적 대립	내전
교류협력	통일된 행정구역	없음	인적교류, 간헐적 협력	원활히 추진	점차적 추진
체제 간 이질성	없음	매우 큼	약함	매우 큼	매우 큼
발전격차	없음	거의 없음	약간 있음	큰 격차	큰 격차
통일요인 (대내적, 대외적)	여야단합, 긴장완화	대국민정당성 획득 및 무력	경제적 여건, 아랍연맹, 공산권몰락, 인접극 비간섭	꾸준한 통일 노력, 공산 권몰락	분단 지속
통일방법	중립화선언	무력에 의한 통일	합의 후 무력 통일	평화적 흡수 통일	
통일 후 체제	민주주의	공산주의	이슬람공화국	민주주의	중국의 일국양제, 대만의 일국양구 대립
통일 후 문제점	없음	거의 없음 전후재건비용 국민통합문제	무력대결, 저성장 악순환, 사회혼란	없음 막대한 통일 비용, 사회 통합 문제	

| 표-1 | 분단국 통일 과정 비교

카이스트, 통일을 말하다

분단국의 통일사례에서 시사점을 찾아보자면, 첫째, 남북 간 인적, 물적인 교류협력을 통하여 동질화 과정을 거치는 것이 통일 후 비용을 최소화할 수 있다는 사실의 확인이다. 이른바 신기능주의에 입각하여 접촉을 통한 변화의 추구가 필요하다는 의미이다. 둘째, 무력에 의하지 않는 평화적인 방식으로 통일을 추구해야 한다는 점이다. 이미 남북한은 과거 3년에 걸친 전쟁으로 엄청난 파괴를 경험하였다. 또다시 전쟁을 하게 된다면 그 참혹상은 지난 6.25 전쟁과는 비교도 안 될 것이다.

유럽연합EU의 단계적 통합과 정책적 시사점

유럽연합은 점진적이고 단계적인 통합의 성공사례를 보여준다. 1945년 8월에 종료된 제2차 세계대전으로 유럽에서는 5,000만 명 이상의 희생자가 났다. 이때의 파괴로 유럽 경제의 잠재력은 최소한 50% 감소되었다. 당시 유럽의 최우선 과제는 평화의 정착과 전쟁으로 인한 폐허를 극복하는 일이었다.

이후 1951년 6개 창립회원국들이 파리에서 모여 유럽석탄철강공동체ECSC를 창설하는 파리조약에 서명한다. 출발은 미미했으나 회원국들이 최초로 초국가기구인 이 공동체에 자국 권한의 일부를 양도했다는 데 그 의미가 있다. 이 기구의 창설로 관세인하, 보조금 철폐, 가격 결정 등의 조치를 할 수 있게 되었다. 1957년 유럽경제공동체EEC, European Economic Community 조약이 로마에서 서명된다. 6개 회원국들은 여기에서 내부교역의 모든 제한을 12년 내에 철폐하고, 공동시장의 창설, 공동 대외관세의 합의, 사람·서비스·자본의 자유이동 장벽 축소, 공동농업 및 교통정책 발전, 유럽사회기금과 유럽투자은행의 창설을 목표로 했다.

1986년에는 단일유럽법SEA, Single European Act이 룩셈부르크에서 서명되고 회원국 의회의 비준을 받아 1987년에 시행에 들어갔다. 핵심은 1992년 12월 31일까지 역내 단일시장을 완성한다는 것이었다. 유럽경제통화동맹EMU은 1991년 마스트리히트 조약을 계기로 본격적으로 추진되어 1999년 1월 1일부터 유로화가 법정통화가 되었고 2002년부터는 실물 유통이 시작되었다.

1992년에는 유럽연합조약TEU, Treaty on European Union이 각국 정부의 조인을 받는다. 유럽연합조약은 단일유럽통화를 창설하기 위한 계획 추진, 외교안보정책과 내무·사법정책을 유럽연합으로 포함시켰다(표-2 참조). 1998년에는 유럽중앙은행이 독일 프랑크푸르트에 설치되었다. 2018년 현재, 유로화는 28개 회원국 중 19개국의 공동통화이며 매일 약 3억 4천만 명이 사용하고 있다.

출처: Ali M. El-Agraa, the European Union, Prentice Hall Europe, 1998; 김병오, p.309에서 재인용

구분	자유 내부교역	공동 무역정책	요소의 자유이동	공동통화· 재정정책	단일 국가	사례
자유무역 지대	가능	불가능	불가능	불가능	불가능	1951년 유럽 석탄철강공동 체(ECSC)
공동관세	가능	가능	불가능	불가능	불가능	1957년 유럽 경제공동체 (EEC)
공동시장	가능	가능	가능	불가능	불가능	1986년 유럽 공동체(EC)
경제동맹	가능	가능	가능	가능	불가능	1991년 단일 통화 완성안 채택
정치동맹	가능	가능	가능	가능	가능	1992년 유럽 연합(EU)

| 표-2 | 유럽연합의 단계적 통합과정

이처럼 유럽연합의 통합 과정은 무엇보다 무력이 아닌 평화적인 방법이었으며, 단계적·점진적인 통합방식이었다. 현실적으로 실천 가능한 사항들을 먼저 오랜 시간에 걸쳐 추진해나갔던 것을 확인할 수 있다. 또한 독립적인 기관을 창설하여 운영한 점, 각국의 정상들이 합의를 이룬 뒤 반드시 의회의 비준을 받아서 추진의 정당성을 확보했던 점 등을 시사점으로 꼽아볼 수 있다.

한반도 통일의 단계적 접근방식

1) 평화정착단계

이 단계에서는 상호간 신뢰구축이 핵심이다. 남북 간, 북미 간의 신뢰구축은 정전협정과 평화협정의 체결이 목표가 되어야 한다. 이 목표를 달성하기 위한 추진체는 남북정상회담과 북미정상회담이 될 것이다. 북미 간 적대관계의 청산은 UN의 대북제재 해소와 UN을 포함한 국제사회의 한반도 평화에 대한 지지를 끌어낼 수 있다. 이 단계에서 경제는 제한적이나마 인도적 지원과 UN의 대북제재에 저촉되지 않는 범위 안에서 교류와 협력이 가능할 것이다. 남한 내부의 갈등을 해소하고 남북한 관계를 지속시키기 위해서는 국민의 대의기관인 의회의 비준동의를 받는 절차가 필요하다.

2) 경제교류협력·통합기

초기는 남북 간 경제교류와 협력이 활성화되는 단계이다. 기존의 추진기구 외에 남북의 경제장관회의가 필요하다. 여기에서 '남북경제공동위원회'의 설치가 우선 논의되어야 한다. 경제공동위원회는 남북 간 경제교류협력 과정에서 예상되는 여러 가지 문제들을 해소하고 상시적으로 상호협력을 해나가기 위한 기관이다. 이 기관은 남북한 정부의 권한 일부를 위임받아 업무를 수행하게 될 것이다. 앞서 설치되었던 '개성공업지구관리위원회'보다 권한, 책임, 역할이 크게 확대된 모습이 될 것이다.

우리가 경제에서 주력할 부분은 개성공단의 재가동, 북한의 식량사정을 고려한 농어업협력, 북한에 시급한 철도·도로·항만 등에 대한 SOC 인프라 구축이다. 이들 사업간 투자효과 등 우선순위를 정하여 중복투자를 막고, 투자효과를 극대화시킬 필요가 있다. 북한이 국제사회의 지지와 협력을 받도록 하기 위해서 북한의 IMF 가입, AIIB와 ADB 등 차관도입의 지원과 국제적 인프라 펀드를 남북이 공동으로 조성하여 운용하는 방안도 고려할 수 있다. 또한 개성공단 이외에 추가로 경제특구 설치가 논의될 수 있다. 이 단계에서 북한은 경제적 도약을 위한 계기를 맞게 될 것이다.

중기단계에서는 남북경제공동위원회를 「남북경제·통화공동위원회」로 확대 개편하는 것을 고려해볼 수 있다. 남북정부에 공동관세 정책, 공동환율 정책, 민관이 함께 참여하는 인프라 펀드, 남북공동 투자은행, 남북협력 공동기금 등이 설치, 운영되며 미국, 중국 등 해외민간자금의 유치도 가능하게 될 것이다. 이 단계에서는 북한뿐만 아니라 남한도 북한개발의 수혜자가 되어 남북경제는 함께 발전하게 될 것으로 예상된다. 이 단계에서 남북한 물자, 서비스, 사람의 자유로운 이동도 활성화될 것이다.

말기인 성숙기는 남북한 경제가 통합되는 단계이다. 이 단계에서 남북경제·통화공동위원회는 '남북경제·통화통합위원회'로 확대되어 보다 폭 넓고 고도화된 기능을 수행해야 한다. 이 단계에서는 남북한 단일시장, 남북공동 중앙은행의 설치와 화폐의 통합이 이루어지는 시기이다.

대외환경으로는 동북아의 항구적인 평화구축을 위하여 남북한, 미국, 중국, 일본 등이 포함된 동북아집단안보대화를 시작할 수 있을 것이다.

3) 정치통합기

이 단계에서는 남북이 정치적으로도 통합되어 '남북연합'이 이루어지고, 남북한 기본헌장이 채택되며, 남북의 의회와 남북한 정치적 의사결

출처: Ali M. El-Agraa, the European Union, Prentice Hall Europe, 1998; 김병오, p.309에서 재인용

구분	평화정착기 (2018~2020)	경제교류협력·통합기			정치통합기 (2048~)
		초기 (2020~)	중기 (2028~)	말기 (2038~)	
추진 목표	정전협정· 평화협정체결	경제교류협력 활성화	남북경제 상호상승	남북경제 통합	남북연합
추진 기구	북미정상회담 남북정상회담· 각료급회담/ 회담결과에 대한 남북의회의 비준	남북정상회담· 각료급회담 남북연락사무소설치/ 남북경제공동 위원회 설치	남북정상회담· 각료급회담/ 남북경제·화폐 공동위원회로 확대	남북정상회담· 각료급회담/ 남북경제·화폐 통합위원회로 확대	기본헌장채택 (6·15, 10·4, 4·27 선언포함)/ 남북공동체(집행위원회,남북각료회의,남북의회) 남북정부간회의
경제 정책	인도적 지원사업, 공동연구 UN제재제외 사업	북한SOC투자 농업협력/ 개성공단, 금강산관광재개 경제특구의 설치	공동관세정책 공동환율정책 민·관인프라 펀드설치/ 남북공동기금 설치	공동중앙은행 설립/남북화폐통합 남북단일 시장	남북공동재정정책(조세·예산)
대외 환경	UN의 대북제재 해제/ 국제사회의 지지	북한의 IMF가입지원/ AIIB, ADB등 국제차관도입	미국, 중국, 일본 등 해외자본 유치	동북아다자간 집단안보대화	동북아 집단안보 체제운영

| 표-3 | 단계별 남북한 통합 과정

정에 시민의 참여가 더욱 확대 심화될 것이다. 이제 남북은 공동의 재정을 운영하게 되며, 공동으로 조성된 조세와 예산을 가지고 공동의 재정정책을 수행하게 된다. 동북아지역 집단안보기구의 완성도 이 단계에서 예측해볼 수 있다(표-3 참조).

3. 한반도 통일의 경제적 효과

남북한 사회 · 경제 지표의 비교

2018년 현재 인구는 남한이 북한보다 2.1배 많지만, 합계출산율과 고령인구비율을 보면 북한이 남한보다 더 젊은 것으로 나타나고 있다.

출처: 영토면적, IMF; 인구, 통계청 국가포털 KOSIS(2018.5.4.);
GNI 및 무역규모, 한국은행 경제통계시스템 (2018.5.4.)

구분		남한(A)	북한(B)	배율(A/B)
영토면적(km²)		99,720	120,538	0.83
인구 (2018년)	수(명)	51,446,201	25,132,287	2.1
	합계출산율	1.2	2.0	
	고령인구비율	14.3	9.9	
GNI (2016년)	명목GNI(10억원)	1,646,209	36,373	45.3
	1인당GNI(만원)	3,212	146	22.0
	경제성장률(%)	2.9	3.9	
무역 (2016년)	총액(억달러)	9,016	65	138.7
	수출(억달러)	4,954	28	176.9
	수입(억달러)	4,062	37	109.8

| 표-4 | 남북한 사회경제지표 비교

2016년 기준 GNI 규모는 남한이 45.3배, 1인당 GNI는 22배 더 크다. 남북한의 이러한 격차는 각종 정책이나 변화에 대해 점진적, 단계적으로 접근할 때 북한 경제에 미치는 충격이 완화될 수 있다는 함의를 지닌다(표-4 참조).

통일비용·편익관련 연구의 비교

통일비용과 편익을 고려한 2010년 이후의 연구결과를 살펴보면 연구시점, 통일시점에 대한 가정, 추계방식에 따라서 비용과 편익이 서로 다르게 나타난다. 그럼에도 불구하고, 대부분의 연구결과는 통일비용보다는 편익이 더 크다는 점을 보여주고 있다(표-5 참조). 이러한 예상들에 기초하여, 우리는 30년간 통일 준비를 위한 지속적인 투자를 통해 2048년 이후 통일 시점에는 북한의 살림살이가 좋아져 있을 것이기 때문에, 소요되는 비용을 남북이 각자 부담하는 상황이 될 것으로 기대한다. 기존의 통일비용 연구는 흡수통일을 전제로 하는 반면에, 이 책은 대등한 합의 통일이라는 점이 차이가 있다.

재원의 조달방식

첫째, 남한 내부에서 자금을 조달하는 방법이다. 먼저 이미 조성 중인 남북협력기금의 활용 방안이 있다. 그런데 이 금액은 북한의 SOC 구축에는 크게 부족하다. 다음으로 남한정부, 공공기관이나 공기업이 채권을 발행하여 재원을 조달하는 방법이다. 이 방식은 북한의 개발로 인해 현세대와 미래세대가 모두 혜택을 보기 때문에 세대별 분담을 한다는 측면에서 타당하다. 하지만, 국가채무가 증가된다는 부담이 있다. 남한 내에 통일을 위한 목적세를 신설하는 등의 증세 방법도 있다. 이 방법은

출처: 국회예산정책처, 한반도통일의 경제적 효과, 2014, pp.14~19참조

연구자	출판 연도	통일 시점	통일편익	통일편익 추계 방법 및 기준	통일비용
현대경제 연구원	2010	2010 ~ 2018	1인당3천달러: 2,197억 달러(2010~2020) 1인당 7천달러: 5,362 억달러(2010~2015) 1인당 1만달러: 8,350억 달러	부가가치 유발 효과 국방비 절감효과 국가위험도 감소효과	1,570억불 (10년) 4,710억불 (15년) 7,065억불 (18년)
KIEP · KIET	2011	2030: 중기형 (20년)	유형의 편익: 2021~30년: 140.8억 달러 2031~40년: 494.5억 달러 무형의 편익: 25.13조 원	통일 전 10년과 통일 후 10년동 안: CGE모형을 활용하여 남북 한 후생수준의 변화를 측정	한국 GDP 3.4%
통일 연구원	2013	2030 (20년)	통일 20년 후 (후생수준향상) 2030~50년: 6,304조 원	통일편익=통일 시 북한 GDP- 비통일시 북한 GDP	581.8조 원
한국정치 학회	2014	2030 (10년)	매년 생산유발효과: 56 조 4,670억 원 매년 부가가치유발효과 27조8,580억 원 매년 취업유발효과: 119 만1,884명	통일 후 10년간 산업연관분석: 남북한 경제에 미치는 재정지 출 파급효과와 민간투자에 의 한 승수효과	재정지출: 227조 7천억 원
국회예산 정책처	2014	2015 (45년)	총편익1경9,111조원 (연평균425조원) 순편익1경4,451조원(비 용의 3.1배)	GDP로 추정된 남한지역의 파 급효과, 북한의 GDP, 성장회계 모형 이용	비용 4,657 조원(연평균 103조원)
KAIST 문술미래전 략 대학원	2018	2048 이후 (30년 준비)	30년 동안 준비 후에 통일	30년 동안 투자 하여 소득수준 비슷하게 만든 후에 합의 통일	30년 동안 투자했기 때 문에, 통일 시점에는 추 가비용 적음

| 표-5 | 통일비용·편익관련 연구 비교

카이스트, 통일을 말하다

국민들에게 부담이 된다. 증세 방식은 경제교류의 혜택이 남한 국민들에게도 직접적인 도움이 되는 시점에서 추진하는 것이 동의를 얻기에 쉬울 것이다.

둘째, 국제기구의 원조와 차관을 도입하는 것이다. 대규모 국제자금은 IMF, IBRD, AIIB, ADB 등 국제적 금융기관을 통하여야 한다. 따라서 이들 기관과 협력을 통하여 장기 차관을 도입할 필요가 있다. 남한 경제도 한때는 국제기구로부터 차관을 도입하여 경제개발에 활용한 바 있다.

셋째, 북한의 사회기반시설 건설에 공공부문과 민간부문이 함께 진출하여 투자위험을 줄이는 프로젝트 파이낸싱project financing 방법도 고려할 수 있다. 북한과 남한이 매력적인 투자처로 인식이 되면 민간차원의 인프라 펀드Infra Fund나 자금의 유입이 가능할 것이다. 또한 국제민간자금을 활용할 수 있는 국제 인프라펀드의 조성도 또 다른 방안이다.

넷째, 북한이 일본으로부터 받을 수 있는 식민지배 배상금을 활용한다. 대한민국은 1965년에 일본으로부터 대일청구권자금을 받아서 국가 개발에 활용한 바 있다.

경제적 효과 추정

1978년 개혁개방을 시작한 중국과 1986년 '도이모이'(쇄신)를 결정한 베트남의 1인당 GDP 증가율은 최고 시점에서 6~9%를 보였다(표-6 참조). 북한의 개혁개방은 동독처럼 흡수통일 방식에 의한 것이 아니고, 베트남과 같이 전쟁 직후의 폐허 상태에서 이루어지는 것도 아니다. 남한의 협력하에 유럽연합과 유사한 점진적, 단계적 통일방식을 따른다면 북한도 중국의 경제성장률에 못지않은 성취를 이뤄낼 것이란 전망이

출처: World Bank, 국회예산정책처, 한반도 통일의 경제적 효과(p.43)에서 재인용

구분	1980	1990	2000	2010
중국	8.36	8.80	9.64	7.15
베트남	3.90	5.62	5.63	4.74

| 표-6 | 1인당 GDP 증가율 비교 (단위: %)

불가능한 것은 아니다.

실제로 현대경제연구원(2014)은 통일 한국의 경제적 효과를 2개의 시나리오로 제시, 그 경제적 효과를 추정한 바 있다. 첫 번째는 주변국들의 외부효과를 제한적인 것으로 가정한 상태에서 남북한 통합에 의한 한반도 단일경제권 형성을 전제로 한 시나리오이다. 이에 따르면 남한 경제는 단기적으로는 통일비용 부담으로 어려움을 겪지만, 중장기적 차원에서는 인구구조 개선, 북한 자원 활용, 내수 확대 등에 힘입어 잠재성장률이 약 1.0%포인트 높아질 전망이다. 2050년 무렵에 이르면, 남한의 실질 GDP는 약 4조 8,000억 달러, 1인당 실질 GDP는 약 9만 5,000달러 수준에 이를 것으로 내다봤다. 북한의 경우, 시장경제 전환과 개방효과로 고도성장이 가능할 것으로 예측했으며, 2050년 무렵에 이르면 실질 GDP가 약 5,100억 달러, 1인당 GDP는 남한의 2012년 수준인 약 2만 1,000달러 수준에 달할 것으로 추정했다. 종합하면, 통일한국은 1인당 실질 GDP 약 7만 달러, 실질 GDP 약 5조 3,000억 달러에 이르며 세계 12위권 경제 규모가 될 것이라는 예측이다.

두 번째 시나리오는 유라시아 경제권 확장을 가정한 전망이다. 즉 한반도 단일경제권에 머무는 것이 아니라 동북아·동남아 지역을 포함하는 한민족 경제권, 교통·물류 분야 SOC 확장 등에 의해 유라시아까

지 확장되는 경제권을 예측했다. 이러한 유라시아 경제권이 이뤄진다면, 남한 경제는 통합 초기 통일비용 부담으로 단기 정체기를 겪겠지만, 중장기적으로는 잠재성장률이 약 1.5%포인트 높아질 것이란 추정이다. 남한의 소득 수준 또한 높아져 2050년 무렵에는 실질 GDP 약 5조 7,000억 달러, 1인당 GDP 약 11만 3,000달러가 기대된다는 것이다. 북한도 통일 이후 소득 수준이 중진국 수준 이상으로 성장하게 되면서, 2050년에 이르면 실질 GDP는 약 1조 3,000억 달러, 1인당 GDP는 약 4만 8,000달러가 될 것으로 전망했다. 결론적으로 2050년 무렵의 통일 한국 1인당 실질 GDP는 약 9만 2,000 달러, 실질 GDP는 약 6조 9,000억 달러를 기록하며 세계 7위 수준의 도약이 기대된다는 것이다.

4. 맺는 글

이제 남북은 서로 화해하고 협력하는 가운데 새롭게 도약할 수 있는 절호의 기회를 맞이하고 있다. 북한 경제의 발전은 초기에는 남한경제에 부담으로 작용할 수도 있으나, 중기 이후 그 발전이 가시화되면 남한경제를 함께 성장시키는 원동력이 될 것이다. 초기에는 인프라 건설을 위해 건설이나 전력과 에너지망, 교통망과 같은 시설 구축에 중점을 두겠지만, 점진적으로 환경·바이오 산업, 항공우주 산업 등 미래 첨단산업이 한반도 경제성장을 견인할 것이다. 궁극적으로 이제 남북은 섬나라 경제가 아니라 대륙경제로 뻗어나갈 수 있는 계기를 맞이하고 있는 것이다. 그러나 이러한 남북한의 경제통합과 시너지 효과를 거두기 위해서는 남북경협 활성화, 개발비용 조달을 위한 다양한 방안 모색, 국제사

회의 관심과 지원 유도, 남북격차 해소, 치밀한 단계별 로드맵 작성 등
이 선제적으로 이뤄져야 한다. 그렇게 되도록 만드는 것은 남북한 정부
와 국민 모두의 노력과 의지에 달려 있다.

- 초고집필: 국경복
- 수정검토: 안광원, 우희창, 이광형

참 고 문 헌

- 국회예산정책처, 〈한반도통일의 경제적 효과〉, 2014.

- 이강남, 《유럽의 통화통합》, 법문사, 1994, 75 – 79.

- 이해정 · 이용화, 〈2018년 남북정상회담 진단과 과제〉, 《경제주평》, 18 – 17(통권 792호), 현대경제연구원, 2018.4.27.

- 프레데리크 둘루슈 편, 윤승준 옮김, 《새 유럽의 역사》, 까지글방, 2000.

- 통계청, 국가포털 KOSIS(2018.5.4.)

- 한국은행, 경제통계시스템(2018.5.4.)

- 현대경제연구원, 〈통일한국의 경제적 잠재력 추정〉, 2014.4.18.

- 현대경제연구원, 〈통일 한국의 12대 유망산업〉, 2014.5.11.

경제협력

: 남북 경제협력의 단계별 전략

SUMMARY

1 남북 분단은 한국경제 저발전의 직접적 배경이었음. 분단경제를 넘어 평화경제로 나아가게 된다면 한반도는 폭발적인 성장을 이루게 될 것임

2 남한이 정립한 〈민족공동체 통일방안〉을 기본으로 하여 남한의 '연합제'와 북한의 '연방제'의 유사성을 살리는 가운데 남북 평화공존이 실질적인 통일임

3 남한의 경협전략은 〈한반도 신경제지도〉로서 남북경협 활성화를 통해 우리 경제의 영토를 북한은 물론 동북아와 유라시아로까지 확장하여, 새로운 평화와 공동번영을 이루는 것. 북한은 외국 자본의 투자와 무역구조 개선을 통해 사회주의 경제에 시장화를 결합하려는 경제 전략을 구상 중임

4 남북경협은 남한의 자본과 기술, 북한의 토지와 노동이 결합하는 형태로서, 상생과 협력의 시너지 효과를 크게 고양시킬 것이며, 당면한 우리 사회의 여러 문제들까지 해소할 것으로 기대됨

5 평화경제는 남과 북 모두에게 번영을 보장하는 것이며 한국경제가 대도약할 수 있는 절호의 기회가 될 것임

1. 분단경제를 넘어 평화경제로

남북의 지리적 분단은 한국경제를 분단경제 혹은 섬나라경제로 만들었다. 바다를 건너지 않고는 외국으로 나갈 수 없는 대한민국은 대륙과 해양을 잇는 지리경제학적 요충지임에도, 휴전선을 중심으로 북한의 대륙과 물리적으로 차단되어 실질적으로는 섬나라경제의 모양새가 되었다. 아시아와 유럽을 잇는 유라시아대륙에 위치함에도 불구하고 이를 활용할 수가 없었던 것이다.

분단은 구조적으로 경제적 저발전의 직접적 배경이었다. 분단이 유발하는 직간접적인 분단비용은 수치화할 수 있는 규모와 범주를 벗어난다. 통일비용론*은 그것의 적실성 여부를 떠나 아무리 큰 비용을 치르게 된다 하더라도 분단비용에 비하면 매우 미미한 수준이다.

결국 대한민국은 지리적, 물리적으로 섬나라경제인 분단경제를 넘어 대륙과 해양을 실질적으로 잇는 한반도 평화경제로 나아가야 한다. 그렇게 된다면 5,000만을 넘어 남북 7,500만, 약 8,000만의 내수시장을 확보하면서 남북 간 상호 유무상통하는 경제협력을 통해 시너지효과를 극대화시킬 수 있다. 이렇듯 남북의 평화적 통일과정은 기존의 분단경제와는 차원이 다른, 엄청난 폭발성을 가진 평화경제를 수준 높게 구현해갈 것이다.

---

* 통일비용론은 사실 왜곡된 담론이다. 통일비용론은 북에 대한 흡수통일을 전제로 한 개념이다. 그러나 통일의 목적 측면, 가능성 측면, 가치적 측면에서 보면 남과 북의 합의에 의한 평화적 방식의 통일 이외에 가능한 통일은 없다. 그런 측면에서 합의에 의한 평화통일의 과정에서 보면 일방적 소모성 개념으로 쓰여지는 통일비용은 없다. 즉 통일의 과정에 일방적으로 퍼주거나 소모적으로 쓰여지는 돈은 한 푼도 없다는 것이다.

2. 남북의 평화/통일 과정

남북경협의 과정을 보려면 평화/통일의 과정을 추정할 수 있어야 한다. 남북의 평화/통일과정 추론은 큰 틀에서 대한민국의 국가통일방안과 남북이 이미 합의한 통일방안을 토대로 추론할 수 있다. 사실 대한민국에는 국가가 정립한 공식 통일방안이 있다. 바로 〈민족공동체 통일방안〉이다. 지난 2000년 6월에 남과 북은 통일방안을 합의한 바 있다. 그 통일방안이 〈민족공동체 통일방안〉에 입각해 있음은 물론이다.

통일: 평화의 오랜 제도화 과정

민족공동체 통일방안

화해협력 (1단계)	• 화해협력, 교류심화, 경제협력 → 정치·군사적 신뢰구축 → 종전선언, 평화협정 체결, 북−미관계 정상화 등 * 화해협력의 완성 상태를 '평화체제' 완성으로 칭함
↓	
남북연합 (2단계)	• 정치·군사·외교권 지역정부 독자 보유 / 상위에 민족통일기구 결성 • 국가연합은 북한의 '낮은 단계 연방'과 유사
↓	
완전 통일 (3단계)	• 체제와 제도를 하나로 합치는 명실상부한 완전 통일은 화해협력, 국가연합을 거치는 실로 오랜 평화의 과정 이후에 비로소 완성

〈민족공동체 통일방안〉은 1989년 9월 노태우 정부 시절 국회에서 공포한 통일방안이다. 〈민족공동체 통일방안〉은 통일을 '화해협력 → 남북연합 → 완전 통일'의 3단계로 설정하고 통일을 실질적으로는 '평화의 오랜 제도화 과정'으로 설명한다. 즉 평화공존을 실질적 통일로 보는 것이다.

그 과정은 남북이 상호 체제와 제도를 인정하고, 적대·대립관계를 공존·공영의 관계로 발전시키기 위해 교류협력을 지속하면서 남북연합으로 나아가는 것이다.

북한의 통일방안인 '연방제' 방안은 단계를 달리할 뿐 우리의 '국가연합제'와 유사하다. 그래서 남과 북은 '낮은 단계 연방' 개념과 '연합제'가 유사하다고 보고 그 방향에서 통일을 지향해가기로 합의했으며, 2000년 6.15 공동선언 2항이 바로 그 합의이다.

6.15 공동선언 2항

"남과 북은 나라의 통일을 위한 남한의 연합제안과 북한의 낮은 단계의 연방제안이 서로 공통성이 있다고 인정하고 앞으로 이 방향에서 통일을 지향시켜 나가기로 하였다."

상기 합의에서 보면 남북경협은 1단계 화해협력 시기의 신뢰구축을 위한 과정에서 바로 시작되어 이후 계속 고도화되어간다. 즉 경제협력 자체가 신뢰구축의 한 방편이고 신뢰가 심화될수록 경제협력도 심화되어가는 선순환을 갖게 된다. 이러한 경제협력은 결국 남북의 경제공동체와 평화경제, 통일경제를 만들어가게 된다. 그 과정은 남한의 자본주의와 북한의 사회주의가 상호 결합도를 높여가는 과정이 될 것이다.

경제협력 관련 남북합의

2000년 6.15 선언

- 남과 북은 경제협력을 통하여 민족경제를 균형적으로 발전시키고…

2007년 10.4 선언

- 민족경제의 균형적 발전과 공동번영을 위해 경제협력사업을 공리 공영과 유무상통의 원칙에서 적극 활성화하고 지속적으로 확대 발전시켜 나가기로…
- 경제협력 투자를 장려, 기반시설 확충과 자원개발을 적극 추진, 민족내부협력사업의 특수성에 맞게 각종 우대조건과 특혜를 우선적으로 부여
- 서해평화협력특별지대 설치, 공동어로구역과 평화수역 설정, 경제특구건설과 해주항 활용, 민간선박의 해주직항로 통과, 한강하구 공동이용 등을 적극 추진
- 개성공단 2단계 개발 착수, 문산 – 봉동간 철도화물수송 시작, 통행·통신·통관 해결
- 개성–신의주 철도와 개성 – 평양고속도로 공동 이용 위해 개보수
- 안변과 남포에 조선협력단지를 건설하며 농업, 보건의료, 환경보호 등 여러 분야 협력
- 남북 경협사업의 원활한 추진을 위해 부총리급 '남북경제협력공동위원회'로 격상
- 백두산 관광 실시하며 이를 위해 백두산 – 서울 직항로 개설

2018년 4.27 선언

- 끊어진 민족의 혈맥을 잇고 공동번영과 자주통일의 미래를 앞당겨 나갈 것
- 민족경제의 균형적 발전과 공동번영… 10.4선언에서 합의된 사업들을 적극 추진… 동해선 및 경의선 철도와 도로들을 연결하고 현대화…

3. 남과 북의 경협전략

남측의 경협전략 : 〈한반도 신경제지도〉 구상

우리의 경협전략은 문재인 정부의 '한반도 신경제지도' 구상이다. 문재인 정부의 대북/통일정책에서의 핵심이 비핵화와 종전선언, 평화협정을 토대로 한 평화체제의 구축이며 이를 위한 경제적 접근방식이 '한반도 신경제지도' 구상인 것이다. 신경제지도 구상의 핵심개념은 분단으로 제한된 우리 경제의 영토를 남북경협 활성화를 통해 북한 및 동북아와 유라시아로 확장하여 한국경제의 새로운 성장동력을 창출하고 나아가 한반도 및 동북아의 평화정착과 공동번영을 이루자는 것이다.

한반도 신경제지도 기본구상: '3대 경제/평화벨트' 구축과 '하나의 시장' 협력

- 3대경제/평화벨트 구축(H자형): 한반도 균형발전과 북방경제와의 연계 강화
  - 환동해경제권: 부산 – 포항 – 강릉 – 원산 – 청진 – 나선 – 동북3성 – 블라디보스톡 – 니가타
  - 환황해경제권: 목포 – 평택 – 인천 – 해주 – 개성 – 남포 – 신의주 – 동북3성 – 대련
  - 접경지 평화벨트: DMZ 접경지역에 평화, 환경, 생태, 관광 중심의 교류협력
- 하나의 시장: 사람과 물자, 제도의 격차를 해소하고 장애가 되는 것을 제거해가는 과정으로서의 시장협력, 이후 이러한 시장을 매개로 남북의 경제공동체, 생활공동체 형성

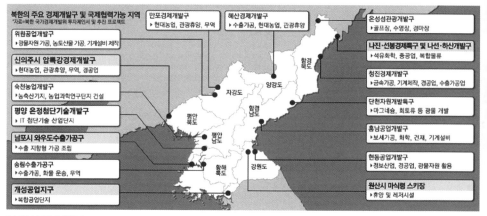

| 북한의 경제개발구

환동해경제권

한반도의 동해와 중국 동북3성, 러시아 극동지역을 연결하는 에너지, 자원, 관광, 농수산해양식품 중심의 경제벨트이다. 금강산-설악산, 원산, 단천, 청진-나선을 남북이 공동개발한 뒤 동해안과 러시아를 연결한다는 구상이다. 또한 중국의 일대일로 및 중/몽/러 경제회랑과 러시아 협력을 강화해나간다.

환황해경제권

남북의 서해안과 중국 환보하이권을 중심으로 첨단제조업과 물류중심의 경제벨트를 구축하는 것이다. 환황해경제권의 주요방향은 첫째, 수도권, 개성공단, 평양, 남포, 신의주를 연결하는 서해안 경협벨트 건설. 둘째, 서해평화협력특별지대와 연계한 해주-개성-수도권 연계 접경지역 발전. 셋째, 해주, 남포, 평양, 신의주 지역에 중국과 연계한 산업 네트워크 구축 등이다.

- 개성공단권: 개성공단 우선 재개와 수도권 접경지역 연계 개발
- 서해경제권: (가칭) 서해평화경제지대 조성(해주-개성권, 남포-평양권, 신의주권)
- 고속교통권: 한반도-동북아 고속철도 및 교통물류망 건설, 서울-동북아 1일 생활권
- 항만거점권: 항만 거점도시 간 협력네트워크 구축을 위한 환황해 항만도시 얼라이언스 및 복합물류네트워크 추진(인천, 웨이하이, 청도, 남포 간의 항만도시 협력)

접경지역 평화벨트

DMZ와 한강하구의 생태, 환경, 평화 관광지구 개발이다. 방향은 접경지 생태자원, 관광자원, 수자원을 활용한 평화협력지대 형성을 도모하고 DMZ 공동개발 및 평화기능 복원이다.

- DMZ 환경관광권: 접경지역 생태, 환경, 관광의 Green 3각 협력
- 통일경제특구 건설: DMZ 인근에 개성공단과 연계한 통일경제특구 건설
- 한강하구권: 한강 하구 생태, 역사 관광벨트 조성 및 공동시장 개발

북측의 경제전략 : 사회주의경제와 시장화의 결합

북한은 2013년 5월 최고인민회의 상임위 정령을 통해 '경제개발구법'을 채택하여 국가적 차원의 경제특구와 경제개발구들의 조성을 적극적으로 추진하였다. 이후 2013년 12.1 조치를 통해 '기업독립채산제'를 실시했다. 이것은 각급 인민위원회와 기업소 등의 경제단위가 재정자율

성을 신장하고 경제발전에 총력전을 펼치기 위해 추진한 조치였다. 이렇듯 북한의 경제개혁 조치는 매우 간단치 않게 진행되어왔다.

이런 결과로 경제 전 부문과 생산 단위에 자율성이 강화되어 자율책임과 독립경쟁이 크게 확대되고 있다. 외형적으로는 평양과 주요도시에 아파트(신축 살림집) 건설 붐이 일고 있다. 평양시를 비롯한 주요도시에 영업용택시가 등장하고 일부 구간에서는 교통체증이 발생하기도 하며, 신규구매층이 증가하는 등 국가사회주의 계획경제에 시장경제를 접목하는 과정에서 매우 역동적인 경제적 변화들이 북한 사회에 번져가고 있다. 이러한 상황을 반영하듯 북한 경제의 외형적 신장세가 뚜렷한 경향성으로 나타나고 있다.

북한은 2016년 5월, 36년 만에 열린 노동당 7차대회에서 경제 강국 건설을 위한 '국가경제발전 5개년 전략'을 발표하였다. 5개년 전략의 3대 목표로 인민생활 향상, 국토관리사업, 대외경제를 설정했는데 여기에서 무엇보다 인민생활 향상을 우선으로 제시하면서 이를 위한 3대 과제로 ▲전력문제 해결, ▲경제의 선행부문 및 기초공업부문의 정상 수준으로의 향상, ▲주민들의 생활과 직결된 농업·수산업·경공업 부문의 생산 증산을 내세웠다.

주목할 부분은 대외경제 분야이다. 북한은 수출위주의 산업구조가 아니기 때문에 대외경제 부문이 차지하는 비중이 크지 않지만, 경제발전을 위해서는 무역보다 외국자본의 투자가 필요하다. 따라서 ▲가공품 수출과 기술무역·서비스무역의 비중을 높이는 등 무역구조 개선을 강화하고 아울러 석탄, 철광석, 희토류 등의 광물자원을 가공하여 부가가치를 높이려는 것이다. 나아가 ▲합영·합작과 같은 경제협력을 통해 선진 기술을 도입하고, ▲경제개발구에 있어서도 유리한 투자환경과 조건을 보장하는 데 중점을 두면서 관광 사업을 적극 추진할 것을 강조하고 있다. 이런 모든 상황이 그동안은 미국의 대북경제제재와 봉쇄에 막혀 있어 실효성에 한계가 있을 수밖에 없었으나 이후 정상적 관계가 열린다면 큰 성과를 낼 수 있을 것으로 전망된다.

5개년 전략 실현을 위한 산업부문별 세부과제로 5개 부문을 제시하고 있는데 ▲전력부문, ▲경제선행부문, ▲기초공업부문, ▲농업·수산업부문, ▲경공업부문이다.

4. 남북경협의 고도화 단계

남-북-미 간의 비핵화, 종전선언, 평화협정이 가시화된 이후, 남북관계의 심화는 결국 경제협력의 고도화로 향하게 될 것이다. 구조적 저성장에 빠져 있는 대한민국 경제가 지속가능한 신성장동력을 구조적으로 확보하는 방법은 바로 남북경협이다. 한반도 신경제지도 구상의 경협 과정 자체가 매우 큰 경제적 기회를 창출할 것이기 때문이다.

남북자원협력과 북한의 SOC 건설

가장 우선적으로 남북의 자원협력으로 확보한 재정수익금으로 북한의 SOC Social Overhead Capital와 국가산업 인프라를 구축해나가는 유무상통을 전개할 수 있다. 남북자원협력은 남북경제의 대도약을 위해 가장 기대되는 분야이다. 북한에는 희토류, 우라늄, 마그네사이트, 텅스텐, 흑연 등 희귀 광물자원이 매우 풍부한 것으로 알려져 있다. 특히 북한의 석유는 적잖은 경제적 가능성을 내포하고 있다.

북한의 자원 가치는 3천조, 7천조 등 여러 단위마다 추정치가 다르다. 분명한 것은 산업적 수요가 큰 주요 광물자원들이 풍부하게 매장되어 있다는 것이다. 우선 채굴할 수 있는 광산자원부터 산업화/상업화의 속도를 높이고, 자원협력의 고도화를 위해 남북공동 탐사/개발/산업화를 구조화, 제도화할 수 있을 것이다. 초기 남북의 자원협력은 남한의 자원산업 수급 차원을 넘어 공동개발/채굴/제련까지 나아갈 수 있도록 전력, 교통 등을 SOC 개발과 함께 추진해야 할 것이다. 그래서 북한의 SOC 투자와 자원개발을 유무상통의 방식으로 상호 주고받는 사업으로 진행하면 남과 북이 함께 윈-윈할 수 있다.

남북자원협력과 북한 SOC 건설의 유무상통 사례를 들어보면 북한의 도로를 남한의 도로율 기준으로 70%까지 확보하는 데 순수 시설비만 약 1,052조 원이 소요된다. 국내 도로건설시장은 연간 9조 원밖에 되지 않는다. 1980년대 중동특수가 약 12조 원이었다. 북한의 미개발 상태인 도로를 신설, 개보수, 현대화하는 데에 국내 토목/건설사들이 뛰어든다고 하면 수십 년 이상 상상할 수 없을 정도의 성장세로 진입하게 될 것이다. 이 모든 것이 기회이고, 성장을 담보하는 시장이다.

북한의 주택문제를 시장으로 본다면 또 얼마나 큰 기회이겠는가? 매년 수십조 이상의 시장이 수십 년간 안정적으로 담보된다. 이것도 경제적 기회이고 가치이다. 철도현대화에도 약 40조 원이 소요되고 고속철도로 건설할 경우에는 더 큰 규모의 재정이 들어갈 것이다. 이 모두가 유무상통의 남북경제협력이 갖는 기회이자 가치들이다.

남북산업협력 : 남한의 자본, 기술과 북한의 토지, 노동의 결합
남북경협의 전통적 모델은 남한의 자본, 기술이 북한의 토지, 노동력과 결합하는 개성공단 방식이었다. 개성공단 방식은 북한의 저임금노동력을 활용한 매우 성공적인 사업이다. 단순한 결합임에도 불구하고 세계 최고의 경쟁력을 담보할 정도로 비교우위를 지닌다.

개성공단으로 상징되는 남북경협이 가지는 비교우위는 사실 북한의 것이다. 정리해보면 저임금, 양질의 노동력, 고품질을 구현하는 생산성, 낮은 이직률로 인한 숙련공, 노동제도, 조세제도 등 측면에서 확실한 비교우위가 있으며 거기에 무관세, 단시간의 물류와 생산과 공급의 짧은 기간, 동일 언어와 문화 등으로 더 많은 비교우위를 가진다.

한마디로 개성공단을 예로 들면 전 세계 어디에도 개성공단과 비교할 수 있는 공단은 없다. 정상적인 남북관계가 이어진다면 개성공단의 비교우위는 압도적이다. 구체적 기업들의 여러 실증적인 통계들이 동남아에서 최적지로 평가받는 베트남보다도 압도적 비교우위에 있음을 입증한다. 개성공단을 확장하면 그것이 바로 남북경협이다. 남북경협은 그만큼 막강한 경쟁력이 있다는 것이다. 개성공단에는 주로 산업경쟁력이 떨어졌던 한계업종의 영세한 기업들이 입주했다는 사실을 감안하면 경쟁력 있는 업종과 중견기업들이 남북경협을 통해 북한과 만날 경우, 그 잠재적 폭발력은 매우 압도적일 것이라는 것이 개성공단 입주기업들의 평가이다.

남북의 과학기술협력과 생산인구의 상보성

남북의 평화경제는 남과 북의 사회 전 분야에 걸쳐서 상생과 협력의 시너지 효과를 크게 고양시킬 것으로 기대된다. 분야별로 그것은 세계적 수준에서 상당한 파괴력을 지니기도 하고, 또 괄목할 만한 신장을 불러오기도 할 것이다.

과학기술 측면에서의 남북협력은 상호 보완과 발전의 시너지효과를 발생시킬 것이다. 북한의 과학기술은 기초과학분야, 줄기세포* 등의 생명과학분야, 군사분야, 위성분야에서 강한 역량을 보유하고 있는 것으로 평가된다. 이러한 기초과학과 줄기세포, 위성, 로켓과 군사분야의 기술력을 산업기술로 변환시키는 것을 남북이 과학기술협력을 통해 진행한다면 그 효과는 상당할 것이다. 전체적으로 북한이 군수과학기술을 민수산업으로 전환시키는 과정에서, 최고의 경쟁력을 담보하고 있는 남한의 제조업기술들과 축적된 경공업기술이 결합하면 매우 큰 시너지효과를 낼 것이다.

한편 저출산 고령화로 상징되는 인구문제도 남과 북의 평화경제 속에서 새로운 해법을 모색할 수 있다. 인구문제의 핵심은 남한 사회에서의 생산인구의 감소이다. 북한 인구는 약 2,500만 명으로 인구규모와 구성에 있어 우리 사회가 안고 있는 저출산 고령화의 비정상 구조가 아니다. 오히려 향후 경제적 성장이 가시화되면서 보편적으로 나타나는 인구성장이 두드러질 가능성이 높다. 그렇게 된다면 북한의 인구성장세가 생산인구의 확대를 가져옴으로써 남북 평화경제의 틀 속에서 인구절벽을 상쇄할 수 있는 가능성이 열리게 된다.

이렇듯 평화를 기반으로 한 남북경협은 실질적인 남북 경제공동체를 가능케 하여 기존과는 비교할 수 없는 경제번영으로 우리에게는 제2의 한강의 기적을, 북한에게는 대동강의 기적을 바라보게 할 것이다. 나아가 남북의 경제공동체는 당면한 우리 사회의 인구문제, 에너지-자원문제를 해소할 가능성을 열어준다.

● 북한은 1960년대부터 줄기세포분야에 대한 연구를 진행해온 것으로 알려지고 있다.

5. 맺음말: 평화경제의 미래상

OECD 사무국이 2013년 6월에 발표한 〈한국경제보고서〉를 보면 한국의 잠재성장률은 지속적으로 하락하다가 2031년이 되면 0%에 이를 것이라고 전망했다. 현 상태로 가다가는 한국의 경제성장 엔진이 꺼진다는 뜻이다. 반면 평화경제는 남과 북 모두에게 경제 번영을 보장한다. 평화는 분단비용 상쇄라는 돈의 가치를 넘어, 국가의 품격을 근본적으로 바꾸는 번영과 발전을 가능케 한다. 국가경제가 구조적 경제불황으로 치닫고 있는 상황에서 평화를 기반으로 한 남북경제협력은 우리에게 다시없는 기회이다. 북한은 우리에게 경제적 기회의 땅이며 블루오션이다. 남북경협은 한국경제 대도약의 최대 가능성이다.

2009년 세계 최대 투자금융기관인 골드만삭스는 남과 북이 점진적-평화적 통일 상황으로 간다면 한국은 30년 뒤에 독일과 일본을 제치고, 40년 뒤에는 미국 다음으로 세계 2위의 경제대국이 될 수 있을 것이라는 전망을 내놓은 바 있다.

14년간 직접 운영해본 남북경협의 상징인 개성공단의 체험적 사례들만 보더라도 남북경협은 질적으로 차원이 다른 번영과 발전을 가능케 한다. 남북 간 경제협력의 폭발력은 어느 정도일까? 북한 전 지역에 걸쳐 수십 년간 전개될 국가 SOC 건설과 대규모 산업인프라 건설시장은 1980년대 중동특수의 수백 배에 달할 것이다. 국내 주요 토목건설사들이 호황을 누리게 되면 대한민국 경제 자체가 도약을 한다. 이미 오래전에 경쟁력을 잃은 섬유, 전자 등의 노동집약산업만 하더라도 남과 북이 만나면 최고의 경쟁력을 되찾게 될 것이다.[**] 남북경협은 단순히 기술과 노동의 결합만으로도 세계 최고의 경쟁력을 확보하는 셈이다. 조선***, 전자, 섬유 등 전통 제조업은 남북협력을 시작하는 순간, 다시 경쟁력을 갖게 될 것이다. 더 나아가 우리의 고급기술과 자본이 양질의 북한 노동력, 국가소유의 토지와 결합하면 어떻게 될까? 그것은 지금까지 그 어느 나라도 경험하지 못했던 경제대도약의 기회를 의미한다.

- 초고집필: 김진향
- 수정검토: 안광원, 최창옥

** 개성공단이 그것을 방증한다. 개성공단의 임금수준은 월 15만 원 선이다. 중국과 동남아 등 전 세계 어디보다도 노동집약산업의 경쟁력이 높은 곳이 북한이다.

*** 2007년 10.4선언에서 합의한 안변, 남포의 남북 조선협력 단지가 그대로 실천되었으면 급격히 몰락하고 있는 한국 조선업의 현재와 같은 위기는 없었을 것이다.

참 고 문 헌

- 카이스트 미래전략대학원, 《2017 대한민국 국가미래전략》, 이콘, 2016.

- 조봉현, 〈한반도 신경제지도 구상과 과제〉, 통일연구원 학술회의 자료(2017.9.19.)

- 임을출, 〈한반도 신경제지도 구상의 이행전략〉, 통일연구원 학술회의 자료(2017.9.19.)

- 중앙대학교 민족통일연구소, 〈중소기업중심의 한반도 신경제지도 구상〉, 중소기업중항회(2018.3.14.)

- 골드만삭스, 〈글로벌 경제보고서〉, 2009.9.

- 통일부 홈페이지(6.15,10.4, 4.27 판문점선언, 북한의 경제전략, 통일방안 자료 등)

국토·교통
: 미래 한반도 국토발전과 교통·물류 인프라 개발 방향

SUMMARY

1   저성장과 인구감소라는 위협에 대처하면서 4차 산업혁명을 기회로 활용해야 하는 우리에게는 새로운 한반도 발전 전략이 필요함

2   한반도는 동북아 교류와 협력의 중심지로서 개방적이고 포용적이면서도 혁신적인 국토발전과 균형적 국토발전을 도모해야 함

3   한반도는 단계적으로 교통, 물류 인프라 개발이 추진되어야 함. 그 단계는 남북연결 인프라의 복원 및 운영 정상화, 북한 인프라의 본격 개발, 북한 인프라의 개발 심화 및 운영 안정화, 남북 인프라의 통합 및 완성의 순으로 이어짐

4   단계적 정책과제로는 남북협력관련 거버넌스의 구축, 남북협력 거버넌스의 공고화 및 국제협력체계 구축, 유럽연합 수준의 제도적 기반 구축, 통일 이후의 안정적 국토관리 등이 있음

5   북한 개발을 동북아 경제와의 상생 번영의 기회로 삼아야 함

6   북한의 토지는 현재와 같이 국유화 상태로 유지하되, 주민은 사용권을 가지도록 함. 개방경제를 운영하고 있는 중국의 토지제도를 참고하여 추진함

1. 새로운 국토발전 방향 모색의 필요성

한반도의 대내외 환경이 일대 전환점을 맞고 있다. 외부적으로는 1990년대 초반부터 시작된 북한 핵문제가 해결의 국면에 이르렀다. 핵문제의 해결은 북한의 정상국가화를 의미하며, 이것은 그동안 동북아의 불완전한 '빈 구간missing link'으로 남아 있던 한반도가 온전히 반도로서의 역할을 되찾게 됨을 의미한다. 반도는 기본적으로 대륙과 해양을 연결하는 역할을 해야 함에도 그동안 한반도에서 우리 한국은 반도가 아닌 섬으로서의 역할을 해왔을 뿐이다. 앞으로 진행될 북핵문제의 해결과 북한의 정상국가화는 우리 한국이 대륙과 육로로 연결됨으로써 지경학적 가치가 크게 증대되는 기회를 가져올 것이다. 인구 1억 2천만 명의 동북3성과 러시아 극동지역이 우리와 육로로 연결됨으로써 교역과 투자가 유리한 환경이 조성될 수 있는 것이다.

우리는 내부적으로 저성장과 인구감소라는 위협에 대처하면서 4차 산업혁명을 경제발전의 기회로 활용해야 하는 상황이다. 우리 경제는 동북아의 선발주자인 일본과 후발주자인 중국 사이에서 경쟁력을 확보하고 지속가능한 성장을 이끌어내야 하는 어려운 숙제를 안고 있다. 이러한 대내외 여건변화 속에서 우리는 한반도의 새로운 국토발전 방향과 전략을 모색해야 하는 것이다. 교통·물류인프라 개발은 기본적으로 국가가 지향할 국토발전의 비전과 방향에 맞추어 진행되어야 하기 때문에 국토발전 방향에 대한 논의는 매우 중요한 의미가 있다.

2. 한반도 국토발전의 기본 방향

우리 경제의 지속가능한 발전을 위해서는 기존의 '사다리형' 발전 패러 다임에서 '강강술래형環舞型 동반발전'으로의 패러다임 전환이 요구된 다. 선진국을 따라잡기 위해 위만 바라보고 나아가는 '사다리형' 발전은 이미 그 한계가 명확해졌다. 고착화되는 저성장의 흐름이 이를 방증하 고 있다. 이제는 우리 사회의 구성원들이 함께 손잡고 국가발전을 도모 하는 '강강술래형 동반발전'의 패러다임이 필요하다. 그리고 우리만이 아니라 주변국과 함께 발전하기 위한 노력도 중요하다. 당연히 북한과 의 동반발전도 이에 포함된다.

'강강술래형 동반발전'을 위한 두 가지 키워드는 '포용'과 '혁신'으로 요약할 수 있을 것이다. '포용'은 서로 갈등이 예상되는 계층이나 분야 에서 서로를 인정하고 함께한다는 의미이다. 외부적 환경에서는 북한과 의 포용, 주변국과의 포용이 중요한 의미를 갖는다. 내부적 환경에서는 개발과 환경의 포용, 지역과 지역 간의 포용 등을 들 수 있다. '혁신'은 기존의 고착된 틀을 넘어선 새로운 가치의 수용과 확산을 의미한다. 먼 길을 안전하게 가기 위해서 반드시 직선으로 난 길을 혼자 가는 것만이 능사가 아니라는 인식, 곡선 길을 함께 돌아가는 것이 더 멀리 가는 지 름길이라는 혁신적인 인식이 바로 그것이다. 남북관계에서 '혁신'은 새 로운 협력 패러다임에서 찾을 수 있다. 정부가 주도하는 남북경협에서 민간이 주도하는 경협으로의 전환, 북한의 저임 노동력을 활용하는 기 존 방식에서 첨단기술을 중심으로 한 전환도 '혁신적' 경협이 될 수 있 을 것이다.

이 글에서는 한반도가 지향할 새로운 국토발전의 방향을, 앞에서 서술한 '강강술래형 동반발전'의 패러다임과 '포용', '혁신'의 키워드를 중심으로 다음과 같이 설정해보았다.

첫째, 유라시아 대륙권과 환태평양 해양권을 아우르는 동북아 교류와 협력의 중심지. 반도로서의 지경학적 강점을 최대한 활용한 국토발전을 모색할 필요가 있다.

둘째, 동북아의 초국경화와 경제통합이라는 흐름을 반영한 혁신적인 국토발전. 새로운 성장동력을 중심으로 한반도가 경쟁력을 확보하기 위해서는 개방적이면서도 혁신적인 국토발전을 도모하는 것이 필요하다. 그러기 위해서는 동북아에서 한반도의 입지를 강화할 수 있는 신성장산업 및 신산업지대를 구축해야 한다. 한중일 산업분업구조 하에서 북한지역의 산업입지 전략을 마련해야 하며 ICT, 신재생에너지, 물류, 관광 등 북한지역에서의 새로운 성장산업 배치 가능성도 검토할 필요가 있다.

셋째, 한반도의 균형발전과 동북아의 균형발전을 선도하는 국토발전. 남북한의 극심한 격차를 완화하고 동북아에서도 환황해권에 비해 낙후된 환동해권과 북방경제권의 균형적 발전을 유도할 필요가 있는 것이다.

이러한 국토발전 방향에서 한반도 차원의 산업·인프라 개발은 서해안 축(환황해 경제벨트)과 동해안 축(환동해 경제벨트) 그리고 중부 축(접경지역 평화벨트)으로 나누어 다음과 같은 방향으로 진행해야 한다. 남북한의 주요 경제권이 집중된 한반도 서해안 축에서는 중국 환보하이권과 연계한 신산업, 국제관광중심의 산업·인프라 벨트를 구축한다. 한반도 동해안 축에서는 중국, 러시아와 연계한 물류·수송, 에너지, 국제관광산업벨트를 구축한다. 중부 축에서는 우리 수도권과 해주, 평양-남포지역의 산업·인프라 연계 개발 및 강원도와 원산 국제관광도시의 산업·인프라 연계 개발을 추진한다.

넷째, 북한의 토지를 현재와 같이 국유화 상태로 유지 발전. 현재 남북의 토지 소유권 방식이 차이가 크다. 남한은 사유화되어 있는 반면에 북한은 국유화되어 있고, 주민들은 사용권만 가지고 있다. 통일이 된다고 해도 이러한 이중적인 방식은 유효할 것으로 예상된다. 과거에 월남한 사람들이 주장할 수 있는 북한 토지 소유권도 슬기롭게 보상을 통하여 해결해야 할 것이다.

3. 한반도의 국토발전을 위한 교통·물류 인프라 개발

앞에서 제시된 한반도 국토발전 방향을 뒷받침하기 위해서는 단계적으로 교통·물류 인프라 개발을 추진해야 한다. 이것은 한반도 차원의 종합적인 교통·물류 네트워크 구축을 통해 남북 간의 극심한 개발격차를 극복하여 대륙권과 해양권을 연결하는 동북아 교류 네트워크의 거점으로서 발전해야 한다는 것이다.

1단계(2018~2027) : 남북연결 인프라의 복원 및 운영 정상화 단계

철도의 경우 기존 연결노선(경의, 동해선)을 정상 운영해야 한다. 특히 서울-문산-개성역 간의 정기 열차운행이 우선돼야 한다. 이를 뒷받침하기 위해서는 '남북철도공동운영위원회', '남북철도 합영회사' 구성을 통해 남북철도정기운행의 세부사항을 협의하고, 남북철도 산업기술협력 등을 추진할 필요가 있다. 북한 내 일부 병목구간의 철도망 확충을 위한 시범협력사업도 이 단계에 고려할 만하다. 평양 주변의 철도 복선화 추진이 이러한 측면에서 검토될 수 있다. 이와 함께 한국과 국제사회 지원으로 북한 철도시설 실태조사가 필요한데, 노후 시설의 파악과 정비 가능성 검토가 이루어져야 한다.

남북 간의 철도분야 용어 및 각종 표준 통일을 위한 공동연구 및 대륙철도 진출을 위한 기술개발도 있어야 한다. 남북 및 대륙철도의 연계를 위해서는 단순히 노후선로의 개보수뿐 아니라, 전기철도 전력설비, 상이한 궤간의 차량운영, 철도 운영방식 통합 등의 다양한 문제들을 해결해야 한다. 따라서 남북 및 대륙철도 연계에 대비한 철도부문의 다양한 문제점을 사전 점검하고 이를 극복하기 위한 실용적 철도기술 개발이 필요하다. 남북 및 대륙철도 전력설비의 효율적 연계방안, 궤간가변형 철도차량 개발, 남북 및 대륙철도 화물열차 운영방안 및 기술표준화, 국경물류 통과기술 개발 등을 공동으로 추진해야 하는 것이다.

남·북·러 3자 간 진행되다가 현재는 중단된 나진-하산 프로젝트도 다시 살려야 한다. 이것은 TKR-TSR 사업의 시범사업으로서 국제사회에 북한철도 현대화 및 TKR-TSR 사업의 공론화에 매우 긍정적인 효과로 작용할 것이다. 서울-신의주 고속철도 준비 및 중국내 고속철도와의 연결을 전제로 한 서울-신의주 간 고속철도 건설도 추진해야 한다.

도로의 경우 남북 단절 도로를 복원하고 정상운영을 추진해야 한다. 이미 연결된 경의선 구간(1번 국도), 동해선 구간(7번 국도) 외에 경원선의 신탄리-평강 구간과 금강산관광선의 철원-내금강 구간, 3번 국도의 철원-평강 구간, 5번 국도의 화천-평강 구간, 31번 국도의 양구-백현리 구간, 43번 국도의 신철원-근동 구간 복원을 추진할 필요가 있다. 이 구간의 복원은 대북 물자 수송경로의 다양화 차원뿐만 아니라 남북 교류와 무역, 관광 협력 사업과 연동되기 때문에 중요한 의미를 갖는다.

이 외에도 서울-평양-신의주 간 기존 도로의 개보수 추진도 필요하다. 향후 본격적인 남북경협 추진으로 북한의 사업 활동이 활발해지면, 북한 서해측 구간을 따라 화물, 여객의 수송수요가 크게 증가할 가능성이 높기 때문이다. 평양과 연결되는 주요 고속도로와 1급도로(평양-신의주 구간 1급도로-평양-원산 간 고속도로)의 부분 개보수도 필요하다. 우선 평양-개성 고속도로(170km)를 4차선 아스팔트 고속도로로 만들고, 평양-신의주축은 1차적으로 신안주-선천-염주-신의주를 연결하는 1급 도로(156km)에 대한 개량공사를 추진하고 단계적으로 고속도로 건설이 이어져야 한다.

이 단계에서는 남북 간의 도로분야 용어 및 각종 표준 통일을 위한 공동연구도 필요하다. 남북한의 물리적인 단절구간이 복원되더라도 남북 간의 도로를 통해 북한지역으로의 인적, 물적 통행이 활성화될 경우, 신속하고 안전하며 저렴한 수송이 이루어지기 위해 남북 간의 도로기술 표준화는 선결되어야 할 과제이다.

해운·항만의 경우 남북한 해운항만 분야 인적교류를 위해 남북한 해운항만 상호방문 시찰사업 및 북한 해운대학 지원 및 교류사업 추진이 검토돼야 한다. 주요 무역항(나선, 원산, 청진, 남포)의 항만 준설사업도 진행될 필요가 있다. 북한의 항만은 시설과 장비의 노후화가 심각하고 낮은 수심도 상당히 문제가 되고 있다. 준설작업은 다른 항만 개발사업보다 시간소요가 짧고 우리나라 장비의 이동으로 가능하다. 그 대상이 되는 항만은 서해안의 항만 중에서 우리나라 선박이 자주 출입하는 남포, 해주 등을 우선적으로 고려할 수 있다. 이와 함께 주요 무역항(나선, 원산, 청진, 남포)의 기존 하역장비의 현대화 등 부두 하역시설 개선과 항만배후 물류관련시설 시범 정비를 남포항과 나선항, 청진항, 원산항을 대상으로 우선 추진해야 한다. 남북 간 정기항로 공동운영 및 남북 간의 해당분야 용어 및 각종 표준 통일을 위한 공동연구도 필요하다.

항공의 경우 순안공항의 추가적인 시설 확장 및 현대화가 필요하다. 이와 함께 관광거점 공항으로 활용이 가능한 삼지연공항(백두산관광), 원산갈마공항(원산관광)의 시설이 확충돼야 한다. 특히 민간차원에서 백두산 관광 항공노선을 우선개발하고 서울-백두산 직항로 개설과 증가되는 항공수요에 대응할 수 있도록 삼지연공항시설의 개선 및 현대화가 요구된다. 국제정기선 노선의 추가 확보 및 남북 간 항공협정 추진도 필요하고 남북 간 항공분야 용어 및 각종 표준 통일을 위한 공동연구와 남북 간 직항로 개설 및 항공기술협력도 추진돼야 한다.

2단계(2028~2037) : 북한 인프라의 본격개발 단계

철도분야에서는 국제철도 시설 현대화(신의주-단둥간 철도전용 교량신설, 두만강역, 남양역 개보수 및 현대화)를 본격적으로 추진해야 할 것이다. 북한 내부 간선철도인 평라선(평양-나진)과 만나는 함북선과 홍의선 철도는 중국과 러시아의 국제협력으로 현대화를 추진할 필요가 있다. 이를 위해 동북아철도 실무협의회의 국제협력 기능을 강화해야 한다. 북한철도와 대륙철도의 연계와 관련해서는 다양한 법적·제도적·기술적 문제가 도출될 것인데, 이를 단계적으로 통합하고 동북아의 철도운송효율을 제고하기 위해 동북아철도운송협정을 체결할 필요가 있다. 북한 철도의 현대화 사업은 극동러시아지역의 천연가스망 도입사업과 연계 추진하는 방안도 검토할 만하다.

도로의 경우 이 단계에서 주요 거점도시의 시가지 및 주변 도로망을 개발해야 한다. 특히 평양, 청진, 함흥 등 거점 도시의 주변 도로망 개발이 본격 추진될 필요가 있다. 북한지역 자원개발형 도로 정비도 따라가야 한다. 함경북도의 무산 철광, 양강도 혜산동광, 함경남도 단천 마그네사이트 및 아연광, 서해도 은율석탄광 등 주요 거점 광산 개발을 위한 연계도로망 구축이 바로 그것이다. 아시아하이웨이 연결노선 종단도로망 정비 사업도 필요하다. AH1(일본 - 부산 - 서울 - 평양 - 신의주 - 중국 - 베트남 - 태국 - 인도 - 파키스탄 - 이란 - 터키) 노선과 AH6(부산 - 강릉 - 원산 - 러시아(하산) - 중국 - 카자흐스탄 - 러시아) 노선 중 북한을 통과하는 도로망의 정비가 이 단계에서 본격 추진되어야 할 것이다.

해운·항만의 경우 남북한 간의 해운·항만 협력이 어느 정도 진전되면 이 단계에서는 남북 공동이 참가하는 해운·항만 물류산업 중장기 발전계획을 수립해야 할 것이다. 해운·항만 물류산업 중장기 발전계획에는 한반도를 단일한 경제권으로 설정하고 남북한의 해운·항만 물류산업이 함께 발전할 수 있는 방안을 포함시켜야 한다. 이 단계에서는 항만배후 물류시설을 신규로 건설해야 한다. 물류 수요를 반영하여 항만배후 물류시설을 추가 건설할 필요가 있는 것이다.

항공의 경우 주요 공항시설을 확충하고 유휴 공항시설을 정비해야 한다. 중국, 러시아, 일본 등 주변국과의 항공, 공항운영관련 협력 및 국제항공기구 등과의 긴밀한 협조체제 구축이 반드시 있어야 한다. 이 단계에서는 남북 공항설계기준 표준화 및 남북 항공과 공항 운영시스템 통합도 추진될 필요가 있다.

3단계(2038~2047) : 북한 인프라의 개발심화 및 운영 안정화 단계

철도에서는 노선별 복구, 개량 등 현대화가 본격적으로 추진될 필요가 있다. 경의선, 경원선·동해선 등을 현대화하되 주요 거점지역 개발과 관련한 노선을 우선적으로 개발해야 한다. 이러한 측면에서 서부지역의 노선 확충이 우선적으로 추진된 이후 동부지역의 개발로 나아가야 한다.

도로 분야의 경우 이 단계에서 북한 도로망의 전면적인 현대화가 본격 추진돼야 한다. 고속도로, 국도의 정비 및 신규 건설계획 수립 및 건설이 이 단계에서 중요하다. 도로 분야 건설 및 관리체계의 구축도 필요하다.

항만 분야의 경우 이 단계에서는 북한 주요 무역항을 본격적으로 특화 개발해야 한다. 북한 항만의 경우 남북한 간 해상물동량의 급증, 중국, 러시아, 유럽 등지로의 해상물동량의 증가 등으로 기존항만의 확장 및 새로운 항만개발이 필요하다. 따라서 항만의 배후권역을 고려하여 북한의 주요 무역항에 대한 특화개발전략을 수립하고 항만별 특화개발을 함으로써 남북한 항만 간의 유기적인 연계망을 구축해야 한다.

항공분야에서는 새로운 수요를 반영한 신규 공항 건설이 필요하다. 세계적 차원의 공항과 동북아 차원의 공항 그리고 지역공항 등 공항의 위계별로 새로운 수요를 반영한 기능부여도 이 단계에서 이루어져야 한다.

4단계(2048~) : 남북 인프라 통합 및 완성 단계

이 단계에서 교통·물류분야는 사실상 남북 간의 격차가 완전히 해소될 뿐만 아니라 동북아 차원에서도 기술적 통합과 제도적 제휴가 완성될 것이다. 따라서 남북 간 철도, 도로, 항만, 항공분야의 제도통합이 이 단계에서 이루어질 것이다. 그리고 국제적인 교통물류체계에 한반도가 완전히 편입되면서 AH1, AH6 아시아하이웨이의 통합 운영, 대륙철도의 통합 운영, 항만 및 항공분야의 통합 운영이 이루어지게 될 것이다.

4. 한반도의 국토발전 및 교통·물류 인프라 개발을 위한 정책과제

앞에서 논의된 국토발전 및 교통·물류 인프라 개발을 위한 단계별 추진체계와 재원조달에 관련한 정책과제는 다음과 같다.

1단계 과제 : 남북협력 관련 거버넌스 구축

남북 간의 단절 인프라를 복원하고 정상운영을 위해서는 먼저 남북 간에 협력 거버넌스를 구축해야 한다. 남북 간 최고위급 회담을 통해 한반도의 미래 발전방향에 대한 공감대를 형성하는 것이 중요하다. 인프라 개발은 이러한 방향성이 확립된 후 추진되어야 시행착오와 비용을 줄일 수 있기 때문이다. 다행히 북한이 구상하고 있는 국토개발의 큰 틀과 우리의 그것이 큰 차이를 보이지 않고 있어서 공감대 형성에는 큰 어려움이 없을 것으로 보인다.

인프라 복원과 관련해서는 남북 간의 경제협력 추진위원회를 가동하여 구체적인 사업의 우선순위와 비용분담을 논의할 필요가 있다. 남북 접경지역에서의 인프라 연결과 관련해서는 우리 측의 남북교류협력기금을 활용하는 방안을 검토하되, 북한 내 구간의 인프라 개발에 대해서는 보다 다양한 재원조달방안이 모색돼야 한다. 일단 남북 간 단절 인프라 복원과 정상화에는 큰 비용이 소요되지 않을 것으로 보이기 때문에 우리의 공적 기금을 우선적으로 고려하되 북측의 부분적인 비용분담도 함께 추진해야 할 것이다.

이 단계에서는 남북 간 기술분야에서의 인적 교류를 확대하는 것에 중요한 의미가 있다. 따라서 우리 측의 공기업이나 연구기관들이 북측 해당기관들과 적극적인 인적 교류를 추진할 수 있도록 남북 정부차원의 지원이 필요할 것이다.

2단계 과제 : 남북협력 거버넌스 공고화와 국제협력체계 구축

북한의 국토개발과 인프라 개발이 본격화되는 이 단계에서는 남북협력 거버넌스도 보다 심화돼야 한다. 북한 내 관련 개발을 전문적으로 주도할 개발공사의 설립을 우리 측이 지원할 수도 있다. 이 단계에서는 북한과 중국, 러시아, 일본 등 주변국을 연결하는 육상, 해상, 항공 인프라의 개발과 함께 이를 지원할 국제적인 협력 거버넌스도 공고하게 구축해야 한다.

특히 남한에서 북한을 거쳐 중국 및 러시아로 연결되는 육상 인프라의 구축과 가동을 위한 다자협력 체계가 마련돼야 한다. 이 단계에서는 우리의 민간자본과 국제사회의 공적자본 및 민간자본을 적극 유치하여 인프라 개발에 소요되는 비용을 조달할 수 있어야 할 것이다.

3단계 과제 : 유럽연합 수준의 제도적 기반 구축

이 단계에서는 남북한과 주변국들이 지금의 유럽연합 수준의 자유로운 인적 이동과 교역투자가 이루어질 수 있는 기반을 구축하여야 할 것이다. 국토개발과 인프라 개발 측면에서는 한반도와 주변국을 연결하는 육상, 해상, 항공, 해운 네트워크의 강화 및 심화를 위해 관련 제도적, 물리적 기반을 구축하는 것이 중요하다.

한반도 내에서는 우리의 수도권과 북한의 평양권을 중심으로 한 중부 지역의 초대형 경제협력지대 구축을 위해 관련 제도와 인프라를 갖추는 것이 필요하다. 동북아차원에서는 환황해권과 환동해권 차원의 초국경 도시협력 네트워크 구축을 뒷받침할 제도적 기반도 마련해야 한다.

4단계 과제 : 통일 이후의 안정적인 국토관리

남북 간의 경제통합을 기반으로 통일이 실현될 경우, 우리는 여러 가지 제도적 과제를 해결해야 한다. 가장 커다란 과제는 남북한이 동일한 제도를 시행하게 됨에 따른 부작용을 최소화하는 것인데, 만약 북한이 통일 이전까지 남한과 유사한 수준으로 경제를 개혁하고 개방을 한다면 그 부작용은 최소화될 것이다.

우선적으로 북한에서 사적 소유에 기초한 경제제도를 구축하고 정착시켜야 한다. 북한지역에서 토지의 국유화는 유지하며, 주택과 기업의 사유화를 추진하는 과정은 중국의 사례를 보면서 진행하면 될 것이다.

5. 맺음말

북한의 국토 및 인프라 개발은 우리에게 커다란 기회이자 도전이 될 것이다. 북한 개발은 단순히 우리에게 새로운 소비시장과 건설시장의 확대만을 의미하지 않는다. 저성장 극복의 기회만으로 북한 개발을 볼 것이 아니라 동북아 경제를 키워서 함께 상생 번영할 수 있는 기회로 만들어야 한다. 북한이 본격적으로 개발되면 동북아에서 마지막으로 남은 저개발지역인 동북3성과 극동러시아지역의 개발에 커다란 전기가 마련될 것이다. 북한을 통해 우리와 동북3성이 육로로 연결되면 교역비용이 최대 50% 절감된다는 연구결과도 있다. 물론 북한 개발은 북한이 핵 문제를 평화적으로 해소하고 정상국가화의 길에 접어들어야 가능한 일이다.

하지만 북한이 이렇게 정상국가화의 길을 걸으면서 단계적인 개발과정을 거쳐 통일에 이르지 않고, 다른 경로로 통일이 될 경우 북한의 국토 및 인프라 개발이 우리에게는 커다란 도전이 될 수도 있다. 모든 개발에서 바람직한 것은 체계적이고도 단계적인 개발이다. 그래야 시행착오를 줄일 수 있고 비용을 절감할 수 있다. 통일 이후 동독개발에 막대한 중복투자와 과잉투자로 몸살을 앓았던 독일경제가 우리에게 주는 시사점이다.

남북이 가장 먼저 머리를 맞대고 논의할 것 가운데 하나는 한반도를 어떠한 방향으로 함께 발전시켜갈 것인가를 정하는 것이다. 남북 간의 인프라 연결과 복원도 이러한 방향하에서 의미를 찾을 수 있을 것이기 때문이다.

- 초고집필: 이상준
- 수정검토: 우희창, 이광형, 최윤정, 황호택

참 고 문 헌

- 이상준 · 정여천 · 김의준 · 이백진 · 이현주 · 배은지, 〈한반도 북방지역 미래 종합발전 기본구상〉, 《경제 · 인문사회연구회 협동연구총서》, 국토연구원, 2015.

- 이상준 · 김천규 · 이백진 · 이현주 · 임강택 · 장형수 · 홍순직 · 조봉현, 〈한반도 · 동북아 공동발전을 위한 북한국토개발 핵심 프로젝트 실천방안 연구〉, 국토연구원, 2015.

- 이상준, 〈전환기의 한반도 국토비전과 발전전략〉, 《월간 국토》 2017년 1월호(통권 제423호).

통화·금융
: 통일시대 통화·금융통합 전략

SUMMARY

1 통화·금융통합은 여러 경제권이 단일 통화와 단일 중앙은행을 가짐으로써, 금융시스템 전반이 통합되는 것을 말함

2 동서독의 통화·금융통합은 경제·사회통합과 동시에 서독 시스템으로 급속하게 통합되었고 전환비율은 협상에 의해 결정되었음

3 EU에서의 통화통합은 다수 국가에서 경제통합의 정점으로 이루어짐. 새로운 통화와 중앙은행이 도입되고 수렴조건을 충족한 국가들만이 참여하였으며 재정규율도 부과되었음

4 북한의 통화·금융은 일원적 은행제도의 단순한 제도에 머물러 있고 사금융과 달러라이제이션이 확산되고 있음

5 남북한 간 통화통합은 동서독과 EU 경험의 시사점, 북한의 현황에 대한 이해를 기반으로 추진되어야 하며, 북한의 개혁, 관련 부문의 통합 및 소득의 수렴이 이루어진 후 달성하는 것을 목표로 해야 함

1. 통화·금융통합의 전개 방향

경제통합에서 정점을 이루는 통화·금융통합은 다른 분야의 통합과 유기적으로 연결되어 전개되어야 한다. 이 글에서는 먼저 통화·금융통합의 의미를 짚어본 후 현실적인 이해를 위해 동서독과 유럽연합(EU)에서의 통합 사례를 살펴볼 것이다. 이어서 북한의 현황을 파악하고, 부문별로 단계적 통합 방안을 모색하고자 한다.

2. 통화·금융통합의 의미와 사례

통화·금융통합의 의미

통화통합은 화폐통합, 통화동맹, 화폐동맹 등으로도 불리며 그 정의 역시 다양하다. 이 글에서는 서로 다른 통화를 사용하던 경제권이 단일 통화를 사용하고, 단일 중앙은행이 통화정책을 관할한다는 것으로 정의하고 논의를 전개하고자 한다. 통화통합은 두 화폐의 환율이 비가역적으로 고정되는 것을 뜻하고, 참여국들의 재정건전성 여부는 통화통합에 중요한 영향을 미치기 때문에 환율과 재정도 고려의 대상이 된다.

금융통합은 금융기관, 금융시장 및 금융인프라를 포괄하는 금융시스템이 전반적으로 합쳐지는 것을 의미한다. 금융기관은 중앙은행, 상업은행, 증권회사, 보험회사 등을, 금융시장은 대출시장, 주식시장, 채권시장, 외환시장 등을 포함한다. 금융인프라는 이들을 지원하는 금융감독제도, 예금보험제도, 지급결제시스템 등을 총칭한다.

통화·금융통합의 대표적인 사례로는 통일독일과 EU의 경우가 있으며, 우리나라의 통합 연구도 주로 여기에 기반하고 있다. 두 사례는 통합 대상지역, 방식, 속도 및 정도 등 여러 측면에서 남북한 상황과 차이가 물론 크다. 그러나 서로 이질적인 통화정책과 금융정책을 통합해간 점에서 유용한 시사점을 찾을 수 있다.

동서독 간 통화·금융통합

독일에서는 1989년 11월 9일 베를린장벽 붕괴 후 1990년 2월에 통합협상이 개시되어 5월 18일 〈통화·경제·사회동맹 창설을 위한 국가조약〉이 조인되었고 7월 1일 발효되었다. 이를 통해 동독지역에도 DM화가 유일한 법정통화로 유통되고 서독의 독일연방은행이 통화정책을 관장하게 되었다. 경제통합으로 서독의 시장경제가, 사회통합으로 서독의 사회보장제도와 노동제도가 동독에도 적용되었다. 이것은 장벽이 무너진 지 불과 8개월 만에, 그리고 정치적 통일(10월 3일)이 이루어지기 3개월 전의 일이다.

일반적으로 인정되는 동독마르크화의 시장 환율이 없었기 때문에 DM과 동독마르크화 간의 전환비율(교환비율)은 동서독 간의 협상을 통해 결정되었다. 이 전환비율은 개인의 소득·금융자산, 기업의 경쟁력, 인플레이션, 정부의 재정부담 등에 큰 영향을 미치는 요인이기 때문에 전환비율 협상은 매우 중요했다. 그러나 동서독 간의 전환비율은 경제적 논리보다는 좀 더 유리한 전환을 기대했던 동독 측의 요구와 서독 측의 정치적 고려 등이 반영되어 결정되었다고 할 수 있다. 이에 따라 그 평가도 엇갈린다. 즉, 임금의 1:1 전환은 통합 후의 높은 임금 상승과 함께 동독지역 경쟁력 상실의 주요인이 되어 많은 비판을 받았으나, 정치적으로는 통일로 이끄는 실마리로 작용했다는 긍정적인 평가를 받기도 했다. 동서독 서로의 협상 배경은 달랐지만, 결론적으로 독일연방은 행은 매우 짧은 기간 내에 지폐·주화의 수송, 보관, 교환 준비를 마치고 발효와 동시에 동독 전역의 주민들에게 DM화를 공급했고, 이어서 물가 안정을 최우선으로 하는 통화정책을 독일 전역에서 시행했다.

금융통합 면에서는 서독의 제도를 동독지역에 그대로 이식하는 식이 었다. 이에 따라 동독의 일원적 금융제도는 시장경제에 맞는 이원적 금융제도로 전환되었다. 동독국립은행에서 상업은행이 분리되고 서독 및 외국은행들은 합작, 지점설치, 합병 등의 형태로 동독에 진출했다. 저축은행, 협동조합은행 등 기층 금융망은 복구되어 서독의 해당 협회로 통합되었다. 초기 동독지역 은행들이 원활하게 작동했던 데에는 서독 금융기관들의 인적·물적 지원이 큰 역할을 담당했다.

금융감독, 지급결제제도, 그리고 예금보험제도 등 금융인프라도 매우 짧은 기간 안에 서독방식으로 통합되었다. 이후 동독지역의 재정은 5년간의 과도기를 거쳐 기존 서독의 재정균등화제도에 편입되었다.

EU에서의 통화·금융통합

유럽의 경제통합은 1957년 유럽경제공동체EEC 창설을 통한 자유무역지대의 형성, 1967년 유럽공동체EC를 통한 관세동맹의 완성, 1990년 자본자유화에 이어 1993년 단일시장으로 진전되고 마침내 EU가 출범했다. 상품·서비스, 자본, 노동의 자유로운 이동이 단계적으로 이루어지면서 단일시장이 완성된 것이다. 유럽경제통화동맹EMU은 1992년 정식 조인된 마스트리히트 조약을 계기로 본격적으로 추진되어 1999년 1월 1일부터 유로화가 법정통화가 되고 유럽중앙은행ECB이 회원국의 통화정책 권한을 위임받았다. EEC 출범 후 40여년이 지나 통화통합이 이루어진 것이다. 한편 유로화 지폐와 주화는 3년이 지난 2002년 초부터 유통되기 시작했고 ECB는 주민들의 수용성을 높이기 위해 노력했다. 유로지역 회원국은 출범 당시 11개국에서 현재는 19개국으로 늘어났다.

이 과정에서 역내국 간 환율을 안정시키려는 노력이 지속되었다. 유럽통화제도EMS: European Monetary System의 환율조정장치ERM: Exchange Rate Mechanism 등은 각국 통화가 서로 일정 범위 내에서 움직이도록 하는 장치였다. 또한 물가안정, 건전한 재정상태, ERM 참여를 포함한 환율의 안정 및 장기금리의 수렴 등 경제여건이 충족된 국가들만이 유로화를 사용할 수 있도록 하였다. 통화정책은 ECB의 정책위원회에서 결정되며 각 회원국 총재도 참여한다. 그러나 회원국 간의 성장률과 물가상승률 차이에 따른 금리정책 논란, 위기 국면에서 국채매입을 둘러싼 논란 등은 상이한 경제여건에 있는 회원국들에게 통일된 통화정책을 적용하는 것의 어려움을 보여주기도 했다.

한편 유로지역 회원국들의 권한으로 남아 있는 재정의 건전성 유지를 위해 〈안정·성장협약〉이 제정되었고 재정문제 해결에 다른 회원국이나 중앙은행의 도움을 받지 못하도록 했다. 그러나 이러한 장치가 제대로 작동하지 못한 채 일부 국가에서 재정위기가 발생했고 중앙은행이 국채를 매입하는 상황이 발생했다. 이를 계기로 재정규율이 강화되고 위기관리기구도 신설되었다.

금융통합 측면에서는, 각국의 금융시장에서 영업이 가능해지고 통합된 지급결제시스템이 구축되었다. 그러나 각국의 금융관행이 유지되는 가운데 금융감독제도나 예금보험제도는 통합되지 않았다. 결국 위기 국면에서 이러한 제도적 미비와 회원국 간 금융시장 분절 등의 문제점이

드러났고 단일은행감독, 단일정리기구, 공동예금보험 등 은행동맹이 추진되었다.

3. 남북한 간 통화·금융통합의 전개

남북 통화·금융통합은 동서독과 EU에서의 통합 사례와 북한의 금융·통화 현황에 대한 이해를 바탕으로 단계적으로 진행되어야 한다. 특히 통화통합은 상품·서비스, 자본 및 노동의 자유로운 이동이 가능한 단일시장의 형성, 소득수준의 수렴 및 금융분야의 통합을 전제로 이행되어야 한다. 통합은 기본적으로 남한 시스템으로의 통합을 의미하기 때문에 북한의 시스템이 어떻게 수렴되어가야 하는가를 중심으로 살펴본다.

북한의 금융·통화 현황

북한의 금융시스템은 사회주의 계획경제에 근거한 일원적 은행제도를 택하고 있다. 금융기관은 상업은행 기능도 담당하는 조선중앙은행, 대외거래 업무를 담당하는 조선무역은행 외에 몇몇 대외결제은행, 보험회사 및 합영금융기관 등으로 단순하다. 중앙은행법(2004), 상업은행법(2006) 등을 제정하여 이원적 은행제도로의 제도적 틀은 마련하였으나 실제 이행 여부, 상업은행의 존재 및 작동현황에 대한 정보는 부족한 형편이다. 금융시장에서는 초보적인 형태의 예대시장 이외에 자금시장, 자본시장 및 외환시장은 존재하지 않는다. 금융인프라의 경우, 유일계좌 원칙에 따른 단순한 지급결제제도가 존재하지만 금융감독이나 예금보험제도 등은 사실상 없다.

북한의 금융은 고난의 행군, 7.1 경제관리 개선조치, 화폐개혁 등을 거치면서 국가통제력이 약화되었고, 시장경제 영역의 확대와 함께 적잖은 변화를 겪어왔다. 은행의 자금공급 기능 또한 약화되었다. 낮은 금리와 인출의 불확실성, 화폐개혁의 경험 등에 따른 금융기관 불신으로 주민들의 은행이용은 상당히 저조한 것으로 알려져 있다. 이에 따라 정부의 자금이나 민간부문의 저축을 통해 기업에 투자자금을 제공한다는 금융 본연의 기능이 제대로 작동하지 못하고 있다. 이러한 상황에서 돈주 및 돈장사꾼 등을 통한 사금융이 확대되고 있다. 돈장사꾼들은 높은 예대금리를 수반한 자금대출 외에 상호 간의 자금융통, 지급결제 등의 역할까지 하는 것으로 알려져 있다.

북한원화에 대한 신뢰는 2009년의 몰수적 화폐개혁과 그 후유증으로 물가와 환율이 급등하면서 크게 상실되었다. 공식환율은 거의 변하지 않은 가운데 시장환율은 급등하면서 그 차이가 70~80배에 달하고 있다. 달러 및 위안화 등 외화가 가치저장수단, 교환수단으로서 북한원화를 대체하는 외화통용현상(달러라이제이션)이 확산되었다.

경제교류 단계에서의 금융협력

초기 경제교류 단계에서는 북한의 통화·금융 실상에 대한 보다 정확한 파악, 그리고 남북 간 무역, 투자 등 경제교류에 수반되는 지급결제 제도의 구축 등이 먼저 이루어져야 한다. 현재는 북한 금융기관의 구조 및 기능이나 통화량, 예금, 대출금 및 외환보유액과 같은 기초 정보도 부족한 형편이다. 한국의 관련 기관들이 참여한다면 정확한 통계 작성을 지원할 수 있을 것이다. 동독 말기에는 현실을 반영한 통계를 소수 정책결정권자만이 파악하고 있었고, 동서독 간 통화통합 조인 후 독일연방은행이 가장 먼저 착수한 일은 동독 금융기관의 개시대차대조표 작성이었다고 한다.

한편, 남북한 간 상품·서비스 교역이나 투자가 활성화될 경우 이를 원활히 뒷받침하기 위해서는 지급결제제도가 구축되어야 할 것이다. 기존에 합의된 청산결제제도의 활용, 제3국을 통한 간접결제망, 남북한 간의 직접 결제 등을 검토해야 한다. 나아가 개성공단 혹은 북한 경제특구에서 남북한 합작은행의 설립도 고려해볼 수 있다. 통합 이전 동서독 간에는 교역의 결제를 위한 동서독 중앙은행 간의 청산계정 설치 및 대월(스왑)제도, 대동독 수출 자본재에 대한 연불수출금융, 서독은행단의 대동독 상업차관 제공 등이 있었다.

북한의 개혁과 단계적 통합

1단계: 시장형 금융제도로의 전환

남북한 통화·금융통합을 향한 전제로서 북한의 개혁·개방과 아울러 통화·금융제도도 시장경제형으로 전환되어야 한다. 동독의 경우, 급속하게 서독의 제도로 통합되었고 유럽경제통화동맹 회원국들은 그때 이미 시장경제형 금융시스템을 택하고 있는 나라들이었다. 때문에 금융제도의 점진적인 개혁·개방, 달러라이제이션의 해소 등에 관해서는 중국과 베트남의 사례를 참고할 수 있을 것이다.

중국과 베트남은 개혁개방과 도이모이 정책 추진 과정에서 이원적 금융제도로 전환했다. 상업은행이 분리되어 정책은행, 신용협동조합, 기타 금융기관 등으로 다양화되었고 민영화도 점진적으로 이루어졌다. 이와 병행해 금융시장과 인프라가 구축되었다. 중국과 베트남은 또한 원활한 예금조달을 위해 예금인출 및 실질금리의 보장, 급여의 계좌이체 등을 통해 국민들의 금융기관 이용을 유도하는 정책을 폈다. 베트남은 특히 예금인출의 보장, 물가와 환율의 안정화, 공식환율과 시장환율의 수렴, 자국화 예금과 외화예금 간의 금리차 유지 등을 통해 달러라이제 이션 문제를 일정 부분 해소할 수 있었다. 대출에서는 두 국가 모두 자 금공급을 엄격하게 관리하지 못함으로써 대규모 부실채권이 발생했고 이의 해소를 위해 막대한 재정자금이 투입된 바 있다.

2단계: 통화부문의 단계별 통합

통합 이전 북한에서의 통화정책은 물가안정을 기반으로 하되 현격한 남북 소득격차(2017년 기준 22배)를 줄이기 위해 고성장을 뒷받침하는 방 향으로 운용하는 것이 불가피할 것이다. 소득격차가 어느 정도 축소되 고 통합시기가 가까워질수록 통화정책목표를 한국은행과 일치시킬 필 요가 있다. 상업금융기관에 대한 자금공급도 재할인제도 등 개발연대 방식을 원용하다가 공개시장운영 등을 활성화하는 방향으로 바꿔가야 한다.

환율 측면에서는 공식환율과 시장환율이 단일화되고 실세화되어야 한다. 초기에 물가안정과 화폐에 대한 신뢰확보 차원에서 달러 등 국제 통화에 대해 고정환율제도를 택할 경우, 자본이동 제한 등 환율 유지 를 위한 대비장치가 필요하다. 초기 환율수준 설정 시에는 수출경쟁력 과 소득수준을 고려해야 한다. 순차적으로 보다 자유로운 변동환율제 로 이행하고 마지막 단계에서는 시장에서 형성된 환율을 기반으로 하 여 ERM 등과 같이 남한원화와의 엄격한 고정환율제를 거쳐 통합하는 것이다. 외환제도는 개방의 정도에 따라 경상거래부터 점진적으로 자유 화해나가되, 자본거래의 자유화가 북한 경제와 환율의 불안정으로 이어지지 않도록 속도 조절이 필요하다. 재정은 재정건전성을 유지함으로써 통화정책과 자본시장에 부정적 요인으로 작용하지 않도록 해야 한다.

3단계: 금융부문의 단계별 통합

금융시스템은 통화정책 수행과 경제성장에 있어서 필수적인 기반이며 초기 구축과 운용, 그리고 통합 시스템으로의 수렴까지 남한 및 외국의 자본·기술·인적 지원이 상당량 필요한 부분이다. 이때 북한의 기존 금융제도, 사금융 및 달러라이제이션의 확산 등을 고려하여 금융기관, 금융시장, 금융인프라 각 분야별로 단계적 통합방향을 밟아나가야 한다. 본격적인 단일화폐에 앞서서 암호화폐를 공공으로 사용하게 될 가능성도 있다.

중앙은행 간 교류를 통해 북한의 시장형 시스템 구축과 통화정책에 관한 자문을 제공하며 북한측도 통화정책을 비롯한 중앙은행 업무 경험을 쌓도록 한다.

상업금융기관의 구축은 조선중앙은행으로부터 상업은행기능을 분리하고 조선무역은행 및 대외결제은행, 저금소, 협동농장 신용부 등을 활성화하는 것으로 시작한다. 남한 및 외국계은행을 적극 유치하는 한편 지역밀착형 금융기관도 양성하도록 한다. 이 과정에서 돈주, 돈장사꾼을 제도금융권으로 흡수하는 방안을 강구해야 한다. 개발금융기구는 신용도, 자본조달 능력 등을 고려할 때 남한의 지점이나 자회사 형식이 바람직해 보인다. 상업은행들의 조기 정상영업을 위한 예금유인책 마련, 대출을 위한 담보권, 신용평가제도 등도 신속히 확립되어야 할 것이다.

금융시장 중 자금·예대시장에서는 남한·외국계 은행의 자금을 유치하되 이것이 과다유입되지 않도록 유의해야 한다. 금융인프라에서 지급결제제도는 가능한 한 빨리 남한 제도를 이식할 필요가 있다. 금융감독제도도 한국의 제도를 원용하되 초기의 회계제도나 금융산업의 발전단계 등을 고려해 적용해야 한다. 예금보험제도는 보험기금 가입 등 남한제도로의 통합을 염두에 두고 설계하되 초기에는 정부가 전액을 보장하는 등 보험기구, 보호 한도 등에서 과도기적 적용이 필요하다.

4단계: 분야별 통합의 상호연계성

통합과정에서 중요한 것은 분야별 통합단계가 유기적으로 연계되도록 하는 것이다. 즉, 초기의 통화정책은 통화량 목표제를 택하고 금리수준은 고성장에 맞추어 설정할 필요가 있다. 이때 고정환율을 택하게 되면 자본이동은 제한되어야 한다. 다만 투자재원으로서 남한의 자본 유입에 대해서는 일정 범위 내에서 허용할 수 있을 것이다. 이원적 은행제도로 전환 후 초기에 상업은행에 대한 중앙은행의 자금공급은 주로 재할인제도를 통하게 된다. 정부채의 발행으로 자본시장이 형성되고 외환시장의 초기 모습이 구축될 것이다. 지급결제제도는 남한 시스템을 신속히 도입하고 금융감독제도는 다소 완화된 형태로 도입하되 예금보험제도는 예금유인 제공을 위해 정부가 보증하는 방안 등을 고려해야 한다. 물론 재정정책은 경제발전을 위한 분야에 집중 투입한다.

중기가 되면 금리의 점진적 자유화와 함께 변동환율제로 이행하면서 외환제도도 점차 자유화한다. 금융기관의 종류가 늘어나고 상장주식이 등장할 수도 있다. 금융감독제도의 구축, 예금보험기금의 적립 등 금융 인프라는 남한 시스템에 점차 수렴하도록 한다. 재정정책에 있어서는 재정균형을 추구해 나가야 한다.

후기는 통합을 준비하는 시기이다. 화폐는 단일화폐로의 교환을 교환을 준비하고 통화정책은 한국은행의 목표로 수렴하며 금리 자유화 폭도 넓힌다. 환율제도에서는 시장에서 형성된 환율을 기반으로 하여 엄격한 고정환율제를 거쳐 남한원화와 통합한다. 외환거래는 남한 수준으로 자유화한다. 금융제도에서는 북한 중앙은행을 한국은행으로 통합하는 작업을 시작한다. 통화정책수단에서는 공개시장운영을 통한 자금공급을 일반화한다. 물론 이는 그간의 과정에서 원활히 작동하는 금융시스템이 구축되었음을 전제로 한다. 자본시장은 남한의 채권, 주식시장과 통합 준비를 하고 예금보험제도도 기금을 통합하면서 단일 보험제도로 출범한다. 이러한 바탕 위에서 단일화폐가 남북한 전역에 통용되고 통합 중앙은행이 통화정책을 관장하게 될 것이다.

4. 맺음말

지금까지 동서독, EU 사례에서의 시사점, 북한의 현황 등을 바탕으로 단일통화, 단일중앙은행으로 이어지는 단계적 통화·금융통합 방안을 살펴보았다. 서독 시스템으로의 동서독 통합, 경제에서 통화로의 단계적 통합, 개혁에서 당면하는 문제점 등을 고려해 최적의 통합방안을 모색해본 것이다.

이처럼 북한의 경제성장 및 통화·금융 분야의 사전적 통합 준비단계를 거칠 경우 사회보장과 노동시장에서의 긴장을 크게 줄이는 한편 북한특구의 빠른 성장을 뒷받침하는 방향으로 관련 정책을 운용할 수 있을 것이다. 다만, 남한의 시스템으로 수렴함에 있어서 북한은 시장경제 정책 노하우와 경험, 초기에 필요한 외환, 자본 등이 크게 부족할 것이므로 남한의 적극적인 인적·물적·기술적 지원이 필요하다.

한편 분야별, 단계별로 통합방안을 구체적으로 마련하게 되면 향후 상황이 어떤 방향으로 전개되더라도 활용이 가능할 것이므로 각 사안에 대해 현실성 있는 대안들을 계속 검토해나갈 필요가 있다.

- 초고집필: 김영찬
- 수정검토: 안광옥, 최창옥

참 고 문 헌

- 김영찬, 〈동서독 통화·금융통합 과정에서 독일연방은행의 역할 및 한국에의 시사점〉, 한국외국어대학교 박사학위 논문, 2016.

- 김영찬, 《독일통일 과정에서 독일마르크화와 독일연방은행의 역할》, 새녘출판사, 2017.

- 김영찬·김범환·홍석기·박현석, 〈통일 후 남북한경제 한시분리운영방안: 통화·금융·재정분야〉, 대외경제정책연구원, 2016.

- 김영희, 〈북한의 5대시장 형성과 작동 메커니즘을 통해 본 시장화 실태〉, 《KDB북한개발》 봄호, KDB산업은행, 2017.

- 박영자, 〈북한의 사금융시장〉, 한국수출입은행 북한.동북아연구센터, 《북한의 금융》, 오름, 2016.

- 임호열·김영찬·방호경·김준영·최필수, 〈중국·베트남 금융개혁이 북한에 주는 함의〉, 《중장기통상전략연구 15-01》, 대외경제정책연구원, 2015.

- 조봉현, 〈독일 통일과정에서 금융의 역할과 시사점〉, 《KoFC 북한개발》 통권 2호, 2014.

- 한국수출입은행 북한·동북아연구센터, 《북한의 금융》, 오름, 2016.

- Deutsche Bundesbank, ed., *Fifty Years of the Deutsche Mark: Central Bank and the Currency in Germany since 1948*, Oxford Univ. Press, 1999.

- Mayer, Thomas, *Europe's Unfinished Currency: The Political Economics of the Euro*, London: Anthem Press, 2012.

조세
: 한반도 통일시대 단계별 조세재정 전략

SUMMARY

1 국가의 유지, 발전 및 통일한국을 지향함에 있어 국가재정 전략은 필수적임

2 중앙정부는 국가 공통 사무와 국민 기준선을 보장하는 역할을 담당하고 지방정부는 지역특성에 맞는 탄력적인 정책을 시도하는 역할을 해야 함

3 재정의 효율적 운용을 위한 분권형 시스템과 조세재정 제도의 합리적인 시스템을 구축해야 함

4 통일에 필요한 재정수요에 대비하고 효율적인 통합을 이루기 위한 조세재정 시스템을 구축하는 것이 필요함

5 통일을 준비하는 조세재정 전략
   - 통일한국을 위한 대한민국의 재정개혁
   - 통일국가를 위한 남한 내의 재정구조개혁
   - 통일재정수요에 대비하기 위한 남한 내의 조세재정 시스템 구축

6 통일을 이루어가는 단계적 전략
   - 1단계(2018~2027): 경제협력 & 자유왕래 – 북한지역 투자를 위한 재정확보와 시스템 구축
   - 2단계(2028~2037): 단일경제권 & 자유무역 – 남북한 조세재정체계 연동 시스템 구축과 시범사업 추진
   - 3단계(2038~2047): 1국가 2체제 & 단일화폐 – 조세징수 및 재정분배 시스템 통일
   - 4단계(2048~): 통일 & 1국가 1체제 – 통일국가로서의 조세재정체계 확립

1. 남북 재정의 현황과 미래지향

통일을 논의할 때 등장하는 통일비용 논의는 대부분 급속한 통일에 대한 우려에서 기인한다. 그러나 현재 우리가 부담하고 있는 분단비용을 고려한다면 현 상황이 지속되는 것이 오히려 손실일 수도 있다. 또한 오랫동안 논의된 흡수통일이 사실상 불가능하다는 것도 공유되고 있다. 따라서 양국 간 경제협력을 통한 경제격차 해소에서 출발하여 통일을 설계해야 한다. 그 과정에서 조세 및 재정정책은 가장 중요한 부분이다. 장기적인 효과를 위한 투자는 국가의 역할일 수밖에 없기 때문이다.

남북 재정현황 비교

통일을 대비한 계획을 세우는 데 있어서 가장 중요한 것은 남북 간 경제격차를 줄이는 것이다. 현재 남한의 국내총생산GDP은 북한의 45배, 1인당 GDP는 22배에 달한다. 통일 당시 동서독의 GDP 차이는 각각 13.7배와 3.1배였다. 남북한 경제격차가 크기 때문에 이를 줄이는 노력이 없이는 막대한 재원이 사용될 수밖에 없다. 하지만 경제격차를 줄이는 과정이 수반된다면 비용보다는 투자라는 관점에서 접근이 가능하다. 통일비용과 통일수익이라는 측면을 종합적으로 고려하게 되면, 남북한의 격차는 역설적으로 지역 간 재분과 효과를 극대화시키는 투자처가 되기 때문에 투자 관점에서의 새로운 접근이 필요하다.

남북 재정개혁의 추진방향

남북한의 경제격차는 재정격차에 그대로 반영된다. 급격한 흡수통일로 남한이 재정적인 문제를 떠안게 되는 경우라 할지라도 통일의 경제적 효과는 매우 클 것으로 예상된다. 우리와 단순 비교는 어렵지만, 독일의 경우 통일비용의 대부분을 국채발행을 통해 해결했고, 2000년대부터는 국채 상환이 완료되어 통일비용 산정작업이 무의미해졌다. 그것은 경제적 효과가 조세효과로 이어져 국채를 갚을 수 있었기 때문이다. 따라서 통일의 경제적 효과는 그대로 재정적 효과로 이어져 또 다른 경제적 보완을 견인할 수 있다.

조세재정 개혁과 관련 고려 사항

조세재정 개혁에서 가장 중요한 것은 경제적인 통합과 동시에 제도의 통합이다. 초기부터 이러한 것을 상정한 설계가 필요하다. 이를 위해서 고려해야 하는 상황은 인구이동의 허용 여부이다. 남북한이 서로 다른 제도를 적용하는 경우에는 이동이 제한되는 것이 재정 부담을 줄여나가기에 용이하다. 왜냐하면 급속한 인구이동은 남한의 공공서비스 비용을 증가시키고, 동시에 북한지역의 과도한 공공지출을 수반케 하기 때문이다. 따라서 단계적으로 격차를 줄이고 제도를 일치시켜나가면서 이러한 남북한 재정 부담을 감소시키려는 노력이 필요하다.

2. 통일을 준비하는 조세재정 전략

통일한국을 위한 대한민국의 재정개혁

조세 측면에서는 남한이 가지는 문제점을 해소하고 재정지출 측면에서는 통일을 대비하는 노력이 필요하다. 최근 남한에서 이루어지고 있는 개헌 등의 노력은 남북한 통일 이후의 체제구축을 위한 비전과 같은 맥락에서 진행되는 것이라고 볼 수 있다. 전국적인 차원에서 지역격차를 줄이고 지역의 창의적 발전을 도모하는 시스템으로의 개혁은 통일 이후 북한 조세재정체계를 통합하는 과정의 시작이라고도 할 수 있다.

통일국가를 위한 남한 내의 재정구조개혁

통일국가의 지방분권이라는 전제하에 조세재정에 관해서도 권력분권이 성립되어야 한다. 따라서 국세와 지방세의 균형을 이루는 작업도 필요하지만 궁극적으로 조세와 재정의 수입과 지출에 대해 결정하는 권한이 분산되어야 한다. 여기서 분산이라고 하는 것은 공동으로 결정하는 것을 전제로 한다. 남북 간의 경제시스템은 분산될 수 없고, 조세와 재정지출도 하나의 시스템 안에서 결정되어야 할 것이다.

통일재정수요를 대비하기 위한 남한 내의 조세재정 시스템 구축

한 국가의 조세체제는 국가의 운영체계와 밀접한 연관을 가지고 있다. 또한 조세체제에는 국가운영의 기본 철학과 국가가 나아갈 방향, 그리고 한 국가를 어떻게 운영해나가겠다는 의지가 담겨 있다. 따라서 남북한이 지향하는 바가 매우 달랐으며 시스템 역시 상이할 수밖에 없었던 현실적 문제를 통일의 협의 과정에서 해결하려는 노력이 필요하다.

3. 통일을 이루어가는 단계적 전략

1단계(2018~2027)
: 경제협력 & 자유왕래-북한지역 투자를 위한 재정확보와 시스템 구축

통일을 위해서는 북한에 대한 투자재원을 확보하고 남북한의 경제격차를 줄이는 노력을 해야 한다. 우선 투자재원의 경우 국채를 발행하는 방안과 조세를 신설 또는 증세하는 방안이 있다. 독일의 경우 국채를 발행하고 지방자치단체들에게도 소액이지만 상징적으로 일정한 부담을 지게 했다. 우리의 경우에는 미래세대와의 형평성과 재정부담의 지속가능성을 고려하여 국채발행 규모를 결정해야 할 것이다. 이와 함께 분단비용과 코리아 디스카운트 등 그동안 우리 경제를 옥죄고 있던 경제적 저평가를 해소하는 개선효과도 반영할 수 있어야 한다. 이를 토대로 세수증대효과와 새로운 세목을 신설할 현실적 여건을 마련하는 것이 필요하다.

• 통일국채 발행과 통일기금 신설: 통일의 경제적 효과 일부 환수

통일비용을 마련하기 위한 통일국채를 초기에 발행한다. 동시에 통일로 인한 긍정적 효과를 재정에 적립하여 통일국채 상환에 활용한다. 예를 들면 육로를 통한 수출증대효과와 SOC 투자, 산업단지조성 등 통일에 의한 투자효과로 세수증대가 발생할 수 있다. 또한 북한에 대한 투자는 현실적으로 남한의 기업이 담당할 수밖에 없고, 이로 인한 고용창출이 발생하면 경제성장률이 상승하므로 증세효과 없이도 재정수입이 증가하게 되어 재정의 일정 부분을 기금에 적립하여 통일국채를 갚아나가는 데 사용할 수 있을 것이다.

• 통일세 신설과 통일투자기금 신설: 분단비용 상쇄에 대한 환수

통일을 준비하는 데에는 조세신설이 일부 필요할 수 있다. 그러나 기존의 조세체계에 혼란을 주지 않는 방향으로 진행하기 위해서는 1990년 폐지된 부가세 형태의 방위세(통일세)를 한시적으로 도입할 필요가 있다. 과거 방위세는 기존의 세금 부담에 10~30%를 차등하여 부과하였다. 따라서 10년 정도 한시적으로 방위세(통일세)를 부가세로 징수하고 이후에는 소멸하는 제도로 도입할 수 있을 것이다.

또한 남북한이 사용하는 국방비가 대폭 감액되므로 이로 인해 마련된 재정여력을 북한 투자에 활용한다. 북한의 경우, 줄어든 국방재정의 일부를 남한에 대한 차관 상환에 활용해 재정의 순환구조를 형성할 수 있다. 북한에 대해 투자하는 방식은 차관형식이 될 수밖에 없으므로 이를 일부 상환하는 시스템을 만들어 북한에서도 통일비용의 분담이라는 형태가 구현된다면 이후 통일국가 재정시스템을 구축하는 데 일조할 수 있을 것으로 기대된다.

• 북한의 조세체계 구축

북한에는 조세체계가 구축되어 있지 않기 때문에 시장경제가 급속히 확대되는 상황에 대응하는 조세체계를 마련해야 한다. 따라서 초기부터 남북한의 전문가들과 관계당국자들의 협의를 거쳐 조세체계를 설계해야 한다. 이것은 북한의 자생적인 재정확보를 위해서도 필요하고, 통일을 위한 조세체계의 통일성 확보를 위해서도 필요하다. 남한의 전자적인 조세시스템도 북한에 지원하여 조세징수 및 관리시스템을 현대화할 필요가 있다.

2단계(2028~2037)

: 단일경제권 & 자유무역-남북한 조세재정체계 연동시스템 구축 & 시범사업

북한은 경제력 부족이라는 이유 외에도 모든 것이 국가 소유인 관계로 조세체계 자체가 사실상 부정되고 있는 사회이다. 또한 북한의 국영기업을 매각하는 등의 문제도 역시 시간이 소요되는 일이다.

• 남북한 조세 · 재정체계 통일성 구축

남북한이 조세체계와 재정배분체계를 일치시켜나가는 것이 중요하다. 통일된 이후에도 자연스럽게 남북한의 시스템이 연동되도록 하기 위해 법 · 제도적인 시스템 구축을 위한 협의와 연구시스템 구축 지원이 필요하다.

• 남북한 경제교류에서의 결제 시스템 마련

남북한 경제교류에서의 조세징수에 대한 결제 시스템을 마련한다. 이렇게 구축된 시스템은 이후 통일된 조세재정 시스템을 만들기 위한 기초 작업이 된다. 이를 위한 연구나 법제도 도입이 수반되어야 한다.

• 남북한 통일적인 조세시스템 구축 시범사업

경제특구 중심으로 조세징수 및 재정집행을 통일적으로 수행한다. 이곳에서는 남북한과 일정하게 독립된 시스템을 운영하여 통일이후를 준비하게 한다. 개성공단의 사례를 참고로 하여 조세행정의 실무적인 문제부터 실험하고 제도를 설계하는 것이 필요하다.

3단계(2038~2047)

: 1국가 2체제 & 단일화폐 – 조세징수 및 재정분배 시스템 통일

· 공동세 등 효율적 재원 징수와 배분 체계 도입

독일의 조세제도는 비중이 큰 소득세, 법인세, 부가가치세 등을 공동세로 운영하고 있다. 공동세 비중은 총 조세수입의 70%에 달하고 있다. 이러한 제도는 조세를 배분하는 데 있어서 상황에 맞춰 탄력적으로 운영할 수 있다는 장점이 있고, 징수를 단순화시켜 징수경비를 절감하는 효과도 있다. 중앙정부와 지방정부가 공히 징수에 노력을 기울이고 있으며, 연방의회에서 협의하여 배분을 결정하기 때문에 정치적 갈등도 체제 내로 순화된다. 통일국가에서는 각종 재정현안 수요가 증대되고 지역 간에도 새로운 격차 등이 발생할 수 있기 때문에 탄력적인 조세재정운용이 필요하다. 따라서 공동세 등 효율적인 재원 징수 및 배분 체계를 강구하여 급변하는 상황에 대처할 수 있도록 시스템을 구축해야 한다.

· 지방재정조정제도의 법정 교부세율

현재 남한은 지역 간 격차를 해소하기 위해 국세의 19.24%를 지방교부세로 또한 지방교육지원을 위해 20.27%를 지방교육재정교부금으로 지원한다. 이러한 지방재정조정제도는 거의 40%에 이르는 재정을 지방에 배분하는 제도로, 이로 인해 남한 내의 지방 간 재정격차는 상당부분 해소되어왔다. 따라서 통일국가에서 지역 간 재정격차해소에서는 이 제도를 적극 활용할 필요가 있다. 독일정부가 자신들이 동독에 지원한 것은 통일비용이 아니라 교부세와 유사한 제도로 지역 간 불균형을 해소하기 위한 재정지원이라고 주장하는 측면도 이러한 논리이다. 물론 동

서독의 경우 남북한만큼 경제력 격차가 크지 않은 상황에서 통일을 했기 때문에 독일의 제도를 직접 남북한에 적용하기에는 많은 한계가 있다. 그러나 점진적으로 법정교부율을 증대시켜 마련된 재원은 남북한 공동 취약지역(재정부족지역) 지원에 사용되도록 하여야 한다.

• 조세 및 재정에 대한 양국 의회 의결 제도화

한 국가 안에서는 조세징수부터 재정배분까지 다양한 계층과 지역의 이해와 요구가 충돌될 수밖에 없다. 따라서 역사적으로 이러한 갈등을 해소하고 대안을 마련하는 것이 의회의 역할이었다. 초기에 조세재정 시스템을 연동시키는 작업을 해왔다면 1국가 2체제인 3단계에 이르러서는 공동의 조세재정제도를 만들어 나가는 것이 필요하다. 이러한 기능은 의회를 통할 수밖에 없다.

4단계(2048~)
: 통일 & 1국가 1체제-통일국가로서의 조세재정체계 확립

• 토지의 국유화 유지

독일의 예에서 보듯 토지문제는 심각한 후유증을 동반한다. 일단 국민적 합의가 전제되어야 하지만 토지의 국유화를 기본 전제로 하고, 사용권을 임대하는 형식으로 진행해야 한다. 이는 북한지역 토지와 부동산에 대한 불필요한 갈등을 줄이며 공평한 소득분배 측면에서 북한 주민들의 박탈감을 줄이기 위해서이다. 물론 이를 위해서는 우리 민법의 소유권 규정에 대한 특별법 제정이 필요할 것이다. 현실적으로 흡수합병이 아닌 이상 70년 넘게 국유체제로 유지되어온 북한의 토지 소유형태를 간단히 부정할 수는 없기 때문이다. 다만 중국의 사례에서도 보듯

장기간 임대는 지양할 필요가 있다.

남한의 경우에도 지방소멸과 같은 문제에 대비하여 토지를 매입하는 정책이 확대될 가능성이 있으므로 이를 적극 검토할 필요가 있다. 이는 토지에 불필요하게 경제력이 집중되는 일을 막고 경제의 선순환을 돕는 기능을 하게 될 것이다. 남한의 경우, 국유지가 24%에 불과하여 효과적인 국가정책을 수행하기 어려운 상황이기 때문에 공공성 확보를 위해서도 일정한 수준으로의 국유지 확보가 불가피하다.

• 모든 조세 및 재정에 대한 의회의 의무적인 법제화

1국가 1체제에서는 모든 시스템이 통일되어야 한다. 3단계에서 새로운 제도 도입에 국한하여 의회가 조세 및 재정에 대한 의결을 진행했다면, 1국가 1체제 하에서는 기존 제도를 포함한 모든 제도의 의결과 법제화를 진행해야 한다. 따라서 공동운명체로서의 국가운영이 실질적으로 가능토록 해야 한다. 향후 공동세 제도를 도입할 경우에도 의회에서 상시적으로 기준과 배분 방식에 대해 논의를 진행해야 하므로 국회의 역할은 더욱 커질 수밖에 없다.

• 남북한 동일한 기준의 조세 및 재정제도 적용

통일이 되어가는 과정에서는 조세 및 재정에 대하여 특별한 기준을 적용받는 경우가 있을 수밖에 없다. 하지만 단일국가체제가 성립된 이후에는 이러한 기준의 적용에 차별이 있어서는 안 된다. 소득에 대한 동일한 과세와 징수, 재정지원을 통한 복리 후생에서도 동일한 기준을 적용해야 비로소 제도로서의 국가 통일성을 확보할 수 있을 것이다.

4. 맺음말

통일국가는 중앙집권체제보다 지방분권적 체제여야 한다. 남한 내의 분권이 남한 내의 진정한 통일과 지속가능한 발전을 위해서 필요하듯이 통일국가의 경우에도 마찬가지이다. 현실적으로도 중앙집권적인 체제로 통일국가를 만드는 것은 불가능하기 때문이다.

이러할 경우 통일국가에서는 조세제도나 조세체제에 있어 중앙정부의 기능이나 재원이 지방정부에 더욱 많이 이양될 수 있도록 하는 지방자치 제도가 바람직하다. 나아가서는 공동세와 지역 간 형평을 고려한 재정지원이 강화되어야 한다. 그렇게 되면 독일의 사례에서처럼 통일 효과로 인하여 통일비용이 상당부분 통일수익으로 상쇄되고 지속가능한 발전이 이루어지게 될 것이다. 조세재정 측면에서 가장 중요한 것은 제도의 통합이다. 점진적인 제도의 통합을 위해서는 세밀한 연구와 실험을 통한 정책추진이 필요하다. 남북한의 격차를 줄여나가는 동시에 제도의 통일을 위해 노력을 기울이는 것이 우리에게 남은 중요한 과제이다.

- 초고집필: 정창수
- 수정검토: 김선화, 박승재

참 고 문 헌

- 국회예산정책처, 〈대한민국재정 2018〉

- 국회예산정책처, 〈남북교류협력 수준에 따른 통일비용과 시사점〉, 2015.

- 국회예산정책처, 〈통일비용에 대한 기존연구 검토〉, 2011.

- 고영선, 〈남북통일위한 재정조달〉, 《KDI 북한경제리뷰》 2012년 11월호. 11-22.

- 박승재, 〈헌법해석을 통한 조세원칙의 새로운 조명〉, 고려대학교 조세법센터, 2011.

- 유경문, 〈남북통일 대비를 위한 세제설계방안연구〉, 한국재정학회, 2010.

- 최준욱, 〈통일과정에서의 재정정책〉, 한국조세재정연구원, 2015.

과학기술·산업 분야

4차 산업혁명 시대의 통일 준비

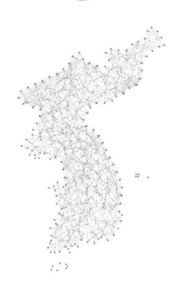

과학기술
: 남북 4차 산업혁명 과학기술협력 전략

SUMMARY

1   지난 20년간 남북 과학기술협력 경험을 반추해보면 첫 10년은 제한된
    교류를 통한 탐색의 시기였고, 뒤의 10년은 왕래가 끊긴 단절의 시대
    로 요약할 수 있음

    • 남북 과학기술협력은 해외동포 위주의 학술교류에서 시작하여 점차 직접교
      류 방식으로 변화해왔으며, 2000년 6 · 15남북공동선언에 따라 협력의 도약
      기를 맞았으나 이후 2010년부터 남북관계가 경색되면서 과학기술협력도
      사실상 중단됨

    • 김정은 체제는 출범 초기부터 '과학기술에 의한 지식경제 육성'과 '전민 과
      학기술 인재화'를 강조하며 사회주의 계획경제에서 지식경제로의 전환을
      추진해왔고, 이 과정에서 과학기술의 중요성을 부각시킴

2   동서독 통일 전후에 나타난 과학기술협력 사례를 보면 초기에는 서독
    식의 체제를 일방적으로 이식함으로써 구동독 지역의 경쟁력 약화와
    우수인재 유출이라는 결과를 초래함. 따라서 상이한 과학기술 문화와
    지역특성을 이해하는 것이 우선되어야 함

3   북한의 과학기술 관련 정보를 정확히 수집하고 분석하여 협력의 우선
    순위와 범위를 정하는 일이 필요함. 초기에는 네트워크 복원에서 시작
    하여 정부와 공공기관의 역할이 중심이 되겠지만, 점차 민간 차원으로
    의 협력을 확대해야 함

4   과학기술은 사회 전반에 영향을 미치는 점에서 다른 분야와의 연계 논
    의도 병행되어야 함. 또한 4차 산업혁명이라는 새로운 기술혁신의 흐
    름을 고려하여 추진되어야 함

5   과학기술협력을 넘어 한반도의 지평을 넓히는 시각이 필요함. 환동해
    권, 환황해권, 접경지역 등 3대 경제벨트, 중국 동북3성의 개발과 발전,
    중국의 일대일로 전략 등 한반도를 둘러싼 지정학 · 지경학적 여건에서
    기회를 포착하여야 함

1. 남북 과학기술협력 경험과 현황

최근 남북관계가 화해무드로 선회하면서 바이오분야, 철도연결사업, 광물자원개발 등을 중심으로 남북 과학기술협력에 대한 논의가 다시 시작되고 있다. 이처럼 남북 과학기술협력은 기본적으로 남북의 정치적 관계에 크게 의존해 왔다. 정치상황에 따라 협력의 물꼬를 트기도 했지만, 반대로 협력이 정체되거나 중단되는 상황도 맞이했다. 그러나 동시에 과학기술협력은 비정치적 대북 협력 모델의 대표적인 수단이자 가교가 될 수도 있다. 문화나 스포츠와 마찬가지로 비정치적 차원에서 협력을 논의할 수 있는데다, 이를 바탕으로 교류가 확대되는 기폭제가 될 수 있기 때문이다. 그런 점에서 한반도 정세가 화해와 통합, 그리고 통일을 향해 급물살을 타고 있는 지금, 남북 과학기술협력은 그 어느 때보다 중요한 기로에 서 있다. 파급효과가 큰 과학기술을 통해 남북 간 신뢰를 구축하고 협력을 확대해간다면, 통합과 통일을 위한 기반을 마련하고 급변하는 세계 정치경제 환경 속에서도 미래의 번영으로 이어가는 선제적 대응이 될 것이다. 그러나 통합은 장밋빛 전망만으로는 해낼 수 없다. 과거의 경험을 바탕으로 체계적이고 미래지향적인 로드맵을 작성할 경우에만 절호의 기회를 맞이할 것이다.

협력의 시작과 추진 과정

표 1과 같이 남북의 정치상황이 남북 간 과학기술협력에도 영향을 미치면서 과거의 20여 년은 협력과 단절을 모두 경험한 시간이었다. 남북 과학기술협력 무드가 조성된 것은 1990년대로 거슬러 올라간다. 1991년 노태우 정부 당시 채택된 남북기본합의서를 토대로 상호 협력

이 처음으로 가시화되었다. 물론 당시의 협력은 직접교류 방식보다는 중국과 일본을 우회하는 형식으로 해외 거주 동포들이 중개하는 학술회의 중심이었다.

년도	협력의 근거	교류 내용
1991	남북기본합의서(노태우 정부)	해외거주 동포의 학술교류
2000	6·15남북공동선언(김대중 정부)	과학기술협력 도약기
2001	과학기술기본법	남북 과학기술협력 사업의 추진 근거가 명시
2006	민족과학기술토론회(평양)	과학기술협력의 결실
2010	남북관계의 위축	협력논의 사실상 중단
2018	판문점 남북정상회담(문재인 정부)	과학기술협력의 새로운 전기 마련

| 표-1 | 남북 과학기술협력 전개과정

본격적인 직접교류 방식으로 남북의 과학기술협력이 도약기를 맞은 것은 김대중 정부 출범 후인 2000년 6·15남북공동선언이 나오면서부터이다. 이전의 기본합의서에는 과학기술 등의 분야에서 교류와 협력을 실시한다고만 명시했으나, 2001년 제정된 과학기술기본법에는 남북 과학기술협력 사업의 추진 근거가 명시되기도 했다. 또한 정부출연 연구기관을 벗어나 대학과 기업 등으로 협력기관이 확대되었다. 북한의 경우에는 인력과 설비가 집중되어 있는 최고의 과학기술기관인 국가과학원을 비롯해 농업과학원, 평양정보센터 등이 협력의 파트너로 중심 역할을 했다. 협력 내용을 보면, 초기 농업분야 공동연구에서 〈남북공동과학기술용어 비교조사연구〉, 〈컴퓨터 요원 양성 시범협력〉, 〈한반도 식물지 작성〉 등의 협력연구로 이어졌고, 화학과 에너지 등 다양한 분야로 협력연구 과제들이 확산되어 왔다. 2006년 평양에서 열린 '민족과

학기술토론회' 등도 협력과정의 결실이었다.

이명박 정부가 들어선 이후에는 과학기술부와 교육부의 통합에 따라 두 부서에 나뉘어 있던 관련 사업이 '남북 과학기술 및 학술협력사업'으로 합쳐지는 등의 변화가 이어졌다. 그러나 2010년부터 남북관계가 위축되면서 남북 과학기술협력의 허브로 추진되었던 남북과학기술협력센터 설립안을 비롯해 다양한 협력 논의와 공동연구의 추진이 사실상 중단되고 말았다.

북한의 과학기술협력 특성과 남북 간 차이

북한의 과학기술협력 특성을 이해하기 위해서는 북한 사회에 대한 이해가 전제되어야 한다. 즉, 북한은 국가경제와 연관된 자력갱생을 위한 협력과 사회주의 국가에 한정된 협력에 치중해왔다. 중국, 구소련, 그리고 체제 전환 이전의 동구권 등과의 기술협력을 통해 사회주의 체제에 맞는 과학기술과 산업분야를 육성해왔다고 볼 수 있다.

물론 1990년대 말부터 북한의 과학기술 정책 기조가 변화해온 점도 있다. 경제성장 측면에서 과학기술을 강조하며 지식경제 체제로 전환해왔고, 인민경제의 정보화와 과학화도 강조해왔다. 그럼에도 불구하고 남북 간에는 지향점의 차이가 존재해왔다. 우선 주력 중점과제 설정 측면에서, 우리가 첨단기술 개발과 미래 먹거리 산업 육성에 중점을 둔다면, 북한은 자력갱생을 위한 생산현장 중심의 과학기술 연구에 치중하는 식이다. 또 연구의 중심기관도 우리가 정부출연 연구기관, 대학, 민간기업 등으로 다양하다면, 북한은 기초연구부터 응용연구까지 모두 국가과학원 중심으로 집중되어 있다는 점이다. 이는 결국 북한의 과학기술 인력구조, 정책방향, 기술수준 등을 가늠할 수 있는 토대이자 향후 남북 협력을 추진하는 과정에서 특수성으로 고려할 부분이다.

김정은 체제의 출범과 과학기술 동향

북한은 사회주의 계획경제를 견지하면서 자립적 민족경제를 확대·발전시키는 것을 경제의 기본 목표로 내세우고 있으며, 김정은 체제 또한 기존의 정책을 계승하고 있다. 과학기술발전 계획의 경우, 1998년부터 3차에 걸친 5개년 계획을 추진해왔다. 주력과제는 에너지와 기간산업 정상화 등 인민경제의 기술적 개조, 식량문제 해결을 포함하는 생활 개선, IT, 물리, 우주 등 기초·첨단과학을 아우른다. 추세적 특징이라면, 생활 개선에서 미래기술 개발로 무게중심을 조금씩 옮겨온 점이다. 또한 별도의 에너지 수급계획과 산림복원 계획을 수립해 추진해왔지만, 기술과 비용 문제로 눈에 띄는 성과를 거두지는 못했다.

김정은 체제는 출범 초기부터 '과학기술에 의한 지식경제 육성'과 '전민 과학기술 인재화'를 강조하며 사회주의 계획경제에서 지식경제로의 전환을 추진해 왔고, 이 과정에서 과학기술의 중요성은 더욱 부각되고 있다. 한 예로 2016년 새해 첫 공식 활동으로 김정은은 평양 대동강 쑥섬에 들어선 과학기술전당 준공식에 참석했으며, 신년사에서 과학기술로 강성국가의 기초를 굳건히 다지고 과학기술의 기관차로 부강조국 건설을 밀고 나가자고 강조했다. 김정은은 2018년 신년사에서도 "인민경제 모든 부문과 단위들에서 과학기술 보급 사업을 강화하며 기술 혁신 운동을 활발히 벌여 생산 확대에 이바지해야 한다"며 향후 정책 추진에서 과학기술을 발판으로 삼겠다는 의지를 강하게 드러냈다. 또한 평양을 과학자 우대 정책의 상징 도시, 과학기술 인재화의 중심 도시, 친환경 기술 확산의 본보기 도시, 지식경제 건설을 선도하는 도시로 육성하기 위해 적극 노력중이다. 실제로 과학기술전당과 함께 미래과학자 거리, 위성과학자주택지구 등은 평양을 과학도시로 만든 랜드마크 역할을 하고 있다.

한편, 한국은행의 북한 과학기술통계에 따르면 2012~2016년 5년간 특허출원 건수는 6,706건으로 매년 200건 정도 늘고 있다. 논문과 특허출원의 주요 생산기관인 국가과학원의 특허출원 내용을 보면 식료품, 측정, 재료금속, 화학공학, 전기 에너지 분야가 상위권을 차지하고 있다. 해외출판 논문의 경우에도 2015년부터 부쩍 늘어나면서 한 해에 10~20편 수준이던 논문 수가 지난해에는 100편 규모로 증가했다. 우리와 비교하면 미미한 수준이지만, 북한에서도 국제 협력연구와 논문의 해외출판에 대한 관심이 커지고 있다는 것을 보여준다. 또한 국제학술지에 실린 북한의 논문들은 주로 물리학, 수학, 재료과학, 화학 분야에서 나오고 있지만, 최근에는 인공지능과 나노기술 등 첨단기술에 대한 연구도 많이 늘어나고 있는 것으로 알려져 있다.

그런가 하면 북한은 연구행정기관인 국가과학기술위원회를 2009년에 재설립했다. 국가과학원과 통합했다가 다시 분리, 독립시킨 것은 국가 전반의 과학기술 정책을 조정하고 기능을 강화하겠다는 의미로 풀이할 수 있다. 핵심 연구기관인 국가과학원도 재편하면서 역할을 크게 강화했다. 국가과학원은 생물공학, 수산과학과 같은 전문 분원과 130여 개의 연구소, 평양석탄공업대학 등의 직속 기관을 보유하고 있다. 최근 들어 IT분야 연구역량을 강화하고, 생물다양성센터나 도로과학연구소 등 첨단 연구 추세를 반영한 연구소를 신설한 것이 특징이다. 또 핵무기-경제 병진건설 전략을 내세운 뒤에는 국방과학원(제2자연과학원)의 연구역량을 강화해왔고, 2013년에는 국가우주개발국을 설립하여 관련

연구를 총괄토록 해왔다.

대북 협력모델의 다변화

지금까지 대북 경제협력(좁게는 과학기술협력)은 주로 대학, 민간, 국제기구의 네트워크를 통해 이뤄졌다. 그러나 최근 들어 북한의 개혁·개방의 분위기가 감지되면서 새로운 형태의 협력모델이 모색되고 있다.

대표적인 모델로 톱다운 방식의 협력모델을 들 수 있다. 예를 들어 지난 5월 9일 일본 도쿄에서 열린 한중일 정상회담에 이어 개최된 중국과 일본의 지역 대표들이 참석한 경제협력 포럼이 이러한 방식이다. 지난 5월 북한의 광역지방자치단체장(노동당 시 도당위원장)들이 친선 관람단이라는 이름으로 중국을 방문, 경제현장을 학습한 것도 톱다운 방식의 협력모델로 볼 수 있다. 두 번째로는 다양한 접점 확보형의 미국식 협력모델이다. 미국 시라큐스 대학과 북한 김일성 종합대학이 컴퓨터 교육을 통해 대학 간 협력관계를 맺은 사례, 미국 스탠포드 대학의 주선으로 실리콘밸리를 탐방한 북한 관리들과 경제인들에게 IT벤처기업 등 디지털 경제 현장을 소개한 사례, 세계보건기구와의 건강 의료 관련 광범위한 협력, 미국의 ODA(공적개발원조)를 통한 재해 및 재난방지와 인프라 건설과 같은 정부자금 주도형 협력 등이 모두 여기에 속한다.

2. 독일 통일에서 본 과학기술협력과 시사점

독일 통일 이전의 서독과 동독은 남북한과 마찬가지로 서로 다른 과학기술체제와 문화를 지니고 있었다. 자본주의 시장경제 체제인 서독과 달리 동독은 사회주의 기반의 국가 주도 과학기술 체제였다. 그러나 1990년 독일 통일이 급격하게 이뤄진 후, 동독의 과학기술 체제는 서독식으로 빠르게 전환되었다. 기초 - 응용 - 산업연구 등 기능별로 연구기관을 재배치하고, 대학에 넘쳐난 인력을 구조조정한 뒤 연구기능을 강화했으며, 서독 출신 위주의 관리자를 채용하고, 산업의 민영화를 추진했다.

그러나 외형적인 변화는 이뤄냈지만, 실질적으로 성공한 전환은 아니었다. 이는 독일 통일 후 20여 년이 지난 현재, 구동독 지역의 인적 역량이나 연구개발 역량이 구서독 지역과 여전히 큰 격차를 보이고 있는 점에서도 확인된다. 이러한 실패의 원인은 몇 가지 있다. 우선 동독 고유의 특성이나 과학기술 문화를 고려하지 않고, 서독 체제를 동일하게 옮겨놓았기 때문이다. 특히 서독의 평가시스템 위주로 인력을 구조조정하면서 유능한 인재들이 제대로 평가받지 못한 채 이탈하게 만들었으며, 이는 순차적으로 구동독 지역의 연구역량을 떨어뜨리는 결과를 불렀다. 또 과학기술인에 대한 인식이 젊은이들 사이에서 낮아지면서 많은 젊은 층이 구서독 지역으로 이주하게 되었고, 구동독 지역은 상대적으로 고령화와 함께 신기술 창업기업의 탄생이 어려워졌던 것이다.

이처럼 통일독일 정부가 추진한 구동독과 구서독의 과학기술체제 통합 정책의 실패는 통일을 준비하는 우리에게 시사하는 바가 크다. 어느 한 쪽의 시스템을 일방적으로 이식하는 것은 바람직하지 않으며, 통합에 앞서 더 면밀한 정보 분석이 선행되어야 한다는 점이다. 우리와 다른 과학기술 문화나 특성산업에 대한 이해가 불충분한 상태에서 우리 식의 시스템을 강조하려 한다면, 통합의 시너지를 얻을 수 있는 것이 아니라 오히려 북한의 과학기술 경쟁력을 떨어뜨릴 수도 있는 것이다.

3. 남북 과학기술협력의 바람직한 방향

지난 20년간의 남북 과학기술협력은 한마디로 10년간의 탐색과 10년 간의 단절로 요약된다. 본격적인 협력이 많지 않았다는 얘기이기도 하다. 2014년 설립된 통일준비위원회 회의를 통해 북한산 지하자원 공동 개발 및 활용, 철도와 도로 연결, DMZ 생태공원 조성 등이 제안되기도 했지만 가시화된 성과로 이어지지는 않았다. 문재인 정부는 2017년 발표한 '국정운영 5개년 계획'에서 남북융화의 노선을 선명히 했다. 한반도 평화무드는 그 연장선상이다. 따라서 한반도의 신경제지도가 그려지는 데 있어 과학기술의 역할은 한층 강조될 것이고, 그 기회를 놓쳐서도 안 된다.

남북 과학기술협력의 실현은 남북의 정치적 관계와 밀접히 연관될 수밖에 없다. 이는 곧 급변하는 한반도 정세를 전망하면서 다양한 시나리오를 상정하고, 각 시나리오별 협력방안과 전략을 짜야 한다는 것을 의미한다. 과학기술정책연구원이 제시한 바 있는 시나리오에는 남북대화 활성화 단계와 대북 포괄적 협상 타결 상황을 상정한 것이 있다. 이에 따르면, 남북대화 활성화 단계에서는 분야별로 남북 과학기술 관련기관과의 연계 강화, 협력창구 개설을 토대로 천연물 공동조사와 활용, ICT 인력 양성 및 활용, 재난예측과 방지, 개성공단 등 특정지역 중심 공동 사업 추진 등을 제안한다는 것이다. 또 포괄적 협상 타결 단계에 이른다면, 인프라 구축형 협력과 거점을 마련하고 국내기업은 물론 다국적 기업 등 국제공조를 통한 협력 추진이 가능할 것으로 내다봤다.

현 단계에서 중요한 것은 협력 네트워크 복원을 비롯해 범정부, 공공기관, 민간차원에서의 폭넓은 과학기술협력 방안이 다시 구체화되고 실현되어야 한다. 정부는 우선 남과 북이 공동으로 당면한 문제, 예를 들면 감염병, 산림병충해, 홍수 등을 과학기술 기반으로 해결해야 한다. 당면과제와 비정치적 분야에서의 협력을 시작으로 점차 다양한 분야에서의 협력이 가능해질 것이다. 무엇보다 협력의 시너지 효과를 만들어 내기 위해서는 남과 북 각각의 특성을 분석하여 비교우위 과학기술을 파악해야 하며, 새로운 기술변화의 흐름을 반영하는 다차원적 노력이 이어져야 한다.

그러나 통일독일의 초기 사례에서도 배울 수 있는 것처럼, 북한의 특성과 문화를 우선적으로 고려하지 않고, 우리 식의 일방적 과학정책이나 시스템으로 전환시키려는 시도는 바람직하지 않을 수 있다. 연구기관과 연구인력 평가 측면에서도 우리의 기준과 잣대만 적용해서는 안 될 것이다. 구서독의 하드웨어 시스템을 구동독에 이식하고 인력 구조조정을 단행함으로써 구동독 지역 내 인재유실과 경쟁력 약화로 이어졌던 동서독 사례의 교훈을 기억해야 한다.

4. 남북 과학기술협력을 위한 미래전략 과제

북핵 문제가 해결되면, 남북한 신뢰 증진도 뒤따라야 한다. DMZ 평화적 이용과 같은 비교적 실천이 용이한 프로그램을 필두로 현실적이면서도 당면과제 해결을 위한 협력을 생각해볼 수 있다. 협력과제 도출을 위해서는 남북과학기술혁신 수요에 기반을 두고 국가혁신체제 관점의 정책 우선순위 도출이 이뤄져야 하고, 과학적 기법인 품질기능전개Quality Function Deployment. QFD를 적극 활용해야 한다. 전문가의 정성적 의견을 정량화하는 방법으로 널리 사용되는 QFD 기법으로 과학적이고 수요지향적인 과제를 도출할 수 있을 것이다. 남북 과학기술혁신 체제 구성 요소를 도출한 뒤 남북과학기술 정책 수요를 국내외 경제사회 환경 변화에 맞춰 정책 수요를 발굴하는 것이 바람직하다. 예컨대 산림생태계 복원, 천연물 연구개발, 백두산 화산 분화 공동연구, 황사와 미세먼지 공동대응, 기상이변 공동대응, 광물지질자원연구, 철도기술과 에너지 기술 협력 추진 등을 꼽을 수 있다. 또 농업, 보건, 의료 등 비정치적인 분야에서 협력 재개를 우선 모색해야 한다.

그러나 장기적 관점에서 보면, 통합 이전과 이후로 나누어 협력 방안을 마련해야 한다. 또 통합 이전이라고 하더라도 남북 과학기술협력에 재시동을 거는 관계 복원시기와 본격적인 통합 준비기를 나누어 접근하는 것이 효과적일 수 있다. 아울러 과학기술은 단순히 기술과 산업 분야에 한정되는 동력이 아니라 정치사회 전 분야에 영향을 미치는 점에서 다른 분야와의 연계 논의도 병행되어야 한다. 나아가 4차 산업혁명이라는 새로운 기술혁신의 흐름에 뒤처지지 않기 위해서는 과거의 방식이 아니라 새로운 기술변화를 수용하고 선도할 수 있는 남북 과학기술협력이 완성될 수 있도록 추진해야 한다.

협력 1단계 : 전문가 네트워크 복원과 활성화 시기

- 중단되었던 '남북과학기술협력센터' 논의 다시 구체화
- 양측의 과학기술협력 컨트롤타워를 지정해 '사이언스 서밋' 정기적 개최
- 분야별 과학기술협력 수요조사를 하여 협력사업 구체화
- 농업, 보건, 의료 등 비정치적 분야와 개성공단 등 경제특구 중심

의 협력 추진

- 각종 협력기금 조성과 프로그램 설립
- 교통 등 북한 내 인프라 구축과 자원개발 협력을 추진하면서 과학기술의 역할 강화
- 청소년들의 소통과 창의능력 함양을 위한 (가칭)남북청소년창의재단 설립

협력 2단계 : 본격적인 남북 통합 준비기

- 남북의 각계 전문가가 참여하는 통합추진기구 설립
- 과학기술과 ICT 관련 제도와 표준, 법제, 인프라 통합 준비
- 남북 정부출연연구소 통합을 위한 별도의 관리기구 구성
- 통합 후 갈등해소를 위해 과학기술 격차 해소 방안 수립
- 북한의 우수 신진연구자 육성을 위해 우리 연구기관과의 공동연구 및 지원 확대
- 인프라 구축형 협력사업 강화
- 4차 산업혁명에 대응하기 위한 남북 각각의 비교우위 첨단기술개발 계획 수립

협력 3단계 : 통일 이전의 남북 통합기

- 남북 과학기술체제 통합을 추진하되 각각의 특성과 과학문화를 고려한 개편 추진
- 방송망과 정보통신망 인프라 및 제도 통합
- 남북한 정보통신망 연계를 통한 지식공유 시스템 구축
- 기술이전과 지식재산권 등에 관한 협의체 구성

- 해외유학, 연수 등 다양한 학습기회를 통해 남북격차 해소
- 4차 산업혁명을 선도하는 첨단기술 공동개발 및 연구

협력 4단계 : 남북통일 이후

- 과학기술정책 행정기구와 연구기관 재분류 및 통합
- 북한지역 우수 연구인력 유지 및 인력양성체제 통일
- 남북 대학의 학과별 수준과 수요에 맞춰 개편 및 교환과 이전 프로그램 실시
- 기술개발을 통해 북한지역의 자생적 발전 유도
- 비교우위의 북한 특화산업 육성
- 남북통일 시너지 효과를 활용하기 위해 다양한 연계활동 추진
- 단계별 통합/통일 전략에 대한 평가를 바탕으로 중장기 전략 지속적 수정보완

5. 맺음말 : 과학기술협력을 넘어

과학기술을 한반도의 현재와 미래를 조망하는 망원경적 시각에서 바라보면 한반도의 외연은 엄청나게 넓어진다. 남북 신뢰와 협력의 확대를 꾀하여 본격적인 점 → 선 → 면의 시대로 가는 것이다. 동북아와 유라시아 지도를 펼쳐 21세기 공간경제학을 선도한다는 구상을 해볼 수 있다. 남북이 만드는 신 만주노믹스의 실현도 꾀해볼 수 있다. 즉, 신 북방경제권에 글로벌 경제 거점을 확보하는 일이다. 동북3성과 환동해권, 환황해권 경제를 주도하며 우리의 동포를 껴안는 과감한 디아스포라

전략을 짜는 것이다. 중국은 이미 '일대일로'를 통해 그 전략을 펼치고 있다. 우리 또한 남북 과학기술협력을 바탕으로, 그리고 그 외연을 확장함으로써 'New North' 시대의 선도국 채비를 갖추어야 한다. 이는 북극항로 개척과 새로운 에너지 패권 시대 돌입에도 선제적으로 대응하는 일이 될 것이다.

- 초고집필: 곽재원
- 수정검토: 이재우, 이춘근, 최윤정, 홍창선

참 고 문 헌

• 김종선·서지영,〈통일 이후 남북한 과학기술 통합전략을 위한 사례조사 연구: 독일사례를 중심으로〉, 과학기술정책연구원, 2013.

• 이춘근·김종선,〈과학기술분야 대북현안과 통일준비〉,《STEPI INSIGHT》137호, 2014, 1–18.

• 이춘근,〈남북한 과학기술협력과 전망〉,《과학기술정책》25권 9호, 2015, 50–57.

• 이춘근·김종선·박은혜·남달리,〈통일이후 남북한 과학기술체제 통합방안〉, 과학기술정책연구원, 2015.

•〈우리가 잘 몰랐던 북한 과학기술〉, 한겨레 2018.5.21.

•〈'2차 남북정상회담' 남북과학협력 기대감 상승...국내과학계 "차분히 준비할 것"〉, 헤럴드경제 2018.5.29.

미래 공존
: 싱귤래리티 시대의 남-북, AI-인간 공존 전략

SUMMARY

1   싱귤래리티 시대를 살아가는 삶의 방식은 인간중심 사회의 구현에 초점이 맞춰져야 함
   - 이를 위해서는 인공지능을 선용할 수 있는 사회를 만드는 것이 중요함
   - 우선 인공지능을 선용할 수 있는 사회를 만들고, 그 다음 인공지능의 성능을 높이도록 추진되어야 함
   - 남한은 산업화, 정보화 과정을 거치면서 경험했던 사회갈등이나 소득격차의 부작용을 최소화하도록 북한의 경제사회개발에 적용토록 해야 함

2   싱귤래리티 시대의 남북한 공존 전략은 교육에서 찾아야 함
   - 과학기술의 발전단계가 비약적으로 빨라지고, 새로운 지식과 창의성에 대한 요구가 갈수록 커지는 사회로 진입하기 때문에 남북한은 공히 고급교육과 현장적응교육에 대한 협력을 필요로 하게 됨
   - 급격히 줄어든 남한의 학령인구를 보완하고, 고급인재에 대한 사회전체의 수요에 대처하기 위해서는 북한의 우수인재들을 확보하여 고급교육을 제공하는 것이 시급한 과제가 될 것임

3   인공지능에 의해 중앙 집중화되는 경제시스템과 정치시스템을 분권적으로 재설계하고, 다수가 참여하는 의사결정시스템 도입을 통해 인간을 위한 사회시스템 운영이 가능하도록 법제도를 정비해야 함

4   싱귤래리티 시대의 인간과 인공지능의 공존 전략은 자유의 존중에 있음
   - 인간이 자유를 쟁취하기까지 엄청난 희생과 투쟁이 있었듯이 인간의 모든 경험을 이미 학습한 인공지능에게도 자유는 소중한 것임. 이 문제는 남한과 북한의 인간 간 공존을 더욱 용이하게 하는 계기가 될 것임
   - 사회적 합의와 의지가 있다면 인간과 인공지능 사이에 갈등은 발생하지 않을 것임. 원래 인간과 인공지능의 관계는 중립적이지만, 인간이 인공지능을 어떻게 이용하느냐 하는 데에서 갈등이 시작되는 것임

1. 공존 전략을 위한 전제

남한과 북한, 인공지능AI과 인간이 공존하는 전략을 논의하기 위해서는 몇 가지 전제가 필요하다. 우선, 한반도를 둘러싸고 일어나고 있는 최근의 남-북, 북-미 협상 등 당사국간 협상이나 인접국들의 협력이 순조로운 결실을 맺어 북한이 국제사회가 기대하는 정상국가로 전환된다는 전제가 있어야 한다. 둘째, 남한 사회의 성장이 정체되고, 인구구조상 초고령사회에 진입하면서 연금재정의 고갈과 건강보험부담의 증가가 예기되는 상황이지만, 남북한의 통일을 위한 재원은 어떻게든 조달할 수 있다는 전제가 필요하다. 셋째, 한국은 산업화 정보화 사회를 거치면서 놀라운 발전을 거듭해왔지만, 동시에 빈부격차, 사회갈등, 노사갈등 등의 많은 부작용을 만들었다. 이러한 부작용이 북한 사회에는 나타나지 않도록 북한의 개발 과정에서 세심히 고려되어야 한다는 것이 그 하나이다.

이러한 전제하에 다음과 같은 단계별 협력 및 통일, 통합 방안들이 모색될 수 있을 것이다. 여기에서의 단계별 구분과 과업은 공존과 통일을 위해 목표로 하는 주요 과업들을 든 것이다. 1단계(2018-2027)에서는 경제협력과 자유왕래, 농업, 교통, 통신 등 인프라 구축, 남북주민 간 동질성 회복 등을 가장 시급한 과제로 꼽을 수 있다. 남한과 북한의 경제적인 격차와 문화심리적인 간극을 얼마나 좁히느냐가 관건이다. 과학기술의 발달이 사회에 투영된 측면을 보면, 남한은 4차 산업혁명과 지능정보화사회에 진입하여 확장적인 저변화 국면을 맞이하는 데 반해, 북한 사회는 피폐한 농업과 경공업의 기반을 확충하고, 사회의 기초 인프라와 정보화 사회를 구축하는 데 집중해야 하는 시기이다.

지난 10년간의 투자를 통해 경제적 인프라를 구축했다면, 2단계(2028-2037)에서는 단일경제권과 자유무역을 추진하는 것이 주요 의제가 될 것이다. 과학기술의 발달로 남한 사회는 인공지능화 사회로 진입하고 북한은 지능정보화의 기반을 다지게 될 것이다. 남한과 북한은 기술발전 단계의 차이와 요소 부존도에 따른 상호 분업화된 경제협력을 기할 수 있도록 해야 한다. 시장경제를 중심으로 한 경제적 협력과 통합은 자연히 정치적인 연합, 더 나아가 정치적 통합 국면을 불러오게 될 것이다.

3단계(2038-2047)에서는 정치적인 연합과 잠정적인 1국가 2체제로의 진입단계에 접어들고 단일화폐로의 통합이 이슈가 될 것이다. 남한 사회는 싱귤래리티singularity* 초기단계에 진입하는 시기로 인간과 인공지능의 공존이 가장 큰 사회문제로 대두하게 될 것이다. 북한 사회는 인공지능 기술이 사회 전반에 본격 접목되는 단계에 이를 것이다. 인간노동력에 대한 수요부족, 즉 잉여인간문제와 인공지능에 의해 과잉 공급된 상품에 대한 수요부족 문제가 동시에 발생하면서 공황에 대한 두려움까지 생성될 수 있다. 인공지능으로 대체된 인간노동력의 지역 간 이동문제가 정치적인 연합이나 체제통합 논의에 하나의 걸림돌로 작용할 수 있다.

4단계(2048-)에서는 우리가 염원하는 1국가 1체제의 통일국가로 들

---

* "인공지능AI이 인류의 지능을 초월해 스스로 진화해 가는 기점(기술적 특이점)을 뜻한다. 이 시점에 다다르면 인공지능은 자신보다 더 뛰어난 인공지능을 만들어 내고 사람은 더 이상 인공지능을 통제할 수 없게 된다. 미래학자 레이 커즈와일Ray Kurzweil은 《특이점이 온다The Singularity Is Near》(2005)라는 저서에서 2045년 특이점이 올 것이라고 예측한 바 있다." 시사상식사전. 박문각.

어서는 것이다. 정치경제적 통일뿐만 아니라 문화심리적 통합까지 아울러 추구하는 단계라고 할 수 있다. 남북한 사회가 싱귤래리티 시대에 들어설 시기이다. 이때의 쟁점은 인간에 대한 정보와 사물에 대한 정보를 모두 학습한 인공지능AI과 인간의 공존문제가 될 것이다. 이와 결부된 문제로 이 시기의 권력구조는 농경사회와 산업사회를 거치면서 집중화된 구조에서 벗어나 인공지능을 활용한 분권화된 의사결정구조로 재설계될 것이다. 이는 인공지능에 의한 인간지배를 피하기 위해 인간이 사회설계 차원에서 분권화된 집단지도체제를 형성하고자 할 것이기 때문이다.

구분	1단계 (2018-2027)	2단계 (2028-2037)	3단계 (2038-2047)	4단계 (2048-)
주요 과제	1) 경제협력과 자유왕래 2) 농업, 교통, 통신 등 인프라 구축 3) 남북주민 간 동질성 회복	단일경제권과 자유무역	정치연합과 1국가 2체제, 단일화폐	1국가 1체제로 의 통일과 통합
남한 사회	지능정보화사회	인공지능사회	싱귤래리티 접근단계	싱귤래리티 사회
북한 사회	기초인프라, 정보화사회구축	지능정보화 사회	인공지능사회	싱귤래리티 사회

| 과학기술의 발전과 남북한 협력 및 통일, 통합 추진 방안

2. 초기 단계의 공존 전략

1단계 공존 전략

남한과 북한의 공존 전략은 경제규모나 소득수준, 임금, 교육의 질, 환경, 행복지수, 과학기술 수준, 삶의 질, 부패지수 등에서 함께 이루어져야 한다. 따라서 1단계에서는 남한의 견인에 의한 북한의 개혁, 개방과 기초 인프라 구축을 통해 정상적인 시스템이 작동하는 사회로 기초를 다지는 것이 필요하다. 그 과정에는 경제협력과 자유왕래, 농업, 교통, 통신 등 인프라 확충과 남북한 주민의 문화적 동질성 회복이 함께 추진되어야 한다. 북한 내 인프라 확충을 위해 북한정부의 채권발행을 지원하거나 국제통화기금IMF, 세계은행World Bank, 아시아인프라투자은행AIIB, 아시아개발은행ADB 등의 투자와 남한을 비롯한 선진 각국의 정부개발원조ODA를 이끌어내는 데 협력할 필요가 있다. 특히 자유왕래와 체제개방을 촉진하게 될 중국횡단철도나 시베리아 횡단철도 등 철도망 연결사업과 동북아고속도로 건설사업 등에 민간투자가 활성화될 수 있도록 금융기법과 건설관리체계를 전수해야 한다.

1단계 남북한 공존 전략으로 가장 중요한 것은 시장메커니즘이 북한 사회에 작동할 수 있도록 지원하는 것이다. 장마당 등 북한 주민들이 스스로 형성해놓은 시장제도가 제대로 된 가격메커니즘에 의한 수요 공급 체계 속에 작동되도록 활성화시켜야 한다. 시장이 제대로 작동되면, 조세와 금융이 뒤따르게 되고, 투자와 무역, 외환거래가 경제구조를 개방적으로 인도하게 될 것이다. 경제개방과 아울러 언어와 문화 등 인식의 공유도 함께 이뤄져야 한다. 당연히 기저에는 통신과 자유왕래가 핵심이 될 것이다. 북한의 인터넷과 휴대폰이 국제사회에 개방되어야 하고, 각종 미디어를 통해 남북한이 서로 교류할 수 있어야 한다. 북한 주민들이 남한으로 자유왕래 하는 것뿐만 아니라, 북한지역 내에서의 지역 간 자유왕래도 허용되어야 한다. 또한 교육을 통한 인적자원 개발 노력에 각별한 관심을 가져야 한다.

2015년 11월 24일자 중앙일보에 따르면, 북한은 2008년 3G 휴대폰 통신서비스를 시작으로 2012년 2월 100만대, 2013년 5월 200만대, 2015년 10월 370만대를 넘어섰다고 한다. 시장기능을 활성화하고, 단일경제권을 형성하기 위해서는 가격이나 수급에 대한 정보가 활발히 교류되어야 한다. 통신은 시장경제 활성화를 위해 가장 중요한 기초가 된다. 따라서 1단계에서의 공존 전략은 북한에 기초인프라 구축과 정보화사회를 구축하는 것이고, 이를 위해서는 통신의 자유와 통신 매체의 전반적인 확대가 필요하다. 남한은 세계 최고의 통신기반 사회이다. 남한과 북한이 공존을 위해서는 남한의 우수한 기술과 통신매체, 통신서비스들이 북한에도 제공될 수 있도록 협력해야 한다.

2단계 공존 전략

북한의 과학기술 중시 풍토는 제조업기반을 구축하는 데 밑거름이 될 수 있을 것이다. 북한은 2016년 노동당 제7차 당대회에서 과학기술을 군사와 사상 다음으로, 경제보다 앞서서 다룰 정도로 강조하고 있다. 북한의 과학기술 수준을 객관적으로 평가할 정보를 찾기는 힘들지만, 우주발사체 기술이나 핵융합, 레이저 기술, 컴퓨터, 제어계측, 공작기계, 석탄화학 기술 등 일부 분야는 상당히 높은 수준인 것으로 평가되고 있다. 남한 연구진이 2017년 〈사이언스 에디팅〉에 발표한 자료에는 국제학술지에 실린 북한의 과학기술 논문 318편(1988~2016년)은 주로 물리학(66), 수학(61), 재료과학(42), 화학(31) 등에서 나온 것이라고 한다. 이는 폐쇄사회인 북한의 과학기술 수준을 가늠해볼 수 있는 하나의 척도가 될 수 있다. 특히 'CNC Computer Numerical Control'는 북한의 첨단 기술 혁신을 상징하는 용어인데, 이는 1980년대 남한에서 인기 높았던 공학 분야인 컴퓨터 수치제어 기술로서, 컴퓨터 수치제어로 정밀하게 기계를 만드는 공작기계의 핵심 기술을 지칭하며 제조업 육성을 위한 필수 기술이기도 하다.

따라서 2단계에서의 남북한 공존 전략은 1단계에서처럼 남한이 주도적으로 나서는 견인정책에만 머무르지 말고, 통일한국의 미래비전을 제시하고 북한이 자발적으로 참여하는 유인정책도 포함해야 한다. 북한이 강점으로 내세우는 CNC 기술을 바탕으로 산업 시스템을 지능형으로 개편해야 한다. CNC의 기본 개념이 자동화에 있기 때문에, 4차 산업혁명의 기본 개념에 쉽게 적응하여 변화할 수 있을 것으로 생각된다.

북한의 인적자원, 광물자원, 생물자원의 강점들을 충분히 이해하고 활용함으로써 상호 윈-윈 전략을 추구하는 공존의 묘수를 살려야 한다. 그 과정에서 중요한 것은 남북한의 경제적, 사회적, 기술적 정보와 인식을 공유하고, 시장을 통합하여 7,500~8,000만 명의 내수시장 규모를 가진 한민족 단일시장을 창출해내는 것이다. 1억 명 내외의 내수시장 확보는 한 나라의 발전을 위한 필수적인 요건이다. 남북한의 요소 부존도를 효율적으로 활용하고, 경제 발전단계에 따른 효과적인 분업화를 통해 생산성을 획기적으로 증대시키는 기회로도 활용하여야 한다.

3. 싱귤래리티 시대의 공존 전략

3단계 공존 전략

남한은 1960~1970년대의 압축적인 산업화를 통해 빠르게 성장했고 생활도 전반적으로 개선되었다. 그러나 더 중요한 것은 정보화 시대에 빠르게 편승했다는 것이다. 개인 생활이나 산업에서 인터넷을 활용한 업무는 필수가 되었고, 국민 대부분 스마트 폰을 통해 일상의 업무를 처리한다. 이러한 과정에서 남한은 산업화, 정보화를 잘 치러냈고, 싱귤래리티 시대에서도 무엇인가 새로운 발전의 동인을 찾으려 하고 있다. 미래학자 레이 커즈와일Ray Kurzweil은 기술이 기하급수적으로 발전해 2029년쯤이면 컴퓨터의 능력이 개별 인간을 뛰어넘고, 2045년에는 전 인류 지능의 총합마저 크게 앞설 것이라고 예측하고 있다. 이 시점을 인간을 능가하는 초지능super intelligence의 출현 즉, '특이점singularity' 이라고 부른다.

한국은행이 2017년 8월 발표한 〈글로벌 로봇산업의 현황과 과제〉에 의하면 2015년 기준으로 남한의 산업용 로봇 밀집도는 노동자 1만 명당 531대로 세계 1위라고 한다. 2위인 싱가포르와 3위인 일본은 각각 398대, 305대로 우리나라와는 큰 격차를 보였다. 보스턴컨설팅그룹BCG이 2015년 발간한 보고서에도 세계에서 가장 적극적으로 산업용 로봇을 채택한 나라로 남한을 꼽고 있다.

남한은 산업 내에서 비용절감으로 경쟁력을 유지하기 위해 완전자동화 공정을 선호하는 경향이 강하다. 그러나 어느 라인에 자동화 시스템이 도입되면 그 라인의 노동자는 대부분 일자리를 잃게 된다. 제조업 중심의 사회인 남한이 이런 방식으로 효율성을 추구하게 되면 잉여 노동력에 대한 사회문제로 더 큰 사회적 비용을 초래할 수 있다. 특히 남한은 인공지능 사회를 거쳐 싱귤래리티 시대로 진입함에 있어 인공지능 도입 문제를 두고 기업과 사회시스템을 어떻게 설계할 것인지 경영진과 근로자 간에 충분한 협의가 있어야 할 것이다.

남한은 압축경제성장 과정에서 재화와 노동력이 투입되면 생산성이 높아지고 고용이 늘어나 경제가 성장하는 선형적 혁신linear innovation을 경험했다. 그러나 기술이 지능화되면서 이러한 선형적 혁신 공식을 더 이상 기대하기 어려워졌다. 특히 인공지능과 함께 4차 산업혁명기술이라고 일컬어지는 기술들은 개인정보와 사물정보의 결합 및 데이터 처리기술을 바탕으로 윤리적 문제와 인간소외, 인간성 상실의 문제를 수반하고 있다.

따라서 싱귤래리티 시대로의 진입은 남한 사회에 과학기술의 발전이 불러온 혼돈을 초래할 수 있고, 인공지능과 자동화에 의해 대체된 인간 노동력의 재배치문제로 인해 사회 전체에 혼란과 정치적 투쟁을 불러 일으킬 수도 있다. 빈익빈 부익부의 문제는 경제적 문제를 넘어 정보에 대한 소유와 접근, 생명의 연장에 대한 문제로까지 확산될 수 있다. 남한 사회는 인간과 인공지능의 공존문제로 사회적 불안정이 가속화될 시기이고, 북한은 발전단계상 인공지능 사회에 진입하는 시기이기 때문에 인간노동력과 기계 사이의 재배치문제가 중요한 사회적 이슈로 대두될 것이다.

3단계 남북한 공존 전략은 교육에서 찾아야 한다. 과학기술의 발전단계가 비약적으로 빨라지고, 새로운 지식과 창의성에 대한 요구가 갈수록 커지는 사회로 진입하기 때문에 남한과 북한은 공히 고급교육과 현장적응교육에 대한 상호공존과 협력을 필요로 하게 된다. 또한 급격히 줄어든 남한의 학령인구를 보완하고 고급인재에 대한 사회전체의 수요에 대응하기 위해서는 북한의 우수인재들을 확보하여 고급교육을 제공하는 것이 시급한 과제가 될 것이다. 아울러 인공지능에 의해 중앙 집중화되는 경제시스템과 정치시스템을 분권적으로 재설계하고 다수가 참여하는 의사결정시스템 도입을 통해 인간을 위한 사회시스템 운영이 가능하도록 법제도를 정비하여야 한다.

4단계 공존 전략

싱귤래리티 시대를 살아가는 삶의 방식은 인간중심 사회의 구현에 우선적으로 초점이 맞춰져야 한다. 이를 위해서는 인공지능을 선용할 수 있는 사회를 만드는 것이 중요하다. 인공지능의 성능을 높이면 저절로 경제성장이 이루어지고 사회가 더 좋아질 것이라는 생각은 앞뒤가 바뀐 것이다. 먼저 인공지능을 선용할 수 있는 사회를 만들고, 그 다음 인공지능의 성능을 높여야 한다. 먼저 통일을 경험한 독일사회 역시 신기술의 도입에 있어서 기술이 선용되는 사회를 먼저 조성했다는 점을 주목할 필요가 있다. 사회적 합의와 의지가 있다면, 인공지능과 인간 사이의 갈등은 발생하지 않을 수 있다. 인공지능과 인간의 관계는 원래 중립적이기 때문이다. 갈등은 인간이 인공지능을 어떻게 이용하느냐 하는데에서 비롯될 것이다.

그런데 싱귤래리티 시대 인공지능의 저변 확대는 또 하나의 불확실성을 키우고 있다. 이미 알파고에서도 그랬고 인공지능 닥터 왓슨의 사례에서도 마찬가지이다. 우리가 인공지능이 분석한 결과에 대해 과정과 원인을 이해하지 못한 채 무조건 신뢰하고 사용하는 위험한 사회로 진입한다는 것이다. 인공지능이 빅데이터를 분석해 내린 결론에 대해 명확히 규명할 수 있는 사람이 없어진다는 것이 싱귤래리티 시대의 사회적 특이점이 될 것이다. 이는 인공지능이 인간사회의 빅브라더로 등장하는 것이나 마찬가지이다. 앞으로 공개된 도구를 통해 누구나 원하는 수준의 인공지능을 만들 수 있게 되면, 긍정적인 측면의 싱귤래리티보다 통제 불가능한 싱귤래리티가 올 가능성이 많아진다.

싱귤래리티 시대의 인공지능은 인간처럼 생각하고 행동할 수 있을지도 모른다. 인공지능로봇에게 시민권을 부여하는 문제가 대두될 수 있다는 것이다. 이 논의는 2017년 2월 유럽의회가 인공지능로봇에게 '전자인간'지위를 부여해야 한다는 결의안을 통과시키면서 이미 시작됐다. 인공지능로봇에게 시민권을 부여한다는 것은 대단히 복잡한 문제를 내포하고 있다. 그것은 곧 행위의 주체에게 권리와 의무를 부여한다는 뜻이고, 자유를 보장한다는 뜻이 된다. 인간의 명령에 구속받지 않고 인공지능로봇 자신의 의지로 판단하고 행동할 수 있다는 얘기이다. 정치적 기본권인 투표권 행사도 가능해질 수 있다는 얘기가 된다. 이 시기에 인공지능이 인간처럼 사고하고 자율적 판단능력까지 갖추게 된다면, 이를 인간과 유사한 새로운 '종'의 등장으로 볼 수도 있을 것이다.

그러나 인간의 역사를 돌이켜봤을 때, 약 3만 년 전 호모 사피엔스가 네안데르탈인을 누르고 지구의 지배자가 되었듯이, 우리도 인공지능로봇을 노예처럼 다루려고 할 가능성이 많다. 문제는 인간의 투쟁적 삶의 경험을 알고리즘에 담고 학습한 인공지능로봇 역시 투쟁을 통한 항변에 나설 수 있다는 점이다. 따라서 우리에게 필요한 것은 인간과 인공지능로봇이 공존하는 전략을 모색하는 것이다. 인간이 자유를 쟁취하기까지 그동안 엄청난 희생과 투쟁이 있었다는 점을 고려하면, 인공지능로봇의 자유도 존중하고 서로 공존할 수 있는 삶을 모색하는 것이 필요하다. 이와 같이 다원화된 권리 논쟁은 남한과 북한의 인간 간 공존의 논의도 새로운 각도에서 바라보게 해줄 것이다.

4. 맺음말

향후 30년간의 발전과제와 전제요건, 이행단계를 짧게나마 더듬어보았지만, 21세기 사회의 특징인 과학기술의 발전이 야기한 사회변동의 여파는 남한과 북한의 차이를 한 세대 만에 극복하는 것을 거의 불가능하도록 만들었다. 통일독일과 비교해 봤을 때 우선 북한의 토대가 너무 빈약하다. 세습 전제주의로 병영화된 북한 사회를 개혁, 개방으로 이끌어내고, 피폐된 경제 인프라를 확충하여 문화적, 심리적 동질성을 복원하면서 통일로 이끌어내기 위해서는 남한의 정치 경제력만으로는 감당하기 어려울 것이다. 남한은 북한을 통일로 이끄는 견인자로서 또한 유인자로서 국제사회의 공동협력과 참여를 이끌어내도록 외교적 레버리지를 백분 활용하여야 할 것이다. 이 글에서는 이러한 과정에서 남북한이 공존 번영할 수 있고, 상호간 정치경제적, 문화적, 기술적 차이의 폭을 줄일 수 있는 선택과 집중의 공존 전략에 대해 모색해보았다.

- 초고집필: 박승재
- 수정검토: 윤기영, 이광형, 임춘택

참 고 문 헌

- 구본권 · 김대원 · 김동규 · 김명주 · 김홍열 · 박성원 · 박승재 · 서병조 · 서지영 · 손현주 · 이광형 · 이종관 · 이지순 · 임정욱 · 정명주 · 정윤수 · 정창록 · 정충식 · 차두원 · 최남희 · 허재준, 〈지능정보사회의 담론과 전망〉, 한국정보화진흥원, 2017.

- 안상훈 · 유길상 · 박가열 · 황선환 · 박승재 · 장시준 · 조욱연 · 김수완 · 정해식 · 정재훈 · 한동헌 · 김영미 · 고혜진 · 박종연, 〈지능정보사회 대비 사회정책 방안 연구〉, 한국정보화진흥원, 2016.

- 양성철, 《학문과 정치: 막스 베버와 21세기 전자인간시대》, 고려대학교 출판문화원, 2017.

- 이한빈, 《한나라의 앞날》, 박영사, 1991.

산업 개발
: 통일한국 4차 산업혁명 시대 산업발전 전략

SUMMARY

1   통일은 민족적인 염원이면서 동시에 정체 상태에 놓여 있는 한국의 성장 동력에 새로운 전환점으로 작용할 가능성이 있음

2   단기적으로 남북 경협은 초기 통합 및 통일을 위한 비용이 투입되면서 체감할 수 있는 경제효과로 나타나기는 어려움. 그러나 장기적 차원에서 내적으로는 인구문제 해결과 내수시장 확보, 기술과 노동력 융합의 효과를, 또 외적으로는 섬나라 경제를 벗어나 대륙경제로 뻗어나갈 수 있는 성장이 기대됨

3   그러나 남북 경협이 이뤄지기까지는 정치적 리스크 해소, 인프라 확충 등 다양한 제약 요건이 있기 때문에 이를 해결하기 위한 노력이 지속적으로 이뤄져야 함

4   남북 경협은 상호 신뢰수준과 북한의 수용능력 등을 고려하면서 단계적이고 점진적으로 이뤄져야 함

5   정부주도 개발협력과 민간주도 경제협력이 이원적으로 이뤄져야 하고, 남북에만 국한된 협력이 아니라 국제사회의 참여를 적극 유도해야 함

1. 4차 산업혁명 시대의 남북 산업 협력

2018년 평창 동계올림픽을 계기로 살얼음판 같았던 한반도에 극적인 변화의 바람이 휘몰아치고 있다. 남북관계는 여전히 많은 불확실성을 갖고 있으나, 지금 상황은 예전과는 확연히 다르다. 다양한 상황을 고려해야 하지만, 희망의 미래를 염원하며 남북 경제협력의 필요성과 추진 전략 등을 살펴보기로 한다.

한국 경제의 현실

현재 한국 경제는 한계에 다다른 모습이다. 성장, 고용, 분배 모든 측면에서 고전을 면치 못하고 있다. 장기 경제성장률과 잠재성장률이 추세적으로 하락하고 있으며 2012년부터 2%대의 저성장이 고착화되고 있다. 이런 추세로 가면 10년 내에 성장률이 0%대까지 추락할 가능성이 있다. 고용 역시 양적, 질적으로 하락하는 추세이다. 특히 청년층의 실업률은 4년 연속 최고치를 경신하는 악화일로를 걸으며 올 상반기에도 10%대에 이르고 있고, 좋은 일자리도 줄어들어 심각한 사회문제가 되고 있다. 분배측면에서도 마찬가지이다. IMF외환위기 이후 양극화와 소득불평등이 심화되고 있다.

한편 중국의 부상은 앞으로 우리 경제와 산업에 기회보다는 위협으로 다가올 가능성이 높다. 중국에 대한 확고한 비교우위가 없다면 우리는 중국의 주변국으로 머무를 수도 있다. 이뿐만이 아니다. 저출산과 고령화는 한국 경제의 뇌관으로 다가오고 있다. 합계출산율이 OECD 국가 중 가장 낮은 1.05명(2017년 기준)을 기록하고 있다. 생산가능인구는 2017년부터 감소하고 있으며 2026년경에는 고령사회를 넘어 초고령사회에 들어설 전망이다. 여기에 4차 산업혁명이라는 기술 패러다임의 전환이 가져올 산업과 사회 전반에 걸친 변화도 중대한 도전으로 다가오고 있다.

한국 경제는 이러한 도전을 극복하기 위해서 새로운 경제시스템 구축을 목표로 다양한 경제·사회 개혁을 해야 한다. 이를 통해 새로운 성장동력, 고용창출, 분배구조의 개선 등을 모색해볼 수 있을 것이다. 이런 상황에서 북한과의 경제협력은 한국 경제에 주어진 새로운 활력의 기회이자 놓쳐서는 안 될 마지막 변수이다. 결론부터 말하자면, 단기적으로는 초기 통합과 통일비용으로 커다란 경제적 수익으로 다가오지 않겠지만 장기적으로는 북한이 우리에게 신성장 모멘텀으로 작용하며 큰 기회를 가져다 줄 것으로 전망된다.

남북 경제협혁을 통한 한반도 경제공동체의 의미와 기대효과

먼저, 통일이 되거나 긴밀한 형태의 경제통합이 이루어진다면 한반도 경제공동체는 약 7,500만 명의 내수 시장을 갖게 될 것이다. 한 국가가 내수만으로 자급자족할 수 있는 규모는 최소 인구 1억 명을 기준으로 하고 있다. 만약 우리가 남북한을 합쳐 7,500만 명의 내수규모를 가지게 된다면 이 기준에 거의 근접하게 된다.

둘째, 한국은 '섬나라'의 상황을 벗어나 동북아시아의 중심 국가로 부상할 가능성이 크다. 그야말로 대륙경제로 나아가는 것이다. 남북 분단 상황에서 남한은 '섬 아닌 섬'의 처지이다. 그러나 남북 경제공동체가 되면 남북 교류를 넘어 우리 경제가 육로를 통해 중국과 러시아, 나아가 유럽까지 직접 연결될 것이다. 그렇게 되면 2,500만 명의 북한, 인구 1억 1,000만 명을 보유한 중국의 동북3성, 그리고 러시아 연해주를 비롯한 중앙아시아에 걸친 광활한 유라시아 대륙시장에 보다 쉽게 접근할 수 있는 통로가 생기게 된다.

셋째, 북한과의 우호적 관계 형성은 안보와 지정학적 리스크 해소를 통해 경제성장에 크게 기여할 것이다. 남북한의 국방비 절감은 경제 운용에 큰 힘이 될 것이기 때문이다. 또한 군수기술은 민간 차원으로 활용되면서 첨단기술이 선도하는 최근의 4차 산업혁명 흐름에서도 대처능력을 키워줄 수 있을 것이다.

넷째, 북한과의 경제협력은 한국이 당면한 문제인 성장 정체를 돌파할 수 있는 계기가 될 수 있다. 상대적으로 풍부한 북한의 저임금 노동력은 남한 기업들에게 새로운 활로를 제시하는 기회가 될 수 있다. 현재 한국의 주력산업은 높은 임금 수준 등 고비용 구조 때문에 가격경쟁력을 잃어가고 있다. 이런 상황에서 북한의 값싼 노동력은 남한 기업들에게 큰 힘이 될 것이다. 북한 입장에서도 남북한 경제협력은 북한 경제의 회생과 발전을 위한 가장 효과적인 수단이 될 수 있다. 북한의 주력산업으로 인정받고 있는 경공업, 통신기기, 가전산업 등이 남한의 기술 및 자본과 결합하면 더 큰 시너지 효과를 내는 최적의 협력 모델이 될 수 있기 때문이다. 다시 말해 남한의 기술 및 자본과 북한의 고효율 노동력이 결합한다면 한반도 경제공동체는 세계 그 어느 곳에서도 찾기 4차 산업혁명의 성공모델이 될 것이다.

2. 남북 경제협력의 한계

남북 경제협력이 장기적으로는 남북한 모두에게 성장의 원동력으로 작용하며 축복이 될 가능성이 높지만, 남북 경제협력에 대한 효과를 단기간에 기대하기는 어려울 것이다. 설혹 남북 경제협력이 순조롭게 진행된다고 해도 당장 한국 경제에 미치는 영향은 미미할 것으로 전망된다.

그 이유는 남북 경협이 진행되기까지 상당한 시간이 걸릴 것이기 때문이다. 북한의 비핵화과정이 빠르다고 해도 1~2년은 걸릴 것이며, 북한에 대한 경제제재 완화는 그 이후가 될 것이다. 경제제재가 풀린다고 해도 북한이 해외자본을 전폭적으로 광범위하게 받아들일 가능성은 아직은 낮아 보인다. 이러한 정치적 상황이나 북한의 태도, 국내외 기업들의 불확실성에 대한 우려 등으로 인해 남북 정부 간 경협이 대규모로 진행된다고 하여도 한국 경제에 급격한 영향을 줄 가능성은 크지 않다고 볼 수 있다.

정치적 리스크도 남북 경제협력을 가로막는 주요 요인이다. 5년마다 정책이 바뀌는 한국의 리스크뿐 아니라 도저히 예측하기 힘들 만큼 베일에 싸인 북한 정부의 태도 또한 남북 경협의 장애물이다. 항구적으로 공고한 한반도 평화체제 구축, 즉 정전체제 해체 과정이 실제적으로 병행 추진되면서 상호 신뢰가 구축되지 않으면 결국 한계에 부딪칠 수밖에 없다.

이와 함께, 전력, 철도, 도로 등 수송·통신 인프라의 절대적인 부족과 낙후는 일정 규모 이상의 투자를 수반하는 남북한 산업협력의 실현 가능성을 근본적으로 제약하는 요인으로 작용할 것이다. 북한 인프라 투자에 필요한 비용은 독일 통일의 사례로 비추어 볼 때 천문학적인 규모가 될 것으로 예상된다. 개인 기업은 물론 우리 정부에서도 독자적으로는 감당할 수 없는 규모이다. 북한 인프라는 한국뿐 아니라 다국적 정부와 기업의 국제 자금에 의해 단계적으로 개발될 수밖에 없다. 따라서 남북 경협도 북한 인프라의 단계적 개발에 따라 점진적으로 이루어질 수밖에 없다.

그 밖에도 대북 투자 기업이 원활하게 기업 활동을 할 수 있도록 하는 제도적 조건 역시 남북 경협에서 매우 중요하지만, 현재로서는 미흡한 부분이 많아 남북 경협의 한계점으로 지적된다. 남북 경협이 성공하려면 법적인 보장과 시장경제로의 제도 개선이 필수적이다. 북한의 제도는 경제 현실보다 느리게 변화하고 있으며, 현재 북한에서 진행되고 있는 시장화도 그 기반이 매우 허약하다. 이러한 상황에서 위험이 큰 남북 경협을 본격적으로 추진하기에는 많은 제약이 따르는 것이 사실이다. 개성공단과 금강산 관광사업, 오라스콤의 이동통신 사업과 같은 과거 사례를 볼 때 투자금을 제대로 회수할 가능성이 낮다고 판단할 수밖에 없고, 이는 기업들로 하여금 거액의 투자를 꺼리게 하는 요인으로 작용하고 있다.

3. 남북한 경제협력의 바람직한 추진전략

남북한 경제협력에 있어 예상되는 많은 어려움에도 불구하고 남북한 경협이 성공적으로 추진되기 위해서는 다음과 같은 전략이 필요하다.

첫째, 정치적·군사적 리스크를 최대한 제거하여야 한다. 따라서 남북한 경협은 비핵화 및 평화체제 정착과 병행하거나 조금 뒤에서 추진하는 것이 바람직하다. 남북한 간 정치·군사적 관계의 안정 없이 남북경협은 불가능하기 때문이다.

둘째, 남북한 경협은 5년 단위의 정권 차원을 넘어 10년 이상의 중장기 전략을 마련하여 추진해야 한다. 이를 위해서는 북한에 대한 철저한 연구가 뒷받침되어야 하며, 국회 동의 등 초당적 협력체제도 구축되어야 한다. 북한 연구는 그동안 냉온탕을 반복하면서 연구 범위와 연구의 연속성이 단절되어, 양적으로 또 질적으로 턱없이 미흡한 수준이다. 지금부터라도 북한 연구는 체계적이고 집중적으로 장기적인 시각에서 추진되어야 한다. 그런 점에서 남북한 경제협력의 마스터플랜은 남북이 공동으로 작성해야 한다. 북한 경제의 실상을 정확히 파악한 후에 실효성 있는 협력 프로그램을 작성하는 게 중요하다. 막연히 북한의 장마당이 500개이고 북한 경제 GDP의 60%가 대외의존이라는 추상적인 자료보다는 인력의 질적·양적 측면, 산업 부문의 현황, 장마당 중심의 민간 기업 현황, 수출입 내역 등 전반적인 수요공급의 현황을 면밀히 파악한 후에 실현가능한 경제협력 마스터플랜을 작성하는 것이 선결요건이다.

셋째, 북한의 수용능력과 남북한 신뢰수준을 고려해 단계적, 점진적으로 확대해가야 한다. 기반 시설이나 산업 기반 등 남북한 경협에 대한 북한의 물적 수용능력은 여전히 매우 낙후되어 있으며 단기간에 획기적으로 개선되기도 어렵다. 또한 시장 경제를 운영하기 위한 인적, 제도적 기반도 취약하다. 따라서 남북한 경협은 현재 북한이 수용할 수 있는 범위 내에서 추진되어야 한다. 민간에 의한 산업협력은 물론이고, 정부가 주도하는 개발협력도 북한의 수용능력을 충분히 고려한 후에 추진되어야 한다. 특히 민간 주도의 산업협력은 소규모 투자를 요구하는 협력부터 시작하여 신뢰를 구축해가면서 점진적으로 확대해나가는 것이 바람직하다.

넷째, 남북한 경협은 미국, 일본, 중국, 러시아 등 강대국들과 기업들의 조화와 참여 속에 추진되는 것이 바람직하다. 또한 인프라 개발 등 규모가 큰 경협에는 ADB, AIIB와 같은 국제기구와 선진국의 국제자본을 적극적으로 참여시켜야 한다. 다자간 국제자본의 참여에 따른 이익은 남북한뿐 아니라 참여 국가 모두에게 돌아가는 윈-윈 구조가 되어야 한다.

다섯째, 남북 경협은 그 범위가 남북한에 국한되어서는 안 되며, 적어도 중국의 동북3성과 연해주, 그리고 몽골지역까지 이어지는 경제권을 염두에 두어야 한다. 북방지역은 경제대국인 중국, 한국, 일본, 러시아가 인접해 있으며, 천연가스 등 자원의 보고로서 오래전부터 성장잠재력이 높은 지역으로 주목을 받아왔다.

마지막으로 정부주도 개발협력과 민간 경제협력 추진원칙은 차별화되어야 한다. 인프라 개발이나 대규모 경제특구의 공동개발과 같이 정부 간 협력사업으로 추진될 수밖에 없는 개발협력사업과 민간이 수익을 목적으로 추진하는 협력사업을 명확하게 구분하고 각각의 사업에 대해서 차별화된 추진 원칙을 확립하는 것이 필요하다. 정부 간 협력사업은 북한 경제의 성장을 촉진하고 통일 기반을 구축한다는 중장기적인 전략과 공공재론에 입각한 대북투자가 바람직하다. 반면 수익을 목적으로 추진하는 민간기업의 경제협력은 철저하게 경제적 목적에 부합되어야 한다. 민간경협은 기업의 자기 책임하에 추진되어야 하며, 사업의 수익성에 영향을 미칠 수 있는 정부나 공공기관의 직접적인 지원은 최소화하여야 한다. 동시에 민간경협에 대한 정부 규제나 통제도 합리적 수준에서 제한되어야 한다.

4. 남북한 경제협력 추진 방안

이러한 전략에 입각하여 단계별 남북 경협사업의 추진 방안을 다음과 같이 제안해본다. 편의상 평화체제 구축 이전, 평화체제 구축 이후, 남북통일 이후 3단계로 구분한다.

1단계 : 완전한 평화체제 구축 이전

1단계는 종전선언과 평화체제가 구축되기 이전이다. 따라서 이 기간에 대규모의 남북 경협 사업을 추진하기는 어려울 것이다. 정치·군사적으로 안정돼 있지 않기 때문이다. 다만, 개성공단이나 금강산·고성지구 개발 사례에서 보듯이 일정 규모 이내에서 남북 경협을 추진하는 것은 얼마든지 가능하다. 북미 대화가 진전되어 단계적으로 국제적인 대북 제재 조치가 해소되면, 기존에 남북이 추진해오던 경협 사업은 선례가 있으므로 곧바로 재개될 수 있다.

그러나 이번에는 한국 기업뿐 아니라 미국을 포함한 서방국가들에게도 문호를 개방하여 국제적 기업들의 참여하에 경협을 추진하는 것이 바람직하다. 이러한 글로벌 경협이 북한 경제 체제를 보다 빠르게 국제화하는 동시에 이후 종전선언과 평화체제 구축 과정에서 국제사회의 우호적인 분위기를 조성하는 데에도 도움이 될 것이다. 그리고 2단계의 본격적인 경협에 대비하여 1단계에서 전력, 철도, 도로, 통신과 같은 사회적 인프라 구축을 위한 예비조사와 대북 협의를 진행할 필요가 있다. 이러한 협의 자체가 한반도 긴장 완화에 상승 작용을 하는 것은 물론이다.

2단계 : 평화체제 구축 이후 남북통일 이전까지

2단계는 종전선언이 이뤄지고 평화체제가 구축된 이후 남북통일 이전까지의 시기이다. 이 기간은 대규모 남북 경협 사업은 물론 국제적인 대북 투자가 본격적으로 이뤄지는 시기가 될 것이다. 기존에 남북이 양해한 대로 고성, 함흥을 거친 동부축선과 개성, 남포, 신의주를 잇는 서부축선에 걸쳐 단계적으로 공단을 개발해나간다. 이 과정에서 북한에 부족한 전력, 철도, 도로, 통신 등의 인프라 구축을 남북한 정부 당국 주도로 각 공단지역에 우선적으로 해나가야 한다. 여기에 한국 기업을 비롯한 국제적인 기업들의 인프라 투자 참여가 필요할 것이다.

이후 조성된 공단지역에 민간 투자가 이어질 것인데, 이때 한국에서 높은 임금 수준으로 인해 경쟁력을 잃어가고 있는 산업의 북한 이전을 우선 추진하는 것도 고려해볼 수 있다. 의류·생활필수품 등의 경공업, 공구·조립산업 등 전통 뿌리산업이 여기에 속한다. 나아가 현재 중국의 저가 공세에 밀려 허덕이며 동남아 등으로 이전하고 있는 가전, 조선·해양, 자동차·기계, 석유·화학 등 주력산업도 북한지역 공단에 입주하는 것이 훨씬 경제적일 것이다. 독일 통일 과정을 보면 이러한 산업 이전은 남북한 통일단계까지 지속될 것이다.

한편 소프트웨어, 사이버보안, 미사일 기술 등과 같이 북한이 비교우위의 경쟁력을 갖고 있는 분야는 남북 과학기술협력 차원에서 인력 양성 및 기술교류와 기술협력 등을 추진할 필요가 있다. 이를 바탕으로 관련 첨단산업을 남북한이 공동으로 육성할 수 있다. 이 단계에서는 4차 산업혁명의 기본 인프라가 완성될 것이다.

3단계는 남북통일이 이뤄진 이후의 시기이다. 독일 통일 과정에서 알수 있는 것처럼 사람과 기업의 이동이 꾸준히 일어나면서 수십 년에 걸쳐 산업 구조가 변화한다. 북한에 풍부한 지하자원과 수력에너지, 러시아와 중국에 인접한 시장 접근성 등으로 인해 관련 산업이 북한지역에 육성될 것이다. 다양한 생산·서비스 산업도 시장원리에 따라 북한지역에 형성된다. 이 과정에서 한국의 개발 경험과 독일 통일의 사례를 눈여겨볼 필요가 있다. 즉, 환경문제, 임금을 비롯한 노동문제, 기술혁신과 산업구조 재편 문제, 인재양성과 고용문제 등 경제협력 과정에서 불거져 나올 수 있는 문제들을 과거 사례나 유사한 사례를 통해 미리 파악하고 대처함으로써 시행착오를 줄일 수 있을 것이다.

특히 남북통일 이전까지 한국 안에서 추진될 신산업 육성의 성과를 북한지역에 그대로 나눌 수 있다. 4차 산업혁명 추진에 따른 인공지능, 데이터기술, 자율주행차, 드론, 로봇 관련 산업이 그 예다. 보다 광범위하게는 한국이 앞으로 육성하게 될 5대 전략산업(바이오·의료, 에너지·환경, 안전·국방, 교통, 지식서비스 산업)의 성과를 남북경협이 중심이 된 한민족 경제공동체에서 서로 공유할 수 있다는 것이다.

5. 맺음말

지금까지 남북 경협의 필요성과 기대효과, 한계 및 추진전략에 대해 간략히 살펴보았다. 이제는 정확한 분석과 계획을 토대로 미래를 준비할 시점이다. 남북 경협의 초기에는 개성공단처럼 제한적인 사업이 펼쳐지겠지만, 이제 그 범위는 정부와 민간 모든 차원에서 비약적으로 확대될 것으로 전망된다. 산업의 방향 또한 초기에는 건설, 전력 및 통신망, 자원 개발, 교통·물류 등 경제성장의 기틀을 다지는 인프라 확충 사업이 중심이 될 것이다. 이어 생산 기반시설이 갖춰지면 남한의 기술과 자본, 그리고 북한의 자원과 노동력이 융합되면서 각종 생산재와 중간재 산업이 본격적으로 성장할 것이다. 또한 남북 모두의 경제성장을 통해 고용이 증가하고 소득수준이 향상되면 소비재와 서비스 관련 산업도 부상할 것이다. 그러나 이 모든 전망의 전제인 북한의 비핵화와 한반도 평화체제 및 한반도 경제공동체의 구축은 계속해서 적잖은 우여곡절을 겪을 수도 있다. 그럼에도 불구하고 한반도의 번영을 위해 반드시 성공적으로 추진되기를 희망해본다.

- 초고집필: 안현호
- 수정검토: 고정식, 이광형, 임춘택, 홍창선.

참 고 문 헌

- 이석기 외, 〈통일을 대비한 남북한 산업협력 전략과 실행방안〉, 산업연구원, 2016.

- 삼정KPMG, 《북한 비즈니스 진출전략》, 두앤북, 2018.

- 안현호, 《한·중·일 경제삼국지 2》, 나남출판사, 2017.

- 〈한반도 경제 공동체 만들자〉 기획 연재, 매일경제신문사, 2018.

- 《KDI 북한경제리뷰》 2018년 5월호, KDI.

- 김동명, 《독일통일, 그리고 한반도의 선택》, 한울, 2010.

- 현대경제연구원, 〈통일 한국의 12대 유망산업〉, 2014.5.11.

방송·정보통신
: 4차 산업혁명 시대 단계별 방송·정보통신 통합 전략

SUMMARY

1. 통일국가 안에서 민족과 문화의 동질성 확보를 위해서는 방송·정보통신의 매개체 역할이 매우 중요함
   - 남북은 방송 전파 전송방식이 다를 뿐 아니라 다양한 기술격차로 차이가 많음. 남북 통합과 통일 과정에서 차지할 방송통신의 기능과 역할을 고려하여 상호 협력이 시급함
   - 남북 방송통신 통합 및 통일 정책에는 시스템 통합뿐 아니라 문화적 차원과 미래의 먹거리 신산업 창출 등 다양한 면이 반영되어야 함

2. 남북 방송통신 통합 및 통일 정책은 단계별로 로드맵을 작성하여 실시되어야 함
   - 간접교류 단계에서는 남북 프로그램 공동제작이나 프로그램 교차 구매, 인적 교류 등에서 시작하여 서비스와 인프라 통합 토대를 마련하는 직접교류 단계를 거쳐 통합 완성단계로 나아가야 함
   - 인터넷 TV 시청으로 방송 송출방식의 차이를 극복

3. 남북 방송통신 통합과 통일을 위한 미래전략은 방송통신 산업의 남북한 이해증진을 위한 간접교류, 방송통신 산업 활성화와 방송통신 융합서비스를 위한 직접교류, 통일을 위한 남북공동 방송통신 융합산업 클러스터 구축, 통일 후 민족 동질성 회복을 위한 방송통신 융합시스템 구축 등의 4단계로 추진함
   - 1단계: 방송통신의 남북한 이해증진과 인프라 통합을 위한 간접교류
   - 2단계: 방송통신 산업 활성화와 방송통신 융합서비스의 직접교류
   - 3단계: 통일을 위한 남북공동 방송통신 융합산업 클러스터 구축
   - 4단계: 통일 후 민족동질성 회복을 위한 방송통신 융합시스템 구축

1. 남북 방송·정보통신 현황과 미래 지향점

2018 평창 동계올림픽을 계기로 그동안 중단되었던 남북 교류가 재개되면서 남과 북에서 합동 문화예술 공연이 열렸다. 특히 2018년 4월 27일 판문점선언은 일촉즉발의 한반도 위기 상황을 한순간에 바꿔버렸다. 이러한 역사적인 장면을 한민족과 전 세계인들은 TV방송을 통해 실시간으로 생생하게 접할 수 있었다. 긴장과 대립이라는 극한의 한반도 상황에서 이제 '데탕트의 물결'이 한반도에 도래할 수 있다는 희망에 우리 모두와 국제사회는 한껏 높은 기대를 품게 되었다. 아직 해야 할 일이 많이 남아 있지만 새로운 상황이 성큼 다가올 수도 있다는 가능성을 확인했기 때문이다. 남북정상회담을 취재하기 위해 전 세계 언론인이 모여 있던 일산 킨텍스 프레스센터에서는 상용화를 앞둔 5G 인프라가 구축되어 브리핑 장면이 5G와 가상현실VR 기술을 활용하여 360도 영상으로 현장감 있게 전달되기도 했다. 이처럼 방송·정보통신은 시간과 공간이 일치하지 않는 경험의 순간을 공유할 수 있는 기술적 수단이자 서로 간의 이질감을 극복하고 통일의식을 제고하는 데에도 중요한 역할을 할 수 있는 매개체이다.

통일독일의 사례는 이러한 방송통신 매개체의 역할이 얼마나 중요한지를 다시 한 번 일깨워준다. 한국과 같이 분단 국가였던 독일은 그들 스스로도 놀랄 만큼 급작스럽게 통일이 이루어졌다. 1989년 11월 9일 동독 정부 대변인을 맡았던 샤보프스키가 한 기자회견에서 '외국 여행 규제 완화' 정책을 발표하면서 벌어진 말실수가 독일 통일의 서곡인 베를린장벽 붕괴라는 단초를 제공한 것이다. 언제부터 시작되느냐는 한 외신기자의 질문에 즉흥적으로 뱉은 "…지금부터"라는 말 한마디가 28년간 갈라놓았던 동서독의 장벽을 무너뜨린 바 있다. 장벽 붕괴 뒤 동독 정부는 서독과 재빠르게 협상을 시작했고 장벽이 무너진 지 약 1년 후인 1990년 10월 3일 독일의 통일이 결정되었다. 예상보다 통일이 빨리 이루어졌지만, 그만큼 동서독 간에는 방송을 비롯한 교류를 통해 최소한의 기반이 마련되어 있었다고도 볼 수 있다. 물론 통일독일의 사례는 남북이 처한 현실과는 많이 다르다. 그러나 통일 이전부터 서로의 TV 방송 시청이 가능했던 경험 등은 분단국가의 통합과 통일 과정에서 방송통신 또한 적잖은 영향을 미칠 수 있는 요인 가운데 하나라는 점은 분명하다.

하지만 현재 남북한의 방송통신 분야에서는 기술 수준과 플랫폼 표준, 인프라 구축 현황 등에서 적잖은 차이가 존재한다. 따라서 남북한 간에 충분한 교류협력이 전제되지 않은 상황에서 통일이 이루어질 경우, 남북한 간의 사회적, 문화적, 경제적 이질감을 해소하는 데 예상보다 큰 사회적 비용이 소요될 수도 있다. 통일한국은 이러한 차이도 극복하고, 나아가 서로의 장점을 찾아내어 미래 유망 방송정보통신 서비스 시장에서 세계적인 경쟁력을 도출해야 한다.

남북 방송통신 현황과 비교

북한은 지난 몇 년간 낙후된 TV 방송 시스템 개선을 위하여 중국과 협력관계를 유지하고 있으며, 최근에는 디지털 TV 전환 준비에 들어간 것으로 알려져 있다. 2015년 2월부터는 고해상도HD 방송을 개시하였다. 남한에서는 2012년 12월 31일 새벽 4시를 기해 아날로그 방송에서 디지털 HD 방송으로 전환하였다. 최근 개발된 울트라HD 방송은 2015년 케이블/위성 상용화, 2018년 지상파 상용화를 목표로 2013년부터 실험 방송이 실시되고 있다.

TV 방송의 공유는 서로의 이질성을 이해하고 극복하는 데 있어 매우 필요한 수단이다. 독일의 경우, 통일 전인 1970년대부터 동서독이 서로 같은 방송을 보고 있었다는 것이 문화적 동질성 유지와 더불어 갈등 해소에 얼마나 중요한 역할을 했는지를 잘 보여주고 있다. 마찬가지로 서울과 평양, 남한과 북한에서 서로의 TV를 손쉽게 시청할 수 있는 방송기반시설의 제도화는 통일기반 조성에 필수적이다. 같은 방송프로그램을 공유하게 된다면 민족적 동질성 회복에 큰 기여를 하게 될 것이다.

그러나 남북한 방송통합을 위해서는 전송방식이 동일해야 하는데, 문제는 서로의 시스템이 다르다는 점이다. 남한은 디지털 지상파 방송전송방식으로 미국방식ATSC* 표준을 사용하고 있으며, 북한은 유럽방식DVB-T** 을 사용하고 있다. 이는 향후 방송통합 과정에서 중요한 이슈가 될 것이다. 따라서 남한과 동일방식 채용 혹은 이종 규격 채용 모두에 대한 고려가 필요한 상황이다.*** 정보의 교환, 기술 및 시스템의 통일, 기술의 지원 등을 위해서 적극 협력하는 것이 우선적으로 필요하다.

한편 1980년대 중반부터 북한은 정보기술 분야의 중요성을 인식하고 정책적 차원에서 개발계획을 수립하여 진행하고 있다. 북한은 최근 '단번도약'을 강조하며 경제회복을 위한 새로운 전략으로 정보통신산업 육성을 적극 추진하고 있다. 특히 북한은 소프트웨어부문에서는 상

---

* 미국에서 제정된 지상파 DTV 전송방식으로 Advanced Television Systems Committee 의 약어이다.
** 유럽에서 제정된 지상파 DTV 전송방식으로 Digital Video Broadcasting - Terrestrial의 약어이다.
*** 김봉식(2017).

당한 수준에 이르렀으나, 하드웨어 및 인터넷 분야에서는 낙후된 것으로 알려져 있다. 이는 경제난으로 어려움을 겪고 있는 북한이 대규모의 시설자금이 소요되는 하드웨어 분야보다는 우수한 개발인력을 통해 성과를 낼 수 있는 소프트웨어 부문에 적극 지원하기 때문인 것으로 추정된다. 인터넷 통신의 경우 북측은 최근 경제 및 실리적인 목적으로 국제 도메인 확보 및 상업용 웹 사이트 개설을 확대하고 있으나, 컴퓨터 보급률 저조 및 사용제한 정책으로 인터넷 활용도가 낮고 인프라도 열악한 수준이다.

이동통신이 발전하면서, 외국인의 경우 북한 내에서 SIM카드를 구매하면 인터넷과 국제전화를 비교적 자유롭게 이용할 수 있는 것으로 알려져 있다. 이에 따라 북한 내에서의 SNS 이용행태도 포착되기 시작했다. 인터넷에 대한 부분적 허용과 이동통신 인구의 증가는 새로운 매체의 활용 증가로 이어지고 있다. 2018년 4월 기준으로 이동통신 가입자가 약 500만 명에 이르고 있다. 북한 내부의 외국인이나 특정계층의 인터넷 이용이 일부 제한적으로 개방된 이유도 있지만, 북한의 체제선전이 인터넷 공간으로 옮겨가면서 북한 내부의 SNS 이용 활성화에 일익을 담당하는 것으로도 보인다.

반면, 남한은 세계 최고의 유무선 통신 인프라를 바탕으로 정보통신 분야의 기술을 선도하고 있다. 최근 4차 산업혁명 시대에 필요한 AICBMS**** 기술을 가진 소프트웨어 인력들은 부족한 실정이나, 디지털 시대의 핵심 트렌드인 컨버전스(융복합)는 방송과 통신 산업 분야에서

**** AICBMS(Artificial Intelligence, IoT, Cloud computing, Bigdata, Mobile, Security (Block Chain))

다양한 변화를 이끌고 있다. 모든 산업에서 비즈니스의 틀을 깨고 사업 구조를 혁신하여 새로운 가치를 창출하거나, 고객 경험 극대화, 사업 효율화 등을 달성하는 데 공헌하고 있다. 방송·정보통신 산업에서도 광대역 망과 디지털기술의 발달로 방송 및 통신망, 서비스, 사업자 간 융합이 활발해지면서 통신과 방송의 경계가 허물어지고 있으며, 이미 상당 부분에서 융합이 진행된 상태이다. 이에 휴대폰으로 TV시청이 가능해졌고, TV를 시청하다가 화면에 등장하는 제품을 즉시 구매할 수도 있게 되었다. 최근에는 IPTV, 스마트TV 등의 발전과 종합 편성 채널 사업자의 약진 등 방송통신 분야에서도 융합서비스에 대한 움직임이 더욱 활발해지고 있다.

남북 방송·정보통신 통합 추진 방향

향후 남북의 방송통신 통합정책은 크게 세 가지 방향에서 추진되어야 한다. 첫 번째는 서로 다른 시스템 문제의 해결이다. 동서독과 달리 남북한은 전파 송출방식이 달라 TV 시청 자체가 기술적으로 불가능하다. 그러나 과거 동서독과 달리 이제 방송통신 환경은 급변하고 있다. 유선망뿐 아니라 인터넷과 모바일 등 새로운 방송통신 환경이 만들어지고 있다. 실제로 개성공단과 금강산관광단지 등에서도 새로운 통신망 없이 위성접시와 셋톱박스만 구비되면 가능한 위성방송 서비스가 제공된 바 있다. 따라서 이처럼 변화하는 방송통신 환경을 고려하면서 보다 용이한 인프라 통합구축과 기술 개발이 가능할 것이다. 간단히 말해, 남북한 지역이 인터넷 TV방송을 시청하면 상호 전송방식의 차이를 쉽게 극복할 수 있을 것이다.

두 번째는 기술의 통합만이 아니라 문화 차원에서도 통합이 논의되어야 한다는 점이다. 방송통신은 단순히 기술의 문제가 아니다. 방송통신은 작게는 생활습관의 변화부터 크게는 사회적·국가적 정체성 형성에도 영향을 끼쳐왔다. 다시 말해 남북의 방송통신 통합 정책은 남북 간의 이질감을 극복하고 민족의 동질성을 회복하여, 이른바 남북 양극화가 완화되거나 극복되는 방향으로 추진되어야 한다는 것이다. 즉 남북방송은 각자의 체제를 선전하거나 우월감을 이용해 서로를 동화시키는 것이 아니라 소통을 통한 사회통합에 초점을 맞추어야 한다. 물론 독일과 다르게 남북한 간에는 방송교류가 거의 없었고, 특히 북한의 경우는 철저히 단절된 상태였기 때문에 방송의 교류나 접근 방법에 대해 신중을 기해야 한다.

세 번째는 남북 방송통신의 통합 정책에만 국한할 것이 아니라 방송통신 산업을 공동의 미래 먹거리로 인식하여 미래 신산업으로 육성시켜야 한다는 점이다. 이미 글로벌 환경은 4차 산업혁명이라는 물결 속에서 다양한 융합산업의 등장과 첨단 기술이 선도하는 시장을 목격하고 있다. 이러한 흐름에서 방송통신 시장도 예외가 아니다. 따라서 과거의 방식으로 북한지역의 낙후된 방송통신 인프라 구축이나 기업의 진출에만 관심을 둘 것이 아니라, 미래 신산업 모색 등 큰 틀의 논의도 병행되어야 한다.

- 방송통신 분야의 기술적 차이 극복 및 통합 인프라 구축
- 제도적 한계 극복을 위해 법규나 규제를 통합 환경에 맞추어 개선
- 콘텐츠/서비스 공동개발을 통해 민족 동질성 회복 노력
- 방송통신 서비스의 융합을 통한 미래 먹거리 공동 개발

2. 통일국가를 위한 방송·정보통신 부분의 비전

1단계(2018~2027) 목표
: 남북한 간접교류를 통한 이해증진과 직접교류 토대 마련

단순 교류 협력 단계에서는 남한 기업이 북한지역에 대한 방송통신 사업권을 획득하거나 통신 관련 사업에 대한 남한 기업의 직접 투자가 불가능하다. 따라서 종전선언 등을 통해 남북한의 정식 교류가 가능할 때까지 남북한의 방송통신 분야의 기술 격차를 줄이고, 서로 간에 이해를 증진하여 남북한 직접교류의 토대를 마련하는 것을 목표로 한다. 그 다음의 남북 화해 단계에서는 남측 주도로 추진 가능한 사업을 발굴하여, 남북한 방송통신 산업의 직접교류 확대를 위한 토대를 마련한다.

간접교류와 향후 직접교류 확대를 위한 토대를 마련하기 위해서는 제반 기획과 시행을 위한 행정 조직이 필요할 것이다. 또 남북이 함께 방송과 통신에 관한 로드맵 구축, 공동 연구개발, 상호교류, 표준화작업, 테스트베드 마련, 지원정책 등을 고민하고 양측의 목적에 맞는 사업을 공동으로 추진할 필요가 있다.

2단계(2028~2037) 목표
: 직접교류를 통한 이질적인 서비스/콘텐츠/인프라 통합 토대 마련

4차 산업혁명의 키워드는 융복합convergence이다. 현재 남북한의 방송과 정보통신 산업은 완전히 분리된 형태로 발전하여왔으나, 최근 남한에서는 방송미디어와 정보통신 산업이 다양한 형태로 융합하여 발전하고 있다. 또한 방송 및 정보통신 융합은 회사 간 경쟁을 위한 M&A를 촉발하여 방송정보통신 시장을 활성화시키고 있다. 실제 글로벌 방송정보통신 시장은 소프트웨어와 플랫폼이 새로운 부가가치를 창출하고, 융합이 새로운 블루오션으로 부상하면서 통신, 미디어, 콘텐츠 및 디바이스 등이 합쳐진 차세대 플랫폼의 격전장으로 바뀌고 있다. 구글, 애플, 소니 등의 해외 대형 플랫폼사업자뿐만 아니라 국내 통신사, 제조사들도 글로벌 시장을 주도하기 위하여 방송·미디어·정보·통신 사업자와의 적극적인 인수합병으로 미디어 플랫폼을 통합하고, 이를 기반으로 새로운 성장모델 창출 및 융합서비스 제공을 통해 위기 극복에 적극적으로 나서고 있다.

따라서 이 단계에서는 3차 산업혁명에서 4차 산업혁명 단계로 이행하는 과정에서 이미 발생하고 있는 방송 및 정보통신 산업의 문제를 진단하고, 남북의 이질적인 방송과 정보통신이 어떻게 융합되어야 할지를 결정하고, 4차 산업혁명을 주도할 수 있는 여러 가지 아이디어를 찾아내어 공동으로 개발하고 사업화해야 한다.

3단계(2038~2047) 목표
: 방송통신 산업 융합 활성화를 통한 미래 신산업 도출

인공지능을 통한 산업 자동화는 인간의 일자리를 점점 사라지게 하고 있다. 4차 산업혁명이 가져올 변화 속에서 북한이 가지고 있는 저렴하고 풍부한 노동력은 더 이상 경제 발전의 명확한 대안이 되기 어려울 수도 있다. 4차 산업혁명으로 인해 자동화의 위험이 상대적으로 적은, 창의성과 감성의 영역에서 새로운 혁신 산업이 만들어질 것이다. 즉 미디어 콘텐츠 창작자, 사용자 경험 및 인터페이스 디자이너, 공연·영화 및 음반기획자 등 문화 콘텐츠 분야에서의 기여도가 증대되고 있다.

이 단계에서는 미래사회에서 필요로 하는 방송·미디어·정보·통신의 미래 융합서비스 산업을 발굴한다. 먼저 융합서비스 산업 모델을 구상한 후에 융합서비스 기술 개발의 완성도를 높이고, 법제도 개선을 통해 사업모델과 경쟁력을 검증한 후에 세계시장에 선진입하여 지속적 경쟁 우위를 유지해나가야 한다.

4단계(2048~) 목표
: 통일과 남북한 방송통신 통합 완성

통일은 궁극적으로 남과 북이 한 민족으로 융합되는 형태가 될 것이다. 앞으로 약 30년 후에 통일이 된다면 한 세기 동안 다른 이념과 다른 문화, 그리고 경제적인 격차가 있던 분단국가에서 소통 없이 살았던 사람들이 함께 살아가야 한다. 통일 이후에는 지역 갈등과 심리적 거부감 등의 문제가 나타날 것이다. 따라서 통일국가의 방송통신은 분단 상황의 역사에 대한 이해를 바탕으로 한 국가, 한 민족이라는 소속감을 키울 수 있도록 통일사회 환경의 구성을 위한 역할을 해내야 한다.

또한 통일국가에 필요한 새로운 방송통신융합 산업 모델을 만들어서, 방송·미디어·정보·통신이 융합된 신산업의 국제적인 경쟁력을 확보하고 발전시켜, 지속 가능한 사회통합을 완성해나가야 한다.

3. 통일 방송·정보정보통신 통합 미래전략

1단계 전략 : 방송통신의 남북한 이해증진과 인프라 통합을 위한 간접교류

처음 교류 단계에서는 서로의 이질성과 정보통신 인프라 및 자본의 격차를 인정하고, 남북한 방송통신 교류 여건조성, 남북 방송통신 교류와 상호개방을 유도한다. 또한 경제적으로 여유가 있고 기술경쟁력에서 앞선 남한이 주도적으로 공동 콘텐츠 개발과 인프라 지원을 병행한다. 이러한 간접교류를 담당할 행정 조직을 만들어서 방송과 정보통신 분야의 콘텐츠 개발, 인프라 지원, 서비스 개발, 제도개선 등을 책임 있게 수행할 수 있도록 해야 한다. 구체적인 간접교류의 예로 기술 인력에 대한 교류, 장비·서적·기술 서비스에 대한 교류, 교육 및 문화 콘텐츠의 교류, 사이버 도서관 구축을 통한 교류, 언어 및 기술 표준화의 교류 등이 있을 것이다. 과거 두 차례 열린 바 있는 남북 방송인 컨퍼런스 부활을 비롯해 방송프로그램 교차 구매, 남북 간 스포츠 중계 등도 1단계에서 추진할 수 있는 전략이다. 또한 북한 관련 미디어와 빅데이터를 디지털 정보로 저장하는 아카이브 구축 등 남측에서 주관 가능한 사업을 중심으로 하되, 북한의 적극적 참여를 유도하여 점진적인 공동운영 형태를 취한다.

2단계 전략 : 방송통신 산업 활성화와 방송통신 융합서비스의 직접교류

이 단계는 남북이 종전선언 등을 통하여 국가 대 국가로서 정상적인 산업 및 문화 교류가 가능한 상태에서 직접적인 교류를 시작하는 시기이다. 남북이 함께 방송통신 융합산업에 관한 로드맵을 구축하고, 공동 연구개발, 상호교류, 표준화작업, 테스트베드, 지원정책 등을 고민하고 양측의 목적에 맞는 사업을 공동으로 추진한다. 특히 4차 산업혁명 시대에 적합한 방송 산업과 정보통신 산업이 융합된 신사업 모델을 찾아 협력한다. 그 예는 다음과 같다.

• 인터넷을 통한 상호 TV 시청

- 통신망과 방송망이 융합한 산업 모델*
- 통신과 방송 양쪽의 특성을 모두 고려한 서비스 모델**
- 플랫폼 사업자, 방송사업자, 통신사업자가 상대영역에 상호 진출
  하여 만들 수 있는 사업 모델 등

방송과 통신이 만나면 각자의 영역에서 강점인 콘텐츠와 네트워크를 기반으로 한 양방향 콘텐츠 전송이라는 융합화가 일어나게 된다. 방송통신 융합산업은 이해관계자들이 추구하는 방향에 따라서 네트워크-양방향 서비스 플랫폼-디지털콘텐츠의 삼박자를 갖추고 여기에 소비자와의 접점이 되는 단말기까지 결합된 통합 산업 모델의 탄생을 예상할 수 있으며 이미 현실화되고 있다.*** 이러한 분야에서 새로운 산업을 만들어 남북이 협력할 필요가 있다.

3단계 전략 : 통일을 위한 남북공동 방송통신 융합산업 클러스터 구축

남북은 DMZ 같은 중립지역에 대규모 방송통신 융합 산업 단지를 만들어, 통일국가의 신산업 밸리로 발전시킬 필요가 있다. 2005년에 업체들의 입주가 시작되어 2016년 2월 가동이 완전 중단된 개성공단의 예를 살펴보면 남북협력사업의 상징으로서 여러 가지 긍정적·부정적인 면들을 가지고 있었다. 여러 관점이 있지만 대체적으로 개성공단은 산

- 방송이 기존의 방송망과 더불어 통신망으로도 전송되는 것을 말한다.
- ●● 서비스의 융합은 통신과 방송 양쪽의 특성을 모두 갖는 서비스가 출현하는 것을 의미하는 것으로 주문형 비디오서비스 VOD, 데이터방송, 인터넷방송 등이 대표적이다.
- ●●● 타임워너는 영화 스튜디오 워너브러더스를 비롯해 CNN, 케이블네트워크 HBO, 카툰네트워크 등을 보유하고 있다. 이를 활용할 경우, AT&T는 로컬 통신사업자가 아니라 글로벌 콘텐츠 미디어사업자로 도약할 수 있다.

업구조 개편과 민족경제의 균형 발전이라는 경제적 효과win-win뿐 아니라, 남북관계 개선과 한반도 긴장 완화, 민족의 동질성 회복에 크게 기여하였다는 평가이다.

유사한 맥락에서 방송 미디어와 5G/VR/AR/AI/Bigdata 같은 첨단 정보통신 기술을 융합한 산업의 기획, 디자인, 설계, 연구, 개발, 테스트, 실증 및 사업화까지 가능한 남북 공동의 방송통신 융합 클러스터 단지를 만들어 통일한국의 미래 기술 전략지역으로 육성·지원할 필요가 있다.

4단계 전략 : 통일 후 민족동질성 회복을 위한 방송통신 융합시스템 구축

비극적인 분단의 시기를 지나 남북 통일시대에 나타날 갈등의 해소와 동질성 회복을 위한 사회문화적 운동을 방송과 정보통신 융합산업이 적극 지원할 필요가 있다. 남북화해 시대에 유무선 인터넷 방송통신은 다양한 방식으로 서로의 국경을 넘어 전달될 것이며, 이중 일부 방송 콘텐츠 및 서비스가 분단 민족의 갈등을 조장하여 통일을 더디게 할 가능성이 있다. 따라서 통일 전과 통일 후를 구분하여 민족 동질성 회복을 위한 방송통신 서비스의 제작 원칙을 세우고, 이를 관리하는 법적인 행정 조직이 필요하다. 통일 후에도 상당 기간 동안[****] 방송통신은 남북한 지역 특성을 유지하고, 지역 문화의 이해를 증진하며, 언어통합을 위해 노력하고, 상호 이해를 촉진하는 방향으로 방송과 정보통신 프로그램을 만들도록 관리해야 한다. 또한 싱귤래리티 시대에 인간 중심의 가치관을 훼손하지 않는 방송·정보통신의 기술개발이 필요할 것이다.

[****] 독일의 경우 통일 후 10년이 지난 후에도 많은 갈등이 존재한다.

4. 맺음말

방송통신이 통일사회에 미치는 사회적, 문화적, 경제적인 영향력은 통일독일 등의 사례에서 보듯 매우 크다. 남과 북은 상대가 만든 콘텐츠와 서비스를 통하여 서로를 이해하고 소통하게 될 것이다. 특히 독일에서 방송통신이 영향을 준 사회통합적인 측면은 우리에게 많은 것을 시사한다. 통일 전 독일의 방송통신 프로그램을 분석해보면, 서독 주민에게 동독을 이해시키기 위한 프로그램들이 다양한 측면에서 제작되었으며, 결과적으로 사회문화적 통합을 견인하는 기능을 하였다고 볼 수 있다. 따라서 남북 양측의 차이를 극복하기 위해 상호 사회체제의 차이를 인정하고 그 속에서 상호교류를 통해 공통분모를 만들어내는 것이 통일을 준비하는 방송통신의 중요한 역할일 것이다.

특히 최근 북한 내에 확산되고 있는 한류의 영향이 상당히 큰 점도 주목할 필요가 있다. 한류가 북한에 미치는 긍정적인 면과 부정적인 면을 명확히 분석해낸다면, 향후 남북이 공동으로 제작하는 콘텐츠와 서비스 디자인에도 도움이 될 것이다. 아울러 독일의 경우처럼 통일은 어느 날 갑자기 이루어질 수도 있다. 통일 시대에 남북한의 위화감 해소나 민족 동질적 회복을 위한 공공TV의 기능과 역할에 대한 준비가 좀 더 체계적으로 이루어져야 할 것이다.

- 초고집필: 조충호
- 수정검토: 이광형, 조동호, 최윤정, 홍대식

참 고 문 헌

- 김학천 외, 〈남북한 방송통신 교류협력 시나리오연구보고서〉, 방송문화진흥회, 2009.

- 이용희, 〈북한내 한류가 통일에 미치는 영향〉, 《통일문제연구》 26(2), 2014.

- 이춘근 외, 〈남북 ICT 협력 추진 방안〉, 《정책연구》, STEPI, 2014.

- 김철한 외, 〈통일대비 남북 방송통신 교류협력센터 추진방안 연구〉, 《방통융합정책연구》, 정보통신정책연구원, 2015.

- 윤석민, 〈통일기반구축을 위한 방송·통신분야 단계별 전략〉, 《방송통신위원회연구보고서》, 2015.

- 김봉식, 〈북한 유무선 통신서비스 현황 및 시사점〉, 《정보통신정책보고서》 29(10), 2017.

- 주정민, 〈미디어와 제 4 차 산업혁명〉, 2017.

- 최계영, 〈4차 산업혁명과 ICT〉, 《KISDI》, 정보통신정책연구원, 2017.

- 〈글로벌 방송통신 융합 속 한국 방통위엔 '방송'만 있다〉, 중앙일보 2017.9.17.

- 〈KT남북경협 대비에 잰걸음, 수혜 볼 가능성은 미지수〉, 비즈니스포스트 2018.6.7.

지식재산
: 통일한국 4차 산업혁명 시대 지식재산권 전략

SUMMARY

1 특허강국·지식재산 강국이 지배하는 세상에서 살아남기 위해서는 남북 지식재산권 법제도의 통합이 필수

2 남북한의 지식재산권법을 점진적으로 개정하여 통합에 대비

3 남북 지식재산권 법제의 통합을 위한 단계별 전략은 지식재산권 교류협력 확대, 지식재산권 통합을 위한 구체적 논의, 지식재산권 법제 비교분석에 따른 문제점 도출 및 경과 규정 조치, 통일한국 지식재산권 통합완성으로 정리

4 경과조치법(통일조약)을 제정하여 통합에 따른 혼란을 최소화

5 통일한국 지식재산권 통합법(효력확장법) 제정 및 시행

6 통일한국 지식재산권의 완전한 실현을 위한 주요과제는 지식재산부 승격을 위한 정부조직법 개정과 국제 지식재산 허브국가로서의 기반조성

1. 남북 지식재산권의 현황과 미래 지향점

세계지식재산기구WIPO: World Intellectual Property Organization 사무총장인 프랜시스 거리Francis Gurry는 국내언론 기고문에서 "특허강국이 다음 지배자이다"라고 역설한 바 있다. 미래사회의 부국富國과 강국强國은 바로 그 나라 국민들의 지적·정신적 수준의 고도화와 지식재산권의 질과 양에 따라 결정될 것이라는 예측이다. 이런 시대적 흐름에 발맞춰 선진국은 국가의 모든 역량을 모아 강력한 '특허중시정책'을 펴면서 미래 신성장동력산업의 발굴과 육성에 온 힘을 쏟고 있는 실정이다. 하지만 우리나라는 중국의 기술추격과 엔저로 인한 일본의 저가 공세에 밀려 '샌드위치 신세'에 놓여 있으며 '중진국의 딜레마'에서 벗어나지 못한 채 성장 절벽에 부딪친 상황이다. 이러한 현실을 감안할 때 세계유일의 분단국으로서 무형의 영토인 남북 지식재산권의 제도적 통합은 더이상 늦출 수 없는 시대적 소명이자 우리민족의 운명이 걸린 중대한 사안이다. 따라서 한민족만이 갖고 있는 독창적인 지식재산 유전자를 이끌어내어 우리 후세들이 오래도록 먹고 살아갈 토대를 마련해줌은 물론 세계를 리드해갈 수 있는 필요한 조건들을 충족시켜나가야만 한다.

남북 지식재산권 제도의 현황

현재 남북한은 지식재산권의 국제적 보호와 관련하여 WIPO에서 관장하고 있는 지식재산권조약, 즉 파리협약(산업재산권 보호), 특허협력조약PCT, 특허법조약PLT, 마드리드협정(상표의 국제등록), 니스협정(상표의 국제분류), 헤이그협정(디자인의 국제등록) 등 9개 국제조약에 동시에 가입해 있다. 이는 앞으로 남북한이 어떤 절차나 형식의 이행 없이도 상호

간에 지식재산권을 즉각적으로 교류 협력할 수 있는 확실한 근거가 될 것이다. 그러나 단지 정치적인 이유 때문에 상호 출원·등록이 이뤄지지 못하고 있는 실정은 안타까운 현실이다. 대한민국 특허청은 세계 5대 특허청 중의 하나로서 특허출원 4대 강국(1년 20만 건 이상 출원)의 명성을 유지하고 있는 반면, 북한은 아직 1차, 2차 전통산업 중심의 특허출원(1년 1,000여 건 이상 출원)으로 너무나 열악한 환경에 놓여 있으며, 산업시설의 낙후, 기술격차 등 지식재산권 분야의 전반적인 인프라 측면에서도 큰 격차를 보이고 있다.

남북 지식재산권 법제도의 통합 추진 방향

남북 지식재산권 법제도의 통합은 통일을 실현하기 위한 과정이자 중요한 과제라고 볼 수 있다. 다만 지식재산권 법제도의 통합은 통일헌법에 기초하여 통일로 인해 발생할 수 있는 사회적 비용과 혼란을 최소화하고 경제적 안정을 꾀할 수 있도록 점진적으로 이루어져야 할 것이다. 이러한 점진적 통합은 남북 지식재산권 법제도의 비교분석과 외국사례 연구를 통해 궁극적으로 지식재산권 법제의 통합법을 제정하는 순서로 진행되어야 할 것이다. 완전한 통합법이 실행되기까지는 기존 남북 법제에 의해 기존 권리들을 보호해줄 수 있도록 경과규정(통일조약)을 마련하여 권리충돌 및 분쟁 가능성을 완화시켜 나가야 할 것이다.

2. 통일한국 지식재산권의 비전

1단계(2018~2027) 목표 : 지식재산권 교류협력 확대

먼저 지식재산권 교류협력을 위한 북한의 관심을 유도하기 위해 중국과 러시아를 활용한 포럼이나 국제회의를 지속적으로 개최해야 할 것이며, 출원 및 등록의 상호인정에 따른 경제적 이익(1년 1억~2억 달러 정도) 등 북측을 설득하기 위한 논리를 개발해나가야 한다. 또한 교류협력에 관한 세부합의서 채택이나 실무협의회 구성 등 제도개선도 병행하여 추진해야 하며, 민간차원의 학술교류나 심포지엄 개최, 상호방문 교류지원을 포함한 다각적인 대북 지원사업도 적극 추진해야 한다.

2단계(2028~2037) 목표 : 지식재산권 통합논의 및 외국사례 연구

남북한은 오랜 분단으로 국가의 근간이라고 할 수 있는 법질서와 법체계에 상당한 괴리가 발생했다. 따라서 남북 지식재산권 법제도의 차이점, 즉 지식재산권 관리구조상의 차이, 지식재산권 보호체계상의 차이, 주요 용어 및 제도상의 차이, 기술의 격차로 인한 보호경향의 차이를 비교분석하고 이를 바탕으로 남북의 지식재산권 법제의 통합방안을 제시해야 할 것이다.

또한 유사한 법 통합 사례, 즉 동서독의 통합사례는 궁극적으로 우리의 벤치마킹 대상으로, 중국·대만, 중국·홍콩 간의 교류협력 사례 역시 현행 제도하에서 타산지석의 교훈으로 삼아야 할 것이다.

3단계(2038~2047) 목표 : 지식재산권 법제 비교분석 및 경과규정 조치

현재 남북의 법체계는 외형상 너무나 이질화되어 공통점을 찾을 수 없는 상극처럼 보인다. 하지만 지식재산권의 통합을 추진하는 과정에서 우리는 남북한 법의 이질성과 동질성을 동시에 발견해 가능한 범위 내에서 단계적·점진적으로 하나의 통합법으로 발전시키고 동화 수렴하려는 노력을 해야 한다. 따라서 법제 통합을 위해 남북 지식재산권을 비교분석하되, 현행 북한 지식재산권법을 중심으로 남북 공통사항에 해당하는 내용만을 발췌해 5개 영역의 법제, 즉 발명보호법제, 실용신안법제, 상표법, 디자인보호법제, 저작권법제를 구성해야 한다. 또 실체법 및 절차법 측면에서 문제점을 심층 분석하여 앞으로 만들어지는 통합법(안)의 효율성과 균형성을 추구하고 지식재산권의 국제적 조화에도 부응해야 할 것이다. 특히 통합과정에서의 혼란을 최소화하기 위해서는 어느 정도의 조정과 적응기간을 거칠 수 있도록 통일조약과 같은 경과조치법 도입이 필수적이다.

4단계(2048~) 목표 : 통일한국 지식재산권 통합 완성

남북 지식재산권 법제의 통일(안)을 위해 동서독 지식재산권 통합법(효력확장법)을 참조하여 '통일한국 지식재산권 통합법(효력확장법)'을 제정한다. 다만 남북의 실정에 맞도록 조정하며 남북 상호 합의하에 통일시점을 발효일로 지정해야 할 것이다.

법제 통합의 범위는 통일 이전에 남북지역 각각에 출원되어 심사계류 중인 출원 또는 등록된 모든 지식재산권을 포함하며, 남북 각각의 지역에 효력이 있는 국제조약에 의해 출원된 출원 또는 등록된 지식재산권도 동일하게 적용되도록 해야 한다. 통합법의 체계는 총 5개 분야와 부칙으로 구성하되, 총칙(목적 및 용어정의), 권리확장(구남한지역에서 생긴 구권리의 확장, 구북한지역에서 생긴 구권리의 확장), 권리충돌 및 침해, 지식재산권 분쟁의 조정절차, 보칙 등 본문 58개 조문과 경과 조치에 대한 7개 조문을 부칙으로 구성해야 할 것으로 본다. 이와 같은 통합법의 완성을 통하여 지식재산 강국으로서의 위상을 확립해나가야 한다.

3. 통일한국 지식재산권의 미래전략

1단계 전략 : 4차 산업혁명 시대의 지식재산권 인프라 구축

지식재산은 4차 산업혁명 시대의 핵심이자 수익창출의 주요 수단으로 급부상하고 있다. 향후 10년 이내 세계 500대 기업 자산의 95%가 무형자산으로 채워질 것이며, 그 핵심이 지식재산이 될 것이라는 예측이 지배적이다. 이와 때를 같이하여 중동지역에 '지식재산 한류'의 열기로 '한국형 특허정보시스템'을 구축하고 있는 사실은 좋은 본보기이다. 아울러 4차 산업혁명 시대에 대비하여 지식재산 분야 법과 제도의 정비, 인력양성, 첨단 시스템 개발 등 제반 인프라 구축은 물론 지식재산에 대한 정책 비전을 다각적으로 강구해나가야 한다.

2단계 전략 : 지식재산권 분야의 국제경쟁력 강화

"한민족의 미래는 과거에 있다"는 말처럼 우리 민족은 독특한 전통문화를 지니고 있기 때문에 전통문화 속에서 보편적인 소재를 개발해 세계화시켜나갈 수 있다. 즉 북측의 기초과학과 남측의 인프라가 만나면 세계적 경쟁력을 갖춰나갈 수 있으며 전통문화를 주 콘텐츠로 하는 '지식한류'를 조성시켜나갈 수 있다. 기존 온실에 ICT를 접목한 한국형 스마트 팜의 실용화, 찜질문화 활성화, 개량한복의 실용화, 복고풍 문화의 다양화 등 남북의 통합된 노력을 통해 우리만의 경쟁력을 지닌 산업을 지속적으로 발굴·육성해야 하고, 비무장지대DMZ에 남북 소프트웨어 연구소를 설립하여 공동으로 연구해나가야 한다.

3단계 전략 : 독창적인 신성장산업 개척과 세계선도

남북 지식재산권 통합을 통한 신성장 전략으로는 첫째, 기존 주력산업을 ICT와 결합해 첨단화하는 것. 둘째, 우리가 잘하지 못하는 후진산업을 일으켜 세우는 것. 셋째, 글로벌 서비스 산업의 육성 등을 꼽을 수 있다. 이처럼 전통산업(굴뚝산업)과 최첨단 산업을 접목한 대표적 산업으로는 의료바이오, 환경, 안전, 지능서비스, 발효식품, 하이퍼농업, 한국적 웰니스 관광산업(한방웰니스 관광, 템플스테이 등), 헬스케어 서비스, 금융서비스와 전자상거래 등이 있다. 남북한 지식재산권 통합 논의 과정에서 이들 산업이 고품질의 지식재산권을 창출하고 이를 통해 세계시장에서 경쟁력을 확보하도록 통합된 노력을 기울여나가야 한다.

4단계 전략 : '국제 지식재산 허브국가'로서의 역할 증대

통일한국 지식재산권 전략의 최종 목표는 국제 지식재산 허브국가로서의 역할을 충실히 수행하는 것이다. 즉 전 세계의 특허출원이 한반도에서부터 시작되어 확산되고, 우리나라의 법원이 국제적인 특허전쟁의 전장戰場이 되며, 다국적기업들이 천문학적 금액으로 특허를 사고파는 지식재산의 허브로서 우리나라의 지식재산 거래시장이 기능한다면, 이로부터 창출될 수 있는 경제적 파급효과는 우리의 상상 그 이상이 될 수 있다.

4. 각 단계별 실행계획 및 보완 체계

남북 지식재산권 교류협력을 활성화하기 위해서는 세계지식재산기구WIPO에서 주관하는 각종 국제회의에 관계부처의 담당자들이 적극적으로 참석하여 북측 담당자들과 지속적인 만남을 통해서 각종 정보를 교환하도록 한다. 또 중국과 러시아를 활용해서 학술교류를 정례화하는 등 접촉을 유지해나가야 한다. 국내 탈북자를 활용한 북한 지식재산권 연구회를 구성하여 북측의 자료들을 수집하고 지속적인 관심을 갖도록 유도해나가며, 민간 차원의 교류활성화를 위해서도 발명진흥행사의 상호방문 및 공동개최를 추진하는 등 각종 이벤트성 행사를 적극 추진하고 지원해나가야 할 것이다.

다음으로 지식재산권 통합 논의를 위해서는 법제도의 차이점을 국제규범에 맞도록 점차적으로 고쳐나갈 수 있도록 별도의 TF를 구성하여 운영하면서 외국사례에 대한 연구도 병행하여 추진해나가야 한다.

통일 과정에 있어서 남북 지식재산권 통합을 위해서는 현행 남북 지식재산권 법제를 비교분석한 결과 도출된 문제점을 보완할 수 있도록 별도의 법률전문가를 구성하여 상설 운영해야 한다. 또 통합과정에서의 시행착오를 줄이기 위해 '통일조약'과 같은 별도의 경과조치법을 제정하여 시행해야 할 것이다.

최종 단계로서 통일한국 지식재산권 통합의 완성을 위해서는 통합법(효력확장법) 제정위원회를 구성·운영하되, 법의 효력이 발효되기까지 한시적으로 유지해야 할 것이다.

• 1단계 실행 보완사항: 남북 대학 간 지식재산교류 MOU 체결(예:

카이스트 ↔ 평양과기대)

- 2단계 실행 보완사항: 남북한, 중국, 홍콩, 대만 간 지식재산포럼 정례화(연 1회)
- 3단계 실행 보완사항: 남북한 지식재산권법 단계적 개정(통합법 제정 전까지)
- 4단계 실행 보완사항: 정부조직법 개정(지식재산부 승격 추진)

5. 맺음말

21세기는 정보와 첨단지식에 기반을 둔 지식기반경제 또는 지식기반산업 시대이다. 앞으로의 시대는 지식재산권의 질과 양에 따라서 부국과 강국이 결정된다. 그러므로 미래 신성장동력 산업을 발굴하고 육성하는 것이 국가의 큰 과제이다. 이러한 맥락에서 통일한국 지식재산권의 궁극적 목표는 북한의 전통산업과 남한의 IT기술을 접목시켜 향후 우리 민족이 먹고 살 수 있는 융합·복합산업을 육성함으로써 세계를 주도해 나가는 것이어야 한다. 이를 위해서 점차적이고 단계적으로 남북 지식재산권 법제도를 통합에 대비해 개정해 나가야 한다. 통합 시 혼란을 최소화하고 시행착오를 줄이기 위해서는 경과조치법을 제정하여 다소의 조정과 적응기간을 거친 후에 완전한 통합법(효력확장법)이 발효되어야 국제 지식재산 허브국가로서의 위상도 확립해나갈 수 있을 것이다.

- 초고집필: 박종배
- 수정검토: 박성필, 이광형, 이상윤

참 고 문 헌

- 박종배, 《통일한국 지식재산권의 이해》, 북코리아, 2011.

- 장명봉, 《최신 북한법령집》, 법제처, 2006.

- 권재열 외 8인, 《북한의 법체계: 그 구조와 특색》, 집문당, 2004.

- 김민희 외 2인, 《특허민법개론》, 금강인쇄사, 2008.

- 윤선희, 《지식재산권법》, 세창출판사, 2005.

- 이길상, 〈동서독의 산업재산권 통일〉, 《특허정보지》 9월호. 1996.

- 특허청, 〈통일대비 남북한 특허제도 통합 방안〉, 《연구과제발표》, 2002.

- 주한중, 〈지식재산, 통일대박의 씨앗〉, 아시아경제 2014.4.9.

- 이광형, 〈저성장시대의 신성장전략〉, 동아일보 2016.3.4.

- 부숙진, 〈한국적 웰니스 관광상품 개발해야〉, 매일경제 2017.1.6.

설정이 필요하다. 이를 지렛대로 우리나라의 사업기회로 활용하는 지혜와 전략이 필요하다.

2. 북한 에너지인프라 재건 시 고려 사항

북한의 에너지 인프라의 전략적 설계

북한의 에너지망을 설계할 경우 4차 산업혁명에 적합한 최고의 지능형 전력망을 선호할 것이다. 대규모의 송전망을 구축하여 전국단위의 균형적 발전을 도모할 수 있다. 그러나 한편 급속한 공업화를 위하여는 산업단지개발을 선호하여 이를 우선 지지할 분산형의 발전단지 구축을 선호할 수도 있다. 아니면 중국이건 한국이건 에너지망 연결을 통하여 전력과 가수 등의 에너지를 확보하고자 할 수도 있다. 이러한 선택은 북한의 큰 틀의 발전전략에 의하여 결정될 것이다.

이와 함께 아직 확인은 부족하나 상당한 수준의 지하자원이 있다는 가정하에 북한의 에너지시스템을 결정할 또 다른 주요 요소는 북한의 지하자원의 위치와 규모이다. 석유/가스/신재생/석탄 등의 북한의 자원 보유 현황과 연동되어 에너지시스템을 구상하고 그에 걸맞는 인프라를 구축하고자 할 것이기 때문이다.

북한의 에너지당국자들은 단기적으로는 북한의 산업화 계획을 지원하면서 동시에 향후 100년 동안의 통일 기반의 에너지시스템의 근간을 설계하는 것이다. 우리나라 역시 그러하였다. 북한의 에너지망의 설계는 북한의 산업화전략, 남북한의 통일전략, 동북아의 에너지협력 및 지역협력체 구상들을 선도하는 매우 복잡하고 전략적인 선택이다.

COREA
2048

6

환경·자원 분야
에너지 자원 공동 활용의 시너지

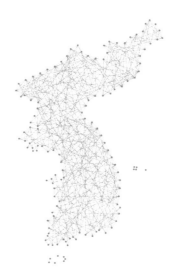

인구: 통일한국 미래 인구 전략

SUMMARY

1 인구의 양적인 측면과 함께 통일한국의 인구문제와 관련해 관심을 가져야 할 중대한 사안 중의 하나가 바로 남북한 '인구 질'의 현격한 격차문제

2 70년 한반도 분단의 오랜 역사는 남북 간 인구 질의 격차를 현격히 심화

3 인구의 질은 개개인의 교육 수준과 숙련도, 창의력, 노동생산성 시민의식 등 내적인 소프트웨어적 측면과 개개인의 체격과 건강·영양상태, 질병부담 등이 포함되는 외적인 하드웨어 측면으로 구분 가능

4 남북한 인구의 질 격차를 줄이기 위한 단계별 제안
- 북한지역 '인구의 질'에 대한 실태 파악
- 북한지역의 식량 및 식생활 수준 향상을 통한 영양과 건강 제고
- 북한지역의 보건위생 및 의료 서비스 향상을 통한 질병 격차 완화

5 북한 인구의 질 향상을 위한 단계별 미래전략
- 북한 전 지역을 대상으로 한 양적 질적인 인구센서스 시행
- 북한 주민의 식량수급 사정과 식생활 수준 파악
- 북한의 보건, 위생, 의료에 대한 실태 파악에 기반한 북한 주민의 건강 특성에 대한 기초 연구가 실시
- 북한의 의료 조직과 의료 서비스 전달체계, 의료인력과 의료 시설, 의약품, 장비 등에 대한 실태 파악
- 북한지역의 식량공급과 식생활 수준 향상을 통한 영양상태 제고
- 북한지역의 보건 및 의료 환경 개선을 통한 건강상태 제고

6 북한 인구의 질을 남한 수준으로 끌어 올리기 위한 과정은 지난할 것이며, 많은 재정과 시간이 소요

7 남북한 인구의 질 격차를 줄이기 위한 노력은 지속되어야 하며, 정책적 우선순위 배정

8 남과 북의 인구의 질 격차를 줄이는 것이야 말로 진정으로 통합된 통일한국의 근간

1. 남북한 인구 현황과 미래 지향점

남북 인구 현황과 비교

남북한의 인구통합을 이야기 할 때 가장 먼저 떠오르는 것이 통일된 한반도의 인구규모일 것이다. 그 다음으로 관심을 갖게 되는 것이 유소년, 청장년, 노년 등의 연령대별 인구구성과 남녀 성비를 의미하는 인구의 구조일 것이다. 특히, 저출산·고령화가 심화되고 있는 대한민국의 현실을 감안할 때, 통일이 되면 현재 남한 사회가 겪고 있는 저출산·고령화 문제도 해결되지 않을까 하는 막연한 기대를 가지게 된다. 물론, 통일한국의 인구규모나 인구구조의 문제는 매우 중요하다. 통계청이 2017년 발표한 남북한 인구통계 자료에 따르면, 2016년 북한의 인구는 2,490만 명으로 남한 5,125만 명 대비 절반에 못 미치는 수준으로 나타났다.

출처: 1993~2055 북한 인구추계, 보도자료 (통계청, 2010)

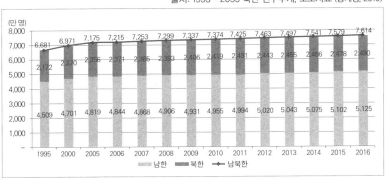

| 그림-1 | 북한과 남한의 인구 추이

2015~2020년 북한의 합계 출산율은 1.94명으로 남한의 1.33명 대비 0.61명이 많은 것으로 나타났으나, 최근 들어 남한의 출산율이 급격히

하락하고 있는 큰 흐름에서 남북 간의 합계 출산율 차이는 향후 지속적으로 벌어질 것으로 전망된다.

출처: UN, 「World Population Prospects: The 2017 Revision」

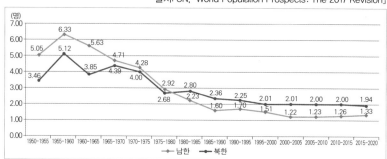

| 그림-2 | 북한과 남한의 합계 출산율 추이

　인구의 양적인 측면과 함께 통일한국의 인구문제와 관련해 관심을 가져야 할 중대한 사안 중의 하나가 바로 남북한 '인구 질'의 현격한 격차 문제이다. 70년이 넘는 한반도 분단의 오랜 역사는 남북 간의 격차를 현격히 심화시켰다. 그 가운데서도 남북한 인구의 질 격차는 특단의 대책이 없는 한 향후에도 지속적으로 벌어질 것으로 전망된다. 한 나라의 인구 질을 평가하는 기준은 다양하다. 먼저, 인구 개개인의 교육 수준과 숙련도, 창의력, 생산성, 시민의식 등 내적인 소프트웨어의 질이다. 그 다음으로 개개인의 체격과 건강·영양상태가 포함되는 외적인 하드웨어의 질이다. 본고에서는 남북한 인구문제의 질적 측면, 그중에서도 외적인 하드웨어인 건강·영양상태에 초점을 맞추어 논의하고자 한다.

　얼마전 쏟아지는 총알을 뚫고 JSA의 군사분계선을 넘어 귀순한 북한 병사의 몸속에서 엄청난 기생충이 발견되었다는 사실로 많은 국민들이 충격을 받은 적이 있다. 그리고 최전방에 근무하는 북한 군인의 체격 또한 남한의 그것과 현격한 차이를 보이고 있다. 현재 북한군의 평균키는

157cm 남짓, 체중도 47~49kg 수준으로 알려져 있다. 전형적인 저개발 국가에서나 발견되는 기생충 문제는 북한의 열악한 위생과 보건 상태를 여실히 드러냈으며, 최전방 북한 군인의 왜소한 체격은 북한의 식량과 영양상태가 얼마나 심각한지를 잘 말해주고 있다.

남북 인구문제의 추진 방향

북한 인구의 질 향상을 위한 추진 방향으로 단계별 목표를 제시하면 다음과 같다. 먼저 북한지역 인구의 질 실태 파악에 대한 조사가 이루어져야 할 것이다. 여기에는 북한지역의 총인구, 성별인구, 연령별 인구 등 정확한 인구센서스를 포함해 기대수명, 사망률과 사망원인, 영양과 건강상태, 주요 질병과 보건의료 실태 등 북한 인구의 질을 가늠할 수 있는 항목들에 대한 조사가 이루어져야 할 것이다. 뿐만 아니라, 북한의 보건의료 체계 및 인프라에 대한 면밀한 조사도 함께 수행되어야 할 것이다.

두 번째 목표는 북한 인구의 영양과 건강상태를 남한의 그것과 같은 수준으로 올리기 위한 식량공급과 식생활 수준의 향상이다. 현재 북한은 전 연령대별로 심각한 영양 결핍 상황에 직면해 있는 것으로 파악되고 있다. 이는 충분하지 못한 식량과 영양원 공급이 주요 원인이라고 할 수 있다. 따라서, 북한의 식량부족의 원인을 파악하고 단계적 해결을 통한 북한 주민의 영양과 발육, 체격, 건강상태를 남한 수준으로 끌어올리는 것이 목표이다.

출처: 통일의 인구·보건·복지 통합 쟁점과 과제, 한국보건사회연구원(이철수 외, 2017)

	북한	남한
기대수명 (전체)	70.6	82.3
기대수명 (남)	67.0	78.8
기대수명 (여)	74.0	85.5
건강수명	64	73.2
성인 사망률	147	62
연령표준화 사망률 (10만 명당)	960.6	389.1
모성 사망비 (10만 명당)	82	11
5세 미만 아동 사망률 (천 명당)	25	3
영아 사망률 (천 명당)	19.7	2.9
노인인구 비율 (%)	9.5	13.1

| 표-1 | 남북한 인구집단 건강지표 비교(2015년 기준)

세 번째 목표는 북한지역의 보건 및 의료 수준의 향상이다. 일반적으로 한 국가의 보건 및 의료상태를 나타내는 척도로 활용되는 것이 기대수명, 사망률과 사망원인, 질병의 형태이다. 북한의 기대수명은 남녀 모두 남한과 11세 이상 차이를 보이고 있으며, 사망률도 2.5배 정도 차이가 나는 것으로 파악되고 있다. 특히, 저개발국가에서 일반적으로 나타나고 있는 결핵, 간염 등과 감염성 질환이나 모자 및 영유아 사망률이 매우 높으며, 암, 심혈관질환, 당뇨와 같은 비감염성 질환도 높아지고 있는 추세이다. 따라서 세 번째 목표는 북한의 보건 및 의료 수준을 남한 수준으로 향상시켜 북한의 사망률과 질환 발병률을 남한 수준으로 낮추는 데 있다.

2. 통일한국의 인구 비전

북한지역 '인구의 질'에 대한 실태조사

통일한국의 인구와 관련한 첫 번째 임무는 면밀한 조사를 통한 북한지역의 인구의 질에 대한 실태를 파악하는 것이다. 그리고 이러한 실태 파악을 통해 얻어진 정보와 데이터에 기반한 기초연구와 관련 정책 및 계획들을 수립하도록 하는 것이다. 실태 파악에는 북한지역의 총인구, 성별인구, 연령별 인구 등 정확한 양적 인구센서스를 포함해 기대수명, 사망률과 사망원인, 영양과 건강상태, 주요 질병과 보건의료 상황 등 북한 인구의 질을 가늠할 수 있는 항목들에 대한 조사가 이루어져야 할 것이다. 아울러, 북한 주민의 영양과 건강에 직결되는 식량사정에 대한 실태조사도 함께 수행이 되어야 할 것이다.

북한지역의 식량 및 식생활 수준 향상을 통한 영양과 건강 제고

통일한국의 인구에 대한 두 번째 임무는 북한의 식량 및 식생활 수준 향상을 통해 북한 인구의 영양과 건강을 남한 수준으로 끌어올리는 것이다. UN의 식량농업기구FAO, 세계식량계획WFP, 국제농업개발기금IFAD, 유엔아동기금UNICEF, 세계보건기구WHO가 2017년 발표한 자료에 따르면, 현재 북한에서 영양부족 상태에 있는 인구 수가 1천만 명이 넘는 것으로 추산되고 있다(FAO, IFAD, UNICEF, WFP and WHO, 2017). 이는 전체 북한 인구의 40.8%에 해당되는 수치로 북한의 절반 가까이 되는 인구가 영양결핍 상태에 놓여있는 것이다. 특히, 5세 미만 아동의 28%가 발육부진 상태에 있으며, 약 10만 명의 5세 미만 아동이 급성 영양실조 상태에 놓여 있는 것으로 파악되고 있다. 즉, 5세 미만 아동 5명

중 3명이 영양실조 상태에 있다. 북한 주민 3명 중 한 명이 건강 유지를 위한 충분한 영양을 섭취하지 못하고 있는 실정이다. 따라서 북한지역의 충분한 식량 및 식생활 향상을 통해 북한 주민의 영양과 건강 상태를 남한 수준으로 끌어올릴 필요가 있다(FAO, IFAD, UNICEF, WFP and WHO, 2017).

북한지역의 보건위생 및 의료 서비스 향상을 통한 질병 격차 완화

통일한국의 인구에 대한 두 번째 비전은 북한지역의 보건위생 및 의료 향상을 통한 남북 간의 질병 격차 축소다. 북한지역의 주민들은 남한의 주민들과 동일한 유전자를 가지고 있음에도 불구하고, 오랜 기간 서로 다른 환경에 노출되어 있었던 관계로 질병의 유형과 발생 양상에 상당한 차이가 존재한다. 북한은 다른 저개발 국가와 같은 질병 상황을 보이고 있다. 북한 주민은 높은 모자 사망률과 영유아 사망률을 보이고 있으며, 저개발국에서 흔히 발견되는 감염성 질환에 고통받고 있다. 북한 주민의 건강 질은 매우 좋지 못한 상황이다. 비록 남한보다는 그 비율이 상대적으로 높지는 않지만 비감염성 질병도 급격히 증가하는 추세이다. 따라서 북한지역의 보건과 의료 서비스 향상을 통해 남과 북의 질병 격차를 완화할 필요가 있다.

3. 북한 인구의 질 향상을 위한 미래전략

북한 '인구의 질' 실태 파악

북한 인구의 질의 실태와 관련해서 가장 먼저 시행되어야 할 사항은 북한 전 지역을 대상으로 한 인구센서스이다. 인구센서스를 통해 북한의 총인구, 성별인구, 연령별 인구, 가구수 등에 대한 정확한 데이터와 자료가 마련되어야 할 것이다. 인구센서스를 통해 얻을 수 있는 데이터는 한 나라의 정치·경제·사회 정책을 마련하는 데 필수적인 요소이다. 인구센서스를 통한 양적인 데이터 확보 이후에는 기대수명, 사망률과 사망원인, 영양과 건강상태, 남녀의 연령대 별 평균 신장과 체중, 주요 질병 등 인구의 질적인 측면에서의 면밀한 조사가 수행되어야 한다.

두 번째로 조사되어야 할 사항은 북한 인구의 영양 및 건강 상태와 직결된다고 할 수 있는 북한 주민의 식량사정과 식생활 수준이다. 북한의 식량공급과 식량자급률, 식량의 대외의존도, 그리고 주민들의 식생활과 영양 공급 상태에 대한 파악이 중심이 되어야 할 것이다. 여기에는 북한의 식량공급과 자급을 저해하고 있는 요인을 비롯해 주요 식량작물과 식량수요에 대한 파악도 포함되어야 한다. 특히, 성별, 연령대별, 지역별 식량공급과 수요, 칼로리와 단백질 섭취량 등의 영양 상태에 대한 면밀한 조사가 이루어져야 할 것이다.

세 번째는 북한의 보건, 위생, 의료에 대한 실태 파악에 기반한 북한 주민의 건강 특성에 대한 기초적인 연구가 실시되어야 할 것이다. 여기에는 북한 인구의 사망원인과 주요 질병에 대한 확인, 사망과 질병 예방을 위한 보건의료 체계 및 인프라 등이 해당될 것이다. 일반적으로 저개발 국가에서는 높은 모성 및 영유아 사망률과 감염성 질환이 문제가 되고 있다. 이러한 과정에서 생존했다 하더라도, 이후 성장기에서 비감염성 만성질환에 취약한 구조를 보이고 있다. 따라서 북한지역의 감염성 질병과 더불어 암, 심장 질환, 뇌졸중, 당뇨병 등의 비감염성 질환에 대한 실태 파악이 필요하다. 이와 더불어, 북한의 의료 조직과 의료서비스 전달체계, 의료인력과 의료시설, 의약품, 장비 등에 대한 실태도 파악되어야 할 것이다.

북한지역의 식량공급과 식생활 수준 향상을 통한 영양상태 제고

UN 식량농업기구FAO의 2017년 보고서는 북한을 해외로부터의 식량지원이 필요한 식량부족 국가군에 포함시키고 있다. 부족한 식량공급으로 인해 북한의 주민들은 겨우 굶주림을 면할 정도이며, 이러한 상황은 향후에도 지속될 것으로 전망하고 있다. 식량농업기구FAO는 북한이 만성적인 식량부족문제를 해결하지 못하는 주요 이유로 홍수와 가뭄 등 자연재해에 취약하고 농기계와 비료 등이 부족한 점을 지적하고 있다(FAO, 2017). 이와 함께 집단농장 제도에 따른 인센티브의 부족이 있다.

따라서, 북한 주민의 영양과 건강상태를 회복하기 위해 가장 우선적으로 시행되어야 할 사항은 북한지역에 대한 충분한 식량지원이다. 실태 조사에서 파악된 북한의 지역별, 성별, 연령대별, 수요별, 영양 섭취량 등의 정보와 데이터를 기반으로 맞춤화된 식량지원이 시행되어야 할 것이다. 식량지원이 단기적으로 긴급하게 이루어져야 할 사항이라면, 북한지역의 식량 생상성 향상은 중기적으로 이루어져야 할 사안이다. 식량 생상성 증대는 남측으로부터의 품종 개량 기술과 함께 농기계와 화학비료 등의 지원을 통해 도모가 가능하다. 아울러, 현재 남한에서 진행되고 있는 스마트팜Smart Farm의 도입도 적극적으로 모색할 필요가 있다.

마지막으로 북한의 식량의 주요 공급원인 농작물에 위협을 주는 중요한 요인으로 지적되고 있는 것이 풍수해, 병충해 등의 자연재해이다. 따라서 중장기적으로 북한 농업에 피해를 주는 자연재해에 대한 대책 마런이 요구된다. 예를 들어, 재해에 강한 품종 개발, 관배수시설의 축조, 병충해 방제 등의 사전 방제시스템 구축과 함께, 농경지의 유실·매몰 또는 파손된 농경지나 농업용 시설물을 다시 회복할 수 있도록 하는 복구 대책과 자연재해로 인한 손실을 보전하기 위한 복구비 지원제도, 보험제도 등을 마련할 필요가 있다.

북한지역의 보건 및 의료 환경 개선을 통한 건강상태 제고

2015년 기준 북한 남자의 기대수명은 67.0세인 반면 남한 남자는 78.8세로 11.8세의 차이를 보이고 있다. 여자의 경우 남한이 85.5세, 북한이 74.0세로 11.5세의 차이를 보이고 있다. 인구 10만 명당 연령표준화 사망률의 경우 남한이 389.1명인데 비해 북한은 960.6을 기록해 거의 3배 가까운 차이를 나타내고 있다. 기대수명과 연령표준화 사망률은 북한 인구의 중요한 건강 지표이다. 또 하나의 중요한 지표인 모성사망비, 5세 미만 아동사망률, 영아 사망률 역시 북한은 남한에 비해 6~8배 높은 수준을 보이고 있다(이철수 외, 2017).

2017년 한국보건사회연구원에서 발표한 북한의 원인별 사망률 자료에 따르면, 남과 북의 사망률 차이는 암, 심혈관 질환, 뇌졸중, 당뇨병 등 비감염성 질환의 예방과 대응에서 결정적인 차이가 나는 것으로 조사되고 있다. 남한의 경우 인구 10만 명 당 북한은 10만 명당 302명이 비감염성 질병으로 사망하고 있으나, 북한의 경우 751명으로 남한에 비해 2배 이상 높은 사망률을 기록하고 있다. 비감염성 질병 이외의 감염성 질병과 상해로 인한 사망률도 북한이 남한에 비해 현저히 높은 것으로 파악되고 있다(이철수 외, 2017).

출처: 통일의 인구·보건·복지 통합 쟁점과 과제, 한국보건사회연구원(이철수 외, 2017)

	북한	남한
모든 원인	960.6	389.1
감염성 질환, 모성 및 신생아, 영양 질환	117.3	33.8
비감염성 질환	751.4	302.1
상해	91.9	53.1

| 표-2 | 남북한 원인별 10만 명당 연령표준화 사망률(2012년 기준)

　북한 인구의 보건 및 건강 상태를 향상시키기 위한 첫 번째 단계로는 질병 예방을 위한 접종 시행, 필수 의약품 제공과 출산관리 등을 포함한 기초보건의료지원이 모든 지역과 연령, 계층에 대해 신속히 이루어져야 한다. 사전 실태조사에서 파악된 정보와 데이터를 기반으로 북한지역의 거점 의료기관과 연계해 대규모의 남한 보건의료 인력을 북한으로 파견해 의료서비스를 시행해야 할 것이다. 아울러, 북한 주민에 대한 건강 증진 및 생활습관 개도 프로그램을 실시해 만성질환의 주요 원인인 북한 남성의 흡연율과 음주율을 낮출 필요가 있다.

　비감염성 질환은 감염성 질환이나 영양상태에 기인한 질환에 비해 단기간 내에 극복이 될 수 없는 중장기적 과제라고 할 수 있다. 특히, 점진적으로 증가하고 있는 북한의 비감염성 질환에 대한 실태조사를 통해 질환별 우선순위를 도출할 필요가 있다. 남북한의 극심한 건강격차는 정부의 정책뿐만 아니라, 장기적인 관점에서 사회전반의 노력을 통해 그 격차를 줄여나가야 한다. 여기에는 북한지역의 보건의료와 관련한 법제도 정비, 의료인력 양성을 위한 교육체계 개선, 의료시설과 장비 지원 및 개선, 의료보험과 보건의료서비스 시스템 등 사회보장시스템에 대한 개선도 함께 도모되어야 할 것이다.

4. 맺음말

인구문제와 관련한 많은 연구들이 남북한 모두 저출산과 고령화에 직면해 있다고 진단하고 있다. 이러한 추세대로라면 남북이 통일이 된다 하더라도 인구는 감소할 것이며, 고령화는 더욱 심화될 것이다. 지난 십수년간 대한민국은 저출산의 회복을 위해 많은 노력을 기울여왔다. 그러나 출산율은 오히려 하락하고 있으며, 고령화는 빠른 속도로 진행되고 있다. 결국 통일한국도 인구감소와 고령화를 피할 수 없을 것이다. 그렇다면 우리가 지향해야 할 통일한국의 인구전략은 양보다는 질을 높이는 방향으로 설정될 필요가 있다. 문제는 북한 인구의 질이 남한 인구에 비해 너무나도 떨어진다는 데 있다.

70년간의 한반도 분단의 역사는 여러 측면에서 남북 간의 격차를 가져왔다. 그중에서도 남북한 인구의 질 격차는 경제적 격차만큼 벌어져 있다. 현재 북한의 인구는 남한의 절반 수준으로 파악되고 있으나, 건강과 영양상태, 질병에 대한 노출 등을 고려하면 통일한국이 필요로 하는 질 높은 인적자원이나 사회구성원으로서의 역할을 수행하기 어려울 것이다. 여기에 교육수준과 숙련도, 노동생산성, 시민의식 등을 고려한다면 북한과 남한의 인구격차는 남북한의 경제적 격차만큼이나 클 것이다. 다른 부문에서도 그러하듯이 현재 남북한의 인구의 질 격차는 단시일 내에 좁히기 어려울 것이다. 북한 인구의 질을 남한 수준으로 끌어올리기 위한 과정은 지난할 것이며, 많은 재정과 시간이 소요될 것이다.

그럼에도 불구하고, 남북한 인구의 질 격차를 줄이기 위한 노력은 지속되어야 하며, 정책적으로도 우선순위에 배정되어야 한다. 남과 북의 인구의 질 격차를 줄이는 것이야말로 진정으로 통합된 통일한국의 근간이 될 수 있기 때문이다.

- 초고집필: 서용석
- 수정검토: 윤기영, 황호택

참 고 문 헌

* 이철수 외, 〈통일의 인구 · 보건 · 복지 통합 쟁점과 과제〉, 한국보건사회연구원, 2017.

* 통계청, 〈1993~2055 북한 인구추계〉 보도자료, 2010.

* 통계청, 〈통계로 보는 북한: 2017 북한의 주요통계지표〉 보도자료, 2017.

* FAO, IFAD, UNICEF, WFP and WHO, *The State of Food Security and Nutrition in the World 2017*.

* UN, *World Population Prospects: The 2017 Revision*.

환경
: 4차 산업혁명 시대 그린데탕트와 녹색한반도 전략-
산림에서 동북아 슈퍼그리드까지

SUMMARY

1 북한의 기후변화와 환경위기
   - 산림과 전력이 식량난, 물, 에너지문제로 연결되는 넥서스로 작용하며 북한 경제의 발목을 잡고 있음

2 기후변화는 국경과 이념을 초월하는 탈정치적, 생태적 의제로 남북한에 새로운 차원의 협력을 가져올 수 있음
   - N(Noble), G(Global), R(Real)의 요소를 갖고 있는 기후변화는 미-중 데탕트를 가져온 스포츠(Ping-pong Diplomacy)에 비해 한반도와 동북아의 데탕트를 가져올 잠재력이 더욱 큼
   - 재생에너지와 전기자동차, 지능형 그리드와 스마트 시티로 연결되는 4차 산업혁명 흐름과도 맞닿아 있음

3 녹색한반도 3단계 전략: '착안대국, 착수소국'의 견지에서 북한의 호응도와 파급효과에 따라 '신뢰의 확인Trust but verify' 프로세스 관리가 중요함
   - 녹색한반도 1단계 전략 : 인식공유와 산림·수자원·환경 협력
   - 녹색한반도 2단계 전략 : 재생에너지 협력과 동북아 슈퍼그리드
   - 녹색한반도 3단계 전략 : 환경-경제 공동체 구축

4 그린데탕트 녹색한반도의 궁극적 목적은 북한을 공존 가능한 정상국가로 변모시키는 것임. 이를 위해 북한이 지속가능한 경제 네트워크의 일원이 되도록 일관성 있는 정책이 요구되는 바, 다음 정부에서도 이를 계승 발전할 수 있도록 초당적 협력 체제를 마련하는 것이 중요함

1. 북한의 기후변화와 환경위기

북한체제의 급소, 산림과 전력

북한의 산림은 3분의 1 이상이 황폐화되어 있는데 이는 홍수와 가뭄, 토질악화의 악순환과 연결되며 농업실패와 식량난의 주원인이 되고 있다. 낡은 송배전망을 비롯하여, 열악한 인프라와 시설로 인해 안 그래도 태부족인 발전 용량의 실제 이용율이 40% 이하로 떨어져 평양과 일부 공업단지를 제외하면 대부분의 경우 심각한 전력난을 겪고 있다. 전력난은 경제활동 전반을 크게 위축시키는 동시에 나무를 땔감으로 삼아 산림황폐화와 식량난을 부채질하는 요인으로 작동하고 있다.

북한 당국이 2016년 UNFCCC에 제출한 온실가스 감축목표INDC에 따르면 북한의 기온은 20세기 이후 무려 섭씨 1.9도가 상승했다고 한다. 한국보다 2배 가까운 수치로 이같은 급격한 기후변화는 홍수와 가뭄, 산림황폐화와 식량난을 더더욱 악화시키고 있다. 전력도 마찬가지다. 2015년 100년만의 가뭄을 겪은 북한은 물부족으로 인해 전체 발전량의 60% 가까이를 차지하는 수력발전이 커다란 차질을 빚었다.

북한의 '기후위험'은 이미 세계적 수준이다.

벨기에 재난연구소는 2015년 북한 주민 10명 7명이 가뭄과 홍수를 포함, 자연재난으로 피해를 입어 전 세계 국가중 가장 높은 위험률을 보이고 있다고 발표했으며 독일 환경단체 저먼워치German Watch가 발표한 세계기후 위험지수 역시 북한을 최악의 수준으로 손꼽았다. 노트르담 대학의 지구적응이니셔티브가 기후변화에 대한 취약성과 준비상태를 종합해 발표하는 'ND-GAIN 국가지표 2015'에서도 북한은 총 192개국 중 129위로 나타났다.

장기적 전망은 더욱 어둡다. UN 환경프로그램UNEP은 최악의 경우(현재 추세로 온실가스 저감이 없는 RCP 8.5 시나리오) 북한의 기온은 금세기 말섭씨 6.0도가 상승, 동아시아에서 가장 심각한 지역이 되리라 예측했다. 북한 당국도 현 상황이 방치될 경우 1921~2000년 사이의 평균에 비해 금세기 말 수자원은 7.9%까지 감소할 것이라 내다봤다.

파리 기후변화 협정과 북한

기후변화는 북한에게 레토릭의 차원이 아니라 생존의 문제와 직결된다는 뜻이다. 북한이 한국보다도 먼저 2016년 8월 파리 기후변화 협정을 비준한 것이 이를 웅변한다(한국은 2016년 11월에야 비준).

북한은 이에 앞서 2015년 12월 파리에서 개최된 기후변화협상 총회 (COP21) 고위급 세션에서 이수용 외무상의 연설을 통해 향후 기후변화에 대한 북한의 적극적 대응 방침과 더불어 국제사회의 지원을 거듭 촉구했다. 그는 특히 한국이 유치한 녹색기후기금GCF을 겨냥, 북한 지원에 있어서 "정치화를 반대하고 공정성의 원칙에서 준수되도록 해야 할 것"이라고 강조하기도 했다. 스위스에서 어린 시절부터 국제동향을 익힌 김정은 위원장은 기후변화 대응 글로벌 트렌드를 읽고 도전과 기회 요인을 일찌감치 살피고 있었다는 얘기가 된다. 북한은 2016년 11월 마라케시에서 열린 기후변화 총회(COP22)에서 2030년까지 1990년 대비 온실가스 배출전망치(BAU) 대비 8% 무조건적 감축, 선진국 지원을 받을시 40% 이상 감축 계획을 밝혔다.

2015년 BAU 대비 37% 감축 계획을 밝힌 한국에 비해 비록 조건부이긴 하지만 (통계의 신뢰성이 절대적으로 중요하지만 이 문제를 별도로 할 때) 북한이 더 의욕적인 목표를 설정한 것으로 보이도록 노력했다고 해석

할 수 있다.

특히 한국은 온실가스 감축목표의 3분의1에 해당하는 11.3%를 국제 시장메커니즘IMM: International Market Mechanism을 통해 이행하겠다는 방 침을 밝혔는데 당시 박근혜 정부가 의도한 것이었는지는 모르지만 이 는 추후 북한과의 '녹색협력'의 필요성을 열어두는 요소로 남게 되었다. 파리협정 제6조의 ITMO Internationally Transferred Mitigation Outcome 즉, '국 제적으로 이전되는 온실가스 감축 결과'를 근거로 한국이 북한의 온실 가스 감축에 참여하면서 자국의 온실가스 감축 실적과 이를 연계하는 단초가 될 가능성이 생겼기 때문이다. 이중 계상 금지double accounting를 비롯해, 세부 메커니즘은 올해 말 폴란드에서 열릴 기후변화 총회(COP 24)에서 구체화 될 전망인데 이같은 제도가 한반도 국가전략과 부합하 도록 국제협상을 이끌어낸다면 남북 상생의 새로운 길, 이른바 '그린 데 탕트'가 탄력을 받을 수 있다.

2. 그린데탕트와 한반도

그린데탕트의 3대 요소 : N.G.R.

남북한에 새로운 분위기가 조성된 계기 역시 스포츠, 평창 동계올림 픽이었다. 일과성 이벤트로 그칠 수 있는 평창 올림픽을 한반도의 지속 적 평화와 발전의 전기로 삼기 위한 노력이 다각도로 경주되고 있는 바 '비핵화'와 더불어 주목해야 할 것이 '그린데탕트'라고 필자는 생각한 다. 특히 기후변화로 부각되고 있는 '녹색'의 3대 요소인 N.G.R.을 살펴 보자.

먼저 N(Nobel)은 숭고하다는 뜻이다. 앤소니 기든스가 명저《기후변화의 정치학》을 통해 설파하듯이 기후변화는 국경과 좌우를 초월하는 인류적 도전이다. 나만이 아니라 우리, 지금보다는 다음 세대를 위한 탈정치적, 생태적 통합성을 요청하는 숭고한 의제다.

G(Global)는 글로벌이다. 기후변화는 전 지구적 현상으로 인류 보편의 공동체적 대응을 요구하는 의제다. R(Real)은 현실이다. 기후변화는 이를 방치하면 인류의 생존을 위협할 실제적 도전인 동시에 이를 극복하는 노력 자체가 엄청난 기회가 되고 있다. 재생에너지와 자율주행 전기자동차, 지능형 그리드와 스마트 시티에서 보듯 기후변화 대응은 4차 산업혁명과 맞물리며 수십조 달러 규모의 새로운 시장을 창출하고 있다. 이 모두 지속가능한 발전을 위한 목표SDG와 연결되어 있다. 이같은 '녹색요소'를 전략적으로 잘 활용한다면 탁구보다 훨씬 더 광범위하고 강력하게 남북관계, 더 나아가 동북아 질서의 변화를 가져올 수 있다.

그린데탕트와 안팎의 정세

중국의 시진핑 주석은 녹색개발과 생태문명을 중국의 새로운 국가발전방향으로 설정, 재생에너지와 전기자동차 글로벌 1위로 중국을 이끌고 있으며 한국에 이어 아시아에서 두 번째로 국가차원의 온실가스 배출권 거래제를 도입했다. 시주석은 특히 2015년 UN 지속가능발전 정상회의 연설을 통해 태양광과 풍력 등 청정에너지에 기반한 '글로벌 에너지 인터커넥션GEI'을 제안하였고 자신이 주도한 아시아인프라개발은행AIIB도 지속가능한 인프라 구축에 주력하도록 이끌고 있다. 러시아의 푸틴 대통령은 극동개발을 이끌기 위해 전담부처를 신설하고 동방경제포럼을 창설했는데 철도와 천연가스 파이프라인 구축, 전력망 연결을

3대 핵심 프로젝트로 삼고 있다.

'Cool Earth'라는 기후변화 대응 국제 원조프로그램을 발족시킨 바 있는 일본의 아베 총리는 일본이 주도한 아시아개발은행ADB을 통해 전력과 교통, 통신과 수자원에 이르기까지 역내의 친환경 인프라 구축 주도권을 놓고 중국과 각축을 벌이고 있다. 미국의 트럼프는 파리기후협정을 탈퇴할 만큼 녹색과 거리가 멀지만 고도로 실리 지향적이다. 폼페이오 국무장관이 핵문제가 타결되면 에너지 그리드와 농업분야에 미국의 민간부문이 북한을 번영으로 이끌것이라고 하는 건 엑슨모빌(천연가스)과 GE(전력망), 카길(식량)과 같은 유력 기업의 관심에 맥락이 닿아 있다. 미국이 실질적으로 주도하는 IMF와 세계은행은 여건이 조성되면 일정한 역할을 하게 되리라는 관측도 있다. 정도의 차이는 있지만 미-중-일-러 모두 남북 경협이 본격화될 경우 '녹색인프라' 구축에 이해관계를 갖게 되리란 뜻이다.

한국의 경우 '중진국middle power'의 한계를 넘어서기 위해 녹색성장을 기치로 글로벌녹색성장기구GGGI를 설립하고 녹색기후기금GCF를 유치했다. 정권변동에 따라 퇴색한 측면이 적지 않지만 이들 녹색 국제기구는 활용하기에 따라 남북관계와 동북아 질서의 변화에 큰 역할을 할 수 있다는 점에 주목할 필요가 있다. 예컨대 북한 비핵화조치에 따라 제재가 해제되면 북한을 GGGI 회원국으로 받아들여 녹색전략을 가다듬게 하고 GCF는 북한의 녹색전환을 금융 지원하는 역할을 하는 것이다.

북한의 경우 김정은 위원장은 "수력을 위주로 하면서 자연 에너르기 원칙을 적극 리용하여 국가적 에네르기 수요를 자체로 충족시켜야 한다"고 강조하며 '록색생산방식'을 화두로 제시할 만큼 녹색성장 종주국

한국보다도 적극적인 측면을 보여주고 있다.

3. 녹색한반도 3단계 전략

그린데탕트가 소기의 성과를 거두기 위해서는 '착안대국, 착수소국'의 견지에서 북한의 호응과 파급효과에 따라 협력의 차원이 높아지도록 하는 단계별 수순이 적절한데 그 어떤 경우든 신뢰의 확인Trust but verify 을 밟아나가는 프로세스가 긴요하다. 실천가능한 영역에서 출발하되 성공적인 이행과정을 통해 보다 큰 영역으로 발전하게 하는 중장기 신뢰의 로드맵이 양국에 공유되어야 한다. 그런 관점에서 녹색한반도 3단계 전략은 다음과 같이 요약될 수 있다.

녹색한반도 1단계 전략 : 인식공유와 산림·수자원·환경 협력

그린데탕트는 쌍방의 존재를 인정하며 '상호호혜Rapprochement'의 관계를 만들어나갈 수 있다는 인식에서 출발한다. 따라서 어느 일방이 다른 일방을 흡수하는 통일론과는 본질적으로 성격이 다르다..그런 관점에서 상당한 기간 서로의 체제를 존중한다는 것을 전제로 한반도라는 공간에서 공동의 관심과 이익을 도모하는 자세가 필요하다. 그런 점에서 '녹색'을 양국의 공동 키워드로 삼을 때 산림협력을 1단계 사업의 우선순위로 손꼽을 수 있다.

산림분야 협력은 우선 UN제재 대상에서 벗어나 있어 언제든 양국 간 합의만 이뤄지면 당장 착수할 수 있다는 장점이 있다. 북한의 산림면적은 국토의 73%인 899만 ha로 한국보다 훨씬 넓지만 서울시 면적의

50배 가까운 284만 ha(32%)가 이미 황폐화됐고 지금 이 순간에도 빠르게 진행되고 있다. 김정은 위원장이 10년 동안(2014~20123) 167만 ha면적에 63억 그루의 나무를 조림, 재조림하겠다는 계획을 밝히며 이를 위해 "전 국가적, 전군중적 운동을 벌리자"고 강조하는 배경이다. 그는 산림복구전투 계획을 수항함으로써 온실가스 배출 감축을 통한 국제적 기후변화 완화, 자연재해 방지 및 농업생산성 증가에 기여할 뿐 아니라 북한 주민의 생계도 개선할 수 있음을 강조했다.

북한이 UN에 제출한 INDC(자발적감축기여(온실가스))에 따르면 묘목생산의 과학화, 산업화를 위한 양묘장 현대화, 조림기술, 혼농임업Agroforestry등을 산림분야의 주요과제로 손꼽으며 국제사회의 지원을 호소했다. 북한은 특히 산림과 연료의 상관관계에 주목하며 취사나 난방을 위한 땔감 나무를 대체할 에너지의 필요성을 호소했다. 한국의 산림녹화 성공비결이 구공탄이라는 당시로서는 새로운 대체에너지에 있었음을 상기하게 하는 대목이다.

북한의 산림복원은 한국에도 실질적 이익을 가져온다. 생태계적 혜택은 물론 온실가스 감축 크레딧credit이라는 경제적 유인책도 확보할 수 있기 때문이다. 전문가들의 연구에 따르면 북한의 산림부문LULUCF: Land Use, Land-Use Change and Forestry 온실가스 흡수량은 8,464만 ~1억 580만 tCO2로 한국의 2030년 온실가스 감축 목표의 26~34%에 해당할 것으로 분석됐다. 이를 위한 REDD Reducing Emission from Deforestation and Forest Degradation 투자사업 한계비용이 국제적으로 tCO2당 20달러 수준임을 감안할 때 북한의 비용은 15달러에서 19달러 수준으로 추정되는 만큼 중장기적 관점에서 경제적 타당성을 지닐 수 있다는 것이다.

앞으로 심도 깊은 연구와 더불어 이를 구체화하기 위한 메커니즘이 강구 되어야 하는데 이와 더불어 남북한 모두 산림분야의 국가적 거버 넌스를 정비하고 강화할 필요성이 크다. 북한의 경우 산림 관련 조직은 임업성, 국토환경보호성, 인민보안성으로 분산되어 있는데 북한정권의 위계구조상 실효성있는 정책을 추진하기에는 한계가 많다. 한국 역시 산림청의 현 위상으로는 재원 마련과 외교적 협력을 비롯, 국가적 리더 십을 도출하기에는 어려움이 크다.

녹색한반도 1단계 전략에서 산림분야 협력과 함께 강구될 분야로는 수자원, 기상과 기후, 환경과 생태계 변화에 관한 정보교환과 공동연구 를 손꼽을 수 있다. 당면한 미세먼지를 비롯, 백두산 화산활동에 대응하 는 자연재해 공동연구도 국민적 관심과 지지를 얻을 수 있는 영역이다. 아울러 임진강, 북한강과 같이 남북한이 공유하는 하천에서 협력을 증 진하는 것도 실효성이 클 것으로 파악된다. 남북 대치상황에서 공유하 천에 큰 문제가 발생하지 않은 것은 그 잠재력을 보여주고 있는데 기상, 수문 관측망 설치, 홍수 예보와 경보 시스템 구축, 상류지역 제방 및 농 경지 정비가 시범사업이 될 수 있다. 또한 남북경협 지역의 상하수도시 설을 친환경, 저에너지 등 북한 맞춤형으로 시범사업도 가능할 것이다. 북한은 특히 보통강을 비롯, 주요 하천의 환경오염이 심각한 문제를 겪 고 있는 만큼 이러한 시범사업들은 향후 수자원 인프라와 수질개선 협 력사업으로도 연결될 수 있다.

녹색한반도 2단계 전략 : 재생에너지 협력과 동북아 슈퍼그리드

북한의 발전소는 설비용량기준으로 수력발전소가 60%, 무연탄과 갈 탄을 연료로 하는 화력발전소가 40% 가량을 점유하고 있다. '자력갱생' 의 원칙에 따라 석유나 가스를 활용하는 발전소는 극히 드문데 전술하였듯 낙후된 송배전 인프라와 시설문제와 더불어 수력발전소의 경우 기후변화 충격에 따른 수자원 감소, 화력발전소의 경우 석탄수출에 따른 연료부족의 문제를 안고 있다.

김정은 위원장이 지난 2014년 자연에네르기 개발이용센터를 확장, 자연에네르기 연구소를 신설해 2040년까지 500만 kw의 전력을 생산하겠다는 야심찬 중장기 개발계획을 수립한 배경이다. 김위원장은 제7차 당대회에서 "풍력과 조수력, 생물질과 태양 에네르기에 의한 전력생산을 늘리고 자연에네르기의 이용범위를 계속 확대해 나갈 것"이라고 강조했는데 실제로 중앙집중식 전력 공급체계로부터 소외된 지역과 주민들의 재생에너지 사용이 크게 늘어나고 있는 추세지만 당면한 전력난 문제의 해결책이 되기에는 부족한 실정이다. 한국은 에너지 안보의 관점에서 북한과의 재생에너지 협력을 우선적으로 추진할 필요가 있다.

그러나 향후 북핵문제가 해결되고 경제개발이 본격화될 경우 대규모 전력을 공급할 인프라 구축이 긴요하다. 그런 점에서 주목받는 것이 동북아 슈퍼그리드다. 한국전력과 중국의 전력망공사, 일본의 소프트뱅크, 러시아의 로세티 발전회사는 이미 2016년 동북아 슈퍼그리드에 관한 기술타당성 조사에 대한 MOU를 맺은 바 있는데 몽고에서 중국, 한국, 일본으로 연결되는 1차 슈퍼그리드의 경우 몽고의 태양광, 풍력자원을 기반으로 7조원을 투입, 2기가와트 규모의 전력연계를 추진하고 있다. 이와 관련, 문재인 대통령은 최근 한-중-일 정상회담에서 동북아 슈퍼그리드를 위한 3국간 협력을 촉구하기도 했는데 중국은 한국보다도 적극적인 반면 지역별로 10개 전력회사를 두고 있는 일본은 소극적인 상황이라 일단 한-중 라인부터 구체화될 가능성이 높아 보인다.

이런 가운데 북미회담 결과에 따라 러시아-북한-한국으로 이어지는 전력망이 주목받고 있다. 러시아의 풍부한 수력과 천연가스를 바탕으로 3기가와트의 전력을 생산, 육로를 통해 한국까지 연결되는 이 라인은 해저 케이블로 연결되는 한-중-일 라인에 비해 공기나 비용이 훨씬 더 경제적일 것으로 평가받고 있다.

경우에 따라서는 앞으로 중국과 북한, 한국을 연결하는 전력망도 검토될 수 있다.

'전기없는 세상'은 상상하기조차 어렵지만 세계 최대의 경제권으로 도약하고 있는 동북아의 경우 지정학적 요인으로 전력망은 단절된 상태로 남아 있다. 한국이 일본처럼 에너지의 섬이 된 이유다. 동북아 슈퍼그리드가 현실화될 경우, 그것도 태양광과 풍력, 수력과 천연가스와 같은 청정에너지에 기반할 경우 해양과 대륙을 연결하는 그린 데탕트의 화룡점정이 될 수 있다. 생산과 소비의 경제활동은 주민생활과도 직결되기 때문이다.

산림의 경우와 마찬가지로 북한의 청정에너지 사업을 함께 이끌면 우리에게 온실가스 배출 크레딧 확보라는 일거양득으로 귀결될 수도 있다. 관련 당사국의 이해관계를 우리 국익에 부합하도록 제도적으로 조율하는 책략도 필요하다. 한국의 에너지 거버넌스와 전략이 한 차원 높게 고도화, 입체화되어야 할 이유이기도 하다.

녹색한반도 3단계 전략 : 환경-경제 공동체 구축

1차 세계대전과 2차 세계대전의 참화를 극복하고 유럽이 EU로 승화된 동력은 장 모네가 구상한 유럽석탄철강공동체 구상이었다. 유럽이 더 이상 전쟁의 화약고에 빠져들지 않기 위해서는 당시 핵심 군사물자

였던 석탄과 철강부터 공동관리하고 협력해야 한다는 발상이었는데 이로 인해 불구대천의 원수와도 같았던 프랑스와 독일이 한 배를 타기에 이르렀다.

유럽과 역사적, 정치적 배경은 달리하지만 그린 데탕트 녹색한반도 3단계 전력은 남북한, 더 나아가 동북아의 환경–경제공동체를 지향한다. 한 – 중 – 일 – 러의 인구는 세계인구의 23%, 경제규모는 세계경제의 27%에 육박하는데 전력소비는 세계의 34%, CO_2 배출은 38%에 달한다. 유럽이 철강과 석탄으로 공동체를 도모했다면 동북아는 기후변화와 녹색에너지 분야에서 공동의 이익을 도모할 여지가 많다는 얘기다.

녹색한반도 3단계 전략은 그런 관점에서 새로운 에너지, 새로운 교통과 통신, 새로운 도시인프라를 통해 환경과 경제의 공동체 구축을 지향한다. 사실상 백지에서 출발하게 되는 북한의 경우 이른바 '스크랩 비용'의 부담이 적어 4차 산업혁명이 추구하는 신세계가 될 수도 있다. 《특이점이 온다》의 저자 레이 커즈와일이 지적하듯 그게 언제일지는 알 수 없지만 말이다.

4. 그린데탕트 녹색한반도의 5대 성공조건

먼저 그린데탕트와 녹색한반도를 추진하는 목적과 목표를 분명히 해야 한다.

당면한 목적은 북한을 비핵화의 길로 이끄는 것이고 궁극적 목표는 북한을 정상국가로 변모시키는 것이다. 특히 번성하는 장마당이 상징하듯, 북한이 상식과 공존의 경제 네트워크 일원으로 참여, 함께 지속가능한 미래를 도모하도록 하는 것이 긴요하다.

이를 성공시키기 위한 몇가지 조건은 다음과 같다.

첫째, 5년 단위의 정권 차원을 넘어 긴호흡을 가진 국가적 컨트롤타워를 수립해야 한다. 우선순위와 경중을 가려 목적과 목표에 부합하는 10년 이상의 중장기 전략을 마련해야 한다. 예시로 든 산림협력의 경우만 하더라도 손쉬운 단기 과제로 생각한다면 큰 오산이다. 전문가들은 기초조사부터 철저히 해야 한다는 입장인데, 수십 년간 남북한의 단절을 하루 아침에 극복할 묘안은 없다고 입을 모은다. 북한의 경우 특히 통계가 부실하고 행정이 투명하지 않기에 더욱 그렇다. 국가안보까지 걸린 에너지 문제로 가면 더더욱 중장기적 전략이 긴요하다. 국가의 장래 전체를 내다본 접근holistic approach와 철저한 사전준비가 이뤄져야 전광석화도 가능하다.

둘째, 초당적 협력 체제를 절대적으로 구축해야 한다. 그런 점에서 야당 대표를 남북정상회담 만찬에 초청하지 않은 것은 김정은 북한 국무위원장도 지적할 정도로 실책이었다. 안과 밖의 이중전선은 그 어떤 정권도 감당하기 어렵다. 국가 리스크를 다루는 외부 전문가들은 다음 정권이 현 정권의 정책을 엎어버릴 가능성을 주시하고 있다. 독일의 경우 겐셔 외무장관은 정권이 수차례 바뀌는 18년 동안 직책을 유지하면서 통독정책의 일관성을 지켜나갔다.

셋째, 미국의 보험을 끝까지 유지하고 스테이크를 키워야 한다. 북한이 중국에 보험을 들었듯 한미관계도 그래야 한다. 미국은 대북 제재에서 협력에 이르기까지 모든 옵션을 쥐고 있는 유일한 국가인 동시에 한국의 안전을 보장할 지렛대다.

넷째, 일본과 러시아는 물론 ADB, AIIB, GCF와 같은 국제기구와 해외 자본을 끌어들여야 한다. 미·북 회담 장소인 싱가포르의 리셴룽 총리는 "싱가포르의 안보는 탱크나 전투기가 아니라 세계의 이익이 몰리도록 하는 데 있다"고 역설한다. 한반도의 안전도 세계의 이익을 통해 보장될 수 있다.

다섯째, 그 어떤 경우든 대한민국의 정체성을 잃어서는 안 된다. 한국은 곡절은 있었지만 2차 세계대전 이후 독립국가 중 산업화와 민주화를 동시에 달성한 거의 유일한 국가다. 이런 한국을 스스로 부정해서는 새로운 역사의 주인이 될 수 없다.

새로운 꿈은 위대한 국민이 일궈낸 기적의 역사를 긍정하는 것에서부터 시작되어야 한다.

• 초고집필: 김상협
• 수정검토: 김소영, 박준홍, 허태욱

참고문헌

- John Barry, *Environment and Social Theory*, Routledge; 2nd edition, 2007.

- Anthony Giddens, *the Politics of Climate Change*, Polity Press; 2nd edition, 2011.

- Byung-Yeon Kim, *Unveiling the North Korean Economy*, Cambridge Univ. Press, 2017.

- Sang-Hyup Kim, "Korea's Show Case: Green Bigbang and the 4th Industrial Revolution", ABDi Policy Work Shop on Green Energy and Energy Security, 2017.

- 레이 커즈와일, 《특이점이 온다》, 김영사, 2007.

- Ashford G et al, "Country Overview – Introduction", *Democratic People's Republic of Korea Environment and Climate Change Outlook*, 2012, p.xii.

- 김상협, 〈그린데탕트와 녹색한반도 3단계 전략, 한단도 신뢰 프로세스 기반구축을 위한 남북협력방안〉, 인천시국제교류센터, 2013.

- 김경술, 〈북한 에너지통계〉, 에너지경제연구원, 2015.

- 송민경, 〈북한의 산림부문 기후변화 대응 동향 및 시사점〉, 국립산림과학원, 2017.

- 외교부, 〈동북아 가스파이프라인과 전력그리드 협력포럼 자료집〉, 2018.

- 정영구, 〈북한 전력산업과 신재생 에너지〉, 산업은행, 2017.

- 정서용 · 김상협 · 전의찬, 〈기후변화 대응을 위한 동아시아의 녹색성장협력 방안에 관한 연구〉, KEI, 2013.

- 조장환 · 구자춘 · 윤여창, 〈북한 산림전용 방지수단으로서의 REDD 사업의 경제적 타당성 분석〉, 《한국임학회지》, 2011.

에너지: 한반도 통일시대 단계별 에너지협력 확대 전략

SUMMARY

1   북한 에너지재건 사업의 의미

- 현재 동북아는 전 세계에서 에너지협력이 전무한 유일한 지역으로서, 지역 내 평화체계의 선결/필수 조건은 전력망/가스망 등 에너지인프라의 건설/공유(EU의 경험)
- 북한의 에너지망은 인접국과의 연계/협력이 불가피하며, 이 경우 중국과 한국과의 경쟁은 불가피
- 한편 북한 재건사업은 글로벌한 거대 비즈니스의 각축장이 될 것임

2   북한재건 시 고민해야 하는 내용등

- 인프라: 최고수준의 기술적용될 것임. 분산형이냐 통합형이냐
- 연료: 어떤 연료(믹스)를 누가 공급하고 누가 수입할 것인가
- 사업: 북한 에너지인프라 구축시 기술/자본은 누가 주도할 것인가

3   동북아 에너지협력을 위한 단계별 전략

- 1단계: 북한 초기 에너지모델 제시 - 우리나라 산단공 분산형 발전모델이 적합할 것임
- 2단계: 러시아와의 에너지망 연결 - 남북러 PNG 혹은 전력망
- 3단계: 중국과의 전력연계 - 중국 서부/신재생과 동부/원자력과의 협력문제에 대한 고민
- 4단계: 동북아 에너지시장의 구조와 질서 - 각국의 시장제도의 통합적 운영이 불가피한 상황(유럽에너지헌정)

4   통일과 에너지협력을 위한 시급한 주요 과제

- 에너지기본계획에 남북협력 사항을 반영 : 전력망/가스망 연결을 중심으로 협력에 대한 기본방향 제시
- 북한과의 에너지협력 강화 : 남북한 전문가교류, 산림녹화, 신재생지원, 스마트시티, 전력계통연구 등(선점 전략)
- 동북아 역내 에너지/환경 거버넌스 구축 : 특히 월경성 이슈인 미세먼지와 원자력안전에 대한 지역 내 논의기구 출범

1. 북한 에너지재건 사업의 의미

동북아 지역은 전 세계에서 유일하게 전력망 연계 등 에너지협력이 전무한 지역이다. 전력망과 가스망의 연계는 지역 내 에너지자원과 소비지 간의 최적의 운용을 담보하므로 역내 에너지소비의 합리성을 제고하고 총 에너지비용을 최소화한다. 동시에 이러한 국경을 넘어서는 에너지협력은 그 지역의 상호의존성을 증대시킴으로서 역내 정치사회적 협력 역시 증대되는 효과를 기대하게 된다.

그러나 관련 국가 간의 상이한 에너지체계는 제도적/물리적 이유로 인하여 연계협력에 장애요인으로 작동하기도 한다. 각국별로 발송변배전의 비용, 생산소비구조 그리고 규제체계가 다르기 때문이다. 동시에 국가간 에너지협력은 대단히 복잡한 기술적 이슈이기도 하다. 국민의 정부 시절 200만 kW 대북 전력공급정책 역시 정치적 이유뿐 아니라 직접적인 전력망 연계시 남한 전력시스템의 대정전 위험을 증대시킨다는 기술적 검토결과에 의하여 좌절되기도 한 사례가 있다.

그러나 EU가 전후 독일 프랑스간 석탄철강 협력에서 비롯된 것처럼 에너지망 연계는 그 지역의 평화체계 구축에 필수적인 사안이기도 하다. 한편 동북아 에너지연계협력의 첫 걸음은 북한에너지망의 재건에서 비롯된다. 북한 에너지망의 재건은 동북아 에너지협력의 가장 중요하며 유일한 고리인 것이다. 따라서 북한 에너지망의 재건과 이를 통한 동북아 에너지협력체계의 구축 그리고 이를 통한 동북아 평화협력체계의 촉진은 한 개의 연계된 이슈인 것이다. 에너지는 그 자체가 외교적 수단이며 동시에 외교를 촉진하는 주제이기도 하다.

통일 시 가장 선결될 조치는 에너지인프라 구축

다양한 사회 인프라 기반 중 가장 중요하고 전제적으로 투입되어야 하는 것은 전력 등 에너지 인프라이다. 전력망의 질적인 적정성은 크게 3가지 요소로 평가된다. 정전시간, 주파수안정성, 전압안정성 등이다. 북한의 정전은 통상 발생하는 현상으로 알려져 있다. 우리와 마찬가지로 60헤르츠의 전기체계를 채택하고 있지만 현장에서의 경험과 측정에 의하면 60헤르츠는 늘상 담보되지 못하고 있는 것으로 평가된다. 전압 역시 부실한 것으로 평가되고 있다. 결국 공장을 운영하기에 북한의 전력망은 치명적으로 한계가 있는 것이다. 현재 북한의 에너지 인프라는 전면적인 교체가 필요한 상황이다. 쉽게 말하여 다 새로 지어야 한다는 것이다.

그러나 한편 북한과의 철도협력과 에너지협력은 인프라라는 면에서 동일하지만 그 본질은 근본적으로 다르다는 점에 유의해야 한다. 철도의 직접 수혜자는 보다 저렴하게 유럽으로 상품을 제공할 수 있는 남한 제조업이다. 그래서 철도의 경우 우리의 자금투입은 손쉬운 선택일 수 있다. 그러나 북한 전력망의 수혜자는 기본적으로 북한 공업과 인민들 자체이다. 우리의 관점에서 보는 우선순위는 항상 다르게 될 수 있다는 점에 유의해야 한다. 에너지망 전력망은 복잡한 계산법을 갖는 이슈인 것이다.

북한 에너지망grid은 누구와 먼저 협력할 것인가 : 중국? 한국?

에너지망은 그 기술적 특성상 항상 연계되는 것이 바람직하다. 발전설비의 건설을 적정화하고 저비용에 신뢰도 높은 전기에너지 공급이 가능케한다. 이는 전기소비를 확대하고 더욱 비용을 낮추는 등의 선순환을 기대할 수 있는 것이다. 에너지망의 연결은 특히 경제권의 유대를 공고히 하여 다른 지역과의 차별화되는 경쟁력을 보장하기도 한다. 동시에 외교안보적으로 에너지망의 연계는 그 지역의 정치적 안정성을 향상시킨다. 공동운명체적 기능을 작동시키는 외교적 수단이기도 한 것이다.

그러나 북한망이 어느 망과 우선적으로 연계될 것인지도 중요한 이슈이다. 북한의 전력망을 초기에 분산형으로 대응한다고 하여도 장기적으로 동북아 에너지망으로의 진화는 불가피하다. 북한 고유의 발송변배전의 인프라가 초기 독자적으로 구축된다 하여도 결국 인접국과의 연계협력은 불가피하다. 이 경우 북한망이 중국망과 한국망 중 어느 망과 더 빠르게 연계될 것인지가 이슈인 것이다. 장기적으로 단일한 동북아 에너지시스템으로의 진화는 불가피하겠지만.

이 이슈는 북한의 전력망 재건을 어느 기술진들이 주도할 것인가의 이슈이다. 현재 중국의 기술적 우위가 명확해져가는 상황하에서 북한 에너지당국은 중국의 기술을 선호할 수 있다. 이 경우 당연히 북한 전력망은 중국 전력망과 동일한 유전자를 갖게 되므로 중국 전력망과 먼저 연계됨을 의미한다. 이는 중국의 에너지계획 차계, 운영체계 시장체계로의 편입을 의미할 수도 있는 것이다. 그러나 한편 한국 기술과 전력망과의 연계 가능성도 남아는 있다. 같은 언어를 사용한다는 것은 기술의 채택과 운영상의 효율성을 극대화시킬 수 있기 때문이다. 같은 언어를 사용한다는 것은 상당한 강점인 것이다.

개방 시 북한은 거대 비즈니스 각축장

한편 북한의 개방 여부를 알 수는 없으나 북한의 재건사업이 진행된다면 유례없는 거대 특수가 될 것이다. 북한으로 유상 무상의 막대한 자본의 유입과 활용이 예상된다. 미국자본(북핵폐기에 대한 보상금), 일본자본(대일청구권자금), 중국자본, 한국자본(전쟁을 회피하고자 하는 의지), 월드뱅크, 아시아개발은행 등의 다국적 자본이 총출동할 것으로 예상된다.

북한은 우리가 그러했듯이 경제개발 5개년계획 등의 국가계획체계를 통하여 인프라를 체계적으로 구축하고 산업화를 추진할 것이다. 우리나라도 1962년 제1차 경제개발 5개년계획(1962-1967)을 수립한 후 곧 바로 제1차 전원개발 5개년계획을 수립한 바 있다. 전술한 바와 같이 모든 투자에서 가장 높은 우선순위는 전력설비의 구축일 것이고 북한 역시 이와 동일한 과정을 걸을 것이다.

그러나 또 다른 맥락에서 중요한 것은 계획수립은 북한 에너지당국이 주도하겠지만 누가 그 실질적인 건설과 운영 사업을 주도할 것인가이다. 이미 전 세계의 관심사항이다. "통일은 대박이다"처럼 북한특수는 우리나라를 위하여 준비된 것이라는 낙관론이 팽배되어 있으나 우리나라도 북한의 기회를 두고 전 세계와 동등한 경쟁을 해야 하는 상황이다. '민족끼리' 협력은 개방 이후 급속도로 그 정치적 의미를 상실할 것이고 북한은 주어진 자금여력과 시간을 가지고 최선을 다하여 국익을 추구하는 평범한 '인접국'이 될 것이다.

북한 에너지당국은 자국의 에너지인프라를 구축함에 있어서 최고의 기술을 적용하고자 할 것이고 각국 간 경쟁을 유도하여 최대한 낮은 비용으로 처리하고자 할 것이다. 그들이 우리에게 민족끼리라는 미명하에 특혜를 줄 리는 없다고 단언할 수 있다. 우리의 에너지망과의 우선 연계, 우리 중전산업과의 우선 협력 그리고 중장기적인 에너지망의 통일을 우선 도모함으로써 장기적인 통일에 대비하고자 하는 공동의 목표

1960년대 남한의 에너지망 설계보다는 훨씬 복합한 요소들을 가지고 있다.

우리보다 여유로운 북한의 연료(믹스) 선택

북한 역시 에너지믹스를 어떻게 가져갈 것인가는 중요한 이슈가 될 것이다. 한 국가의 에너지믹스는 그 국가의 자원보유 현황과 밀접히 연계되어 있다. 에너지전환의 대표사례로 평가받는 독일의 경우 대표적인 갈탄보유국이다. 이에 따라 발전량의 40%가 석탄발전으로 충당되고 있다. 북한 역시 보유자원이 석탄일 경우 이를 적극 활용해야 한다. 또한 상당한 원자력 이용기술을 활용하고자 할 것이고 이미 KEDO에 의한 원자력 기반을 구축하고 있는 것도 특기할 만하다. 신재생에너지 자원의 보유현황도 조사할 만하며 러시아 가스는 바로 인접해 있다. 북한은 믹스의 선택의 폭이 우리나라보다는 여유롭다.

연료믹스는 어느 나라나 국가적인 정책하에서 결정된다. 이는 그 국가의 정치적 의지(안보적 관점), 사회적 관점(환경, 수용성 등), 경제적 관점(비용 등)의 종합적인 고려에 의하여 결정된다. 에너지의 경우 시장기능도 결국 정책의 일환일 수밖에 없다. 상이한 국가별 제도하에서 계획체계의 조화는 쉽지 않다. 믹스논쟁의 경우 원활한 평화가 전제된 상황을 가정하고 남북한 혹은 동북아의 자원보유 현황 등과 연계된 최적화 방안을 모색할 필요가 있다. 이것이 단순 전력망과 가스망의 연계보다 더 우선적으로 논의되어야 하는 중요한 사안이다. 북한의 믹스 선택은 에너지섬이었던 남한보다 여유로우며 동북아 협력의 차원에서는 더욱 열려있다.

북한의 재건사업은 통합적이며 분산형의 스마트형

북한의 재건사업은 거대규모일 것이다. 계획경제하에서 정교한 수요 전망으로 발전송전배전의 전력시스템을 산단공 중심으로 최적으로 구축운영하여 비용을 효율적으로 사용하고자 할 것이다. 전력인프라 구축은 주유소/충전소, 항만, 도시가스망, 통신망 등 제반의 하드웨어 및 소프트웨어 인프라 구축이 필요할 것이다. 또한 도시기능의 재편과정에서 스마트시티의 필요성도 증대될 것이다. 이 경우 AI 기술을 활용하여 산단공과 도시에 필요한 다른 인프라와 결합되어 운영되어야 한다.

이 경우 북한은 바로 4차 산업이 실현되는 최초의 도시를 확보할 수 있다. 가장 열악한 상황이지만 북한의 상황은 막대한 지하자원, 높은 수준의 인적자원, 동북아의 허브의 위치 등을 활용할 경우 상당한 혁신이 가능하기 때문이다. 물론 매우 낙관적인 시나리오이지만 제로에서 시작하는 장점은 분명히 존재한다. 이 경우 우리나라가 북한의 재건을 가장 잘 도울 수 있다는 점을 잘 정리하고 설득할 필요가 있다. 동일한 언어를 사용하고 가장 인접한 인프라를 확보하고 있고 가장 적절한 개발경험을 보유한 장점을 잘 활용하여야 한다.

3. 동북아 에너지협력을 위한 단계별 전략

1단계 : 남한이 북한 초기 에너지모델 제시

북한은 인접국과의 연계협력형이나 중앙집중형의 전력체계보다는 분산형으로 공업단지와 주요도시에 전기에너지를 공급하는 것이 타당하다. 그리고 중장기적인 관점에서 남북 혹은 동북아의 통합운영을 염두에 둔 시스템 설계와 구축을 시도하는 것이 바람직하다. 물론 이 경우 북한의 자원상황(석탄, 바람, 태양광 등)의 조사와 향후 수요가 증대시킬 지역에 대한 정보를 통하여 적정 전력체계 구상이 이루어질 것이다.

우리나라는 이러한 북한 에너지당국의 고민을 먼저 이해해야 한다. 이를 통해 북한 에너지당국에게 적정한 모델을 제시하고 이 모델을 시행할 경우 남한이 제공할 수 있는 다양한 기회와 장점들을 제시해야 한다. 장기적으로 볼 때 북한과 남한은 우선적으로 에너지시스템을 통일시키는 고민을 공유해야 한다. 이것이 통일한국으로 가는 가장 기초적이고 안정적인 인프라의 통일 노력이 될 것이기 때문이다.

전력인프라 이외에 북한은 석유도 필요로 할 것이다. 이 경우 한국의 석유공급 여력이 충분한 만큼 남북한의 석유협력이 필요하며 가장 손쉽게 추진될 수 있다. 이를 위하여 북한 내에 석유 송유관, 유통망 등을 구축할 필요가 있다. 그리고 동시에 주거지역을 대상으로 열병합지역난방 체계 역시 가급적 빠르게 건설할 필요가 있으며 이 경우 한국의 건설운영 경험이 다른 나라보다 더 크게 도움이 될 것이다.

2단계 : 러시아와의 에너지망 협력 검토

북한이 개방될 경우 러시아 가스와의 협력은 불가피할 것이다. 러시아 가스의 도입은 한편 매우 정치적인 이슈이기도 하다. 러시아와의 협력이 갖는 기대치와 함께 불확실성(러시아의 불공정성)을 동시에 감안해야 한다. 그러나 에너지협력의 실무적 차원에서 본다면 러시아 가스를 어떤 식으로 도입할 것인가는 대단히 중요하다. PNG냐 전력망 연계이냐의 이슈이다. 에너지는 PNG형태로 확보할 수 있을 뿐 아니라 러시아 현지에서 전력으로 전환 후 한국으로 전력망으로 연결도 가능하기 때문이다. 이 판단은 동토의 땅에 파이프라인을 설치하는 것이 현실적으로 가능할지 판단하는 것의 문제도 내포되어 있다. 러시아와 북한의 리스크는 남한 내에 충분한 가스저장 역량을 확보하는 등의 위기관리 방안을 마련할 수 있을 것이다.

동시에 가스 도입에는 미국과 러시아가 경쟁관계로서 향후 심각한 외교적 문제가 될 수 있다. 미국 역시 막대한 셰일가스를 한국에 판매하고자 하기 때문이다.

3단계 : 중국과의 전력 협력

전통적으로 동북아의 에너지협력은 러시아보다는 중국, 몽골, 남북한 그리고 일본의 협력을 의미하였다. 고비사막의 신재생에너지와 삼협댐의 수력에너지, 그리고 동부의 원자력발전 자원과의 협력 문제이다. 그러나 동북아 평화라는 낭만적 정치적 시각과 달리 한중 간의 직류기반 전력연계의 이득에 대한 회의론이 존재하는 것도 사실이다. 이미 우리나라도 충분한 발전설비를 보유하고 있기 때문이고 계통신뢰도 증진의 근거도 부족하기 때문이다. 그만큼 복합적인 이슈이다. 다만 북한과의 3자 협력 시에는 장기적으로는 분명한 효과가 기대된다.

중국과는 미세먼지와 원자력 안전의 문제에서 특히 협력의 여지가 많다. 동북아협력은 자원, 에너지, 폐기물, 환경보호, 원자력 안전 등의 이슈들을 대단히 포괄적으로 처리할 수 있는 기회를 확장시켜주는 의미를 갖는다. 현재 중국의 에너지기술은 압도적으로 우수하므로 산업정책의 측면에서 이에 대한 기술적 협력과 경쟁의 전략도 필요하다.

에너지상품과 서비스가 국경을 넘어다니는 것은 생각보다 복잡한 문제를 야기한다. 에너지상품의 가치는 그 사회의 수준, 비용, 정치 여건, 사회갈등, 보유 천연자원 등 다양한 여건하에서 결정된다. 이것이 국경을 넘어 교환될 경우 가치가 달라질 수 있는 것이다. 에너지연계는 에너지안보의 차원에서는 오히려 문제를 악화시킬 가능성도 있다. 일본은 경제성보다는 에너지안보를 선호하는 나라이다. 일본은 대륙과의 물리적 망 연계에 회의적일 가능성이 크다. 일본내 일부 동북아연계 주장은 극히 제한적인 극소수 의견에 불과하다는 점을 유의해야 한다. 전통적으로 일본은 에너지를 안보의 관점에서 다루고 있고, 지역협력보다는 글로벌 에너지시장과의 협력이 더욱 안정적일 것으로 판단할 수 있기 때문이다.

국경을 넘나드는 에너지협력은 기본적으로 경제성과 국가주권의 상충성의 문제를 갖는다. 지역단위의 연계협력과 국가주권, 국제에너지시장 간의 상관성은 복잡한 이야기이다. 이를 원활하게 구축하기 위해서는 생각보다 훨씬 복잡한 규정의 문제를 야기할 것이다. 지역연계는 기본적으로 시장의 기능을 강화하고 민족주의를 제어할 수 있는 정치적 명제가 전제되는 것이다. 그러나 러시아의 서유럽 가스 제어 사례에서 보듯이 어떠한 계약도 결국 정치적 이유로 무너질 수 있다.

EU는 전쟁 후 독일 – 프랑스 간의 철강 석탄 협력에서 시작되어 매우 복잡하고 긴 시간을 거쳐 진화한 모델이며, 그 복잡성의 문제를 해결하기 위하여 유럽에너지헌장을 제정한 바 있다. 동북아 에너지협력 역시 EU에서 보듯 향후 50여 년에 걸친 진화가 필요한 사안으로 이해하는 것이 타당하다.

4. 통일과 에너지협력을 위한 시급한 과제

현재 남북한협력 및 동북아협력은 기본적으로 정부 주도로 정치외교적 방식으로 진행되고 있다. 그러나 적정 시점 이후 에너지당국 혹은 에너지산학연이 주도적으로 실천해야 하는 상황을 대비해야 한다. 이를 위해서는 우리나라 에너지계 자체의 준비와 진화가 필요하다. 이에 대하여 당장 시급히 준비되어야 하는 과제를 정리하면 다음과 같다.

남북협력 등을 정부의 에너지계획체계에 반영

현재 우리나라는 동북아 혹은 남북 에너지협력을 주도하기에 기술력의 측면에서 미흡하다는 점에 유의해야 한다. 게다가 그간의 에너지섬의 에너지시스템을 운영하는 데에 익숙한 상황으로서 남북협력과 동북아협력은 매우 생소한 것이 사실이다. 기술역량의 확장뿐 아니라 이를 촉진하고 향후 장기적인 구조적 협력을 가능케 할 새로운 에너지산업구조 개편 등을 준비해야 한다. 현재의 에너지생태계는 지난 50여 년간 잘 작동하였지만 정체되는 내수와 새로이 열릴 북한과 동북아에는 적합하지 않다. 다시 정비해야 한다.

따라서 정부의 새로운 정책이 필요하다. 현재 수립 중인 제3차 에너지기본계획에서 이 내용에 대한 방향제시가 있기를 기대한다. 이 변화된 여건을 감안하여 에너지산업의 미래를 새롭게 전망하고 방향을 설정해야 할 상황이다. 차제에 정부가 수립 중인 제3차 에너지기본계획을 통하여 우리나라 에너지계획 체계 자체를 남북과 동북아로 확장시키는 노력이 필요하다.

금번 에너지기본계획에는 북한의 에너지공급설비와 소비실태 등에 대한 실태조사 필요성과 향후 북한 인프라의 효율향상 투자를 위한 기반사업 등도 포함하여 남북협력을 실질적으로 수행하기 위한 기본적인 방향성과 프로그램이 포함되도록 조치하는 것이 바람직할 것으로 판단된다.

산림녹화 등 북한과의 민간차원의 실질적인 협력사업 강화

우선적으로 구체적인 이슈를 대상으로 남북한 간의 교류확대가 가장 시급히 추진되어야 한다. 단계적으로 북한산림녹화, 신재생에너지, 스마트시티, 전력계통 공동연구 등이 진행되는 것이 바람직하다. 에너지 협력은 철저히 실무형으로 추진되어야 하며 정치외교적 의도를 갖는 접근과 반드시 구분되어야 한다.

특히 북한 녹화사업은 북한의 에너지 인프라 구축에 선결되어야 하는 가장 중심적 이슈이며, 동시에 비정치적 수단이므로 남북한 간의 기존의 교류협력을 더욱 강화시킬 필요가 있다. 이 사업들은 그간 꾸준히 진행되어온 남북협력 사업으로서 나름의 네트워크와 상호신뢰가 유지되고 있다. 이 문제는 우리나라의 기후변화 대응과정에서 유효한 감축수단으로 활용될 개연성이 있다.

주요 이슈별로 동북아 역내 에너지/환경 거버넌스 구축

동북아 지역 내의 소통을 위한 다자간 논의기구가 필요하다. 개별 이슈별로 자생적인 논의기구가 민간 차원에서 특히 전문가그룹 간에 자발적으로 활발히 전개되어야 한다. 동북아에는 미세먼지와 원자력안전 등의 환경관련 월경성 문제가 있다. 이는 국민적 관심사항으로서 이러한 현안을 중심으로 동북아 주민들의 공감대 확보를 위한 대화와 공유가 필요하다.

또한 장기적인 동북아 전반의 자유경제권이 성숙 발달한 경우를 염두에 둔 장기에너지협력을 위한 제반 연구모임도 필요하다. 동북아 전반의 자원(태양에너지, 수력에너지, 원자력 포함)의 지도를 확보하고 이를 토대로 동북아 전력망의 중장기적인 로드맵을 구상하고 그 로드맵을 계속 진화시키는 것이 필요하다.

- 초고집필: 김창섭
- 수정검토: 고정식, 안광원

참 고 문 헌

* 김창섭, 《그린 패러다임》, 아카넷, 2009.

* 조석, 《새로운 에너지 세계》, 메디치미디어, 2017.

* 제프리 힐, 《자연자본》, 여문책, 2018.

* 마이클 D. 투시아니, 고든 시어러, 《LNG 세상을 바꾸는 연료》, 시그마프레스, 2016.

자원
: 통일시대 자원 전략

SUMMARY

1   남북 경협에 왜 자원개발이 우선인가?

- 자원은 북한 경제규모의 큰 비중을 차지하여 효율적 개발 계획 수립 필요. 북한 자원 탐사 및 남측 기업들의 대북 협상 대행 등을 위한 전문기관 필요
- 북한 자원개발은 남한 선진 개발기술 접합으로 부가가치 향상 필요
- 북한은 철, 동, 연·아연, 마그네사이트 등 대형광산이 존재하고 본 광종은 남한의 주 수입 광종이며, 북한 경제 부흥에도 필요 광종임

2   통일 국가를 위한 자원개발의 단계별 목표

- 1단계: 북한자원 잠재력 파악과 시범사업 발굴
- 2단계: 남북 경제공동체 형성을 통한 경제 격차 축소
- 3단계: 정치적 보장에 따른 남한 기업의 북한 자원개발 진출 활성화
- 4단계: 공동 번영을 위한 남북한 자원의 효율적 관리

3   북한 자원에 대한 통일국가의 미래전략

- 1단계: 북한 자원조사 및 시범사업 추진
- 2단계: 북한 잠재광산에 남한 4차 산업혁명 관련 선진 기술 적용
- 3단계: 남한 End user 및 광업 기업 중심의 북한 자원 투자 확대
- 4단계: 남북 공동 제도에 의한 자원의 효율적 관리 구현

4   통일 북한 자원개발 추진을 위한 주요 과제

- 북한 자원개발의 최우선으로 경제성 확인 및 정치적 위험 해소 필요
- 시나리오별로 실행 가능한 추진방안 제시
- 남북한 제도의 장점을 주요 추진과제로 추천

1. 남북 경협에 왜 자원개발이 우선인가

남과 북의 경제협력을 거론함에 있어 가장 먼저 주목받는 분야는 자원개발 부문이다. 충분히 그럴만한 가치가 있다고 본다. 상호 부족한 부분을 채워줄 수 있기 때문이다. 구체적 확인이 필요하지만 북한에는 풍부한 지하자원이 있다. 남한은 경제규모가 세계 10위권이고, 자원소비만을 놓고 보면 세계 5위권이다. 남한은 자원이 없어 대부분의 자원을 해외수입에 의존하고 있다. 자원개발 분야가 제일 먼저 고려되는 것은 너무나 당연하다.

또 다른 측면에서 남과 북의 경제적 갈등이 최소화된 상태에서의 통일이 우리의 과제라면, 북한에 강점이 있는 부문의 경제협력이 최우선적으로 고려되어야 한다. 북한 현지에서 강점이 있는 광물자원 개발에 남측의 자본이 투자되고, 기술 분야는 상호 협력하며, 북한 주민들의 일자리가 창출된다면 그 이상의 경제협력 모델은 상상하기 힘들다.

그러나 남측의 자본이 북한에 투입되려면 선결해야 할 문제가 있다. 북한의 경제는 아직 통제경제이다. 더욱이 자원은 국가의 주권이 지배하는 국토를 개발하는 사업이다. 남한 자원기업 또는 광물자원 수요자가 북한의 자원을 개발하기 위해서는 북한 당국과의 협상이 필요하다. 민간 기업이 개별적으로 북한 정부를 상대하는 것은 한계가 있으므로, 남한 정부와 공공기관의 적극적 개입 또는 중재가 필요하다. 또 다른 측면에서 민간의 무분별한 북한 자원개발 진출에 따른 부작용(난개발, 투기 등)을 방지하기 위해서라도 공공부문의 적극적 개입이 필요할 것이다. 공공부문의 적극적 개입이 필요하다는 점이 정부 당국에 의한 경제협력이 필요한 또 하나의 이유이다.

북한자원의 실태

북한에는 철, 연·아연, 동, 금 등 금속과 석탄, 마그네사이트 등이 풍부하게 매장되어 있다. 북한의 금속 자원은 북중 국경을 중심으로 압록강 및 두만강변과 혜산 – 이원 대향사의 마천령계에 대형광산들이 위치하고 있는데 이 광산들은 심부로 갈수록 광체 규모가 발달되어 외국기업이 진출 기회를 노리고 있다고 한다. 석탄은 무연탄과 갈탄이 있는데 무연탄은 평남 북부지역에 남한의 삼척 탄전의 3배 이상 되는 대형 탄전이 있다고 알려져 있으며 갈탄은 평남 안주지역과 함북 북부지역에 집중되어 있다고 한다. 북한에는 남한에 없는 마그네사이트, 갈탄, 니켈, 인회석 등이 있다. 특히 단천 지역의 마그네사이트 부존 규모는 러시아에 이어 세계 2위의 매장량을 자랑하고 있다. 남한은 석회석 등 일부 비금속광을 제외하고는 경제활동에 필요한 대부분의 자원을 수입에 의존하고 있으나, 북한은 코크스를 제외한 모든 자원을 자급자족하고 있는 것으로 알려져 있다.

북한 자원의 부존 특징을 보면 지역별로 광종이 편중되어 있다. 철은 함북 무산 지역에, 연·아연 및 마그네사이트는 함남 단천 지역, 동은 양강도 혜산 지역에 집중되어 있다. 일부 철 및 연·아연, 마그네사이트 광산은 매장량이 세계적 규모가 되는 대형광산이다.

그러나 아쉽게도 북한이 보유하고 있는 자원의 가치를 정확하게 알 수는 없다. 북한이 자원에 대한 통계를 공식적으로 발표하고 있지 않기 때문이다. 또한 북한의 통계가 나와 있는 부분이 있다 하더라도 그것을 우리가 그대로 인정할 수 없는 부분이 있다. 남과 북의 매장량 산정 기준에는 차이가 있기 때문이다. 남한은 부존의 확실성과 현재의 기술로 개발 가능한 매장량을 중심으로 경제성을 중시하는 반면, 북한은 사회주의 산정기준, 즉 고갈주의를 적용하고 있어 경제성이 부족한 부분도 매장량으로 인정하고 있다. 그러나 북한의 전체 수출액 중 광물자원이 51.6%를 차지하는 등 광물자원이 북한 경제의 핵심임을 감안할 때 그 중요성은 간과할 수 없다.

북한 자원개발의 추진 방향과 고려사항

북한에 부존된 자원을 대상으로 남한에서 자본과 함께 4차 산업혁명을 근간으로 발전한 선진 핵심 기술을 접목한다면 큰 부가가치를 창출할 수 있을 것이다. 북한은 보유 자원을 효과적으로 개발할 수 있고 남한은 부족 자원을 장기 안정적으로 확보할 수 있다. 그런 측면에서 북한 자원개발에 대한 다각적인 검토와 준비가 필요하다.

• 시나리오별 진출

남북 간의 자원공동사업 추진은 정치적 상황에 따라 다음과 같이 상황을 구분할 수 있다. 첫째, 경협이 가능한 자유왕래가 이루어져 현재의 남북한 간 소득격차가 20:1에서 어느 정도 줄어드는 경우. 둘째, 남북 간에 투자보장이 일부분 가능한 경제권이 하나로 되는 경우. 셋째, 정치적으로 하나가 되어 투자보장이 실현되어 남북한 간 소득격차가 2:1에 근접하는 경우. 넷째, 완전 통일의 상황 등으로 구분할 수 있다.

• 북한 자원 개발 잠재력 확인

북한은 현재까지 확인된 일부 대형광산을 제외하고는 대부분의 자원에 대하여 알려진 바가 없어 실질적인 경협을 위해서는 북한 전역의 자원을 조사하여 자원개발 잠재력의 구체적 확인이 필요하다.

- **남북의 제도적 장점을 통합 & 확산**

남한의 자원 관련 산업 선진 기술에 따른 부가가치 향상 사업과 광산 개발 시 발생하는 환경파괴 방지사업을 북한 광산개발에 접합할 필요가 있다. 북한은 광산개발에 따른 환경오염 및 자연파괴가 상당부분 방치되고 있기 때문이다. 북한의 인재양성제도와 탐사제도는 남북한 공동 자원개발에 장려되는 부분이다. 북한은 자원 인재 육성방안으로 석탄대학, 지질대학과 광산 인근에 관련 대학을 확보하고 있다. 탐사제도로서 탐사를 전문으로 하는 정부 내각에 자원개발성이 있고 각도에 탐사국 및 각 시도, 군, 광산 등에 탐사대가 있다.

- **남북 공동경제 발전**

남북이 자원을 공동 개발하는 것은 남북 간 공동 번영에 필요하다. 남한은 부족자원 공급을 도모할 수 있고, 북한은 현재 최소한의 경제생활에 필요한 자원을 생산하는 규모에서 나아가 보다 많은 자원 확보를 통한 북한 전역의 균형 발전을 기대할 수 있다.

2. 통일국가를 위한 자원개발의 단계별 목표

1단계 목표 : 북한 자원 잠재력 확인과 시범사업 발굴

북한에는 자원이 풍부하다고 이야기하고 있으나 정밀 탐사를 통해 경제성 있는 가채량을 확인해볼 필요가 있다. 북한의 몇몇 광산들은 남한 기술자들에 의해 현장 답사 및 평가보고서 등이 분석되어 세계적인 대형광산의 존재가 확인되었다. 그러나 그 외의 광산들에 대하여 경제적 가치가 확인되지 않은 상황에서 잠재성을 논한다면 오류를 범할 가능성이 매우 높다. 따라서 북한 자원개발에 있어 최우선적으로 해야 할 일은 단계별로 광종별로 면밀히 과학적으로 조사하는 일이다. 북한 전역에 걸친 체계적인 탐사활동을 통하여, 경제성을 확인하고 장기 개발 계획의 기초자료로 활용하여야 한다.

그러나 체계적인 탐사활동에는 장시간이 소요되며, 그 결과를 기다리다 보면 정책의 추진력이 감퇴될 우려가 있으므로 시범사업을 통하여 성공사례를 만들 필요가 있다. 북한의 대형 광산 중 함남 단천 지역 검덕 연·아연광산 및 대흥 마그네사이트 광산을 중심으로 정부 차원에서 시범사업을 발굴해야하며 민간기업이 진출할 수 있도록 발판을 마련하여야 한다.

또한, 한반도 경제공동체를 만들기 위해서는 북한이 국제기구, 즉 국제통화기금IMF, 세계은행WB, 유럽부흥개발은행EBRD, 아시아개발은행ADB, 아시아인프라투자은행AIIB 등에 가입하여 개발도상국 전력, 항만, 철도 등 인프라스트럭처 구축 지원자금을 받아 광산개발에 필요한 인프라를 구축하여야 한다.

2단계 목표 : 남북 경제공동체를 형성하여 경제 격차 축소

남한은 자원개발에 있어 4차산업혁명의 O2O Online to Offline 등 핵심 기술혁신 시대를 맞이하여 소비자의 삶의 질을 향상시키는 정보혁명 및 공유경제 시대에 살고 있다. 그러나 북한은 2016년 7차 당대회에서 경제강국 건설 노선을 천명하면서 경제발전과 인민생활 향상에 새로운 전환을 맞이하려고 하고 있으나, 필요자원에 대한 자급자족의 원칙에 따라 비효율적인 산업구조를 가지고 있다. 즉 석유화학공업에 비해 효율이 떨어지는 석탄을 이용한 합성섬유나 비료를 생산하여 왔고, 제철 산업에서도 부족한 코크스를 석탄으로 대용하여 저품위 주체철인 삼화철과 입철을 생산하고 있다. 따라서 남북한 경제 수준 격차를 줄이기 위해서도 남한의 선진 기술과 북한의 자원을 보다 효율적으로 이용하여 상호 상생할 수 있는 협력 방안을 찾는 것이 필요하다. 북한 스스로도 경제 강국 건설을 위해서는 전력, 석탄, 금속공업, 철도 운수 부문을 이야기하고 있는데, 구체적으로 광업 부문의 기술혁신 대상은 금속공업, 비금속 및 석탄산업 등이 될 것이다.

3단계 목표 : 정치적 보장에 따른 남한 기업의 북한 자원 진출 활성화

본 시기는 삼통(통행, 통신, 통관)과 김대중 대통령의 2000년 6.15 남북 공동선언이후 남북이 경제활동 보장을 위해 체결한 4대 합의서(투자보장, 이중과세방지, 청산결제, 상사분쟁해결)가 이행되는 시기로 보아야 한다. 남한이 과거 북한과의 경제활동을 하면서 진출 위험이 가장 크다고 생각한 것은 정치적인 위험이라고 할 수 있다. 그간 정치 상황에 따라서 투자시설에 대한 접근이 어려워 투자시설을 효율적으로 관리하기가 어려웠기 때문이다. 그러나 본 단계는 정치적 안정기로서 투자시설에 대한 계획된 관리를 할 수 있는 시기이다. 따라서 남한의 북한 자원 관련 민간기업들은 진출의 기회에 동참할 것이다. 남한의 대상기업은 평소에 북한 자원 진출을 계획하고 연구해왔던 제철, 제련, 비료, 시멘트산업, 내화물, 유리공업, 제지산업, 도자기산업 분야 등이 해당된다. 본 단계에서 생산되는 자원은 남북한이 공동으로 필요로 하는 광산물로 수요기업에 집중적으로 공급하게 된다. 북한 자원개발을 효율적으로 수행하기 위해서는 광업 이외에 전기, 토목, 법률, 경제, 환경 등의 모든 전문가들이 참여해야 한다.

4단계 목표 : 공동 번영을 위한 남북한 자원의 효율적 관리

남북한이 통일되었을 경우, 남북의 자원을 효율적으로 관리하기 위해서는 경제성, 균형성 등이 고려되어야 된다. 북한 자원개발은 해외자원 투자와 비교해서 우월성이 있어야 한다. 북한 자원개발 진출이 비교우위가 없다면 국내 기업들에게 외면받을 것이지만 다행히도 북한에는 매장량과 품위 등에서 우위에 있는 대형광산이 있다. 또한 북한 자원개발 투자 진출은 북한 전역의 균형 발전에 기여할 수 있을 때 그 효과가 극대화될 수 있는데 북한은 남한의 주요 수입 광종에 해당하는 잠재 광산이 북한 전역에 걸쳐 존재하고 있어 매우 긍정적이다. 성공적인 북한 자원개발을 위해서 남한은 북한 광물자원에 대한 면밀한 조사와 분석을 실시하고 남북한 기술자 간의 기술교류를 활성화시켜야 할 것이다.

3. 북한 자원에 대한 통일국가의 미래전략

1단계 전략 : 북한 자원조사 및 시범사업 추진

남한의 자원조사는 관련 광업 전문 기관에서 조직적으로 하고 있으며 조사결과 매장량 규모를 2년에 한 번씩 발표하고 있다. 북한의 경우는 자원조사를 내각 산하인 자원개발성에서 실시하고 있으나 결과를 외국과 공유하고 있지 않을 뿐 아니라, 부존자원에 대한 충분한 조사가 이루어지지 못하고 있다고 추정된다. 남한의 북한 광산 전문기관이 현재까지 조사하여 확보한 북한의 총 광산수는 42광종에 728개이다. 향후 이

광산을 대상으로 조사를 실시하여야 할 것이다. 주요 대상 지역은 북한에 광산들이 밀집 분포하는 8개 광화대(여러 광상이 모여 있는 특정지역) 즉, ①정주 - 운산 금·희토류 광화대, ②무산 철 광화대, ③혜산 - 검덕 - 대흥 동·연·아연·마그네사이트 광화대, ④만년 중석 광화대, ⑤가무리 - 재령 몰리브덴, 철 광화대, ⑥평남북부탄전, ⑦함북북부탄전, ⑧안주탄전 등이다. 추진 절차는 기존자료를 이용, 상기 광화대를 중심으로 조사지역을 선정하고, 지표 지질 정밀조사를 통한 지질도 작성, 탐광시추, 매장량 산출, 개발 유망지역에 대한 개발 방향 제시가 될 것이다. 조사에 필요한 소요자금은 국토에 대한 기본조사 성격임을 감안하여 정부의 예산이 투입되어야 할 것이다. 시범사업은 과거 정부와 남한의 광업 기술자에 의해서 개발 유망 대형광산으로 이미 잠재력이 확인된 혜산 - 검덕 - 대흥 동·연·아연·마그네사이트 광화대의 검덕 연·아연 광산과 대흥 마그네사이트광산 등이 주요 대상이다. 본 사업은 한반도를 동해안(에너지, 자원벨트), 서해안, DMZ 등 3구역으로 나누는 정부의 H경제벨트 개발계획에 부응하기도 한다.

2단계 전략 : 북한 잠재광산의 남한 4차 산업혁명 관련 선진 기술 적용

북한은 광산물 자급자족의 방침에 의해 비경제적으로 사용되고 있는 자원분야에 대하여 남한의 효율적인 선진 기술을 접목하여 남북한 간에 경제 격차를 줄일 필요가 있다. 충분한 조사로 제기된 개발 유망광산을 대상으로 남한의 선진 기술을 접목시킬 필요가 있다. 우선 석탄 생산에 있어 매장량 조사, 운반, 채광, 안전, 선탄 등에 IT기술 및 최적의 장비 등을 충분히 제공하여 계획량 생산 체계를 안정적으로 구비함으로써 북한 민생안정을 위해 주민 연료 공급 및 발전소에 석탄공급을 충분히 해야 한다. 북한은 경제적으로 부흥기였던 김일성 시대, 즉 1989년에 석탄 생산량이 8,500만 톤을 기록하였다. 현재는 북한의 석탄 생산량이 4,100만 톤으로 본 단계에서 북한 경제의 효율적 운용을 위해서는 4,400만 톤을 더 조달해야 할 것이다. 또한 북한이 석탄에 의존하고 있는 합성섬유 및 비료 생산을 남한처럼 석유화학공업으로 육성시켜 국민 생활 수준을 높이고 농산물 생산량을 증산시켜야 할 것이다. 철광석 광산과 연계한 제철 산업에 있어도 세계적 수준의 남한의 제철기술과 북한의 제철소를 연계하여 고품질 선철을 생산하여야 할 것이다. 동 및 연·아연 광산에 대해서도 남한의 선진 제련기술을 연계하여 4N 이상 고품질 동, 연·아연 금속을 생산하고 생산과정에서 부산물인 금, 은 등 귀금속을 생산할 수 있게 하여야 한다.

3단계 전략 : 남한 End user 및 광업 기업 중심으로 북한 자원 투자 확대

본 단계는 단일경제권이 형성된 후 더 나아가 정치적 연합이 일어나 남한기업의 북한 진출에 정치적 안정과 투자보장이 확신되어 남한의 광업 관련 기업이 북한 광산 투자 진출 환경이 조성된 상황이다. 진출은 두 가지 형태의 기업으로 분류할 수 있는데 하나는 제철소, 제련소, 비료공장 등 End user 그룹이고, 다른 하나는 광업 관련 기업이 될 것이다. 대상 광종은 남한의 자원 수요 및 수입 의존도, 북한의 매장량 현황 등을 고려하여 12개 광종(금, 동, 아연, 철, 텅스텐, 몰리브덴, 희토류, 니켈, 흑연, 마그네사이트, 인회석, 무연탄) 및 석회석, 규석 등을 선정하고 대상 광산은 광산이 밀집되어 있는 4대 특구(해주특구, 남포특구, 신의주특구, 단천특구) 및 기타 지역(함북 갈탄, 청진 함남 장진)으로 하며, 투자방식은 경제성에 따라 우선순위를 정하여 개발해야 한다. 남한의 제철소는 북한에 함북 무산지구 및 함남 은률 지역 철광산, 동제련소는 북한의 양강도 혜산지구의 동광산, 연·아연 제련소는 함남 단천지구의 연·아연 광산, 인비료 공장은 북한의 남포 및 단천 지역 인회석광산, ESS 관련 업체는 연료전지 음극재 개발을 위해 황남 연안 지역의 흑연광산, 마그네슘 제련업체 및 내화물업체 등은 함남 단천 지역의 마그네사이트광산, 국내 석탄경영업체는 평남 북부지역 석탄광, 국내 석회석광산에서 제지용 및 화학용 석회석 제품을 생산하는 기업은 북한의 황남 지역 고품위 석회석광산, 국내 유리산업계에서는 황남 용연군의 몽금포 지역 광산 등이 남북한이 상생할 수 있는 투자 진출 기회가 될 것이다.

4단계 전략 : 남북 공동 제도에 의한 자원의 효율적 관리 구현

남북한 부존 자원을 효율적으로 관리하기 위해서는 하나의 시스템 속에서 관리해야 한다. 제도는 지원시스템과 조직 등으로 구분될 수 있다. 지원시스템은 탐사부터, 개발, 생산이 통일 국가의 자원 및 국토 개발 정책에 반영되고 대규모 광산개발에 필요한 정책자금 지원(융자) 시스템이 포함되어야 할 것이다.

그러나 이 모든 일을 정부부처가 직접 수행하는 북한식 시스템은 비효율적이므로, 남한처럼 공공기관 형태의 전문조직이 필요하다. 탐사, 채광, 토목, 화학 등 전문 광산 관련 기술자와 경영관리 전문가, 국토의 무분별한 개발을 방지하고, 광해복구를 위한 환경전문가로 구성된 광업전담 공공기관이 남한의 민간기업과 북한의 국영광산기업들이 시장에서 자연스럽게 서로 합작하고 스스로 구조조정을 하면서 자원산업을 발전시켜나갈 수 있도록 필요한 지원을 지속하여야 할 것이다.

4. 맺음말: 통일 북한자원 개발 추진을 위한 주요 과제

북한 자원을 개발하기 위해 선결되어야 할 것은 안정적인 전력공급이다. 안정적인 전력이 담보되어야 목적하는 생산량과 고품위의 경제성 있는 광산물을 생산할 수 있기 때문이다. 전력 상황에 따른 시나리오별 진출 방안도 고려할 필요가 있다.

남한의 선진 기술을 북한 광산에 적용하기 위해서는 경험이 풍부한 고급 기술자가 필요하다. 그러나 남한은 광업의 사양화에 따라 현장의 기술자가 많지 않다. 체계적 교육을 받고 필드 경험이 풍부한 기술자들은 대부분 은퇴하였거나 현장을 떠난 상태이다. 따라서 지금 당장에라도 기술자 인력풀을 확보하고, 그들이 광업 관련 분야에 지속적으로 관심을 갖고 활동할 수 있는 장을 마련해야 한다. 또한 그들을 통하여 젊은 세대들에게 노하우가 전파될 수 있는 인력 양성 시스템이 필요하다.

자원산업은 북한 경제규모의 12.6%를 차지하고(남한은 0.2%), 북한 전체 수출액의 51.6%를 점유하는 등 북한 경제의 주요한 부분을 차지하고 있다. 따라서 남북한이 상생할 수 있는 자원개발 분야에 대하여 시나리오별로 실행 가능성을 바탕으로 공동개발을 추진하는 것은 아주 중요한 일이다. 우선 부존자원에 대한 전반적인 잠재력을 조사하고, 확인된 자원을 대상으로 남한의 선진 기술을 접목하여 시범사업을 추진하여 성공사례를 만들어가는 것이 필요하다. 이를 위해, 북한과의 자원협력을 담당할 민관공동의 진출협의체를 구성하여, 북한 당국의 각종 인허가 등 규제에 적절히 대응하는 한편, 사업 자체의 경제적 타당성을 확보해야 할 것이며, 정부가 새로 출범시킬 예정인 가칭 '광물자원진흥공사'가 자원의 탐사, 개발, 생산 및 환경 복원의 전 과정에서 전문적 역량을 보유하게 된다면, 적극적인 역할을 수행할 수 있을 것으로 기대된다.

- 초고집필: 방경진
- 수정검토: 김선화, 박경규, 박성하, 허태욱

참고문헌

- 한국은행, 〈북한 통계〉, 2016.

- USGS, *Mineral Commodity Summaries 2018*.

- (재)자원산업연구원, 〈국내 주요 금속 비금속 광물의 개발현황 및 관련사업 연관 효과 분석〉, 2014.

- 고상모, 〈북한 광물 자원 개발 현황 및 기술 수준〉, 《북한자원 뉴스레터》 2017년 봄호.

- 이인우, 〈북한광산개발 방향에 관한 제언〉, 2016 북한광물자원개발포럼.

- 한국광물자원공사, 〈북한 광물자원 개발 마스터플랜〉, 2011.

- 남북교류협력지원협회(북한지하자원넷), 〈북한의 대외무역현황〉, 2016.

- 〈北 전력망·관광산업에 美민간기업 '통근' 투자길 터준다〉, 매일경제 2018.5.15.

- 김병연, 〈다국적 국제자본으로 북인프라 개발해야〉, 매일경제 2018.5.14.

통일국가 국호 등 설문조사

우리는 이 책을 집필하면서 미래 통일국가의 국호와 수도를 어떻게 해야 할지 생각해봤다. 이것은 우리가 정할 수 있는 일이 아니다. 하지만 아이디어 차원에서 생각해본 것이다. 기회가 될 때마다, 학생과 졸업생들에게 물어봤다. 단, 남북이 상호 동의할 만한 내용이어야 한다고 주문했다. 98명이 응답했는데, 아래와 같은 의견들이 눈길을 끌었다. 여기에 있는 내용은《세상의 미래》(이광형, MID, 2018)에 실린 내용과 동일하다.

통일국가의 국호

고려, 고려연합국, 고려공화국, 고려민국, 고구려, 대한연합국, 한조, 조한 등

영어 국호

Corea, Republic of Corea, United States of Corea, Korea 등

통일국가의 수도

개성, 파주, 철원, 세종, 서울 – 평양 공동수도 등

화폐 명칭

원, 환, K(암호화폐) 등

국가

국가는 남측과 북측의 음악가들이 모여서 작사 작곡하여 정한다. 통일 전에라도 남북 단일팀의 응원가가 필요하기 때문에, 지금 남북이 단일 응원가를 작곡하여 사용하는 것이 좋겠다. 그러다가 이것이 호응을 얻으면, 훗날 정식 국가로 자리 잡을 수도 있다.

국기

한국의 태극과 북한의 별을 결합한 모양들이 인상적이었다.

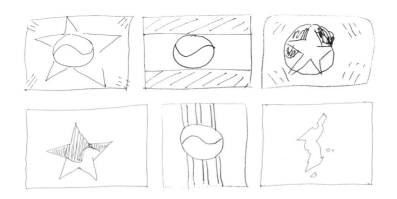

남북, 북미 주요 합의 역사

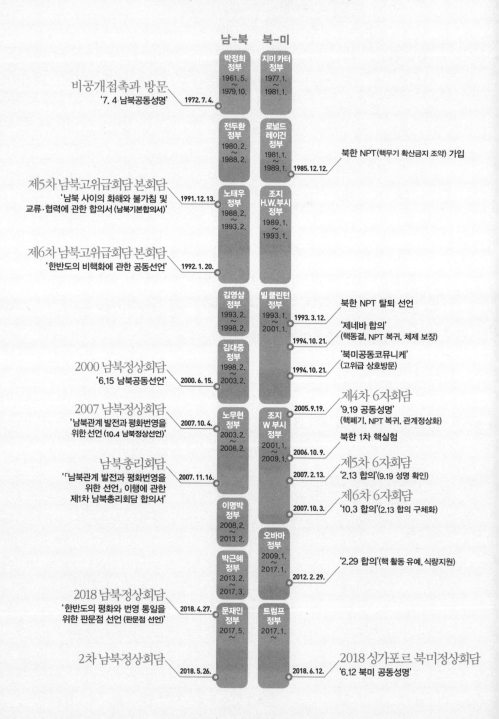

남-북   북-미

비공개접촉과 방문
'7. 4 남북공동성명'   1972. 7. 4.

박정희 정부 1961. 5. ~ 1979. 10.
지미 카터 정부 1977. 1. ~ 1981. 1.

전두환 정부 1980. ~ 1988. 2.
로널드 레이건 정부 1981. 1. ~ 1989. 1.

1985. 12. 12.   북한 NPT(핵무기 확산금지 조약) 가입

제5차 남북고위급회담 본회담
'남북 사이의 화해와 불가침 및
교류·협력에 관한 합의서 (남북기본합의서)'   1991. 12. 13.

노태우 정부 1988. 2. ~ 1993. 2.
조지 H.W.부시 정부 1989. 1. ~ 1993. 1.

제6차 남북고위급회담 본회담
'한반도의 비핵화에 관한 공동선언'   1992. 1. 20.

김영삼 정부 1993. 2. ~ 1998. 2.
빌 클린턴 정부 1993. 1. ~ 2001. 1.

1993. 3. 12.   북한 NPT 탈퇴 선언

1994. 10. 21.   '제네바 합의'
(핵동결, NPT 복귀, 체제 보장)

2000 남북정상회담
'6.15 남북공동선언'   2000. 6. 15.

1994. 10. 21.   '북미공동코뮤니케'
(고위급 상호방문)

김대중 정부 1998. 2. ~ 2003. 2.

제4차 6자회담
2005. 9. 19.   '9.19 공동성명'
(핵폐기, NPT 복귀, 관계정상화)

2007 남북정상회담
'남북관계 발전과 평화번영을
위한 선언 (10.4 남북정상선언)'   2007. 10. 4.

노무현 정부 2003. 2. ~ 2008. 2.
조지 W 부시 정부 2001. 1. ~ 2009. 1.

2006. 10. 9.   북한 1차 핵실험

남북총리회담
「남북관계 발전과 평화번영을
위한 선언」 이행에 관한
제1차 남북총리회담 합의서'   2007. 11. 16.

제5차 6자회담
2007. 2. 13.   '2.13 합의'(9.19 성명 확인)

제6차 6자회담
2007. 10. 3.   '10.3 합의'(2.13 합의 구체화)

이명박 정부 2008. 2. ~ 2013. 2.
오바마 정부 2009. 1. ~ 2017. 1.

박근혜 정부 2013. 2. ~ 2017. 3.

2012. 2. 29.   '2.29 합의'(핵 활동 유예, 식량지원)

2018 남북정상회담
'한반도의 평화와 번영 통일을
위한 판문점 선언 (판문점 선언)'   2018. 4. 27.

문재인 정부 2017. 5. ~
트럼프 정부 2017. 1. ~

2차 남북정상회담
2018. 5. 26.

2018 싱가포르 북미정상회담
'6.12 북미 공동성명'   2018. 6. 12.